本书列入

2017年国家社会科学基金重大委托项目

“十三五”国家重点图书出版规划项目

中华传统文化百部经典

曹操集

曹操 著
刘运好 解读

国家图书馆出版社

图书在版编目（CIP）数据

曹操集／（三国）曹操著；刘运好解读. — 北京：国家图书馆出版社，2021.6（2025.5 重印）
（中华传统文化百部经典／袁行霈主编）
ISBN 978-7-5013-6349-0

Ⅰ. ①曹… Ⅱ. ①曹… ②刘… Ⅲ. ①曹操(155—220)—文集 Ⅳ. ① Z423.42

中国版本图书馆 CIP 数据核字 (2021) 第 072648 号

国家图书馆出版社官方微信

书　　名　曹操集
著　　者　（三国）曹　操 著　刘运好 解读
责任编辑　于春媚
特约编辑　吴麒麟
封面设计　敬人设计工作室

出版发行　国家图书馆出版社（北京市西城区文津街 7 号　100034）
　　　　　010-66114536　63802249　nlcpress@nlc.cn（邮购）
网　　址　http://www.nlcpress.com
印　　装　北京科信印刷有限公司
版次印次　2021 年 6 月第 1 版　2025 年 5 月第 2 次印刷

开　　本　710 × 1000　1/16
印　　张　34
字　　数　435 千字
书　　号　ISBN 978-7-5013-6349-0
定　　价　104.00 元（精装）

本册审订

张可礼　　王能宪　　李洲良

中华传统文化百部经典

编纂办公室

张　洁　　梁葆莉　　张毕晓　　马　超　　华鑫文

编纂缘起

文化是民族的血脉，是人民的精神家园。党的十八大以来，围绕传承发展中华优秀传统文化，习近平总书记发表了一系列重要讲话，深刻揭示出中华优秀传统文化的地位和作用，梳理概括了中华优秀传统文化的历史源流、思想精神和鲜明特质，集中阐明了我们党对待传统文化的立场态度，这是中华民族继往开来、实现伟大复兴的重要文化方略。2017 年初，中共中央办公厅、国务院办公厅印发《关于实施中华优秀传统文化传承发展工程的意见》，从国家战略层面对中华优秀传统文化传承发展工作作出部署。

我国古代留下浩如烟海的典籍，其中的精华是培育民族精神和时代精神的文化基础。激活经典，熔古铸今，是增强文化自觉和文化自信的重要途径。多年来，学术界潜心研究，钩沉发覆、辨伪存真、提炼精华，做了许多有益工作。编纂《中华传统文化百部经典》（简称《百部经典》），就是在汲取已有成果基础上，力求编出一套兼具思想性、学术性和大众性的读本，使之成为广泛认同、传之久远的范本。《百部经典》所选图书上起先秦，下至辛亥革命，包括哲学、文学、历史、艺术、科技等领域的重要典籍。萃取其精华，加以解读，旨在搭建传统典籍与大众之间的桥梁，激活中华优秀传统文化，用优秀传统文化滋养当代中国人的精神世界，提振当代中国人的文化自信。

这套书采取导读、原典、注释、点评相结合的编纂体例，寻求优秀传统文化与社会主义核心价值观之间的深度契合点；以当代眼光审视和解读古代典籍，启发读者从中汲取古人的智慧和历史的经验，借以育人、资政，更好地为今人所取、为今人所用；力求深入浅出、明白晓畅地介绍古代经典，让优秀传统文化贴近现实生活，融入课堂教育，走进人们心中，最大限度地发挥以文化人的作用。

《百部经典》的编纂是一项重大文化工程。在中宣部等部门的指导和大力支持下，国家图书馆做了大量组织工作，得到学术界的积极响应和参与。由专家组成的编纂委员会，职责是作出总体规划，选定书目，制订体例，掌握进度；并延请德高望重的大家耆宿担当顾问，聘请对各书有深入研究的学者承担注释和解读，邀请相关领域的知名专家负责审订。先后约有500位专家参与工作。在此，向他们表示由衷的谢意。

书中疏漏不当之处，诚请读者批评指正。

2017年9月21日

凡　例

一、《中华传统文化百部经典》的选书范围，上起先秦，下迄辛亥革命。选择在哲学、文学、历史、艺术、科技等各个领域具有重大思想价值、社会价值、历史价值和学术价值的一百部经典著作。

二、对于入选典籍，视具体情况确定节选或全录，并慎重选择底本。

三、对每部典籍，均设“导读”“注释”“点评”三个栏目加以诠释。导读居一书之首，主要介绍作者生平、成书过程、主要内容、历史地位、时代价值等，行文力求准确平实。注释部分解释字词、注明难字读音，串讲句子大意，务求简明扼要。点评包括篇末评和旁批两种形式。篇末评撮述原典要旨，标以“点评”，旁批萃取思想精华，印于书页一侧，力求要言不烦，雅俗共赏。

四、原文中的古今字、假借字一般不做改动，唯对异体字根据现行标准做适当转换。

五、每书附入相关善本书影，以期展现典籍的历史形态。

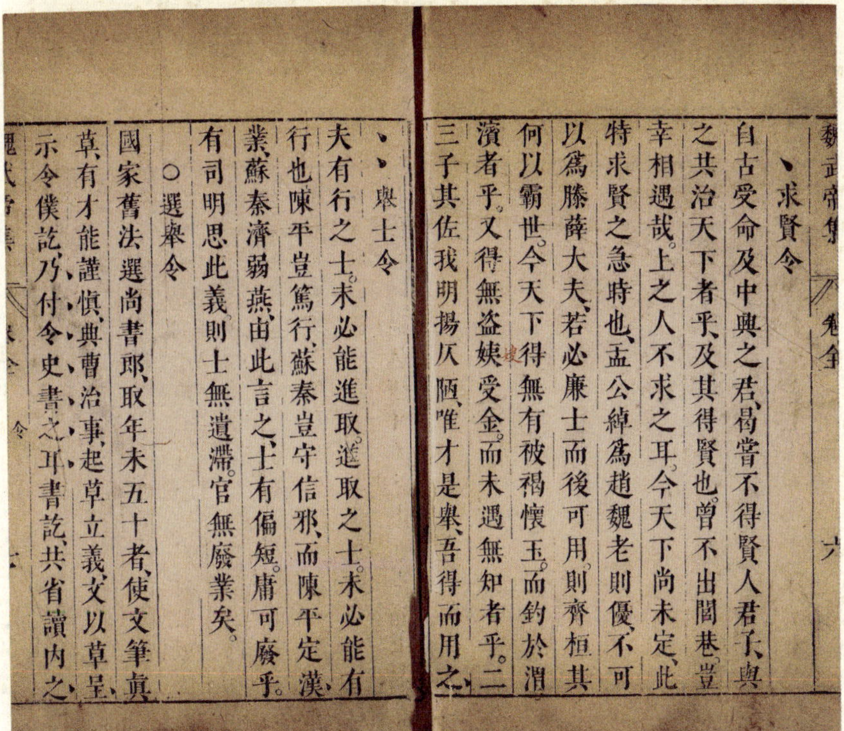

、求賢令

自古受命及中興之君，曷嘗不得賢人君子與之共治天下者乎？及其得賢也，曾不出閭巷，豈幸相遇哉？上之人不求之耳。今天下尚未定，此特求賢之急時也。孟公綽爲趙魏老則優，不可以爲滕薛大夫。若必廉士而後可用，則齊桓其何以霸世？今天下得無有被褐懷玉而釣於渭濱者乎？又得無盗嫂受金而未遇無知者乎？二三子其佐我明揚仄陋，唯才是舉，吾得而用之。

、、舉士令

夫有行之士未必能進取，進取之士未必能有行也。陳平豈篤行，蘇秦豈守信邪？而陳平定漢業，蘇秦濟弱燕。由此言之，士有偏短，庸可廢乎？有司明思此義，則士無遺滯，官無廢業矣。

○選舉令

國家舊法，選尚書郎，取年未五十者，使文筆真草，有才能謹慎，典曹治事，起草立義，文以草呈示令僕，訖，乃付令史書之耳。書訖，共省讀内之

魏武帝集一卷　（三国魏）曹操撰

明娄东张氏刻本　国家图书馆藏

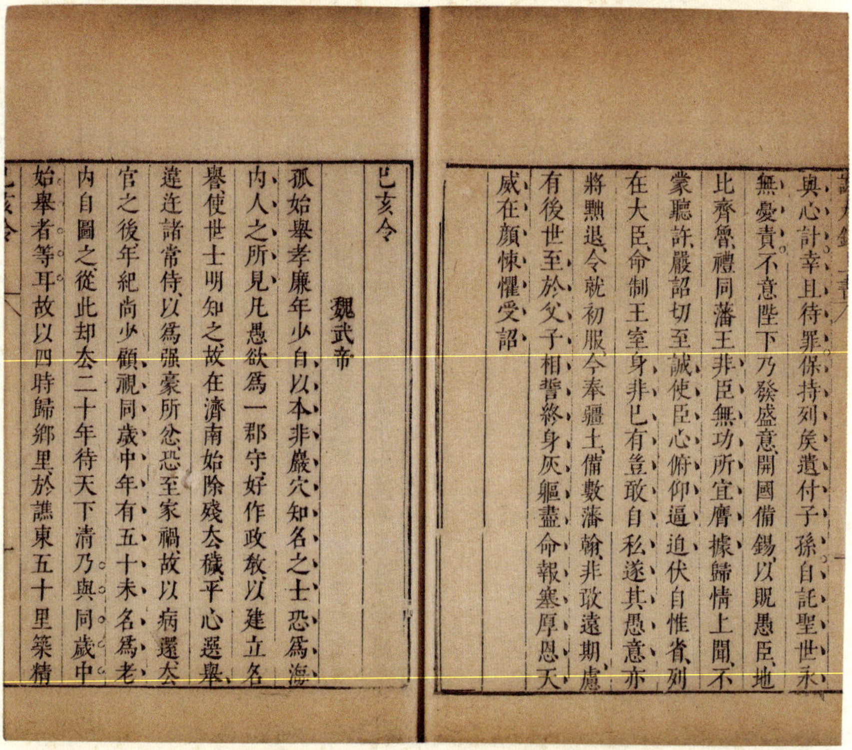

與心計幸且待罪保持列侯遺付子孫自託聖世永
無憂責不意陛下乃發盛意開國備錫以貺愚臣地
比齊魯禮同藩王非臣無功所宜膺據歸情上聞不
蒙聽許嚴詔切至誠使臣心俯仰逼迫伏自惟省列
在大臣命制王室身非已有豈敢自私遂其愚意亦
將黜退令就初服今奉疆土備數藩翰非敢遠期慮
有後世至於父子相誓終身灰軀盡命報塞厚恩天
威在顏悚懼受詔

巳亥令

魏武帝

孤始舉孝廉年少自以本非巖穴知名之士恐爲海
內人之所見凡愚欲爲一郡守好作政教以建立名
譽使世士明知之故在濟南始除殘去穢平心選舉
違迕諸常侍以爲强豪所忿恐致家禍故以病還去
官之後年紀尚少顧視同歲中年有五十未名爲老
內自圖之從此却去二十年待天下淸乃與同歲中
始舉者等耳故以四時歸鄉里於譙東五十里築精

魏武帝文抄一卷　（三国魏）曹操撰

明末刻本　国家图书馆藏

目　录

文　集

孙子兵法注

专书辑释

残　句

存　疑

导 读

东汉末年，天下板荡，群雄并起。在群雄中迅速崛起，并逐步登上历史舞台的中心，成为中国北方的实际统治者的，就是曹操（155—220）。无论是白脸，还是花脸；无论是枭雄，还是英雄；无论是褒扬，还是贬斥，曹操都是一位无法回避、影响深远的历史人物。然而，由于部分历史学家有意无意的“歪曲”，文学艺术家的着力渲染；加之曹操后期野心的膨胀，曹丕禅汉自立的牵累，于是，历史上的曹操成了一位奸诈、残暴的乱世奸雄的典型。如果拨开历史的重重迷雾，还原——至少部分地还原历史真相，毫无疑问，曹操是一位杰出的政治家、军事家和文学家，这已经是史学界的共识，相关论文、专著已是积案盈箱。但是问题在于：我们研究曹操，能否真正摆脱纯粹的理性批判，悉心梳理历史和《曹操集》所留下的史料，回归历史的原点，以历史描述而不是以理性批判的方法，还原一个真实的曹操。

简要地说，曹操是“命世之才”“超世之杰”，也滥杀无辜、清除异己；揽“申、韩之术”，也崇尚经传儒学；重构“汉官威仪”，也权欲膨胀，阴怀“不逊之志”。他的诗歌、文章，浪漫与理性、温情与残酷、坦率与阴鸷，错综交织，更立体地勾勒出这位历史人物多元复合的性格。正因为思想、性格乃至于历史贡献、社会影响的多元复杂，才会有说不尽的曹操。

一、还原曹操的真实面貌

要还原曹操的真实面貌，必须先简要梳理历史。然而，谜一般的家世，多元复杂的性格，截然不同的历史评价，使曹操始终笼罩着一层厚厚的历史迷雾。如果从史籍记载出发，讨论基本史实、评价变化及其深层原因，我们可以发现：真实的曹操家族，因“莫知所出”而不可考；特殊的出身和家庭地位，造就了曹操复杂的性格；自身的复杂性格和史学家的政治倾向，导致对曹操的评价纷繁复杂。唯有拨开历史迷雾，才能还原人物的本质属性。

曹操叱咤于汉末风云，他的丰富人生就是一部汉末风云录。然而，这样一位令人振聋发聩的历史人物，却家世成谜，这不能不让人费解。汉桓帝永寿元年（155），曹操出生于一个宦官家庭。《三国志·魏书·武帝纪》记载：“太祖武皇帝，沛国谯人也，姓曹，讳操，字孟德，汉相国参之后。桓帝世，曹腾为中常侍大长秋，封费亭侯。养子嵩嗣，官至太尉，莫能审其生出本末。嵩生太祖。”虽然史书也给曹操的出身攀上了高门——西汉相国曹参之后，然而接下来的记载却令人啼笑皆非。曹操祖父曹腾，是一位宦官，无法生育，收养一位不知“生出本末”的曹嵩，嵩生曹操。这位曹嵩，虽官至三公（太尉），却并非凭借才能事功，而是在灵帝西园卖官时，贿赂宦官，花钱买官所得。以这种方式获得高官，大约很为世族所不齿，史家所不屑，因此《后汉纪》《后汉书》以及《三国志》都没有详细记载。吴人所作的《曹瞒传》说嵩是夏侯氏之子，夏侯惇叔父，然而后来曹家与夏侯氏多有联姻，如夏侯惇之子夏侯楙即娶曹操女儿清河公主为妻，古代“同姓不婚”（《国语·晋语四》），汉魏依然如此，如陈矫因为娶同族女子为妻而受到徐宣的非议（见《为徐宣议陈矫下令》），所以《曹瞒传》的说法颇受后人怀疑。反而，陈琳《为袁绍檄豫州》所说曹嵩乃“乞丐携养”，多为史家所取信。若然，曹嵩则是乞丐收养的一位流浪孤儿，后来侥幸被曹腾收为养子，凭借养父的地位和财富才逐渐发达起来。

也就是说，在血缘上，曹操与曹腾毫无关系，与西汉相国曹参更无瓜葛。唯一有直系血缘关系的是曹嵩，可是曹嵩身世不明，无法追溯自己家族的真正渊源，不得已以曹腾的世系作为自己家族的渊源。后来曹家撰修家谱时，曹操只能以曹腾一族的嫡传自居了，并且自称是“曹叔振铎之后”（《家传》残句）。魏末王沈撰修《魏书》，也就依据曹氏《家传》，以曹腾为核心，追溯曹操家族渊源。这种特殊的家世背景，使曹操的出身既不能说是高门世族，也不能算是寒门庶族；对于曹操而言，祖父曹腾既是其家族辉煌的奠基者，又成为他“赘阉遗丑”（出身宦官）的家族耻辱标志。正是出于这种复杂而矛盾的心理，曹操一方面炫耀“孤祖父以至孤身，皆当亲重之任”（《述志令》），另一方面又以士族自居，对汉末宦官专权恨之入骨，自以清流集团为伍；一旦权力在手，对宦官势力的打击也毫不手软。

青少年时期，曹操性格就相当复杂。少年完全是一个顽童，稍长又成为一位侠士。《三国志·魏书·武帝纪》说：“太祖（曹操）少机警，有权数，而任侠放荡，不治行业，故世人未之奇也。”所谓“少机警”，如果按照《曹瞒传》的记载，仅仅是孩童的恶作剧而已。因为家世优裕，少年曹操游手好闲，“飞鹰走狗，游荡无度”，叔父着实看不下去，就劝说兄长曹嵩约束曹操。曹操自然不爽，于是就想出一条“机警”之策，打破父亲对叔父的信任。一次外出，曹操途遇叔父，立即佯装眼斜口歪，叔父惊讶地问其原因，他回答说："我突然中风。"叔父告诉曹嵩，嵩大惊，急忙召唤曹操，却见他面貌如故。嵩问："叔叔说你中风，是现在痊愈了么？"操说："我本未中风，叔叔不爱我，所以冤枉我。"此后，叔父每有所言，嵩都不再相信。脱去笼头的曹操，自然更加肆意妄为。这一恶作剧固然可以看出幼年曹操的机警狡诈，但说"权数"则未免深文周纳。稍长之后，曹操并未改变"游荡"的习性，不过由顽童转变为侠士而已。

青少年时，曹操与袁绍也是沆瀣一气的哥们儿。只是后来在皇帝废立问题上，二人政治观点不同，逐渐反目，最后兵戎相见，这自然是后话。袁绍汝南汝阳（今河南商水）人，曹操沛国谯（今安徽亳州）人，二人故乡并不遥远；袁绍自高祖袁安为司徒，以下四代官居三公，曹操虽非世族，毕竟祖父曹腾、父亲曹嵩也身居高位，二人家境相差不大。再加上袁绍"折节下士"，"太祖少与交焉"（《三国志·魏书·袁绍传》）。少年时期，二人都"任侠放荡"，同气相求，游学洛阳，成为好友。起初，二人的任侠行为仍带有少年恶作剧的性质。《世说新语·假谲》记载："魏武（曹操）少时，尝与袁绍好为游侠。观人新婚，因潜入主人园中，夜叫呼云：'有偷儿贼！'青庐中人皆出观。魏武乃入，抽刃劫新妇，与绍还出。失道，坠枳棘中，绍不能得动。复大叫云：'偷儿在此！'绍惶迫自掷出，遂以俱免。"劫夺别人新妇，成何体统！这种恶作剧已经超出道德规范，而进入"人渣"系列。然而，由于家世背景特殊，历史给了曹操一次人生的转折。"年二十，举孝廉为郎，除洛阳北部尉，迁顿丘令，征拜议郎。"（《三国志·魏书·武帝纪》）

初入官场的曹操，虽然还带有侠士的性格，但是这种侠士性格，属于"见危授命，以救时难而济同类。以正行之者，谓之武毅"（荀悦《汉纪·孝武皇帝纪一》）之类。任洛阳北部尉时，为整治洛阳城的秩序，造五色棒，悬挂于公廨大门左右，"有犯禁者，不避豪强，皆棒杀之。后数月，灵帝爱幸的小黄门蹇硕叔父夜行，即杀之。京师敛迹，莫敢犯者”（《三国志·魏书·武帝纪》裴松之注引《曹瞒传》）。一个掌管京城城门治安的小官，竟敢棒杀颇受灵帝宠爱的宦官的叔父，其不畏豪强的凛然正气已经初露锋芒。被征议郎之后，也有两件大事可见曹操早期的性格。第一件，灵帝即位初期，窦武、陈蕃因为谋诛宦官，事泄被宦官所杀，曹操上书，陈述窦武等人“正直，而见陷害，奸邪盈朝，善人壅塞”，言辞慷慨激切，要求重新审理窦武、陈蕃冤案（《上书理窦武陈蕃》）；第二件，灵帝下诏，敕令三公，罢免州县不合格的官员，然而“三公倾邪，皆希世见用，货赂并行，强者为怨，不见举奏，弱者守道，多被陷毁”，曹操痛心疾首，上书切谏，“说三公所举奏专回避贵戚之意”（《三国志·魏书·武帝纪》裴松之注引《魏书》），锋芒直指上层权贵。虽然两次上书都没有被昏庸的灵帝采纳，而且后来也因为政治日益混乱，曹操见无力回天，“遂不复献言”，但是“救时难而济同类”的侠士性格却表现得相当鲜明。

所以，曹操迁官济南相后，见属县官吏“阿附贵戚，脏污狼藉，于是奏免其八；禁断淫祀，奸宄逃窜，郡界肃然”。然而，因为权臣专朝，贵戚横恣，曹操不愿违背道义，取容权贵，又恐屡屡忤逆，遭到陷害，于是在中平四年（187）托疾归乡，自称“筑室城外”，以“习读”“弋猎”自娱。其实，他这次归乡时间十分短暂。中平五年十一月，曹操被朝廷征为典军校尉。后来董卓入京，专权乱政，废黜少帝（刘辩），另立献帝（刘协），朝纲已是不可收拾。于是，曹操“变易姓名，间行东归”，招募兵马，讨伐董卓，从此走上别样的人生道路，并最终登上政治舞台的中心。

曹操初入官场敢言敢为的通脱性情、严厉严酷的执法风格，以及后来唯才唯功的人才观念、轻上轻君的处事风格，实际与他早期的侠士性格有一脉相承的关系。也因而导致当时人们就对曹操褒贬不一。太尉桥玄初见曹操，就“见而异焉”，并谓之曰：“今天下将乱，安生民者，其在君乎！”（《后汉书·桥玄传》）后来在《祀桥太尉文》中，曹操深情回忆说：“吾以幼年，逮升堂室，特以顽鄙之姿，为大君子所纳。增荣益观，皆由奖助。……士死知己，怀此无忘。”这时曹操年龄尚轻，名未显赫。虽然已经入仕做官，但资历尚浅，影响有限。桥玄竟然看出曹操是乱世中安定天下苍生的人才，确实眼光老辣。因为桥玄崇高的社会地位和威望，这一赞誉提高了曹操的身价，引起了社会精英的注意，即“增荣益观，皆由奖助”，直至曹操已经身居宰辅、叱咤风云之时，仍然感慨“士死知己，怀此无忘”。所以在进军官渡、驻军于谯时，回望桥玄墓陵，悲怆之情难以自抑，祭奠墓陵，亲作祭文。

曹操由文官而成为武将，由入谏君主、整治州郡的廉正官吏而成为扫清天下、匡正汉室的股肱重臣，也得力于善于识人的友人帮助。曹操“变易姓名，间行东归”故乡，途经中牟（今河南中牟）时，当地亭长怀疑他是一个逃犯，立即将他拘捕，送到县衙。一位功曹（县令佐吏）得知是曹操，“以世方乱，不宜拘天下雄俊，因白令释之”（《三国志·魏书·武帝纪》裴松之注引《世语》）。一位小吏竟然看出曹操是能够治世靖乱的“雄俊”，劝说县令释放他，使其逃过一厄，不能不说识见过人。《三国志·魏书·武帝纪》记载曹操回乡后，“散家财，合义兵，将以诛卓”。其实，在曹操募集义兵时，有一人对他的影响至关重要，这就是卫兹。曹操初至陈留（今河南开封境内），拜见当地侠士卫兹，卫兹一见，就认为“平天下者，必此人也”（《三国志·魏书·卫臻传》）。立即劝说曹操募集兵马，安邦靖国，“以家财资太祖，使起兵，众有五千人”（《三国志·魏书·武帝纪》裴松之注引《世语》），并且追随曹操征伐天下。卫兹善于识人，也成为曹操走向人生辉煌的起点。后来卫兹之子卫臻受人诬陷，曹操就是因为“孤与卿君（卫兹）同共举事”，而相信卫臻“具亮忠诚”（《与卫臻令》）。以上事实说明，当时上至太尉，下至小吏、侠士，都认为曹操是能够安定天下的豪杰之士。

然而，事情并非如此简单，争议的评价也接踵而至。当时以善于识人著称的许劭、许靖兄弟创立了著名的“月旦评”，品评当代人物。许劭对曹操品目是“清平之奸贼，乱世之英雄！”这一评价影响极大，与东晋孙盛《杂记》记载曹操杀吕伯奢一家时所说的“宁我负人，毋人负我”，构成了后代评价曹操的主线，后者的影响尤为深远。事实上，曹操杀吕伯奢一家，背景十分复杂，各家记载也不相同。《魏书》记载是吕伯奢家人劫掠曹操马匹、器物，操不得已而自卫杀人；《世语》记载是操怀疑吕伯奢家人欲加害于他而杀人，二书都没有“负人”“负我”之言。无论《世语》《杂记》，都属于小说家言，史料并不可靠。但是，这一事件经过《三国演义》的渲染，使后人误认为是历史事实，成为曹操永远无法洗刷的罪名。后来，随着“挟天子以令诸侯”政治策略的成功运用，曹操迅疾登上历史舞台的中心。伴随军事纷争，政治上的诛伐也蜂拥而至，最为典型的是陈琳《为袁绍檄豫州》：“操豺狼野心，潜包祸谋，乃欲桡折栋梁，孤弱汉室，除忠害善，专为枭雄。”于是，“托名汉相，实为汉贼”的标签从此牢牢粘贴在曹操身上，几乎成为所有政敌的定评。

在后代历史著作中，曹操也是一个特别具有争议性的人物。褒赞者谓之“非常之人，超世之杰”，如《三国志·魏书·武帝纪》说：“汉末，天下大乱，雄豪并起，而袁绍虎视四州，强盛莫敌。太祖运筹演谋，鞭挞宇内，揽申、商之法术，该韩、白之奇策，官方授材，各因其器，矫情任算，不念旧恶，终能总御皇机，克成洪业者，惟其明略最优也。抑可谓非常之人，超世之杰矣。”陈寿的评价集中于三点：一是运筹帷幄，以武力平定天下；二是对于贤才，因材施任，既往不咎；三是总揽帝王政务，最终成就曹魏大业。陈寿的史学观虽然体现了西晋统治者以曹魏为正统的政治取向，但从宏观上说，这一评价大体上还算恰如其分。然而，虽已盖棺，却未定论。东晋袁宏《后汉纪·献帝纪》，虽对曹操也有微词，对曹丕禅汉尤其不屑，但记录有关曹操的史实，大抵依据《三国志》。可是，到了范晔《后汉书》，情况却发生了逆转。

赵翼《廿二史札记》卷六详细比较了《后汉书》和《三国志》记载的不同，发现《三国志》所记载的献帝对曹操的封官赐爵，到了《后汉书》，一律改为是曹操自我加官进爵。如《三国志·魏书·武帝纪》载“天子进公爵为魏王”，《后汉书·献帝纪》则载“曹操自进号魏王”。如此一改，特别凸显了曹操专擅朝政，目无天子，于是就坐实了“名为汉臣，实为汉贼”的名号。到了唐代，刘知幾《史通·探赜》甚至认为，曹操的罪恶比历史上乱臣贼子的田常、窃国篡逆的王莽，不啻上百千倍。此后，宋代萧常、元代郝经分别著《续后汉书》，在《曹操传》中，二人口吻虽有不同，但是“大奸”的身份却确定不移。萧常称“盖其假大义以欺世盗国”，“自古阉寺之祸莫惨于此”；郝经称“至其临终，泣涕呷嘤，以托儿女，分香析履，衣服组绶，无不付畀，乃不一及禅代。此其大奸，以一死欺天下后世者也”。自此之后，曹操就被牢牢地钉在历史的耻辱柱上。我们关注《三国演义》“拥刘反曹”的现象，殊不知历史学家的“反曹”倾向比小说家更是有过之而无不及呢！

在历史学家和文学家的双向推动下，一个历史上的真实曹操就被人为制造的层层迷雾遮盖了。

为何当时人们评价曹操的差异如此之大，后代史学家的记事评价又截然不同呢？这就必须联系史学家所处的历史时代，以及他们在历史叙述中所寄托的特殊政治倾向。当时的评价有两种情况：一是人物品评，如桥玄、许劭，二人从曹操早期的才华、个性和行为中得出的结论大致相同，许劭虽有“清平之奸贼”的负面评价，但曹操终其一生也没有迎来“清平”之世，因此不可能呈现出“奸贼”的一面，后人引申，谓之“奸雄”，恐怕也是许劭始料未及的。二是史书记载，如《魏书》《杂记》，前者是魏末官修正史，后者是杂史。正史体现统治者意志，所以记载以正面为主；杂记追求表达的艺术效果，所以记载不乏文学渲染之笔。因此对二书中的记载和评价必须作具体分析，不可不信，也不能全信。还有一部特殊的野史即《曹瞒传》，此书吴人所作，从可考的文献看，虽然叙述语气不恭，却能尊重基本史实，所以史料价值仍然较高。后代史书中《三国志》成书时代最早。《三国志》系私修史书，虽因陈寿仕于晋而带有西晋意识形态的特点，如认为“正统在魏，则晋之承魏为正统，自不待言”（赵翼《廿二史札记》卷六），但是陈寿有良史之才，在为统治者回护中仍能秉笔直书，记载的史实基本可靠。袁宏《后汉纪·献帝纪》涉及曹操的史实多同于陈寿，然而对于魏移汉鼎则直接采取批判的态度。袁宏为东晋人，权臣乱政如王敦之乱、桓玄篡逆，是东晋一直无法根除的痼疾，所以痛恨权臣乱政是袁宏的基本思想倾向。范晔《后汉书·献帝纪》的政治倾向同于袁宏，史书笔法则与袁宏不同，通过曹操“自领司隶校尉”“自为司空”，乃至后来“自为丞相”“自立为魏公”“自进号魏王”等行为，就特别凸显了曹操操弄权柄、慢君轻上的不臣之心。后来史家更一步一步地抹黑曹操形象，其慢君轻上的不臣之心又逐步成为乱臣贼子、欺世盗国的奸雄。究其源头，实由范晔开其端，萧常、郝经扬其波，刘知幾则走向极端。再经过从《三国演义》的渲染，到京剧的脸谱化，曹操逐步成为“奸雄”的一个文化符号。

其实，还原曹操形象最为简捷的方法，仍在以《三国志》为基本史籍，以《曹操集》为认知对象，脱去符号化的思维认知方式，庶几还原一个真实的历史上的曹操——“非常之人，超世之杰”是曹操的基本特征。

二、祢衡、孔融、杨修被杀的深层原因

历史学家对曹操的事迹和评价有如此之大的差异，也与曹操错综复杂的性格、利己主义的政治倾向密切相关。虽然《三国志》从政治和军事两个方面评价曹操为“非常之人，超世之杰”，是一位杰出的政治家和军事家，但是我们也必须承认曹操的确有非常残忍的一面。青年时期

的侠士之风，一直深入骨髓，几乎伴随终身。侠士固然重义，但是这个“义”是江湖之义，而不是儒家之义。江湖之义轻是非，重然诺，唯我独尊，剑影刀光视为霓彩虹影，取人性命犹如利刃割韭，这就造成侠士的另一面：没有原则的滥杀。然而，作为一位封建时代的政治家和军事家，清除异己、消灭政敌，追求统一、征战南北，甚至为保证令行禁止，又不得不杀。这也是导致了曹操在历史上有着复杂评价的原因之一。

对于一位封建时代的政治家和军事家来说，为了实现自己的政治理想或政治目的，杀人原是寻常之事。然而，曹操有时也有无原则滥杀的一面，最受后代史家诟病的莫过于讨伐陶谦过程中的滥杀无辜。初平四年（193），曹嵩罢官，率领小儿曹德还乡，因董卓之乱，道路不通，不得已避难琅琊，被陶谦部下劫掠财物，残杀全家。后来，曹操率兵东伐陶谦，“破彭城、傅阳，拔取睢陵、夏丘，皆屠之。凡杀男女数十万人，泗水为之不流。自是，五县城保，无复行迹”（萧常《续后汉书·曹操传》）。因为复仇，竟然滥杀数十万百姓，以致尸横泗水，河水为之不流；此后五县城中，人烟绝灭，这的确是一种非常残暴的行为，所以王夫之说：“惨毒不仁，恶滔天矣。”（《读通鉴论》卷九）不过，这时的曹操尚未成为一名成熟的政治家，军阀的残忍和游侠的滥杀叠合，复仇的火焰焚毁了人性和良知，为逞一时复仇之快而酿就了这一令人发指的灾难。这是曹操一生中最难饶恕的罪行。后来随着地位的擢升、思想的成熟，其历史责任感也渐趋自觉，民本思想也逐渐萌生，在战争中尽量关注民瘼，成为其思想行为的主流。这在他一系列军令中有清晰的反映，“割发代首”是一次典型行为。

然而，令人惊讶的是，除了历史学家外，曹操这一段滥杀无辜的罪恶并未引起后人的过多关注，受到后人强烈关注的反而是祢衡、孔融和杨修三位名士的被杀，这几乎成为曹操滥杀无辜的铁证。那么，三人被杀的深层原因究竟是什么？这是研究曹操必须回答的问题。

一般认为，祢衡被杀，是曹操“借刀杀人”。这固然事出有因，但究其本质，完全是祢衡咎由自取。从《后汉书·祢衡传》看，祢衡并非出身世家，然而他有才能，善言辞，但任性傲慢，目空一切。本想积极入世，以求宏图大展，却又自毁入世根基，在思想与行为的分裂中，自导自演了一幕绝大的人生悲剧。建安元年（196），朝廷建都许昌，祢衡匆匆而往，怀揣名帖，又无处投人，直至名帖的字迹都已模糊。这说明两点：一是南漂许都，本为求官而来；二是声名不彰，并无故旧可以投靠。在这种情况下，有人问他：你何不投靠陈群、司马朗？他竟然回答说：我怎么能追随屠户卖酒者！又问：荀彧、赵融如何？答说：荀彧颜值超群，可以借他的脸蛋去吊丧；赵融大腹便便，可以用他的胃口去监厨。其实，他所蔑视的四人都是当时名士，才能出众，很受曹操器重。无论从哪一方面说，都不在祢衡之下。对于一个既无祖荫可以托庇，又无根基可以立足的人来说，本应广结豪杰，互为奥援，却自树异己，自我孤立；尚未立足，却已将立足的社会根基抽空殆尽，其性格悲剧已经露出端倪。

后来在孔融的鼎力推荐下，求贤若渴的曹操也希望能与他见面，这对于南漂求仕者本是一次难得的机遇，而祢衡偏偏故作清流名士，不齿当权，自称有“狂病”而不肯俯就。不去也罢，却又口无遮拦，言语放诞，因而激怒了曹操。为折其傲气，曹操故意任命他为令人不屑的下层鼓史。如若祢衡心知羞辱，自可拂袖而去，但他又屈辱接受这一卑贱之职。在一次大会宾客时，他借题发挥，先是不愿穿着鼓史之服，选择声音急促悲壮的《渔阳参挝》；击鼓之时，表情愠怒，声节悲壮，使听者无不慷慨悲叹；还一边击鼓，一边走向曹操，当面脱下内衣，裸体而立，然后缓缓穿上鼓史衣服，再击鼓参挝而去。就连与他同气相求的孔融也看不下去，批评他说：大雅君子，本来就不该如此！并且向他传达了曹操的真实用心。可是，祢衡不仅不思悔过，反而变本加厉，又演出辕门骂曹的闹剧。击鼓骂曹时，曹操尚且微笑说：“本欲辱衡，衡反辱孤。”辕门骂曹后，曹操愤怒地说："祢衡竖子，孤杀之犹雀鼠耳。"只是因为天下混乱，正是用人之际，衡有虚名，唯恐杀一祢衡而失天下名士之心，才放他一条生路，遣人将他送给宽以待士的刘表。

祢衡初至刘表处，生存环境和人际环境都大为改善。《后汉书·祢衡传》载："刘表及荆州士大夫先服其才名，甚宾礼之，文章言议，非衡不定。"即使他将刘表与手下文人精心结撰的章奏撕毁掷地，刘表虽震惊不满，却并未严厉指责，而且还因祢衡重拟的章奏"辞义可观"而"益重之"。由于祢衡自视过高，欲壑难填，总是感觉怀才不遇，于是狂态复萌，"复侮慢于表，表耻不能容"。其实，刘表虽然不算雄杰，却能礼贤下士，所治理的荆州，人才济济，文化学术欣欣向荣，当时著名的文学家王粲，经学家宋忠、綦毋闿都聚集荆州，王粲《登楼赋》就创作于荆州，所形成的"荆州学派"也成为影响三国学术走向的一个重要学派。几乎所有流寓荆州的贤才文士都受到礼遇，刘表怎么可能容不下一个祢衡呢？足见祢衡的狂悖已经到了无以复加的地步，所以才使向来宽容文士的刘表也忍无可忍。于是将他转送给性情暴躁的江夏太守黄祖。刘表料定黄祖必不能容忍祢衡的狂悖，如果说借刀杀人，刘表确实心存此念。补充说明的是，祢衡初至黄祖处，也特受"善待"，黄祖对他的文才尤其欣赏，其长子黄射与祢衡关系尤为密切。然而，在一次大会宾客时，祢衡又出言不逊，黄祖呵斥之，他竟然辱骂黄祖已是死人，不必多言！于是黄祖勃然大怒，命令有司以军棍笞之，祢衡更是破口大骂，终于被杀。

纵观祢衡，其人刚愎狂悖，不自量力，不知进退，不甘人下，不能隐忍，渴望积极用世而无用世之道，渴望笼盖一世而无盖世之才，渴望获得权力而无进身之方，试图以一己微薄之才遍折天下豪杰，所以甘愿冒天下之大不韪，舐血于政治的锋刃之上，穿梭于权力的刀丛之中，即便"黄祖"不杀，也必被"白祖"杀之。后来，京剧《击鼓骂曹》把祢衡塑造成一位头脑清醒、政治敏锐、欲清君侧的仁人志士，与历史真相不啻霄壤之间。而且，当时的曹操心系汉室，未曾有半点“上欺天子”的不臣之心！所以，祢衡被杀，虽也令人同情，实是咎由自取，也并非曹操“借刀杀人”而酿造的一桩悲剧。试想，曹操能重用唾骂他“赘阉遗丑”的陈琳，何以不能容忍一个狂生祢衡？所以祢衡被杀具有必然性，这一点与孔融大不相同。

建安十三年（208），曹操杀太中大夫孔融，夷其族。孔融有三点与祢衡不同：祢衡出身寒素，孔融出身高门；祢衡终身布衣，孔融身居高位；祢衡怒骂曹操是出于任性狂悖，孔融讥讽曹操是因为政治取向。所以，祢衡被杀，波澜不惊；孔融被杀，耸动士林。

孔融是孔子二十世孙，祖上曾为帝王老师，父亲也是泰山都尉。少年时期，孔融因为私藏被朝廷禁锢的党人张俭，事泄被捕，与兄长争相赴死，由此名震士林。后来为司徒杨赐所辟，进入仕途。入仕之后，举报贪浊官吏，陈对罪恶，义正辞严。任北海相期间，置城邑，办学校，彰表儒术，荐举贤才，为传承儒家文化不遗余力。尤其重要的是，在袁绍、曹操都处于鼎盛之时，孔融深知二人的政治目的都在图谋汉室，所以不依附任何一方，部下左丞祖劝其结纳其中一方，以为政治靠山，融“怒而杀之”。范晔说他“负其高气，志在靖难，而才疏意广，迄无成功”（《后汉书·孔融传》），确实识见高明。

从史籍看，起初孔融与曹操的关系比较密切，所以才会屡次向他举荐祢衡；对曹操靖乱安邦也充满期待，在李傕、郭汜之乱时，明确表达“瞻望关东可哀，梦想曹公归来”；对曹操迁都许昌，挽救汉室，也充满赞叹，“从洛到许巍巍，曹公忧国无私”（《六言诗》）。但是，后来二人渐行渐远。孔融出于维护汉室的政治目的，眼见曹操军事崛起和专权朝政，政治野心渐渐暴露，孔融既无力遏止，又无法忍受，于是以一种名士玩世不恭的方式，故意言辞不拘正理，讥讽曹操。第一，曹操攻下邺城，曹丕贪图袁熙之妻甄氏的美貌，私纳为妾。孔融与操书说：“武王讨伐纣王，将王妃妲己赐给了周公。”本来，历史上的妲己，因为红颜祸水，被武王斩下头颅，悬挂于白旗之下，以儆效尤。孔融却说赐给了周公，所以曹操心存狐疑，问“出何经典”。孔融回答：“以今度之，想当然耳。”意思是按照您现在的做法，推想武王也应该如此呀。这不仅调侃曹操父子行为荒唐，而且讥讽其行为违背古制。第二，曹操北征乌桓三郡，本来是关乎国家统一的大计，而缺少远见的孔融竟又嘲笑说：“大将军远征海外，是因为从前肃慎国不来进贡、丁零国盗走苏武牛羊的两件事么？”肃慎是西周古国，苏武是西汉使节，这两件事与曹操北征乌桓毫无关联。孔融之所以拉来作为调侃的材料，实际上是讽刺曹操“师出无名”。第三，因为灾荒，兵粮不足，操上表请求禁酒，以节约粮食，这本是不得已而采取的权宜之计，可是孔融又给曹操写了一封长长的书信，阐释酒有“和神定人，以济万邦”的妙用，并且列举孔子无酒不能成为圣人，高祖无酒不能斩蛇而起，景帝无酒不能开启西汉中兴……一言以蔽之，无酒则不能成就大业。曹操去书解释，融又“频书争之，多侮慢之辞”，于是二人渐生嫌隙。

后来的情况发生了质的变化。孔融对于曹操，也不再流于一般的名士调侃，而是进行实质性的攻击。曹操北征乌桓之后，北方基本平定，曹操将邺城作为自己的政治核心，隐隐形成了许昌、邺城两大政治中心，曹操的封王之势已成。坐卧不安的孔融上奏献帝，按照古代制度，在王畿的千里之内，不应分封诸侯，试图将曹操势力驱逐出许都千里之外，这就彻底触碰了曹操的政治红线。曹操虽然忌惮孔融“名重天下，外相容忍”，却“潜忌正议，虑鲠大业”。在这种情况下，御史大夫郗虑望风承旨，奏请献帝罢免孔融官职。二人的政治对立也进入白热化阶段。曹操直接写信告诫孔融，“喜怒怨爱，祸福所因”，而且暗示说：“孤为人臣，……抚养战士，杀身为国，破浮华交会之徒，计有余矣。”（《后汉书·孔融传》）实际上曹操已经亮剑，唯有还没架到孔融的脖子上而已。

一年后，孔融也由将作大匠、少府降为闲职的太中大夫，却仍然无所收敛。一面享受“坐上客常满，樽中酒不空”的名士风流，一面仍然不能忘怀世事，关注政治风云变幻。如此反复地触禁忌、披逆鳞，最终必然招致杀身之祸。

必须说明的是，孔融被杀时，曹操正在南征刘表。因为御史大夫郗虑与孔融一向不睦，又揣摩曹操嫌忌孔融，就使丞相军谋祭酒路粹上表诬枉孔融，“欲谋不轨”“谤讪朝廷”“不遵朝仪”“大逆不道”，从而酿就了这一冤案。尤为令人发指的是，郗虑不仅深文周纳，罗织孔融罪名，而且竟然“夷其族”，连两位幼小的孩子也不放过，徒留下“覆巢之下，安有完卵”的一句溅满鲜血的成语。

平心而论，孔融和曹操的前期冲突，本质上是崇尚空谈的名士和唯在务实的政治家之间的冲突；后期冲突，则涉及维护汉室威仪以及唯恐天子大权旁落的问题。孔融出身孔府，自然恪守传统的忠君观念。二人政治身份的区别、文化底色的差异、政治取向的不同，导致孔融悲剧的发生。孔融虽也身居高位，但本质上仍是一介书生，所以虽在中国文化发展史上贡献颇多，却既无政绩，也无军功，对于政治的风云变幻感觉迟钝，唯善于在朝堂上发表睥睨朝臣的宏论而已。这一人生悲剧既不同于祢衡，也不同于杨修。

建安二十四年（219）九月，丞相主簿杨修被杀。本来，祢衡、杨修在中国文化史上，地位远远不及孔融。祢衡还留下千古传诵的《鹦鹉赋》，杨修无论事功还是文学，都没有留下任何特别值得称道的东西，因此史书无传。倒是因为被曹操所杀，再经过《三国演义》的描写渲染，才成为家喻户晓的才子。生前寥落，死后哀荣，恐怕也是杨修始料未及的吧。

曹操为何要杀杨修？史书没有详细记载，即使在杨修被杀之后，曹操《与太尉杨彪书》也没有明确说明。于是杨修被杀，成为一桩历史疑案。《三国演义》所谓的“杨修之死”，乃是小说家言，半是史实，半是虚构，不能据此判断杨修的死因。《与太尉杨彪书》所说：“吾制钟鼓之音，主簿宜守。而足下贤子，恃豪父之势，每不与吾同怀。”自然也只是杨修被杀的莫须有的罪名。《典略》说杨修“谦恭才博”，进入曹操麾下后，“军国多事，修总知外内，事皆称意”（《三国志·魏书·陈思王植传》裴松之注引）。这说明杨修并没有依仗“豪父之势”，而是谦恭做人；虽身处多事之秋，作为丞相主簿，总揽内外事务，处理得井井有条，都能让曹操“称意”，这也说明杨修并非每每不与曹操“同怀”。应该说，起初，曹操对杨修是十分信任的，否则怎么可能让他“总知内外”？

那么杨修被杀的真正原因是什么？史书只是模模糊糊地说明两点：《典略》载：“（建安）二十四年秋，公以修前后漏泄言教，交关诸侯，乃收杀之。”（《三国志·魏书·陈思王植传》裴松之注引）也就是说“漏泄言教”“交关诸侯”，才是被杀的真正原因。然而对于这两点原因还必须作具体分析。所谓“漏泄言教”，就是泄漏军事教令的机密，同《与太尉杨彪书》所谓“吾制钟鼓之音，主簿宜守”，应该有密切联系。然而《三国志》除了“鸡肋”一条，杨修触犯了曹操的军令禁忌，似乎与“漏泄言教”有所关联外，其他也别无所载。而被罗贯中写入《三国演义》，出自《世说新语·捷悟》的“一盒酥”事件、改造园门事件等，虽有名士恃才放旷的嫌疑，却与“漏泄言教”无关，并不足以因此而遭忌被杀。嫉贤妒能并非政治家所为，更何况当时正是用人之际，而曹操又一向标榜“唯才是举”呢！问题的关键在于“交关诸侯”。“诸侯”专指曹操已被封侯的诸子，“交关”就是交结封侯的诸子。“漏泄言教”实质上是“交关诸侯”的一个组成部分，而并非指泄露“鸡肋”之类的教令。

自从曹植私开司马门事件（见《临淄侯曹植犯禁令》）发生之后，曹操对于诸子可能出现“争夺太子”的问题引起了高度警惕。因为曹植私开司马门，并非名士的放旷任诞行为，而在“僭越”行为的背后隐蔽着一种对权力巅峰的渴望。所以曹操这时做了两件事：第一，自己率兵出征时总是将已经封侯的诸子带在身边，并且专门下达了《下诸侯长史令》，杜绝诸子部下因为猜度人主之心而选择“政治站队”现象，实际上是防备“兄弟阋于墙”的悲剧发生；第二，尽快落实太子封号，以平息其他封侯之子对于太子之位的觊觎之心。《立太子令》专门下达给具有特殊军事才能的曹彰，个中含义也特别值得玩味。因为诸子中，曹彰武功最为了得，专门下令给他，既是重视，也是警示。但是，在曹操看来，这件事并未到此画上圆满句号。因为在曹植和曹丕身后各有一批党羽，而以曹植的党羽最为活跃。杨修是其中最为出类拔萃的一员，颇受曹植青睐。《典略》载：“植故连缀修不止，修亦不敢自绝。”《世语》又载：“每当就植，虑事有阙，忖度太祖（曹操）意，豫作答教十余条，敕门下，教出以次答。教裁出，答已入，太祖怪其捷，推问始泄。”（《三国志·魏书·陈思王植传》裴松之注引）预先揣度曹操意图，然后协助曹植制定对策，这才是“漏泄言教”的本质。可见，杨修已经彻底裹入了太子之争的漩涡。

最为重要的一次：“太祖遣太子及植各出邺城一门，密敕门不得出，以观其所为。太子至门，不得出而还。修先戒植：‘若门不出侯，侯受王命，可斩守者。’植从之。”（《三国志·魏书·陈思王植传》裴松之注引《世语》）曹操下达的两道敕令互相矛盾：一是下令不准任何人出城门，二是派遣丕、植二人出城门。也就是说，无论出城门，或不出城门，都违背曹操的敕令。然而，这两道敕令有本质不同，“遣太子及植各出邺城一门”是私家之令，不具有强制性；“密敕门不得出”是军令，具有强制性。曹操试图通过二人执行这一矛盾敕令的行为，考察二子品质。曹丕不因私令而否定军令，二者兼顾，既不因私废公，恪守“天威在颜”的为臣本分，且又行为宽厚；曹植则以私令而否定军令，顾此失彼，既因私废公，挑战了“天威”，又行为峻刻。可以说，杨修是“聪明反被聪明误”，既误人也误己。虑事洞若观火的曹操，一眼就看出这是杨修在背后作祟，所以《世语》在叙述此事之后，特别点明“故修遂以交构赐死”。而《陈思王植传》又说：“太祖既虑终始之变，以杨修颇有才策，而又袁氏之甥也，于是以罪诛修。”曹操既怀疑杨修对曹魏的忠贞，又因为他谋略过人，有可能在事有仓猝之时，使太子之位发生反转，即“虑终始之变”。加之，这一年三月，曹操出征刘备，十月返回洛阳途中已是病染沉疴，他不得不考虑为太子的顺利即位扫清障碍，所以杀杨修也就事有必然了。从卞王后后来给杨彪夫人的信，也可以推知，杨修被杀，是在军中。由此可见，曹操杀杨修在心理上已有点迫不及待了。杨修被杀百余日，即建安二十五年（220）正月，曹操也丢下亲手创造的偌大基业而撒手人寰。

杨修之死，并非曹操妒忌其才能，乃在于他卷入“太子之争”的事件太深，成为封建时代宫廷之争的牺牲品。其实，即使曹操不杀杨修，曹丕得势后也必然杀之。曹丕称帝之后，曹植的几位密友如丁廙、丁仪等，不都被族诛了么？相比而言，杨修还算幸运，毕竟曹操只杀了他一人。

有时，历史也会让人啼笑皆非。狂生祢衡，目空一切，唯推崇“大儿孔文举，小儿杨德祖”。何曾想到后来三人却成为“白首同所归”的难友。所不同的是：祢衡狂悖，失之于不识人心，成为孤傲个性的牺牲品；孔融迂执，失之于不明时势，成为捍卫汉室的牺牲品；杨修不敏，失之于不能慎行，成为权力之争的牺牲品。三人之死，都可以说是屈死的冤魂，他们自己可能都不明白因何而死，历史却都给出了必死的理由。但是，我们不得不承认，作为封建统治者的曹操也有着狰狞的残忍。这显然又与他崇尚“申、商之术”的思想密切相关。

三、曹操的思想特点

从后世评价以及行为表现看，曹操的思想十分复杂。陈寿仅仅用“揽申、商之法术，该韩、白之奇策”概括其思想特点，既抓住关键，又过于简单。

曹操一生戎马倥偬，其价值取向在于“立功”而不在于“立言”，因此，除了《述志令》以外，我们很难看到他关于自己思想的直接表述。但是，如果考察行履，钩沉诗文，则可以看出曹操的思想有三个基本特点：一是以儒家思想为底色，二是以申韩法术为核心，三是治乱与治平采用不同的治政方略。

1. 以儒家思想为底色

通经为吏，是两汉既定的举官方针。因此经学教育一直是两汉官学和私学的主要内容。万绳楠先生依据安徽亳州发现的曹氏宗族墓群，考定曹操在十四岁之前，在谯县曹氏宗族田庄中度过，主要学习小学和武学，打下了文才武略的基础。又依据《续汉书》，考定曹操十四岁以后，游学洛阳，入太学，为诸生。年二十举孝廉，为郎官，所走的“也正是东汉给太学生安排的一条做官的道路”[①]。也就是说，无论是宗族小学，还是国家太学，学习的内容都是以经学为主。《曹操集》今存“好学明经”的残句，也能证明曹操早年以通经为学习目标。曹操被举孝廉之后，先后任顿丘令、议郎。光和元年（178），因为堂妹夫㶏彊侯宋奇被诛，连坐免官而隐居故乡。然而，光和三年（180），灵帝诏命公卿举荐能通《尚书》《毛诗》《左氏》《穀梁春秋》者，征拜议郎。曹操因为“能明古学”，再次被征议郎。“古学”，即古文经学。可见，曹操少年以学习经学为主，青年也因为博通经学而被举荐为官。无论从早期教育或立身之本上说，曹操的思想都是以经学为根基。

即使后来，曹操在军旅生涯中，也孜孜向学。《魏书》说，曹操“御军三十余年，手不舍书，昼则讲武策，夜则思经传”（《三国志·魏书·武帝纪》裴松之注引）。“经传”，指儒家经典及阐释经典的著作。这、也说明，曹操虽博览群书，如“武策”之类，但“经传”始终是他阅读的对象。这也奠定了他以儒学为底色的思想特点。所以，他虽然出身宦官之家，却努力跻身于清流士林。曹操青少年在洛阳期间，也是清流士大夫和宦官集团斗争的白热化时期，他毫不犹豫地参与同宦官集团的斗争。

上文所列举的上书灵帝，或要求重审窦武、陈蕃被宦官所杀的冤案；或揭露“三公倾邪，货赂并存”，或切谏“三公所举奏专回避贵戚”。凡此都足以说明，青年曹操以仁人志士的儒学精神立身，行为的本质也与清流士大夫集团并无二致。

正是这一时期，他创作了《度关山》：“天地间，人为贵，立君牧民，为之轨则。车辙马迹，经纬四极。黜陟幽明，黎庶繁息。於铄贤圣，总统邦域。封建五爵，井田刑狱。有燔丹书，无普赦赎。皋陶甫侯，何有失职？”渴望恢复上古社会君主圣明、大臣贤明、百姓休养生息的和谐社会状态，虽也浸透道墨二家的思想，但是上古大同、以民为本的思想则又属于儒家。而《对酒》：“对酒歌，太平时，吏不呼门。王者贤且明，宰相股肱皆忠良。咸礼让，民无所争讼。三年耕有九年储，仓谷满盈，班白不负戴。”突出“仁政”“教化”“推恩”，则几乎完全出自孟子的仁政思想。

董卓之乱，以袁绍为首的各路军阀，在关东举义兵讨卓，天下震动；董卓也惊慌失措，劫持献帝西迁长安，以避义兵锋芒。然而，袁绍、袁术之流却踌躇不前，坐失良机，唯有曹操、孙坚与董卓死战。所以王夫之说：“天下皆举兵向卓，而能以躯命与卓争生死者，坚而已矣。其次则操而已矣。”（《读通鉴论》卷九）即使兵败汴水，为流矢所中，曹操仍然劝说张邈等人不得迟疑不进，丧失复兴汉室的期望。由此可见，曹操的行为与二袁有明显不同。二袁觊觎王室，欲假董卓之手灭亡汉室，以实现自己篡汉自立的野心；曹操则系心王室，意在清君侧，靖天下，恢复汉官威仪。所以王夫之又说：“当斯时，操固未有擅天下之心可知也。以操为早有擅天下之心者，因后事而归恶焉尔。”（《读通鉴论》卷九）当然，最受后代史学家误解的莫过于曹操的“挟天子以令诸侯”。

建安元年（196），曹操迎接献帝，建都许昌。无论对汉室或曹操而言，都是历史的转折。事实上，曹操这一决策，当初未必包藏祸心，也并非仅仅为了“令诸侯”而“挟天子”。“挟天子”固然可以获得政治话语权的优势，但是平定天下，勤心王室，的确是曹操早期的人生志向，这一思想在《善哉行》其二中得以体现。这年正月，曹操准备迎天子于许昌，因为董承、袁术的阻难而愿望成空。“虽欲竭忠诚，欣公归其楚”，虽然欲尽忠而不得，却仍然为天子回到洛阳而欣慰。但是，“快人由为叹，抱情不得叙。显行天教人，谁知莫不绪。我愿何时随？此叹亦难处。今我将何照于光曜，释衔不如雨”，终究因为无法见到天子，怀抱忠贞之情而不能面呈；欲迎天子而不得，抱负成空；不知何时天光才能照耀我身，每念于此，内心的痛楚简直无法自抑！诗歌率性表达了这种不见天子的铭心刻骨之痛，发乎心而出乎诚，一片忠贞，斑斑可见。可以说，这一时期的曹操也是儒家“君君臣臣”的政治伦理的坚定恪守者。即使势力煊赫之后，也反复以儒家所称道的周公自比，恐怕未必都是掩人耳目的谎言。即使在被封魏王之后，他也不愿代汉自立。建安二十四年（219）冬，孙权上书称臣，曹操“以权书示外曰：‘是儿欲踞吾著火炉上邪！’”孙明君先生指出：“从史实看，曹操代汉的条件已基本成熟：一是三国鼎立局面已形成，一时间三国无法互相吞并。二是在北方，曹操即戎三十余年，经营日久，早已是实际统治者。三是妨碍他文王事业的人物已被铲除（如荀彧、孔融），几起图谋兴汉的事变被及时扑灭。……而曹操却宁愿终生只作周文王。”② 显然，儒家政治伦理观念始终对曹操有着约束性的影响。

简要地说，曹操在教育背景、文化取向上，始终以经学为主体；在社会理想、政治伦理上，也是以儒家为旨归。所以，他的诗歌以及文章都渗透着大量的儒家思想，几乎涉及全部的经学著作，仅引用《论语》就达二十来条。即使后来治军揽“申、韩之术”，也仍然以儒学为底色。

2. 以申韩法术为核心

“申韩”，是指申不害和韩非，二人都是战国时期的法家代表人物。法家思想萌生于春秋时期的管仲、子产，发展于战国时期的李悝、吴起，至商鞅、慎到、申不害形成学派，韩非则集其大成。《韩非子》站在法家立场上，提出了系统的治国御民之术，为后来秦王朝的中央集权提供了完备的理论依据。汉承秦制，虽然在治国御民的过程中，有重儒术、重黄老以及重董仲舒新儒学之别，但是在中央集权和法律体制上，汉与秦并无二致，从而形成我国两千年封建社会的政治与法制主体。法家诞生后，中国文化早期以儒道法为核心——儒家尚礼，重伦理秩序；道家论道，重自然规律；法家崇术，重治国法则。后期以儒释道为核心——佛家主空，重心性修证，法家则以法权的形式融入政体之中，是以制度的形式存在，成为政体的一个组成部分。

在法家尚未融入政体之前，主要是以显性权力的方式，保证统治者意志的贯彻执行。富国强兵是法家的政治目标，以法御民是法家的思想核心，“不别亲疏，不殊贵贱，一断于法”（司马谈《论六家要旨》），是法家的制度准则。曹操虽以“申、韩之术”为核心，却不泥守传统，而是着力处理好以下三种关系：

第一，富国与足民的关系。富国强兵，是政治家重要的治国方略，所以在建安元年（196）定都许昌后，曹操的身份发生了巨大变化，由一位为国讨逆的军阀转变为国家的实际执政者；思考问题的角度也随之发生巨大变化，由原来重视扩张势力、掠夺战争资源转变为如何治国御民。曹操执掌国家政权之后，推行的第一项具有战略意义的举措，就是屯田制。建安元年，曹操下《置屯田令》，将其作为“强兵足食”的“定国之术”，并取得了极大成功，于是又由“军屯”而推行“民屯”，由政府配给土地、耕牛及其他生产工具，按照所配给的耕牛数目，交纳租粮。推行的第二项具有战略意义的举措，是抑制兼并。建安九年（204），曹操攻下邺城，占领整个冀州。冀州过去一直在袁绍统治下，土地兼并严重。由于东汉末年采用“户调制”（按户征收赋税），豪强世族，一是兼并土地，再租给农民耕种，农民既要向豪强交纳地租，又要为豪强交纳政府税粮，双重赋税使农民“衔鬻家财，不足应命”；二是招揽流民，窝藏罪犯，使这些流民或罪犯由国家人口变成私人奴隶，豪强通过隐匿人口，逃避政府征收赋税，剥削其剩余劳动价值。所以曹操在打击土地兼并的同时，采取按亩征收的措施，“其收田租亩四升，户出绢二匹、绵二斤而已，他不得擅兴发”（《抑兼并令》），从而杜绝了“弱民兼赋”的现象。既保证了国家税收，又大大减轻了农民负担。

由于当时连年征战，百姓流离失所，产生了大量流民，实行屯田，抑制土地兼并，既解决了流民的基本生活保障，打击了豪强世族势力，也增加了国家税收。这两项治国方略，客观上具有富国、足民的双重意义。

第二，法令和封赏的关系。曹操以法治军，不仅严厉，甚至严酷。有令必行，有禁必止，是他用兵的基本特点。曹操用兵善于翻空出奇，官渡之战、北征乌桓、安众大败张绣，都是以奇兵取胜的经典战例。然而，善用奇兵，固然取决于将帅的智谋勇武，也取决于严明的军纪和士卒的战斗素质。所以，曹操特别注重士卒的日常训练，即使日常训练，也特别注重号令的绝对权威。他认为，严格的行伍秩序是军威整肃的标志，号令则是行伍秩序形成的灵魂。《船战令》《步战令》正是水军、步兵训练的基本纲领。而且在每条命令后都要加上“违令者，斩”的执法要求。其军令之严厉，由此可见一斑。在军令的执行过程中，严格贯彻无论贵贱“一断于法”的执法原则。一次，军行于百姓麦田边，曹操命令“士卒无败麦，犯者死”。偏偏不巧，自己坐骑受惊，奔入麦田，不得已“割发代首”（《三国志·魏书·武帝纪》裴松之注引《曹瞒传》），以示严惩。当然，曹操严厉甚至严酷的军令只是治军的一个方面，他非常推崇管仲“使贤者食于能则上尊，斗士食于功则卒轻死”（《论功德令》）的名言，所以对待谋士将帅诱之利禄，“定功行封”（《封功臣令》）；对待普通士卒则赏赐及时，“赏善不逾日”（《孙子兵法·火攻》注）。通过封赏，一方面树立权威，激励士气；另一方面指挥三军，“若使一人”（《孙子兵法·九地》注），从而完成与士大夫“共定天下”的宏伟蓝图。此外，在《军谯令》《存恤令》中，他还下令抚恤牺牲将士遗孤、延续将士香火，免除将士的后顾之忧。

军令严酷，赏罚分明，既建立了完整的法令体系，使三军将士畏于权威，保证法令的畅通；又利用了趋利避害的人性特点，使三军将士诱于利益，保证法令的自觉执行，从而建立一支军纪严明、士气高昂、折冲轻死的军队。

第三，唯才和唯行的关系。不重德行，唯才是举，是曹操用人的一大特点。然而，要以赏罚为杠杆，建立合理高效的人才队伍，就必须处理好唯才与唯行的关系。曹操是汉代以来公开宣称“明扬仄陋，唯才是举”的第一人。他三次下令招纳贤才：第一次是建安十五年（210）。赤壁之战失败后，曹操反思战争失利的原因，固然有瘟疫、北方军士不习水战等客观因素，但是缺乏明断直谏、运筹帷幄的英才，也是重要原因。所以，曹操数次遗书荀彧，追思郭嘉，甚至认为假使郭嘉在世，不会遭此败北。于是下《求贤令》，强调“明扬仄陋，唯才是举”；另一方面又注意笼络荆州北归人才，宣称“周公吐哺，天下归心”（《短歌行》）。第二次是建安十九年（214）。曹操被封魏公之后，希望在魏国内部建立一套完整的等同于朝廷的官僚体系，人才问题再次凸显出来。于是，曹操又下《敕有司取士毋废偏短令》，敕令有司选择“进取之士”，不可因为“士有偏短”而弃之不用，希望建立一支高效的官僚体系，使“士无遗滞，官无废业”，将魏国打造成能够超越汉室的独立王国。第三次是建安二十二年（217）。建安二十一年，曹操为魏王，乌桓、匈奴单于都来朝见，魏王已俨然乎天子。历史发生了转向，他的心态也随之转向。可以毫不冤枉说，曹操虽终身没有代汉自立，但是在这一时期，不臣之心已隐隐开始膨胀。于是又下《求逸才令》，一是求逸才于民间，二是拔高才于行伍，三是擢异才于污浊。举才标准一如既往，举才范围却进一步扩大了。

对于曹操来说，举才的目的是为我所用，因此一旦人才入我彀中，考察的标准唯在于“行”，即人才的实际行动能力。不尚浮华清谈，听言责事，举名责实，或可运筹帷幄，或能攻城野战，或堪牧民治政，是曹操考察人才能力的基本准则。在他的麾下，荀彧、郭嘉、田畴等以运筹帷幄胜；夏侯惇、曹仁、徐晃等以攻城野战胜；枣祗、任峻、吕虔等以治政牧民胜。功利主义，是曹操根深蒂固的人才观。不问来历，唯论事功。所以，夏侯渊平定陇右，《褒夏侯渊令》赞美说：“宋建造为乱逆三十余年，渊一举灭之，虎步关右，所向无前。”甚至谦称自己也有所不及。然而，渊守汉中，失地丧身，《军策令》又贬之说：“渊本非能用兵也，军中呼为‘白地将军’。”成则为龙，败则为虫。夏侯渊是曹操同乡，毕生矢志不渝地追随曹操，待之尚且如此，他人更不待言。他曾明确告诫其子：“不但不私臣吏，儿子亦不欲有所私。”（《诸儿令》）这是典型的“一断于法”的法家观念。

由上可见，曹操虽“揽申、韩之术”，但又有汲取，有扬弃。比如他采取的强兵富国方略，不是建立在掠夺百姓，而是建立在“足民”的基础上，使其法家思想浸透“民本”的色调，而且其轻德重才的人才观念也不能算是主调，只是生遭乱世，所采用的战时政策而已。

3. 治乱与治平采取不同谋略，是曹操思想的本质特点

曹操所恪守的治乱和治平的不同谋略，又集中在举荐人才和意识形态两个方面。

在举荐人才上，“治平尚德行，有事赏功能”（《论功德论》）。国家安宁，用人必重德操；多事之秋，用人必先事功。实际上这是曹操总结前人经验所得出的结论。管仲爱财好色，宁戚出身微贱，协助桓公成就霸业；郦生高阳酒徒，陈平身负污辱，辅佐高祖夺取天下。所以曹操的人才观，后人多有认同。如贞观六年（632），魏徵回答太宗如何为官择人时也说：

“乱代惟求其才，不顾其行；太平之时，必须才行俱兼，始可任用。”（《贞观政要》卷三）此外，尚须说明两点：一是曹操麾下真正道德亏损者并不多见，其令人切齿者唯有郗虑、路粹二人。郗虑虽非曹操麾下，在政治上却属于曹操死党。建安十三年（208），曹操为丞相，郗虑为御史大夫，郗虑望风承旨，立即着手打击曹操政敌孔融，先“以微法奏免融官”，然后又构陷孔融，竟夷其族；建安十八年（213），又亲手替曹操除伏皇后、鸩杀太子，皇后家族死者数百人。路粹是曹操的军谋祭酒，其为人虽然没有郗虑毒辣，但是人格卑下却毋庸置疑。构陷孔融的奏表正出自路粹之手，所以孔融《临终诗》曾用“三人成虎”的比喻，表达对路粹深文周纳、罗织罪名的愤怒。路粹这种凿空坐实、颠倒是非的手段，令当时士林颇为不齿，以至于韦诞以“性颇忿鸷”即本性狭隘凶狠评价他。但是，遍检《三国志》，在曹操阵营中如郗虑、路粹者并不多见。二是曹操取士始终坚持唯德唯才的双重标准，如《表称乐进于禁张辽》“质忠性一，守执节义”；称赞荀攸具有“温良恭俭让”的品质（《又称荀攸令》）。特别具有代表性的是崔琰和毛玠。崔琰少学于郑玄，早年被袁绍所辟，曹操破邺，辟为从事别驾，后擢为东曹掾。曹操《授崔琰东曹掾教》说：“君有伯夷之风，史鱼之直。贪夫慕名而清，壮士尚称而厉，斯可以率时者已。”由此可知，崔琰以儒学立身，有伯夷之廉，史鱼之直，守经据古，不阿当世。所以任为东曹掾，就希望为天下士子树立楷模。毛玠少为县吏，即以清廉公正著称，后来避乱鲁阳，曹操辟为治中从事，后擢为东曹掾，与崔琰共掌官吏选举。二人所举荐官吏，都是以儒家立身的清廉公正之士，因此“天下之士莫不以廉节自励”。曹操感叹：“用人如此，使天下人自治，吾复何为哉！”（《三国志·魏书·毛玠传》）崔琰、毛玠不仅自己以儒学立身而受到曹操重用，且举官以儒学文士为主体而受到曹操的赞赏。这就深刻反映了曹操后期取士的微妙变化。

不拘一格的用人制度，是曹操磊落胸襟的重要表现。其《薤露诗》

追述汉衰的历史教训，“惟汉廿二载，所任诚不专”，所任非人，是汉室式微的重要原因。唯因如此，曹操治理军政，以用人为首。其用人也，据其大节，不拘小谨，且持正公平，不因私废公。《三国志·魏书·郭嘉传》记载：“初，陈群非嘉不治行检，数廷诉嘉，嘉意自若。太祖愈益重之，然以群能持正，亦悦焉。”郭嘉是重要谋士，曾在北征乌桓时，建立奇功。不幸早逝，曹操忧伤不已。《又与荀彧悼郭嘉书》曰：“追惜奉孝，不能去心。其人见时事、兵事，过绝于人。”但是郭嘉生前，因行为不重操守品行，而数次遭到陈群弹劾，曹操既推重郭嘉的坦然通脱，又欣赏陈群的执法持正。尊重人才的个性，秉持法律的严明，是曹操用人和治政的一贯作风。他曾高调宣称：“不但不私臣吏，儿子亦不欲有所私。”所以曹植私开司马门，他愤怒地说，“始者谓子建，儿中最可定大事”，今“令吾异目视此儿矣”（《临淄侯曹植犯禁令》）。曹操求贤若渴，且又不求全责备。取士的标准始终是“有治国用兵之术”，且勇于“进取”。不论出身，“明扬仄陋，唯才是举”；不论德行，不仅“被褐怀玉”者可用之，“负污辱之名，见笑之行”者亦可用之。我们对曹操的用人政策，曾产生诸多误解，认为曹操取士重才轻德。其实，曹操乃鉴于“有行之士，未必能进取，进取之士，未必能有行”的历史教训，汲取历代乱世帝王取士经验而做出的基本判断。稽之史实，前代乱世中的帝王、诸侯用人无不重才轻德，即使龙飞于泗水的汉高祖也不例外。所不同的是，前人用而不言，唯有曹操开诚布公地颁布了取士“告示”而已。这是其胆略过人处，也是其性格通脱处。

总之，无论从官僚队伍的人员构成看，还是从后期举官政策的变化看，曹操的实际行为与所宣称的人才政策，都有不小的错位。不仅注重“赏事功”和“尚德行”二者并举，后期还由“赏事功”逐步向“尚德行”位移。实际上他已经为治平之世的到来，做好了官僚队伍建设上的准备，为后来曹丕禅汉留下了一笔丰厚的政治遗产。

在意识形态上，“夫治定之化，以礼为首；拨乱之政，以刑为先”（《拜高柔为理曹掾令》）。汉末乱世，虽然儒学从意识形态的主体上跌落下来，但作为一种政治文化却积淀于社会心理之中。曹操“挟天子以令诸侯”，在成为国家的实际统治者之后，不仅明确宣称效法前贤，效忠王室，如《述志令》曰：“齐桓、晋文所以垂称至今日者，以其兵势广大，犹能奉事周室也。《论语》云：‘三分天下有其二，以服事殷，周之德可谓至德矣。’”而且采用“治定”“拨乱”的不同治国方略，笔者对此曾有专门论述③。所谓“治定”，正是曹操试图从意识形态的层面复兴儒学。为此采用了四种基本方式：一是从行为层面推行儒家伦理。《让礼令》说：“里谚曰：‘让礼一寸，得礼一尺。’斯合经之要矣。”曹操引用里谚，说明谦让从自我做起，才能获得他人的尊重。“让”是孔子提倡的五种行为（温良恭俭让）原则之一，提倡礼让是儒家的基本伦理精神。二是从出处层面倡导儒家道德。《让礼令》又说：“辞爵逃禄，不以利累名、不以位亏德之谓让。”虽然儒家并不否定“名”，“君子疾没世而名不称焉”（《论语·卫灵公》），然而这里的“名”是道德之名，而不是浮华之名；儒家也不否定“位”，“譬如北辰，居其所而众星共之”（《论语·为政》），然而前提是“为政以德”。所以曹操强调，无论是出世——功成身退，还是入世——身在其位，都必须以“义”为先，以“德”为本。三是从社会层面树立儒家人格。建安十二年（207），曹操北征乌桓，途经卢植故乡涿郡，立即命令丞掾祭奠卢植，重修坟陵。乃因为卢植“名著海内，学为儒宗，士之楷模”，是国家贞正耿直之臣（《修卢植坟墓令》）。四是从教育层面复兴先王之道。社会动乱破坏了国家教育体系，时局稍安，曹操马上兴办学校，推行儒学。建安八年（203），颁布《建学令》，对于动乱所造成的儒家伦理道德的毁颓，痛心疾首，所以下令建立学校，“庶几先王之道不废，而有以益于天下”。

可见，无论在意识形态的建设上，还是在君臣观念的认同上，曹操的思想根柢也仍然建立在以儒学为意识形态的层面上，只是不再株守传统的礼法之用，因时适变而已。即使后期，权力膨胀已失去制约，不臣之心也潜滋暗长，曹操始终没有代汉自立，其中儒学思想的潜在约束力量也是原因之一。

刘振东认为："曹操并不像某些割据者那样仅仅引用一些经典条文作为虚饰，而是把自己从法家那里吸收来的行为原则与儒家的基底结合起来，以原始儒家的观念作为法家行为的依据。"[④]简单地说，将申韩之术叠加在儒学的底色上，唯才是举的口号仍然包裹着儒家道德准则。所以曹操的思想虽错综复杂，然以儒为体，以法为用，则是其显著的思想特点。这对后代统治者的治国御民产生了深远影响。这也是曹操的历史贡献之一。

四、曹操的历史贡献

从历史横断面上考察，曹操的历史贡献主要在于极力维护汉末的国家统一上。他虽然有强烈的政治利己主义倾向，后期也有鲜明的不臣之心，但是安邦定国、统一天下却是矢志不渝的人生理想。这主要表现在维护汉室稳定、重建国家制度、平定军阀割据三个方面。所谓"奸雄"，只是后人强行贴上的政治标签而已。

在维护汉室稳定上，曹操始终如一。曹操虽也崛起于汉末动乱，但并非如二袁、刘表、孙权、刘备那样，企图割据一方，觊觎皇权，而是始终以"周公吐哺"的热忱，追求"天下归心"的政治向心力，坚定地维护汉室稳定，追求国家统一。

曹操的政治生涯集中于灵帝和献帝两代。东汉自和帝之后，外戚、宦官交相把持朝政。到了桓灵之际，经过两次党锢之祸，"主荒政缪，国命委于阉寺"（《后汉书·党锢列传》），终于在灵帝光和七年（184），爆发了黄巾起义。自此，曾经煊赫的汉代王朝彻底走向衰落，皇权也成为各路军阀的逐鹿对象。但是，在这一历史过程中，曹操始终坚定地维护汉室稳定，至少在形式上为保持国家完整做出了杰出贡献。

中平五年（188），冀州刺史王芬等人，密谋乘灵帝北巡之时，废灵帝、诛宦官而另立合肥侯为君。并企图拉拢曹操，结成政治联盟，曹操不仅严词拒绝，而且申述利害，既表现出对汉室的忠心耿耿，也显现出政治上的远见卓识（见《与王芬书》）。王夫之指出："王芬……废帝立合肥侯，使其成也，亦董卓也，天下且亟起而诛之，其亡且速于董卓。"（《读通鉴论》卷八）这时，董卓之乱尚未发生，如若废灵帝而另立新的国君，必然给社会带来剧烈的动荡，其性质等同于后来的董卓之乱，其恶果更超过董卓之乱。初平二年（191），袁绍、韩馥又谋废献帝，立幽州牧刘虞为帝，曹操又作《与袁绍书》再次严词拒绝。后来，袁绍得到一枚皇帝玉玺，公然向曹操炫耀，曹操看清了袁绍企图僭越称帝的政治野心，立即与之分道扬镳，并由此产生了灭袁之心。《蒿里行》所说的"刻玺于北方"，即指此事。建安五年（200）发生著名的官渡之战，就是为了阻止袁绍企图举兵攻打许昌。而消灭袁绍，本质上也是为汉室清除政治异己，维护汉室稳定。此外，建安二年（197），袁术在淮南僭越称帝，曹操亲自率兵征讨，破军斩将，袁术被迫取消帝号，最后穷途末路而死。曹操《述志令》说："设使国家无有孤，不知当几人称帝，几人称王。"虽然语气倨傲，却也符合基本历史事实。

尤其值得称道的是，即使是势力鼎盛、独断朝纲之时，曹操也仍然坚持维护汉室稳定和国家统一。他经常自比周公、齐桓，对他们始终如一地奉事周室赞赏不已，"周西伯昌，怀此盛德。……犹奉事殷，论叙其美"；"齐桓之功，为霸之首。……正而不谲，其德传称"（《短歌行》），所奉行的乃是"投死为国，以义灭身，足垂于后"（《述志令》）的人生理想。

恩格斯指出："在这种普遍的混乱状态中，王权是进步的因素，这一点是十分清楚的。王权在混乱中代表着秩序，代表着正在形成的民族而与分裂成叛乱的各附庸国的状态对抗。在封建主义表层下形成着的一切革命因素都倾向王权，正像王权倾向它们一样。"⑤在天下分崩的态势下，维护代表着秩序的汉室完整，对于有效阻止国家的进一步分裂，有非常积极的历史意义。就历史本质而言，是代表"在封建主义表层下"的"革命因素"。曹操毕生追求国家统一，虽统一之志不遂，令人扼腕叹息，然所开创的曹魏基业，则在政治上、军事上和制度上奠定了西晋统一的基础。

在重建国家制度上，曹操贡献突出。建安元年（196），他迎接天子，建都许昌。此前，学界多强调曹操"挟天子以令诸侯"的一面。用一"挟"字凸显曹操的政治野心，似乎迎天子、都许昌，唯在获取压倒其他军阀的政治优势，完全忽略了曹操此举对于重建汉末王朝国家制度的意义。

中平六年（189），灵帝崩，少帝刘辩即位，何进专权，汉室已经衰微。何进志大才疏，优柔寡断，谋诛宦官不成，不仅自己身死宦官之手，而且少帝也遭宦官张让、段珪劫持，奔走小平津。经卢植奋力救驾，才狼狈不堪地返回京城。然而，回到京城，旋即遭到董卓废黜，另立陈留王，是为献帝。董卓狼戾不仁，滥杀朝臣，淫乱宫闱，朝政更是混乱不堪，王权已经完全旁落。初平元年（190），关东起兵讨伐董卓，卓弑杀少帝、皇后，焚毁洛阳宫室，发掘汉室陵墓，迁天子于长安。初平三年（192），董卓被杀，其部下李傕、郭汜又攻陷长安，互相残杀，致使吏民死者万余人。更有甚者，李傕竟然将天子扣押军中，作为人质，"烧宫殿城门，略官寺，尽收乘舆服御物置其家"（《三国志·魏书·董卓传》）。后来，献帝虽然侥幸出奔杨奉营中，并与杨奉、董承返回洛阳，然而途中又兵败于弘农曹阳，李傕等"纵兵杀公卿百官，略宫人"，最后天子栖栖遑遑地进入洛阳，"宫室烧尽，街陌荒芜，百官披荆棘，依丘墙间。州郡各拥兵自卫，莫有至者。饥穷稍甚，尚书郎以下，自出樵采，或饥死墙壁间”。正是在这时，曹操“乃迎天子都许”(《三国志·魏书·董卓传》)。

回顾这一段历史，可以看出：第一，经过何进、董卓、李傕和郭汜之乱，两京倾覆，天子播荡，如此狼狈，何曾有半点“汉官威仪”？第二，兵败曹阳之后，唯有“太尉杨彪、太仆韩融近臣从者十余人”，朝廷官僚体系摧毁殆尽，何曾存在半点“国家职能”？第三，朝廷官员回到洛阳，居食无着，宫中官吏竟然饿毙于残墙断壁之下，天子也朝不保夕，何曾能行使自己的半点“皇权意志”？第四，天子几乎深陷绝路，朝廷几乎彻底崩溃，而“州郡各拥兵自卫，莫有至者”，即使是出身四世三公的袁绍，也不愿听从部下郭图的建议，迎天子都邺，昔日王公大臣，何曾有一人真正“赴身国难”？可以毫不夸张地说，此时的汉王朝已经日薄西山，气息奄奄，距离灭亡仅仅一步之遥了。

正是在危急时刻，曹操击破汝南、颍川的黄巾军，迎天子于洛阳，才使天子得以绝处逢生，才使王朝免于覆亡。后来，因洛阳残破，不得已迁都许昌。定都许昌之后，曹操一方面将家中所收藏的宫中器物奉献朝廷，以恢复天子的汉官威仪（见《上器物表》《上杂物疏》）；另一方面又着手重建朝廷的官僚体系，“至是宗庙社稷制度始立”(《三国志·魏书·武帝纪》)。可以说，董卓乱政之后，是曹操将汉王朝从垂死的边缘拉回到正常的国家轨道，恢复了几已丧失殆尽的国家制度和皇权意志。王夫之论曹操说：“出天子于棘篱饥困之中，犹得奉宗庙者二十余年，不但以折群雄之僭，即忠义之士，怀愤欲起。”(《读通鉴论》卷九）在这一历史进程中，曹操也居功至伟。

建安十八年（213），献帝册封曹操为魏公，将“遂迁许都，造我京畿，设官兆祀，不失旧物，天地鬼神于是获乂”，作为“此又君之功”，称赞“君有定天下之功”(《三国志·魏书·武帝纪》)，恐怕不仅仅是公文客套，也陈述了一个无可辩驳的历史事实。如果历史可以假设，如若没有曹操，汉朝王室恐怕早已万劫不复了。后来，因为曹丕禅汉建魏，历史学家或因史识有限，或因时代原因而别有政治寄托，将曹操这一段历史贡献也一笔抹煞了。假如摆脱传统的忠君观念，即使曹丕代汉又如何？兵未血刃，朝无冤魂，顺利完成历史性的过渡。赵翼《廿二史札记》卷七说："操起兵于汉祚垂绝之后，力征经营，延汉祚者二十余年，然后代之。司马氏当魏室未衰，乘机窃权，废一帝，弑一帝，而夺其位，比之于操，其功罪不可同日语矣。"比较曹氏和司马氏在换代之际的不同表现，其功过是非立即判然分明。

在平定军阀割据上，曹操无人可比。他一生戎马倥偬，亲冒矢石，九死一生。早年起兵讨伐董卓，举身奔赴国难。建安以后，征袁术，讨袁绍，擒吕布，降张绣，北征乌桓三郡，南下荆州刘表，西取汉中张鲁，虽有赤壁之败，其志不遂，最终形成三国鼎立的地域格局，但是在统一北方、结束军阀割据上，仍然是他人无可比拟的。尤其是曹操北灭乌桓，兵平凉州，单于请和，北夷来朝，不仅统一了中国北方，而且平定了汉代以来一直棘手的北方边患。在讨伐逆贼、平定军阀的战争中，曹操之所以取得辉煌成就，主要有三点超越群雄：

第一，高屋建瓴的战略眼光。曹操能够在汉末群雄中脱颖而出，主要取决于每在历史转折的紧要关头，都能以超越常人的政治睿智，洞察军事发展的战略走向。他分析军事态势，能摆脱单纯的军事视野，而从整体战略着眼。董卓乱政，关东举兵，推袁绍为盟主。然而，各路军阀各怀野心，造成"军合力不齐，踌躇而雁行"（《蒿里行》）的延宕局面。曹操劝袁绍说："举义兵以诛暴乱，大众已合，诸君何疑？向使董卓闻山东兵起，倚王室之重，据二周之险，东向以临天下，虽以无道行之，犹足为患。今焚烧宫室，劫迁天子，海内震动，不知所归，此天亡之时也。一战而天下定矣，不可失也。"（《三国志·魏书·武帝纪》）董卓的战略失误在于：不能以王室为核心凝聚政治向心力，不能依凭周代赖以存国的山川之险，反而“焚烧宫室，劫迁天子”，不仅造成天下动荡，更重要的是摧毁了皇帝偶像，丧失了士民依附皇权的政治凝聚力，从而自蹈险境，故可“一战而天下定”。然而，袁绍色厉内荏，外强中干，当断不断，丧失了击败董卓的良机。所以王夫之说：“及其集山东之兵，声震天下，董卓畏缩而劫帝西迁以避之，使乘其播迁易溃之势，速进而扑之，卓其能稽天讨乎？”（《读通鉴论》卷九）纵观之，曹操的分析预示了董卓必然失败的结局，能从战略位置、政治资源、人心向背上，洞察军事大势，何其高屋建瓴！非大政治家不可识之。

第二，师出正义的战争策略。曹操征战大多所战必捷，并非仅仅在于善用奇谋，也在于深谙“失道寡助”的人心向背，故每次举兵，至少在名义上师出有名。建安之前，曹操绝少为抢夺地盘人口而同室操戈。王夫之在分析袁绍、曹操用兵方略的不同时说：“起兵诛卓之时，……关东诸将连屯以偕处，未有衅也，而绍首祸而夺韩馥之冀州；先诸将而内讧者，无赖之公孙瓒也，而绍诱之以首难。……鲍信曰：‘袁绍自生乱，是复有一卓也。’……而操岂绍比哉？诸将方争据地以相噬，操所用力以攻者，黑山白绕也，兖州黄巾也。未尝一矢加于同事之诸侯。”（《读通鉴论》卷九）举义兵讨伐董卓，最初挑起内讧者，虽是公孙瓒，却由袁绍引起；袁绍巧夺韩馥统治的冀州，又首开军阀抢夺地盘、割据为主的灾难。所以鲍信愤怒地指责袁绍自生祸乱，罪同董卓。曹操则不然，不同室操戈，在袁绍胁迫韩馥巧夺冀州时，黑山贼寇于毒、白绕、眭固等十余万人进攻魏郡、东郡，曹操亲自率兵先破白绕，次年又大败于毒、眭固。曹操所征讨对象是汉室的逆贼，所占领地盘是逆贼的巢穴，与袁绍的军事行为大相径庭。所以，二人有本质的不同。建安之后，曹操挟天子以令诸侯，奉辞伐命。如建安二年（197），袁术僭称帝号，曹操率军东征，大破之。术被迫取消帝号，不久病亡。在战争方略上，曹操往往善于利用对方的不义之举而兴兵征讨，未战即占据了战争伦理的正义制高点。之所以和袁绍发生著名的官渡之战，并最终占领袁氏苦心经营的冀州老巢邺城，是因为“是时袁绍既并公孙瓒，兼四州之地，众十余万，将进军攻许”（《三国志·魏书·武帝纪》）。袁绍虽是曹操劲敌，但名义上仍是朝廷命臣，所以绍不举兵来犯，操也按兵不动。而现在绍要率兵攻许，许昌是天子之所在，汉室之都城，显然师出无名，所以就战争伦理而言，双方未战，正义的天平已经向曹操倾斜。王夫之说：“绍导之，操乃应之；绍先之，操乃乘之；微绍之逆，操不先动。虽操之雄杰智计长于绍哉！抑操犹知名义之不可自我而干，而绍不知也。”（《读通鉴论》卷九）将政治策略有效地运用于军事，正是曹操的高明处，岂止于纵奇兵火烧乌巢！

第三，艰苦卓绝的奋斗精神。自初平元年（190）正月征讨董卓算起，至建安二十五年（220）元月去世，曹操在马背上整整度过三十春秋。三十年，马不解鞍，人不离甲，孔席不暖，墨突不黔，数次负伤，几经困厄，其艰苦卓绝，非常人所能想象！我们在读曹操北征乌桓凯旋途中，经过碣石所作的《步出夏门行·观沧海》，感叹其“日月之行，若出其中。星汉灿烂，若出其里”的吞吐日月、包举星汉的壮阔境界，何曾想到北征乌桓的过程何其艰辛备至！曹操大军直至白狼山，才被乌桓发现。乌桓仓促应战，大败而逃，曹军直捣柳城，平定三郡。战果无疑非常辉煌，然而如若还原其历史场景，其征战过程的艰难险阻几乎难以想象！从《苦寒行》也可以看出，建安十一年（206）正月北征高干途经壶口关的艰险历程。“北上太行山，艰哉何巍巍。羊肠坂诘屈，车轮为之摧”，是何其险象环生；“迷惑失故路，薄暮无宿栖”“担囊行取薪，斧冰持作糜”，是何其艰辛备至。此外，东征孙权的赤壁之败，南征汉中的得而复失，今天我们所见的历史涟漪，在当时无不是裂石崩云。可以说，每一次战争都是一次历险，既有亲冒矢石的生命危险，又有披荆斩棘的征战艰辛。曹操军旅人生的辉煌，浸润着艰苦卓绝的奋斗精神。若无超绝常人的意志、壮心不已的情怀、坚定不移的理想，怎么可能历经艰险而百折不挠！

曹操之所以超越群雄，就在于这种坚定不移的理想——平定内乱，维护汉室稳定；重整山河，实现国家统一。可惜，赤壁之战，折断了曹操的理想翅膀，使其壮志未遂。但是，赤壁之战后所形成的三国鼎立的政治格局，虽没有结束战乱，却相对结束了军阀混战的局面，各自建立相对宁静的内部环境，仍然促进了社会的发展。而曹操所建立的曹魏，正是以政治上的血统优势、疆域上的相对辽阔、经济上的发展繁荣、军事上的雄厚实力，超越吴蜀，为后来西晋统一全国奠定了基础，这是时人无与伦比的历史贡献。

简单地给曹操贴上"奸雄"的标签，实在有失公允。王夫之曾经对曹操和袁绍作了定性评价："所谓雄桀者，虽怀不测之情，而固可以名义驭也。明主起而驭之，功业立，而其人之大节亦终赖以全。惟贪利乐祸不恤名义者为不可驭之使调良。……曹操可驭者也，袁绍不可驭者也。"（《读通鉴论》卷九）这里有三点：一是将曹操、袁绍视之为雄杰，说明王夫之评价历史人物，不以政治伦理为标签，而是以历史影响为准则；二是雄杰的忠奸，除了"贪利乐祸不恤名义者"以外，还取决于君主能否善于借助"名义"（名节忠义）驾驭雄杰；三是袁绍是"不恤名义"者，故君主不可驾驭；曹操则是"恤于名义"者，故可以驾驭。也就是说，曹操始终顾及自己的名节忠义。这也就是上文所说，曹操平定军阀、重构秩序、稳定汉室，始终是在挟"天子"的大旗之下，若遇明主，则功业可立，大节可全，然而偏偏身遭庸主，最终虽功业辉煌，却大节有亏。

纵观曹操出仕之后，其人生大致可分为四个阶段：第一阶段，熹平三年至中平六年（20—35岁），先后除洛阳北部尉、顿丘令，拜议郎、典军校尉；董卓进京之后，又迁骁骑校尉。曹操见董卓专权，朝政日非，便弃官，变易姓名，从偏僻小路东归故乡。这一时期，曹操在官执法严厉，不避豪强；表奏时政，辞正义刚；廉洁正直，忠心朝廷。第二阶段，初平元年至兴平二年（36—41岁），举兵讨董卓，先后代理奋武将军、东郡太守、领兖州牧。这一时期，他为国讨逆，奋不顾身；拒绝废立，心系王室。第三阶段，建安元年至十七年（42—58 岁），先后封大将军、武平侯，迁官司空、领冀州牧，后罢三公，为丞相。这一时期，他“挟天子以令诸侯”，征袁术、讨袁绍，北征乌桓，南征刘表，扫荡天下，统一北方，虽专权朝政，却无不臣之心。第四阶段，建安十八年至二十五年（59—66 岁），先封为魏公，加九锡；后封魏王；再是献帝诏魏王设天子旌旗，出入称警跸；又命冕用十二旒，备天子乘舆。这一时期，曹操逐步走向国家政治舞台的中心，献帝逐渐被傀儡化。

回顾曹操的人生历程，可以清楚看出，他的前两个人生阶段，志在王室，始终以恢复和维护“汉官威仪”作为政治核心。后两个阶段，曹操的政治取向逐渐偏移，迎接天子建都许昌，扫荡天下，仍然志在恢复国家秩序，虽然在宫廷之争中，杀戮异己，手段残忍，但其志仍不在迁移汉鼎。其中有一个历史细节特别值得留心：因为曹操大肆屠戮朝廷政敌，引起献帝不满。一次（建安十九年）曹操因事入见献帝，献帝愤怒地对曹操说：“你若能辅佐我，是你的厚德；若不能，就请你施恩留我条生路，自立为君吧。”曹操听后大惊失色，出宫之后，“顾左右，汗流浃背，自后不敢复朝请”（《后汉书·皇后纪·献帝伏皇后》）。这说明：献帝虽弱，威严犹在，曹操也唯恐成为汉室“逆臣”，此后不再入朝面君，就是因为惧怕献帝洞穿他的不臣之心。后来，情况发生了逆转。曹操被封魏王之后，献帝一次次的诏命，将曹操抬到了准天子的地位。对献帝来说，这固然有不得已的原因，但是献帝本来“可以名义驭之”，因为平庸暗弱的性格，苟且偷生的心态，驾驭能力的匮乏，使他最终放弃了“名义驭之”的机会。不仅如此，献帝诏令“设天子旌旗”“备天子乘舆”之类的赏赐，实际上默认甚至纵容了曹操的不臣之心，直接导致了曹操政治野心的膨胀。从某种意义上说，曹丕的江山乃是献帝拱手相让的。

其实，许劭当年以“清平之奸贼，乱世之英雄”评价曹操，语虽不恭，却并未否定其雄杰的一面，所以曹操欣喜地接受了这一评价。在中国的封建时代，对于玩弄政治权术的人来说，所谓“奸”，小则为狡，是乱世的生存策略；大则为智，是隐蔽于政治背后的方略。何以“奸雄”一直成为曹操挥之不去的阴魂？如何评价曹操，田余庆先生提出了两条基本标准：“第一，主要看他比他的先辈多做了哪些好事？而不是看他做了哪些别人都做过的坏事；第二，主要看他所作所为的客观作用，而不是看主观动机。”⑥仅此而言，在汉末动乱中，唯有曹操堪称扭转乾坤的人物。

评价历史人物必须有一个基本维度：就是以历史发展为基点，而不是以道德评判为准绳。诚然，一切历史都是当代史。对于历史的解读，无可避免地会受当代意识形态的深层影响，以及由此而衍生的道德伦理的评判；对于历史人物的评价，除了上述既定的影响之外，又往往抽去了历史人物的生存环境和活动空间，从纯粹理性批判的角度，有意或无意地将历史人物的某一方面加以“放大”，结果丰满的历史人物成为一个历史符号，致使我们在研究历史人物时，永远无法回到历史的“原点”上。所以，真正要准确评价历史人物，就必须剥离观念的桎梏，回归历史的语境，在历史场景的有限复原中，扪及历史的真相和人物的灵魂。评价古代文学家又何尝不是如此呢？

五、曹操的文学成就

“外定武功，内兴文学”，是曹操辉煌人生的两个方面。所以，他不仅是一位杰出的政治家、军事家，也是一位杰出的文学家。他的文学成就集中于诗歌和文章，仔细考察，二者又有不同：诗主言志抒情，文主记事写实，在内容上有表现和再现的差别；诗思壮浪飞动，文思细密严谨，在表达上有跌宕和平实的差异；诗境沉雄抑扬，文境气势充沛，在风格上有浪漫和现实的不同。然而，二者都记录了真实复杂的历史人生，反映了鲜明独特的胸襟个性，形成了辞刚义正、气壮境雄的审美风格。因此，研究曹操的文学创作具有历史和文学的双重意义。

曹操诗歌的题材有记事、游仙、言志、咏史。其中，变幻历史的书写、风云人生的呈示、壮士之情的抒发，使其诗歌表现出鲜明的主体性。

曹操诗歌的历史书写有两种形式：一是社会现实的真实揭露。《薤露》不仅将董卓乱政悖逆、弑君毁都，造成国家倾覆、帝庙焚毁的剧烈社会动荡，触目惊心地呈现在眼前，而且在对何进沐猴而冠、志大才疏的愤怒批判中，深刻揭示了朝廷所用非人、造成汉室衰微的深层原因。《蒿里行》描述了关东义兵征讨董卓的过程，揭露了盟军由各怀私利、观望不前，到争权夺地、互相残杀，再到操纵王室、僭越称帝的历史过程，而且还将笔触伸向军阀混战所造成的人口锐减、社会凋敝等更为广阔的背景之上。这类诗歌数量虽少，意义却很重要，是最早以诗歌形式记录下汉末的历史变幻，所以后人评价为“汉末史诗”。这种写实的诗风直接影响了“建安七子”以及女诗人蔡琰。

另一是社会蓝图的虚拟想象。曹操早期的政治理想几乎全部集中在有限的几首诗歌中。如《度关山》批评后代法律繁复、役民为君、世风奢靡的同时，也勾勒了理想中的上古和谐社会。上古圣君“总统邦域”，普天之下，莫非王土；率土之滨，莫非王臣，国家政权集中于皇帝之手。“天地间，人为贵”的民本思想是核心的治政理念，“封建五爵，井田刑狱”是基本的社会结构。通过“黜陟幽明”建立一套合理的官僚体系，达到“黎庶繁息”的欣欣向荣的社会景象。虽有刑狱制度，却无所用之。显然，在虚拟的社会蓝图中，曹操表达了向往君主集权的国家理想、举贤黜邪的吏治理想和与民休息的社会理想。在《对酒》中，曹操所想象的理想社会：在政治体系上，君贤臣忠，官吏爱民；在经济基础上，仓廪殷实，百姓安康；在自然环境上，风调雨顺，百谷丰登；在人文教化上，礼让孝悌，民风淳朴。这里没有战争，囹圄空虚，呈现出一片和谐繁荣、熙熙鼓腹的盛世图景。陆侃如、冯沅君《中国诗史》称之为“政治诗”，并认为是曹操诗作中“最坏”的一类。其实，这类诗歌艺术虽然粗糙，但是对于明了曹操思想的发展历程具有重要意义。而且散文化的表达形式，不仅表现出曹操通脱的性格，对后代诗歌形式的影响也十分深远。

曹操乐府的写实与唐代乐府的写实大不相同。唐代乐府往往是再现现实如杜甫，“卒章显其志”如白居易，抒情主体游离于写实之外；曹操乐府却是表现现实，叙事以言志，抒情主体融贯于写实之中。所以，曹操乐府的历史书写也蕴含人生风云。无论《薤露》还是《蒿里行》，所描绘的现实图景或具有强烈的主观思想，或闪烁作者的自我身影。特别是《蒿里行》，诗人独立苍茫时的期待、失望，直至愤怒、忧伤浸透在字里行间，而诗人叱咤风云的人生也隐蔽在历史写实之中。部分乐府诗还直接描述了自己风云人生的经历，立体地呈现了一位英雄形象的不同侧面。虽然数量不多，内容却广泛涉及战争和政治的诸多方面。直接描写战争题材的诗篇除了《蒿里行》之外，尚留下出征高干途中所作的《苦寒行》，北征乌桓凯旋于塞外所作的《却东西门行》，以及入塞之后所作的《步出夏门行》。这类诗既没有如乐府《战城南》那样渲染厮杀之后战阵的悲壮，也没有曹植《白马篇》那样描写临阵之时将士的勇武，而是着力描述战前行役的艰苦卓绝（如《苦寒行》），以及战后凯旋的乐观精神（如《步出夏门行》）。

曹操后期的政治诗不再是虚拟想象的社会蓝图，而是身居丞相高位之后的政治宣言。其中既鼓荡着“一匡天下”的壮志，也包含着举贤授能、助我“一匡天下”的理想。比如《短歌行》二首，后一首热情洋溢地歌颂周文王“三分天下，而有其二”、齐桓公“九合诸侯，一匡天下”的伟大成就，以及“修奉贡献，臣节不坠”的恪守臣节。虽然也推崇晋文公“威服诸侯，师之者尊”，却又无情地批判其“河阳之会，诈称周王”的僭越行为，特别强调“小白不敢尔，天威在颜咫尺”的对王室的忠贞不渝。前一首则以深情的笔调劝说南归人才应该心无旁骛，及时建功立业，并明确宣称：“山不厌高，水不厌深。周公吐哺，天下归心。”周公三分天下而奉殷、握发吐哺而举才，成为诗人渴望企及的人生目标。诗歌的背后耸立着一位雄踞国家权力中心的历史人物形象。所以，不管是战争诗还是政治诗，都无不映现着诗人百折不挠的进取精神和披荆斩棘的风云人生。

这种昂扬的精神和风云的人生构成了曹操诗歌的抒情主调，因此曹诗所抒发的情感主要是英雄人生的壮烈情怀。从《度关山》《对酒》看，青年时期的曹操，虽然理想远大，抱负宏伟，但是年龄尚轻，阅历有限，所描绘的社会理想蓝图还带有“乌托邦”式的空想。后来，在举义兵讨伐董卓的过程中，曹操一方面逐步认清了东汉末年政治窳败的本质、豪强世族的野心、军阀混战造成的社会灾难，目光渐趋深邃；另一方面也逐步积累靖乱救世的实力，特别是迎天子、都许昌，开始走向国家权力中心，思想也渐趋成熟。这才真正有了明确的政治理想和人生目标，开启了波澜壮阔的英雄人生。今存“以乐府写时事”的曹操诗歌，以《薤露》为转折，以《蒿里行》为深化，以《短歌行》为收束。董卓之乱，朝纲不可收拾，而引发董卓之乱的罪魁祸首则是大将军何进。《薤露》正是截取这一段史实，深刻反思了“惟汉廿二世，所任诚不良”的东汉衰微的原因，愤怒批判了何进的志大才疏、沐猴而冠，不仅使自己身首异处，而且给国家和皇室造成“荡覆帝基业，宗庙以燔丧。播越西迁移，号泣而且行”的灾难后果。这时，曹操已经走出了虚拟的理想蓝图，直面残酷的现实，在“瞻彼洛城郭，微子为哀伤”的伤世情怀中，开始走向靖乱救世的道路，这才出现了《蒿里行》的悲歌慷慨。

当然，最受人称道也最能表达曹操壮烈情怀的是《步出夏门行》和

《短歌行》。《步出夏门行》第一解《观沧海》“日月之行，若出其中。星汉灿烂，若出其里”，所蕴含的吞吐日月、包举宇宙的气象，是典型的英雄人生的写照。虽然岁月能够蚕食青春，却无法消磨壮心。所以，第四解《龟虽寿》“老骥伏枥，志在千里”的比喻，所叠印的驰骋疆场、折冲陷阵的历史画面，正是曹操叱咤风云的写照；“烈士暮年，壮心不已”的抒情，所蕴含的老而弥坚的理想执著，也正是曹操进取精神的写照。如果说诸葛亮“鞠躬尽瘁，死而后已”是壮而悲，那么曹操“烈士暮年，壮心不已”则是壮而烈。从语言的聚合意义上说，同是壮士情怀，诸葛亮凸显了生命的有限，精神状态内敛下沉；曹操则凸显了精神的无限，生命状态张扬饱满。不仅蕴含的精神境界有别，审美境界也不相同。对壮士而言，曹操的壮烈情怀更富有感染力。所以，东晋王敦，“每酒后辄咏魏武帝乐府歌曰：‘老骥伏枥，志在千里。烈士暮年，壮心不已。’以如意打唾壶为节，壶边尽缺”（《晋书·王敦传》）。在历史的蹒跚前行中，这种情怀一直成为激励壮士前行的精神动力。

事实上，曹操的这种壮烈情怀与吞吐日月的气象二元互生，都源于曹操“一匡天下”的宏伟抱负和位同周公的特殊地位。细致品味《短歌行》其一，从“对酒当歌，人生几何？譬如朝露，去日苦多”的慷慨悲凉中，陡然翻出“山不厌高，水不厌深。周公吐哺，天下归心”，其中蕴含多少哲理和历史意味。人生短暂，日月不居，庄子说如“白驹过隙”，曹操说“譬如朝露”，是何其惊悚人心，更何况又是“去日苦多”呢！壮士若不及时建立功业，只能徒悲奈何。如何才能及时建立功业？曹操明确地告诉他们：我如高山，我如大海，我是周公，虚心纳士，使“天下归心”，成就伟业。在虚怀若谷、虚位待士的谦逊口吻中，恰恰透露出一匡天下、博赅众生的王霸之气。所以，曹操诗歌一方面是在意象之中呈现出吞吐日月的磅礴气势，另一方面又在意象之外蕴含着包举天下的博大襟怀。这类诗歌非曹操则不可道。不仅建安诗人不可道，试想李白

“君不见，长江之水天上来，奔流到海不复回”（《将进酒》），气象何其宏伟；陆游“楼船夜雪瓜洲渡，铁马秋风大散关”（《书愤》），境界何其壮阔，然而，何曾有曹操的这种气象和襟怀！曹操创造了历史，历史也成就了曹操。只有虎踞历史舞台的中心，才可能高唱“周公吐哺，天下归心”；只有雄视宇宙人生，才可能高唱“日月之行，若出其中”。明白了这一点，也就明白了《短歌行》其二为什么选择赞美评判周公、齐桓、晋文了。在对历史杰出人物的遥想背后，正站立着一位“指点江山”“挥斥方遒”的旷世豪杰。这正是曹操壮烈情怀的独特处，也是后人神往的“汉魏风骨”的精妙绝伦处。此外，曹操所开创的中古游仙诗，也不同于后代游仙题材。不仅将《楚辞》笔法融入游仙的描述之中，描绘了一种壮浪的境界，而且将现实生活贯注于游仙之中，呈现出一种壮士的襟怀，与借咏史、写时事而抒发壮思有内在一致之处。

后人评价曹操，或说“跌宕悲凉，独臻超越”（陈祚明《采菽堂古诗选》卷五），或说“如幽燕老将，气韵沉雄”（敖陶孙《诗评》），或说“魏武诸作，慷慨苍凉，所以收束汉音，振发魏响”（黄侃《诗品讲疏》）。如果从时间序列上说，在情感上，从激扬到慷慨苍凉；在表达上，从古直到抑扬跌宕；在风格上，从轻飏到气韵沉雄，的确是曹操前后期诗歌发展变化的基本曲线。然而，贯穿始终的包举天下、吞吐日月的胸襟气象，又岂是慷慨苍凉、跌宕超越、气韵沉雄所能涵盖？沈德潜说：“沉雄俊爽，时露霸气。”（《古诗源》卷五）这才触及了问题的本质。曹操的文章《述志令》实际上为他的诗歌所呈现的胸襟气象作了生动的注脚。

曹操的文章以令、教、表、奏、书信为主体，虽然主要是应用文体，却又成为“改造文章的祖师爷”。徐公持先生概括说：“从文体上说，曹操的文是真正意义上的散文。东汉一代，文受赋的影响，措辞结句，逐渐向典雅方向发展，而句式的对偶已普遍运用，文的骈化趋势愈益明朗。……曹操则异于是，他几乎不写骈体文，在今存数十篇文章中，绝少骈化痕迹。”[⑦]这种文体革新，不仅对后代去骈归散的政论文章、应用文体影响深远，而且其自由随性的写作思维也对魏晋个性解放起到潜在的影响。

当然，曹操散文的持久魅力主要在于：从史的角度说，涉及了众多历史大事，是一部真实的汉末风云录；从人的角度说，勾勒了饱满的人物情性，是一部生动的人物写真集；从文的角度说，呈现了多样的文章风格，是一部公文的审美教科书。

由于特殊的政治地位，曹操文章包含着深厚的历史底蕴。东汉后期，皇室衰微，国家政治的诸种结构性矛盾都集中爆发出来。这种结构性矛盾主要表现在朝臣和宦官、权臣与皇室、世族与权臣之间无可调和的尖锐对立。这些方面在曹操文章中都有或隐或显的反映。如《上书理窦武陈蕃》，呈请重新审理窦武、陈蕃被宦官所杀的历史积案，所反映的正是汉末宦官专权、滥杀朝臣的现实，同诗歌《薤露》所表达的内容性质基本一致，追根溯源就是朝臣和宦官之间不可调和的矛盾的一个缩影。《与王芬书》《答袁绍书》，一是拒绝王芬企图废除灵帝，另立合肥侯为帝；一是拒绝袁绍企图废除献帝，另立幽州牧刘虞为帝。这固然反映了曹操维护汉室稳定的政治倾向，但是在王芬、袁绍逐鹿皇权、任意废立的背后，也深层次反映了当时皇室和权臣之间不可调和的矛盾。另外，曹操所上《让还司空印绶表》《与太尉杨彪书》，也包含了权臣和世族之间的明争暗斗。建安元年（196），天子都许后，任命曹操为大将军，袁绍为太尉，绍耻于位在操之下，拒绝受之。不得已，操将大将军之位让给绍，献帝另任命操为司空，行车骑将军。《让还司空印绶表》正是在这种背景下所作。曹操在杀杨修后，《与太尉杨彪书》说了一句意味深长的话：“足下贤子，恃豪父之势，每不与吾同怀。”所谓“豪父之势”的背后，正隐藏着杨彪与曹操的政治积怨。建安元年，天子新迁许都，大会公卿，曹操上殿，见杨彪神色不悦，唯恐图谋害己，托故如厕，还归军营。后来袁术僭乱，曹操借口杨彪与袁术姻亲，诬彪欲图废立，奏收下狱，欲以大逆之罪杀之，赖将作大匠孔融奋力救之，曹操虽未能杀之，却将杨彪逐出朝廷，总算部分地达到了政治目的。曹操与袁绍、杨彪的矛盾，本质上是世族老臣与庶族权臣之间的矛盾。平心而论，任何政权都有政治上的结构性矛盾，但是中央集权，以天子为核心，所有矛盾都笼罩在天子威权之下而处于平衡状态；一旦天子式微，皇纲解纽，诸种矛盾爆发，则天下分崩离析。曹操文章的背后即翻卷着这一时期的时代风云，从而成为研究这一段历史的可贵史料。

曹操文章更多记载了围绕自己所发生的军国大事。执政之后，曹操采用了一系列治国方略和强军措施，改写了汉末的历史。其文章广泛涉及改革国家弊政，改善官僚体系，恢复经济秩序，复兴学校教育等诸多方面。其《奏定制度》《陈损益表》，正是曹操决计刷新政治的记录。建安元年（196）九月，许都刚刚建立，就上《奏定制度》。几乎在同一时间，曹操又上《陈损益表》，提出十四条改革建议。虽然《奏定制度》只留下对三公列侯住宅制度的具体规定，其残句出自《魏武制度奏》，但从后人整理的书目看，曹操对于重建汉末国家制度有着一整套措施。《陈损益表》只留下总叙部分，具体的十四条改革措施也已散佚，但是曹操后来采取的一系列治国治军措施，必然与此十四条有内在联系。后来曹操执政，主要抓住三点：第一，实行“明扬仄陋，唯才是举”（《求贤令》）的人才政策，“虑为功首，谋为赏本”（《请封荀彧为万岁亭侯表》）的封爵政策，就是为了选择治国用兵之才，从而有效改善汉末死气沉沉的官僚体系。所谓“有行之士未必能进取”（《敕有司取士毋废偏短令》），实际上是汉末吏制无法根除的痼疾，即使如出身世族的杨彪、孔融也不例外。第二，实行屯田制度，并由军屯推广到民屯（见《枣祗子处中封爵令》）；抑制土地兼并，调整租调，推行按亩收税（见《抑兼并令》），实际上是逐步恢复因为战乱而破坏的国家经济秩序；特别是强调“盐铁之利，足赡军国之用”（《与王修书》），恢复被废已久的盐铁国家专营，极大地增加了国家财政收入。第三，社会甫一小安，即下令恢复政府教育制度。建安七年（202）所下《军谯令》，强调对于阵亡将士的后代，要提供必要的生活生产资料，还必须“置学师以教之”。次年，又专门下达《建学令》：“其令郡国各修文学，县满五百户置校官，选其乡之俊，造而教学之。”建安二十二年（217），又在邺城置泮宫，正式建立官学。由此可见，曹操文章相对完整地记录了他对国家政治、经济、教育诸方面大刀阔斧的改革、整顿。当然，在现存文章中，更多的则是对于治军的记录，这一问题上文已有阐释，不再赘述。

曹操文章最令人怦然心动的是字里行间跳跃着作者的情性，比诗歌表现得更为丰富，也更为真实。浪漫与理性、温情与残酷、坦率与阴鸷，错综交织，有机融合，立体地活画出这位历史人物多元复合的性格。

诗人的激情和政治家的冷静错综交织，构成了曹操文章浪漫和理性的有机交融。如果说作者的诗歌在抒写壮士之情中融贯对宇宙、社会、人生的冷静思考，那么作者的文章则是在叙事说理之中时时融贯诗人的浪漫情怀。毫无疑问，公文为主的文体属性，决定了曹操文章必然以叙事和说理为主。令教之类不言而喻，即便是书信尺牍也依然如此，如《遗孙权书》：“近者奉辞伐罪，旌麾南指，刘琮束手。今治水军八十万众，方与将军会猎于吴。”寥寥三十字，将出师有名、所向披靡、军威雄壮以及进军目的，叙说得清晰直白，语言之外的劝降之意（说理）也蕴含其中。但是，曹操文章叙事说理的方式与文人有微妙的区别。一般说来，文人叙事注重描述事件发生的过程，如曹植《与吴季重书》；曹操叙事，则注重呈现事件发展的结果，如《褒夏侯渊令》。即便细致叙述事件过程，但着眼点仍然在于结果，如《军策令》。文人说理，覃思深刻，往往是现实人生的具象感悟，表现出一种深刻的睿智，如王羲之《兰亭集序》；

曹操说理，高屋建瓴，往往是重大问题的抽象思考，表现出一种博大的襟怀，如《求贤令》《论吏士行能令》。然而，曹操叙事说理，有时也充满浪漫情调，如《止省东曹令》，完全是以诗化的语言表达东曹掾属的重要性；有时还浸透深挚情感，如《请恤郭嘉表》，以孝武咨嗟去病早逝、光武望祭遵灵柩而悲恸，表达自己对郭嘉的深情追悼。性情与理性的统一，使曹操文章既有诗人的浪漫，也有政治家的冷静。

性情与理性统一的另一面，就是温情与残酷的统一。既有普通人性的温情，也有统治者的残酷。从普通人性上说，对于知遇之恩，曹操没齿不忘，其《祀桥太尉文》尤为感人至深。曹操微贱时，太尉桥玄慧眼识珠，推许他是能够安定天下的“命世之才”，曹操由此而声名鹊起。所以，后来曹操军行谯县，遥望桥玄陵墓，追忆知遇之恩，不禁悲从中来，祭于墓陵，并写下情文并茂的祭文。对于故人之情，曹操也念念在兹，《追称丁幼阳令》描述生活画面情真意挚。青年时与幼阳常共“宿止”的亲密，幼阳得狂病痊愈之后，欲共“宿止”而不敢的调笑之语，都活脱脱地勾画出曹操不因富贵而“易交”的人情之美。对于忠心耿耿的麾下，曹操从谏如流，不求全责备；重情重义，不贪人之功。夏侯惇、徐晃等因为战功显赫而颇受青睐，郭嘉、枣祗等因善于谋划军国大事而感叹褒赏。他要求麾下“常以月旦，各言其失”（《求直言令》），对于不关原则的过失，也持宽容态度（《答朱灵书》）。对待蒯越“死者反生，生者不愧”（《报蒯越书》）的临终嘱托的承诺，尤其让人动容。但是，作为一位封建统治者，曹操又是被权力异化了的人，必然以最大限度地攫取权力为终极目标，一旦窒碍了他的权力通道，损害了他的权力意志，他绝不手软，必置之死地而后快。不仅留下了《列孔融罪状令》《假为献帝策收伏后》等令人惊悚的文字，而且最令人毛骨悚然的则是荀彧的自杀。荀彧悲剧的发生，恰恰揭示了曹操性格的另一面：阴鸷——阴险而狠毒。

所以，坦率和阴鸷的统一，是曹操文章透露出的性格的又一层面。曹操非君非臣的特殊地位，使之既无天子受命于天的约束，也无大臣受命天子的桎梏，因此言行绝少顾忌，表现于文章则是惊人的坦率。《求贤令》《敕有司取士勿废偏短令》《举贤勿拘品行令》，总结在历史转型、社会动乱之时前朝统治者网罗人才的措施，并作为一种政策公诸于世；《述志令》撕去道德标签，将自己追逐利欲的政治利己主义裸示于人；"设使天下无孤，不知当几人称帝，几人称王"，将鄙睨一世的霸气直接表现出来。但是，曹操玩弄权术也炉火纯青。甚至以冠冕堂皇的理由，悄无声息地置政敌于死地。他对待麾下固然展示有人性美好的一面，然而一旦发现麾下与自己离心离德时，也毫不犹豫地祭起屠刀，《诛崔琰令》就是明证。即使心腹之任，也绝不留情，上文所说的逼迫荀彧自杀尤其典型。荀彧是曹操最重要的谋士，军国的重大政治决策几乎都出自荀彧的谋划。无论是政治转折——"挟天子以令诸侯"，还是军事转折——击败袁绍军事集团，都得益于荀彧的谋划。曹操幕府之所以人才济济，也得益于荀彧的举荐。所以曹操在《又与荀彧书》中不无动情地说："与君共事已来，立朝廷，君之相为匡弼，君之相为举人，君之相为建计，君之相为密谋，亦以多矣。"可以毫不夸张地说，曹操夺得天下，荀彧功居其半。而且二人相知最深，大至军国大事，小至个人情感，曹操无不与荀彧言之。就是这样一位情同手足的谋士，却因反对他进爵魏公，而使其杀心顿起。但是，荀彧毕竟功勋卓著，誉满朝野；忠心耿耿，且与自己同气相求。若公开杀之，既失天下谋士之心，又是自我打脸。于是曹操借南征孙权之机，上《留荀彧表》奏请荀彧督军，堂而皇之将他骗至军中，然后设计逼迫其自杀。既达到杀人目的，又手无鲜血，一手掩尽天下人的耳目，其手段之阴鸷简直令人心惊肉跳！

正因为其性格的复杂性，才会有说不尽的曹操；也因为其文章的真实性，才能够活画出真实复杂的曹操。

曹操性格的丰富性和复杂性，也决定了他文章风格的多样性和审美的多元性。语言自然而斩截利落，文气鼓荡而顿挫有致，风格通脱而思理缜密，在整体上呈现出清峻、朗畅、潇散的审美特点。

曹操文章，不假雕琢，唯在达意而已。无论长文还是短篇，往往以手写心，体式自由，语言浅近自然。如《建学令》："丧乱以来，十有五年，后生者不见仁义礼让之风，吾甚伤之。其令郡国各修文学，县满五百户置校官，选其乡之俊造而教学之，庶几先王之道不废，而有以益于天下。"战乱造成官学废弛，教化委顿，强调恢复官学的必要性；具体说明郡县官学的建制、教官的选择、教授的内容以及建学的目标，纯用口语，简洁明了。然而，曹操文章叙事，或抽象普遍规律，如《举泰山太守吕虔茂才令》，主体是褒扬吕虔担任泰山太守除暴安良，造福百姓，说明举荐为茂才的理由。但是文章开头："夫有其志必成其事，盖烈士之所徇也。"直接表达普遍的人生哲理，说明目标、励志和成功的逻辑关系。这一哲理却又紧扣吕虔有壮士之志，故能成就辉煌伟业。以哲理引出叙事，意旨显豁而警策人心。或凸显事件因果，如《军策令》，主要叙述夏侯渊失败的过程：因为敌人烧毁了军营的鹿角砦（防御栅栏），鹿角砦距离营垒十五里，夏侯渊竟然远离军营，亲自率兵修补，给了敌人可乘之机，结果遭遇前后夹击，导致兵败被杀。所以文章开头直接点明："夏侯渊今月贼烧却鹿角。"将核心叙事元素直接提到文前，揭示其轻敌冒进、因小失大的失败缘由，尤为发人深省。无论是哲理发端，还是凸显因果，都不假铺垫，陡然而起，因此语言简明而又斩截利落。此外，曹操常常引经据典，比照历史，化叙述为说理，同样具有这一特点。这就形成曹操文章辞锋清峻的特点。

辞锋清峻，所形成的文气则鼓荡而下，一无挂碍。如上文所举《授崔琰东曹掾教》："君有伯夷之风，史鱼之直。贪夫慕名而清，壮士尚称而厉，斯可以率时者已。故授东曹，往践厥职。”先是引古证今，以古代伯夷的清廉，史鱼的正直，赞誉崔琰的品质。再言教化意义：以廉选官，可使贪夫仰慕名节而自身清正；以直用人，可使壮士崇尚正直而砥砺操守，故能成为时代表率，从而揭示任命崔琰为东曹掾的原因。从句群上看，一二句与三四句、三四句与第五句、前五句与结尾二句，构成连环式的因果联系，这种句群的结构方式，加之用语短促斩截，就形成了鼓荡的文气。但是，语言斩截也偶有委婉曲折，文气鼓荡也偶有语意顿挫，二者有机交融，构成一种特殊的审美情致。如《与阎行书》：“观文约所为，使人笑来。吾前后与之书，无所不说，如此何可复忍！卿父谏议，自平安也。虽然，牢狱之中，非养亲之处。且又官家，亦不能久为人养老也。”韩遂（字文约）曾派使者阎行结盟于曹操，操上表拜遂为犍为太守。为表达诚意，阎行之父、韩遂之子入许都作为人质。后来，韩遂不听阎行劝谏，结盟马超，举兵叛曹。曹操作此书寄给阎行。书说我已仁至义尽，韩遂却反复无常，故已不可容忍，暗示已经杀其子；令尊谏议大夫阎纪，则平安无恙，暗示对你已是网开一面。然后笔锋一转，令尊虽暂时平安，却身陷牢狱，牢狱自非养老之所，暗示身为其子必当救之。最后说明官家也不可能长时间为你赡养老人，暗示如若再不幡然醒悟，令尊必遭杀身之殃。将自己对韩遂和阎行不同的处理方式并列叙述，并列中蕴含转折；然后以“虽然”直接转折，所谓“平安”者乃是身在狱中，仅仅是未杀之而已，转折中又承接上文；再用“且”字，暗示阎行，若再不归顺，必也杀之，幽默调侃之中，带有威胁，透着杀气，结构是顺承，语意是逆转。虽然此书结构上有转折，有顿挫；语意上有直白，有暗示，但是文气依然直贯而下，毫无窒碍。这也形成曹操文章气势朗畅的特点。

气势朗畅，所呈现的审美风格则是通脱——通达洒脱，毫无顾忌。曹文叙事，句式或散或整，篇幅或长或短，笔法或张或弛，无不显现通脱的个性。尤其令人解颐的是，曹文中庄谐随性，心手相应，如上文所举的《与阎行书》《止省东曹令》。即便是秦汉以来一向庄严的奏表，曹操也能以调笑诙谐的笔调出之，如《获宋金生表》："臣前遣讨河内获嘉诸屯，获生口。辞云：'河内有一神人宋金生，令诸屯皆云：鹿角不须守，吾使狗为汝守。不从其言者，即夜闻有军兵声。明日视屯下，但见虎迹。'臣辄部武猛都尉吕纳，将兵掩捉得生，辄行军法。"所上奏表，类似于给献帝讲述一个传奇故事。宋金生的谬悠之言、荒唐之举，河内将士竟然坚信不疑，而且"明日视屯下，但见虎迹"，虎迹究竟因何而生，也留下令人遐想的空间。特别是既为"神人"，却最终身败被杀，说明并未超凡得道。作者信笔而书，读来忍俊不禁。然而，从整体上考察，除了《列孔融罪状令》这一类深文周纳的文字外，曹操文章大多是义正辞严，思致缜密。上文所举的《授崔琰东曹掾教》及《与阎行书》都有这种特点。《述志令》是曹集的第一长文，阐释自己少无鸿鹄之志，长而为国效力，强则以大事小，虽然虚虚实实、真真假假，难以辨识，但是就文章本身而言，则层层推进，说理充分，逻辑严密。谨严而又通脱，正是曹操文章风格潇散的审美内涵。

简要说来，曹操文章以通脱个性为核心，以气势充沛为内质，以斩截自然为形式，三者之间的交融互生，形成清峻、朗畅、潇散的审美风格。然而通脱而又谨严，鼓荡亦有顿挫，斩截兼有曲折。这种文章风格的多样性与作者主体性格的复杂性，恰恰构成内在的逻辑关联。正是这种逻辑关联，使研究曹操的诗文又具有特殊的历史意义。

六、《曹操集》版本及本书体例

（一）《曹操集》版本

《隋书·经籍志四》："《魏武帝集》二十六卷。"注曰："梁三十卷，录一卷。梁又有《武皇帝逸集》十卷，亡。"《旧唐书·经籍志下》："《魏武帝集》三十卷。"《新唐书·艺文志》《通志·艺文略》并同《旧唐书》。然而，这些版本均已散佚，今之所见唯有明人辑佚的《魏武帝集》。其中主要有两种：明张燮《七十二家集》收录《魏武帝集》五卷；明张溥《汉魏六朝百三名家集》收录《魏武帝集》一卷。此外，明冯惟讷《诗纪》卷一辑曹操诗；清严可均《全三国文》卷一至卷三辑曹操文。近人丁福保《汉魏六朝名家集》（初刻）收录《魏武帝集》四卷。

诸家辑本所收作品略有出入，其中《汉魏六朝百三名家集》辑录诗共十五题二十三首（不包括《碣石篇》"艳"），《诗纪》所辑与此本相同；《汉魏六朝名家集》及《全三国诗》辑录诗十六题二十五首，其中《塘上行》一首，属误收；《善哉行》之三，也须存疑。《汉魏六朝百三名家集》辑录曹操的令、教、表、奏事、策、书、尺牍、序、祭文，凡一百四十篇；《汉魏六朝名家集》以《汉魏六朝百三名家集》为底本，兼采严可均《全三国文》，共辑录文一百五十篇。今中华书局校点本《曹操集》、译注本《曹操集译注》，均以《汉魏六朝名家集》为底本，其误收亦同。

曹操另有兵书数种：《孙子注》保存于《十一家注孙子》中，尚属完整；另有残篇《兵法》《兵书要略》，清严可均辑，见《全三国文》卷三；《兵书接要》一卷，清王仁俊辑，见《玉函山房辑佚书·子编·兵家类》。今中华书局校点本《曹操集》所收《兵法》《兵书要略》，皆据严可均《全三国文》；《兵书接要》失收。

（二）本书编辑原则和编排体例

1. 以《汉魏六朝百三名家集·魏武帝集》为底本，参校冯惟讷《诗纪》、严可均《全三国文》、丁福保《汉魏六朝名家集·魏武帝集》、逯钦立《先秦汉魏晋六朝诗》，参考中华书局《曹操集》《曹操集译注》，择善而从。尤为注意：第一，去伪存真，务求可靠，凡是《汉魏六朝名家集》及《曹操集》《曹操集译注》误收，如《塘上行》，一律删去。第二，谨防遗漏，务求全面，凡是佚文、残篇悉加收录，如王仁俊辑佚《兵书接要》一卷（两则）。举凡佚文、残篇、存疑，均附录书末，以供研究者参考。

2. 兼顾普及性和学术性的统一。本书导读、注释和解读，悉以丛书体例为原则。第一，“导读”，考证史实，辨别疑案，论述思想，阐述贡献，分析文学成就，在微观研究基础上，纵论其宏观意义。第二，“注释”，力求简明扼要，通俗易懂，对少数语典、事典以及理解作品必不可少的相关史实，也略加说明或考释。第三，“点评”，批阅文心，赏析诗艺，揭示其现实人生意义。其中，旁批，注重诗眼、文眼，以及前人经典评价，意在阅读提示；篇末评，注重背景、思想、艺术、文境、意义，务求抓住特点，深入阐释。力求“导读”“注释”“点评”三者之间构成学术信息或审美判断上的网状联系。

3. 本书编排，参考《汉魏六朝百三名家集·魏武帝集》次序，而略作调整。先诗后文，再《孙子兵法注》。所收之文，按照令、教、表、上书、奏事、策、书、尺牍、祭文的顺序。其中《孙子序》一文抽出，移置《孙子兵法注》之前。诗文部分，以类相从，并按照编年排列，疑不能明者，考其内容，判断大致时间，编排于相应内容之后。因为《汉魏六朝百三名家集·魏武帝集》未收录曹操《孙子兵法注》，本书以国家图书馆出版社影印《宋本十一家注孙子》为底本，参考黄朴民、赵海军校点《孙子兵法集注》。因为《孙子兵法》是兵书的经典，由于语言的变迁，纵有曹操的“略解”，今天读来仍然有一定困难，故本书“解读”兼顾原典和“略解”两个方面。

① 万绳楠：《廓清曹操少年时代的迷雾》，《安徽师范大学学报》1988年第2期。
② 孙明君：《曹操与儒学》，《文史哲》1993年第2期。
③ 刘运好：《魏晋经学与诗学》，中华书局2018年版，第891页。
④ 刘振东：《中国儒学史》（魏晋南北朝卷），广东教育出版社1998年版，第46页。

⑤ 恩格斯：《论封建制度的瓦解和民族国家的产生》，《马克思恩格斯全集》第二十一卷，人民出版社 1974 年版，第 453 页。
⑥ 田余庆：《秦汉魏晋史探微》（重订本），中华书局 2011 年版，第 129 页。
⑦ 徐公持：《魏晋文学史》，人民文学出版社 1999 年版，第 41 页。

曹操集

诗 集

度关山[1]

天地间[2]，人为贵，立君牧民，为之轨则。车辙马迹[3]，经纬四极。黜陟幽明[4]，黎庶繁息。於铄贤圣[5]，总统邦域。封建五爵[6]，井田刑狱。有燔丹书[7]，无普赦赎。皋陶甫侯[8]，何有失职？

嗟哉后世[9]，改制易律。劳民为君[10]，役赋其力。舜漆食器[11]，畔者十国。不及唐尧[12]，采椽不斫。世叹伯夷[13]，欲以厉俗。侈恶之大[14]，俭为共德。许由推让[15]，岂有讼曲？兼爱尚同[16]，疏者为戚。

维护中央集权的统一，向往儒家所赞美的上古和谐的政治、社会秩序；君主节俭，官吏清廉，且轻刑罚、薄赋役，与民休息，是曹操早年的政治理想。

墨家以“兼爱”建立一套完整的伦理体系：父慈子孝、君慈臣孝、兄悌弟尊，是伦理的核心。以“尚同”建立一套完整的政治体系。墨子将社会结构分为三层：正长、三公、天子。其秩序是：正长听命于诸侯、诸侯听命于三公，所有人都必须听命于天子。可见曹操所希望建立的仍然是统一的中央集权国家。

[注释]

[1] 度关山：郭茂倩《乐府诗集》收录于《相和歌辞·相和曲》。《乐府解题》曰：“魏乐奏武帝辞，言人君当自勤苦，省方黜陟，省刑薄赋也。” [2]“天地间”以下四句：天地之间，以人为贵。设立君主，统治天下百姓，制定礼仪法度。牧，放牧，比喻统治。轨则，法度。 [3]“车辙马迹”二句：君王出巡，足迹遍及天下。经纬，纵线为经，横线为纬。此作动词，走遍。四极，四方边境。 [4]“黜陟（chù zhì）幽明”二句：罢免庸官，提拔贤明，使百姓繁衍生息。黜陟，罢免和升迁。 [5]“於（wū）铄（shuò）贤圣”二句：有如此美好的贤君，统治天下。於，感叹词。铄，美好。 [6]“封建五爵”二句：君主分封五等爵位，实行井田制，建立刑罚制度。封建，封诸侯，建国家。五爵，周代封爵，分为公侯伯子男五等。井田，指井田制。西周按照道路和渠道，把土地分隔成方块，形状像“井”字，因此称作井田。 [7]“有燔（fán）丹书”二句：焚毁罪状文书赦免犯人，无须普遍采用以钱赎罪而获得赦免的制度。意思是轻刑罚。有，同“又”。燔，焚烧。丹书，以朱笔记录犯人罪状的文书。赦赎，用钱赎罪而免除刑罚。是汉代一度采用的刑罚制度。 [8]“皋陶（gāo yáo）甫侯”二句：如果如此，掌管刑罚的人怎么会失职？皋陶，又作咎陶、咎繇，舜时的一位贤臣，舜任命他掌管刑法，以正直闻名天下。甫侯，即吕侯，周穆王大臣，受命为穆王制定五刑，布告天下。《尚书》称“吕刑”，《礼记》作“甫刑”。 [9]“嗟哉后世”二句：叹息后代君王，改变古代的制度和法律。改制易律，指李悝、商鞅对古代法制的修改变易。《唐六典》记载：魏文侯以李悝为师，悝集中诸国刑书，制作《法经》六篇，商鞅继承《法经》，改法为律。古代的法是指规则条例，律是指法令条文。 [10]“劳民为君”二句：百姓劳苦，只为君

主；徭役赋敛，空耗民力。［11］“舜漆食器”二句：虞舜用漆器为饮食用具，结果造成十余个诸侯国的反叛。意思是天下以俭得之，以奢失之。《说苑·反质》记载：尧为天子时，用土碗吃饭，用土瓶饮水，天下臣服。舜继位后，雕刻树木作为饮食器具，并涂上黑漆，有十三个诸侯国背叛了他。舜，即虞舜，上古氏族社会部落联盟首领，建立虞国，后世尊为五帝之一。畔，同“叛”。十国，举其成数。［12］“不及唐尧”二句：虞舜居住的房屋也不及唐尧简朴。意为舜的住处也趋于奢华。唐尧，即尧，上古氏族社会部落联盟首领，帝喾之子，国号陶唐氏，因子丹朱不肖，传位于舜，后世尊为五帝之一。采椽（chuán）不斫，是“茅茨不翦，采椽不斫”的省略，意思是房上茅草不加修剪，房下木椽不加刮削。形容因陋就简。［13］“世叹伯夷”二句：世人赞美伯夷，就是为了激励清廉的世俗。伯夷，殷末孤竹君长子。孤竹君死后，为了让位给弟弟，弃国逃走。后人称赞他是清廉的典范。厉俗，激励世俗。［14］“侈恶之大”二句：奢侈是万恶之首，节俭是共有之德。共，一本作“恭”。［15］“许由推让”二句：像许由那样推让天下，哪里还会有诉讼争端。许由，古代隐士。皇甫谧《高士传》：许由字武仲。尧要将天下让给许由，许由逃去隐居在中岳颍水之北的箕山。尧又召他任九州长，许由认为这话污浊了他的耳朵，便跑到颍水边洗耳。［16］“兼爱尚同”二句：相互爱戴，且又听命于天子，这样，疏远的人也会亲近你。兼爱，以爱己之心泛爱他人。《墨子·兼爱》认为，天下混乱就是因为不能相爱。其中子不孝父、臣不忠君是根本原因。尚同，听命于天子。《墨子·尚同》认为，天下百姓必须上同于天子。这种上同就是把自己听到的一切告诉天子，以天子的是非判断作为标准。这样天下才能大治。尚，同“上”。

［点评］

这首诗和下一首《对酒》都表达了曹操的政治理想。他认为，君主受命于天，既是法律制度的创造者，也是践行者。上古社会，天子分封诸侯，建立国家，巡狩天下，考核官员；制定土地和法律制度，轻刑罚而与民休养生息，所以民风淳朴，秩序和谐，虽有刑罚而无所用之。后代社会，改变旧制，法律滋繁，百姓徭役赋敛繁重，天子渐趋奢靡，于是清廉、淳朴之风渐丧，诉讼是非之心顿兴，而且觊觎天子权力者也随之而起。如何纠正这一凋敝的世风？一是天子去奢侈，尚节俭，以为天下典范；二是提倡"兼爱"，建构和谐的社会秩序；三是强调"尚同"，建构和谐的政治秩序。由此可见，曹操是以道家的自然观念强调天子存在的合理性，以墨家的兼爱尚同重构伦理和政治秩序。而薄赋役，轻刑罚，与民休息；尚节俭，崇清廉，修养道德，则是从御民和修身两个方面提出的具体措施。其核心是如何重构社会的政治向心力，建立一个稳固统一的中央集权国家。显然这是治理汉末乱政的一剂良药。

陈祚明《采菽堂古诗选》评价说："莽莽有古气。'嗟哉'四句，造感慨然。末语便欲笼盖四海。孟德作用出申商，'有燔丹书'，言非功不赎罪；'舜漆食器'一段，言俭；'许由推让'句，不与人讼曲也。一以严毅行之。兼爱尚同，正是虽亲者亦不假借耳。其造国之大概尽此矣。"意思是这首诗表现了曹操的治国特点：重视申不害、商鞅的法家之术，以严厉明断为特点。其实，陈氏所论似是而非。这首诗并没有表现这一思想，而是以儒为基，兼容道墨。因此，从曹操的思想形成过程看，此诗当是早期作品，或许成于曹操青年时期。

对 酒[1]

对酒歌[2]，太平时，吏不呼门。王者贤且明[3]，宰相股肱皆忠良。咸礼让[4]，民无所争讼。三年耕有九年储[5]，仓谷满盈，班白不负戴。雨泽如此[6]，百谷用成。却走马，以粪其土田。爵公侯伯子男[7]，咸爱其民，以黜陟幽明。子养有若父与兄[8]，犯礼法，轻重随其刑。路无拾遗之私[9]，囹圄空虚，冬节不断人。耄耋皆得以寿终[10]，恩泽广及草木昆虫。

[注释]

[1] 对酒：郭茂倩《乐府诗集》收录于《相和歌辞·相和曲》。《乐府解题》说："魏乐奏武帝所赋《对酒歌太平》，其旨言王者德泽广被，政理人和，万物咸遂。" [2]"对酒歌"以下三句：对酒而歌，太平时世，官吏不到百姓门前呼叫骚扰。 [3]"王者贤且明"二句：君主贤明，宰相、大臣都是忠良之士。股肱（gǔ gōng），大腿和胳膊，比喻辅佐君王的大臣。 [4]"咸礼让"二句：百姓守礼谦让，没有争夺、诉讼的纠纷。 [5]"三年耕有九

在封建社会中，君主、朝臣、百姓是社会金字塔结构的三个层级；君主贤明、朝臣忠良、百姓教化是太平盛世的三大标志。这也是浸润于诗人早期思想中的三大愿景。

"老吾老，以及人之老；幼吾幼，以及人之幼，天下可运于掌"，推恩于民是孟子仁政思想的人性基础；"谨庠序之教，申之以孝悌之义"，教化百姓是孟子仁政思想的实现途径；"颁白者不负戴于道路矣"，民有所养是孟子仁政思想的民本基础。这也是诗人早期思想的本源之一。

年储”以下三句：百姓耕种三年，有一年余粮；国家有九年粮食储备。仓里堆满谷物，老人不用从事体力劳动。三年耕，指耕种三年，可储一年余粮，以备荒年。《礼记·王制》：“三年耕，必有一年之食。”九年储，指国家有九年粮食储备，以备非常。《淮南子·主术训》：“十八年而有六年之积，二十七年而有九年之储。”班白，即斑白，头发花白。班，同“斑”。负戴，肩背、头顶。 [6]“雨泽如此”以下四句：雨水如此滋润，各种谷物因此丰收。马儿不用四处奔走，用来施肥耕地。可见已是战事停息，社会安宁。百，一本作“五”。用，因。却，退。走马，善跑的马。粪，用作动词，施肥。土，一本作“上”。 [7]“爵公侯伯子男”以下三句：各级官员爱护自己的百姓，并以此为标准考核官员的罢免和升迁。爵，爵位。公侯伯子男，周天子分封诸侯，爵位分为公侯伯子男五等。此泛指各层官员。黜陟，罢免升迁。 [8]“子养有若父与兄”以下三句：各层官员爱惜百姓犹如父兄养育子弟，即便违反了礼制和法律，也按照轻重予以适当处罚。 [9]“路无拾遗之私”以下三句：路不拾遗，监狱空虚，即使冬季论刑之时也无犯人可判。私，私欲。囹圄（líng yǔ），监狱。冬节不断，冬季也无犯人判罪。古代制度冬季判决犯人。《逸周书·宝典》：“秋落冬杀，有常政，乃盛行。” [10]“耄耋（mào dié）皆得以寿终”二句：老人都得以寿终正寝，仁恩和德泽施及草木昆虫。耄耋，年九十曰耄，八十曰耋。泛指高寿的老人。恩泽广及草木昆虫，是指按照季节和生长规律耕种、捕猎。

［点评］

这首诗描绘了一幅太平盛世的图景：政治清明、社会和谐、天人相协，国家富庶安宁，人民安居乐业。在曹操的政治理想中，君主贤德英明，能够“黜陟幽明”，建构合理的官僚队伍，是社会太平的前提；官僚忠诚良善，能够推恩及民、刑罚适当，实施以仁政为核心的治政体系，是社会太平的保证；百姓廉让、民风淳朴，形成“无所争讼”“路无拾遗”的人际环境，是社会太平的具体表现。这样的世界没有战争，风调雨顺，仓廪满盈，万物欣欣向荣。很显然，这是曹操面对世积乱离所勾勒的理想愿景。所以，陈祚明《采菽堂古诗选》说：“序述太平景象，极尽形容，须知反言之并以哀世也。”意思是在描述的太平景象背后，包含着曹操哀世叹时的情怀。

这首诗与《度关山》内容近似，都表现了曹操的政治理想，都强调“黜陟幽明”（《尚书·舜典》）的儒家吏制观念。但是，《度关山》以上古社会作为蓝图，其“节用”“兼爱”“尚同”的思想源于《墨子》；而《对酒》以改良现实为着眼点，其“仁政”“教化”“推恩”的思想则源于《孟子》。《度关山》的核心是建构稳固统一的中央集权，着眼点在于拯救日渐式微的汉王朝；《对酒》的核心是改良吏制实行仁政的社会政治，着眼点在于拯救世积乱离的社会民生。无论是思想基础还是现实改良的理想，两首诗都有很大差别。平心而论，《对酒》所表达的思想体系相对于《度关山》而言，更为完整，也更趋成熟，“乌托邦”式的社会理想逐渐淡化。但是与曹操后期儒法合一的思想相比仍然有明显差异。仅此，就可以判断：《对酒》也是曹操早期的创作，但成于《度关山》之后。

朱乾《乐府正义》说："前言何进犹豫不断，自贻害也。后言董卓弑逆，宗社丘墟也。"选择汉末最为重要的两大历史事件，深刻揭示了汉末衰微的本质原因。诚如朱乾所说，此诗也属于汉末史诗之类。

虽为史诗，但是"微子为哀伤"所表现的对汉室的忠贞，"所任诚不良"所隐含的对选官的思考，又折射了诗人的情感取向和思想倾向。忧愤越是深广，越显现了诗人拯救时世、澄清天下的伟大抱负。

薤　露[1]

惟汉廿二世[2]，所任诚不良。沐猴而冠带[3]，知小而谋强。犹豫不敢断[4]，因狩执君王。白虹为贯日[5]，已亦先受殃。贼臣执国柄[6]，杀主灭宇京。荡覆帝基业[7]，宗庙以燔丧。播越西迁移[8]，号泣而且行。瞻彼洛城郭[9]，微子为哀伤。

［注释］

[1] 薤（xiè）露：乐府旧曲。郭茂倩《乐府诗集》收录于《相和歌辞·相和曲》。崔豹《古今注》说："《薤露》《蒿里》，泣丧歌也。"以植物露珠日出即逝，比喻人生短暂。薤，一种草本植物。　[2]"惟汉廿（niàn）二世"二句：汉朝第二十二代君主，所任用的确非良臣。惟，语助词。廿二世，指灵帝。从汉高祖至灵帝，共二十二代。廿，本作"二十"，不合五言诗句式，据黄节注改。所任诚不良，指何进。中平六年（189）三月，灵帝崩，少帝立，灵帝何皇后称太后，临朝，其兄何进开始专断朝政，谋诛宦官而太后不从，何进召董卓进京，以胁迫太后。八月，何进被宦官所杀。董卓进京后，杀太后，废少帝，祸乱朝政，加速了东汉王朝的覆亡。所以，曹操以"不良"称之。　[3]"沐猴而冠带"二句：犹如头戴冠冕的猕猴，谋划大事却缺少智慧。沐猴而冠，《史记·项羽本纪》：项羽占据关中后，见关中残破，准备东归，韩生劝谏而不被采纳，就私下骂项羽"沐猴而冠"。意思是猕猴即使戴了人的帽子，仍然还是猕猴。即空有人之外形而无人之智慧。沐猴，猕猴。知，同"智"。谋强，谋划大事。　[4]"犹

豫不敢断”二句：因为何进犹豫而不果断，导致君主被挟持而离开京城。狩，天子巡狩，这里讳称皇帝逃离京城。何进谋诛宦官张让等，结果因犹豫迟疑而失败被杀。袁术等人趁机带兵入宫，烧毁东西宫殿。袁绍大量诛杀宦官，于是张让等挟持少帝出走小平津。 [5]“白虹为贯日”二句：致使天子蒙难，自己被杀。白虹贯日，白色长虹遮蔽太阳，古人常常认为这是天子蒙难的异常天象。《后汉书·献帝纪》记载：初平二年（191）二月，白虹贯日。这年正月，董卓毒死已被废为弘农王的少帝。先受殃，指在少帝被杀之前，何进先为宦官所杀。 [6]“贼臣执国柄”二句：贼臣董卓执掌国家大权，杀少帝而焚毁京城。董卓祸乱朝政，人神共愤。初平元年（190）正月，曹操、袁绍等举兵讨伐董卓，卓挟持献帝西迁长安，纵火焚烧洛阳宫庙官府，周围二百里内，无人幸存。 [7]“荡覆帝基业”二句：汉室帝王基业荡然无存，祖庙也被烧毁。荡覆，倾覆。燔（fán）丧，烧毁。 [8]“播越西迁移”二句：君主颠沛流离，西迁长安，一边西行一边流泪。且（cú），通“徂”，往。 [9]“瞻彼洛城郭”二句：远望那焚毁的洛阳城郭，内心充满哀伤。城郭，也作“城廓”。城，内城的墙。郭，外城的墙。后泛指城邑。微子为哀伤，殷灭亡之后，微子路过殷朝故都，看到宫室颓败残破，满地禾黍，无限伤心，写下《麦秀歌》，以抒发亡国之痛。此处诗人自比微子。微子，殷纣王之兄。

［点评］

汉中平六年（189）三月，灵帝刘宏崩，少帝刘辩即位，何进专权，为了谋诛宦官，他召董卓进京。八月，何进被宦官所杀。九月，董卓废少帝为弘农王，立刘协为献帝，杀太后何氏。初平元年（190）正月，关东诸郡起兵讨伐董卓。卓得知后，旋即弑弘农王。二月，又焚烧洛阳宫室，胁迫献帝迁都长安。三月，献帝车驾到达长安。这首诗就写于初平元年二月和三月之间。

诗的开头指出：灵帝所任用的何进简直是不良之臣。用一“诚”字表示确然语气，既强调事实，也蕴含愤怒。然后具体指出他的“不良”之处：此人是“沐猴而冠”，表面冠冕堂皇，实际空有皮囊而已。其典型的表现就是好大喜功，缺少智慧，临大事而不能决断，导致献帝被挟持出走小平津，自己也身首异处。接着诗人描述了董卓进京之后，专断朝纲，给东汉王朝带来毁灭性的恶果：弑杀少帝，焚烧洛阳宫城，从而使曾经辉煌显赫的汉代王朝帝业倾覆，祖庙毁坏；胁迫献帝迁都长安，献帝满腹无奈，一边呼号哭泣，一边又不得不西行。至此，东汉王朝已日薄西山，气息奄奄，所以诗人遥望被烧毁的洛阳城郭，内心无限哀伤。诗中所描写的两件事，既贯穿着一条逻辑主线：董卓进京是由何进所召，因此何进的“不良”和董卓的残暴有深刻的内在联系；又折射出一种思想主线：无论是痛惜于灵帝的“所任诚不良”，还是愤恨于董卓的“贼臣执国柄”，都在忧愤之中表现出匡救艰危时世的渴望，而以旧朝老臣“微子”自比，又深刻蕴含了维护东汉王朝统一的思想倾向。所以最后两句的忧伤，既是哀伤旧都被毁，帝业倾覆，也是哀伤导致这一恶劣后果的原因——王朝用非其人，误己误国！

诗人目光如炬，善于从大处选材，在纷纭复杂的历史发展过程中，抓住导致东汉王朝衰微的根本原因，将影响东汉王朝命运的两件大事贯穿到一条逻辑主线和一种思想主线之中，既表现了曹操思想高卓，理想伟岸，同时也使全诗形成缜密的艺术结构。在叙事结构上，全诗按照所选择的两个重大历史事件，自然形成两层。前一层由概述事实，到具体描述事件，后果一件比一件严重，感情也一句比一句激烈；后一层直接叙述重大历史事件，然后用“荡覆”“燔丧”“播越”“号泣”，具体描述事件的灾难性恶果，感情一句比一句沉重，最后以“哀伤”收束。如果说前一层的感情是上扬，如火山喷发，不可遏制；那么后一层的感情则是下沉，似瀑布落潭，深厚激荡。特别重要的是，诗的前层用“白虹为贯日”的意象暗示，后层又用“杀主灭宇京”的叙事点明，使两层之间构成事件上的逻辑联系，如此则两个历史事件的因果关系，自然蕴含其中了。

善哉行二首[1]

其　一

古公亶甫[2]，积德垂仁。思弘一道[3]，哲王于豳。一解

太伯仲雍[4]，王德之仁。行施百世[5]，断发文身。二解

伯夷叔齐[6]，古之遗贤。让国不用[7]，饿殂

朱乾《乐府正义》说：“此篇隐然以太王肇基王迹自居，以太伯、仲雍、伯夷、叔齐让国为法，而责山甫、管仲之不能任贤，平仲之不能讨贼，末以孔子之进退随时结之，皆非第二等人语也。”事实上，此诗在歌颂前哲、反思历史中也包含了曹操丰富的政治理想。

首山。三解

智哉山甫[8]，相彼宣王。何用杜伯[9]，累我圣贤。四解

齐桓之霸[10]，赖得仲父。后任竖刁[11]，虫流出户。五解

晏子平仲[12]，积德兼仁。与世沈德[13]，未必思命。六解

仲尼之世[14]，王国为君。随制饮酒[15]，扬波使官。七解

批判历史上的所谓贤相。在诗人看来，晏子面对崔杼弑君，不能杀身讨贼，已失臣节；管仲面对周王赐宴，恪守尊卑臣礼，唯在沽名。而较之以山甫不能用贤、管仲不辨忠奸，晏子其恶尤盛。

［注释］

[1] 善哉行：乐府旧题。郭茂倩《乐府诗集》收录于《相和歌辞·瑟调曲》。《乐府解题》说："古辞云：来日大难，口燥唇干。言人命不可保，当见亲友，且永长年术，与王乔八公游焉。……然则'善哉'者，盖叹美之辞也。"按：乐府"解"，就是音乐的段落，是演奏时乐工所加，与文本意义没有关联。又，今中华书局校点本《曹操集》收录《善哉行》三首，其中第三首乃曹丕所作，故删去。详见"存疑"。 [2]"古公亶（dǎn）甫"二句：古公亶甫，即古公亶父，季历之父，文王之祖，周王朝的奠基人。武王姬发建立周朝，追尊为太王。积德垂仁，修养道德，施行仁义。《史记·周本纪》：古公亶父继承后稷、公刘的事业，修养道德，推行仁政，国人非常爱戴他。原居于豳（今陕西旬邑县西南），因遭到戎狄侵犯，率领族人迁居岐下（今陕西岐山县东北），豳人扶老携幼，追随古公，至于岐下。 [3]"思弘一道"二句：古公

亶父迁居岐下，意欲弘扬先祖在豳创立的基业。一道，指一脉相承的先祖基业。《史记·周本纪》：“公刘……复修后稷之业”，“古公亶父复修后稷、公刘之业”。哲王，贤明智慧之王，指后稷、公刘。 [4]“太伯仲雍”二句：太伯仲雍，古公亶父的长子和次子。《史记·周本纪》：长子太伯，次子虞仲，少子季历。季历贤明，生昌（即后来的周文王）。古公说：“姬姓的兴旺发达，就在姬昌。”太伯、虞仲知道古公想立季历为太子，以便传位于姬昌，于是逃到南方荆蛮之地，文身断发，让位给季历。太伯逃奔到荆蛮后，自称句吴。荆蛮人推崇太伯的道德仁义，拥立为吴太伯。太伯卒，无子，弟虞仲继位，是为吴仲雍。王德之仁，王者的仁德。孔子说：“太伯三让天下，可以说是道德的典范啊。” [5]“行施百世”二句：太伯虽然断发文身，但其德行一直延续后世。施（yì），延续。断发，剪去头发。文身，纹身。是当时荆蛮与中原不同的风俗。 [6]“伯夷叔齐”二句：伯夷叔齐是殷孤竹国君二子，孤竹君打算立次子叔齐。孤竹君死后，叔齐不愿继位，让位给伯夷，伯夷也不受，于是二人一起逃到周国。武王伐纣时，他们叩马谏阻。武王灭商后，他们耻食周粟，隐居首阳山（在今陕西周至境内），采薇而食，最终饿死山中。遗贤，忠于前朝的贤士。 [7]“让国不用”二句：二人礼让王位，不用于世，最终饿死在首阳山。殂（cú），死亡。 [8]“智哉山甫”二句：睿智的仲山甫辅佐宣王。山甫，仲山甫，周宣王大臣。《国语·周语》称为“樊仲山甫”，樊是仲山甫的封地。其事迹史籍记载不详，只有《诗经·大雅·烝民》颂扬仲山甫的美德以及辅佐宣王的历史功绩较为详细。宣王，厉王之子姬静，西周第十一代君主。在位前期，任用贤臣，革新政治，史称“宣王中兴”。后期不遵天子之礼，不能用贤纳谏，导致周室衰微。 [9]“何用杜伯”二句：何因错杀杜伯而累及宣王圣贤的声名。此乃责备山甫不能用贤，累及宣王。用，因。杜伯，周宣王大夫，封于杜（今陕西西安东南），因无罪而被杀，其子隰叔出逃晋国。传说三年后，宣王出城打猎，见杜伯执弓矢而射之，回宫后惊悸而死。　[10]“齐桓之霸”二句：齐桓公依赖管仲辅佐，称霸诸侯。齐桓，齐桓公，姓姜，吕氏，名小白，姜太公吕尚第十二代孙。即位后，任管仲为相，推行改革，使齐国逐渐走向强盛。后以“尊王攘夷”相号召，会盟诸侯，成为春秋五霸之一。仲父，管仲，名夷吾，字仲，后人尊称为管子，颍上（今安徽颍上县）人，周穆王后代，是春秋时期著名的经济学家、政治家、军事家。因被齐桓公尊为仲父，故称。　[11]“后任竖刁”二句：桓公后来任用阉臣竖刁，导致死后无人收敛。乃责备管仲任用小人（实际与管仲无关），导致王室内乱。竖刁，齐桓公近侍阉臣，谀事桓公，很受宠信。桓公卒，诸公子争位，竖刁恃宠争权，滥杀群吏，立公子无亏，导致齐国内乱。虫流，蛆（qū）虫流出。齐桓公晚年，不听管仲遗言，任用竖刁，专权乱政。桓公死，诸子争位，互相攻击，桓公陈尸床上六十七日，无人收敛，尸体腐烂生蛆，流出户外。　[12]“晏子平仲”二句：晏子平仲，晏婴字平仲，齐国国相，历灵公、庄公、景公三朝而闻名诸侯，是春秋时期著名的政治家和外交家。其言行备载于《晏子春秋》。积德兼仁，积累善行，又有仁义。《史记・管晏列传》：齐国有一贤人叫越石父，因触犯刑法而被捆绑，在押解途中，遇见晏子，晏子解下左边驾车的马，为他赎罪，并和越石父同车归去。“积德兼仁”即指此而言。　[13]“与世沈德”二句：经历三代君主，道德深厚而不外露，但是关键时刻也未必能不顾生命。《晏子春秋》：崔杼弑庄公，劫持了诸位将军、大夫以及士和庶人，轮到晏子时，晏子捧着一杯血，仰天叹息说：崔子无道而弑君，诸位不与王室同心，却与崔子同庆，必不吉祥，乃俯身饮血，从容而去。所以《诗》赞美他“舍命而不改变为臣的节操”。但是曹操批判晏子，面对崔杼弑君，顾及性命，不能讨贼。与，经历。沈，同“沉”。思命，顾及生命。 [14]“仲尼之世”二句：孔子时代，王室卑微，地位只相当于诸侯君主。仲尼，孔子名丘，字仲尼。王国为君，天子之国也成为列国之君。《史记·周本纪》：周显王四十年，秦惠王称王，后来诸侯纷纷称王，王室地位卑微，同于诸侯。 [15]“随制饮酒”二句：饮宴可以因时而变，何以特别褒扬管仲。随制，随世而制，即依据时世变化而制定不同规则。饮酒，“饮酒无量”的省略。《论语·乡党》：“惟酒无量，不及乱。”意思是饮酒时不要计算爵（古代酒器）数，勿乱酒德即可。扬波使官，当作“扬彼使官”，意思是褒扬出使之人。《左传》僖公十二年：冬，齐桓公派遣管仲朝见周天子，天子以上卿之礼宴请管仲。按照《礼记·王制》：“次国三卿，二卿命于天子，一卿命于君。”即诸侯国的三卿，二卿由天子任命，为上卿；一卿由诸侯国君任命，为下卿。管仲虽然职为齐相，但爵位为齐桓公所命，为下卿，所以只接受下卿之礼，君子称赞他谦让且符合礼义。曹操强调凡事应因时而变，因此质疑后人对管仲的褒扬。彼，那，他。使官，指管仲。

［点评］

《善哉行》其一是一首怀古诗。在对历史的叙述、反思甚至翻案中，表达了自己的政治理想。虽然风格与其二不同，但是从诗歌境界以及内容看，当是曹操已经登上历史舞台并开始叱咤风云之时所作。

曹操起兵讨伐董卓时，仅五千兵马。虽后来渐趋强大，却仍然不能与其他军阀如袁绍、袁术等抗衡。直至初平三年（192），曹操领兖州牧，大破青州黄巾军，受降卒三十余万，男女百余万口，收其精锐，号为“青州兵”，才真正积攒了逐鹿中原的军事资本。建安元年

（196）七月，曹操至洛阳迎接献帝；九月，献帝以操为大将军、封武平侯，迁都许昌，曹操整顿、恢复、重建了汉室宗庙社稷制度。十月，天子拜操司空，领车骑将军。自此，曹操既完成了“挟天子以令诸侯”的政治战略，又朝纲独断，位如诸侯。从诗歌内容看，下首诗创作于建安元年初，此诗则创作于建安元年十月之后。

诗共七解，可分两层。前三解为第一层，以美颂为主。古公亶父继承后稷、公刘的伟业，成为周朝的奠基者；太伯仲雍、伯夷叔齐，不仅礼让君主之位，而且各自成为后世典范：太伯仲雍只身逃往荆蛮，开拓了新的国家基业；伯夷叔齐忠于前朝，恪守臣道，最终不食周粟，以身殉节。后四解为第二层，以反思为主。仲山甫、管仲、晏子都是一代名相，名垂后世。然而，在诗人看来，山甫不善用贤，致使贤才杜伯被杀；管仲不辨忠奸，致使小人竖刁得势。晏子养德厚仁，然而面对弑君之贼，却不能杀身成仁。管仲出使周朝，又墨守成规，不能因时而变。对这些历史上的贤相，诗人的反思、翻案甚至批判，无疑是石破天惊，表现出一位杰出政治家基于国家政治层面所作出的历史判断，非一般史学家所能道。

无论是颂美还是反思，甚至翻案、批判，本质上都表现了诗人的政治理想。他希望王室内部谦让以礼，避免兄弟阋于墙内；前朝旧臣恪守臣节，忠于王室；自己位至宰辅，任用贤能，杜绝小人，忘身取义，因时而变。其中对晏子的批评还隐含另一种倾向：曹操不满于周代森严的贵族等级制度，强调改革传统的等级制度。这就为庶族阶层登上历史舞台打开了通道，与他的“求贤令”

有内在一致的思想基础。这首诗所表现的对政治的思考，虽然主要着眼于最高统治阶层，但是其执政的思路相当明晰，与青年时代创作的《度关山》《薤露》所表达的政治理想相比，显然已经成熟了。

其　二

自惜身薄祜[1]，夙贱罹孤苦。既无三徙教[2]，不闻过庭语。一解

其穷如抽裂[3]，自以思所怙。虽怀一介志[4]，是时其能与。二解

守穷者贫贱[5]，惋叹泪如雨。泣涕於悲夫[6]，乞活安能睹。三解

我愿于天穷[7]，琅邪倾侧左。虽欲竭忠诚[8]，欣公归其楚。四解

快人由为叹[9]，抱情不得叙。显行天教人[10]，谁知莫不绪。五解

我愿何时随[11]？此叹亦难处。今我将何照于光曜[12]，释衔不如雨。六解

朱乾《乐府正义》说："《善哉行》歌'自惜'，王业为艰，诏后王也。英雄失路，自叙却真，不真不成英雄。"其实，自叙是真，但英雄并未失路，"我将何照于光曜"，正是照亮英雄未来道路的理想！

欲悲乍喜，乍喜又悲，最终又以悲情作结。既写出情感的反转腾挪，又表现其深厚的家国情怀。这种毫无矫饰、发诸心底的忧伤，恰恰烛照了英雄丰富的精神境界。

［注释］

[1]“自惜身薄祜（hù）”二句：怜悯自己命运不济，早年卑贱，无依无靠，生活清苦。惜，哀伤。薄祜，薄福。祜，一作

“祐”。夙（sù），早。罹（lí），遭受。 [2]“既无三徙教”二句：既无慈母教育，也无严父训诲。三徙教，指孟母三迁的故事。《列女传·母仪》：孟子早年丧父，母教严厉。孟家先是居住在离墓地不远处，孟子便学习祭拜丧葬之类；孟母将家搬到集市旁，孟子又学习商贾之类；孟母又将家搬到学宫旁边，孟子学习祭祀、揖让的礼仪。孟母高兴地说：“此处真适宜孩子居住。”后以孟母三迁说明慈母对子女教育环境的选择。过庭语，指严父训诲。《论语·季氏》：一日，孔子立于堂上，见儿子孔鲤从堂下匆匆经过，就问他说：“学《诗》乎？”鲤回答说：“未也。”孔子训诫他说：“不学《诗》，无以言。”于是，鲤退而学《诗》。又一日，孔子立于堂上，又见鲤匆匆从堂下经过，问他说：“学《礼》乎？”鲤回答说：“未也。”孔子又训诫他说：“不学《礼》，无以立。”于是，鲤退而学《礼》。后来就以过庭、庭训之类表达严父的训诲。 [3]“其穷如抽裂”二句：身处困境，痛苦至极，只是因为思念父母。抽裂，割裂，形容万分痛苦。怙，依靠，这里特指父母。《诗经·小雅·蓼莪》：“无父何怙？无母何恃？” [4]“虽怀一介志”二句：虽然只是怀有小小的志向，时势也不愿让你实现。一介，一个，多为谦辞，含有藐小、卑贱之意。曹操早期的志向是“欲为一郡守，好作政教，以建立名誉”（《述志令》），故曰“一介志”。其，通“岂”。与，给予。 [5]“守穷者贫贱”二句：安于困境，贫穷卑贱，惋惜哀叹，泪如雨下。叹，一本作“欢”，形近而误。 [6]“泣涕於（wū）悲夫”二句：泣涕不止，叹息悲伤，寻求生路，父母如何能看到！於，感叹词。 [7]“我愿于天穷”二句：我祈求苍天，愿琅琊山倒向左边的大海。琅邪，即琅琊山，在今山东诸城东南海滨。此句特有所指。董卓之乱，曹嵩避乱琅琊，兴平元年（194），由琅琊入泰山，被徐州牧陶谦所杀。此处祈求琅琊崩塌海中，表达内心的愤恨。 [8]“虽欲竭忠诚”二句：唯欲尽忠君王，父死不能救，欣喜的是君王归于旧都洛阳。虽，唯。公归其楚，原指鲁公至楚。《左传》襄公二十九年："夏五月，公至自楚。"此指献帝回到旧都洛阳。初平元年（190），董卓胁迫献帝迁都长安。兴平二年（195），董承等护送献帝东迁，建安元年（196）至洛阳。公，鲁国国君，故代称献帝。 [9]"快人由为叹"二句：闻知天子还洛，为之欣喜，然尤为叹息的是，怀抱忠贞之情却不能面呈天子。快人，使人痛快、爽心，指献帝还洛阳事。由，通"犹"。一本作"曰"。抱情不得叙，犹言不得面呈衷情。《三国志·魏书·武帝纪》：建安元年正月，曹操遣曹洪率兵西迎天子，卫将军董承与袁术部将苌奴据险拒之，洪不能进。所以曹操不得见天子。 [10]"显行天教人"二句：欲彰显天子之令教化百姓，谁知无不失败。显，彰显。天教，天子的教令。莫，动词，无。绪，残，引申为失败。指迎天子的抱负成空。 [11]"我愿何时随"二句：何时可以如我愿，感叹无法面呈天子，难以释怀。随，从，指如愿。此叹，指"抱情不得叙"之叹。 [12]"今我将何照于光曜"二句：如今我如何才能面对天子，解开我内心无尽的忧愁。照，对。光曜，日月，代指天子。衔，含，谓所衔之忧。不如雨，不似雨有止时，比喻忧愁无尽。

[点评]

这首诗写作时间在前一首之前，主要描写所面临的人生窘境和不见君主的忧伤。曹操在积攒了雄厚的军事资源之后，要逐鹿中原，还必须拥有雄厚的政治资源。汉末动乱，王室衰微，但是天子的金字招牌依然是熠熠生辉，"挟天子以令诸侯"无疑是最为雄厚也最为实用的政治资源。建安元年（196）正月，曹操准备迎天子于许昌，于是派遣曹洪率兵西迎天子。然而，因为董承和袁术的抗拒，使这一政治愿望落空，这无疑对曹操的政治打击和心理打击都非常之大。面对此境此情，少遭不幸的人生、慈父被杀的惨痛、壮志未酬的窘迫，以及欲见天子而不得的忧伤，一一泛上心头，不禁使这位戎马倥偬、叱咤风云的英雄也潸然泪下。

通过这首诗，我们可以看到英雄丰富的精神世界、通脱的性格特点以及英雄之所以成为英雄的理由。诗的情调非常忧伤，虽然这种忧伤在其他诗中也有表现，但是其他诗歌表现得比较克制，不似此诗如此淋漓而沉重。慈母见背，严父弃世，使他在“薄祜”“孤苦”的叹息中，交织着“抽裂”的思念。而一介之志未酬的窘迫，世情的淡漠和浇薄，更强化了诗人的孤苦、抽裂之痛。以至于发出“琅邪倾侧左”的诅咒和“乞活安能睹”的呼号！由此可见，英雄也并非时时壮怀激烈。项羽《垓下歌》的无奈、刘邦《大风歌》的伤感、刘彻《秋风辞》的悲凉，也写出了英雄精神世界的另一面。但是，如这首诗的泣涕涟涟，则在政治家诗中是比较少见的。通脱是汉末魏晋人的性格，曹操表现尤其突出。敢哭、敢笑、敢恨，甚至诅咒不平的世界，欲悲乍喜的情绪变化，真是活脱脱地表现了曹操不加掩饰的通脱个性，比项、刘有过之而无不及。这就是鲁迅所赞赏的“魏晋风度”，也脱下了鲁迅所痛恨的“满脸死相”(《华盖集·忽然想到(五)》)。

不过，英雄的悲伤终究与一介书生不同。书生往往喜爱咀嚼自我的悲欢，沉溺于自我的主体世界；英雄常常在咀嚼自我悲欢时，又能表现出一个绝大的境界。项羽英雄末路，犹高歌“力拔山兮气盖世”；高祖“伤怀泣下”，却因“安得猛士兮守四方”而生；汉武帝叹息“欢乐极兮哀情多”，但交织着“少壮几时兮奈老何”的感慨，包含着对汉室未来的忧虑。同样，在这首诗中，曹操欲悲乍喜，是因为天子回归故都；由喜反悲，是因为不能面见天子，一诉衷情。即使在最为忧伤的时刻，诗人关注的焦点仍然还是国家命运、王室安宁、百姓教化。所以结尾“释衔不如雨”，在泪崩山河中，又闪烁着“我将何照于光曜”的政治理想。倘若书生面对此境，会作何感慨？“海水直下万里深，谁人不言此愁古。”（李白《远别离》）英雄终究还是英雄！

方东树《昭昧詹言》：“此用乐府题，叙汉末时事。所以然者，以所咏丧亡之哀，足当挽歌也。《薤露》哀君，《蒿里》哀臣，亦有次第。”“臣”，指臣民，不是指大臣。钟惺《古诗归》：“汉末实录，真诗史也。”

蒿里行[1]

关东有义士[2]，兴兵讨群凶。初期会盟津[3]，乃心在咸阳。军合力不齐[4]，踌躇而雁行。势利使人争[5]，嗣还自相戕。淮南弟称号[6]，刻玺于北方。铠甲生虮虱[7]，万姓以死亡。白骨露于野[8]，千里无鸡鸣。生民百遗一[9]，念之断人肠。

“铠甲”以下，先从将士征战之久和百姓死亡之多两个方面，描述战争的残酷；然后再由战争戕害生命，进一步将笔触伸向战争所造成的社会凋敝。杜甫《兵车行》“君不闻汉家山东二百州，千村万落生荆杞”，也正是因为描写战争造成农村经济凋敝而深化了诗歌主题。

［注释］

[1] 蒿里行：乐府旧曲。郭茂倩《乐府诗集》收录于《相和歌辞·相和曲》。崔豹《古今注》说：“《薤露》《蒿里》，泣丧歌也。”

蒿里，地名，泰山南，后指人死灵魂所归之地。 [2]“关东有义士”二句：函谷关（在今河南灵宝西南）以东，义士纷纷举兵讨伐董卓及其党羽。义士，忠义之士。《三国志·魏书·武帝纪》：初平元年（190）正月，后将军袁术、冀州牧韩馥、豫州刺史孔伷（zhòu）、兖州刺史刘岱、河内太守王匡、渤海太守袁绍、陈留太守张邈、东郡太守桥瑁、山阳太守袁遗、济北相鲍信，同时举兵讨伐董卓，推举袁绍为盟主，曹操代行奋武将军。 [3]“初期会盟津”二句：最初期待在孟津会合关东义士，齐心匡救汉室。盟津，即孟津（今河南孟州南），相传是武王伐纣大会八百诸侯之地。此诗在这里是用典和纪实相结合，蕴含期待关东义士能如武王伐纣时八百诸侯那样同心协力。乃心，其心，指心系王室。《尚书·康王之诰》：“虽尔身在外，乃心罔不在王室。”咸阳，秦朝都城，借指献帝被挟持到的长安。 [4]“军合力不齐”二句：义军虽是会合，却不能并力讨贼，如飞行的雁群观望徘徊。《三国志·魏书·武帝纪》：当时董卓兵马强盛，袁绍等人不敢率先进军。曹操驻军酸枣，而盟军十余万，却日日置酒高会，不图进军。所谓“军合力不齐”即指此。踌躇（chóu chú），犹豫不前。雁行（háng），形容诸军列阵以待、观望不前。 [5]“势利使人争”二句：权势利益使人争斗，义军内部互相残杀。还（xuán），同“旋”，不久。戕（qiāng），残杀。这里指袁绍、韩馥、公孙瓒等人之间的争战。 [6]“淮南弟称号”二句：袁术在淮南称帝，袁绍又在北方谋立新的君主。初平元年（190），袁绍私刻玉玺，谋废献帝，立幽州牧、大司马刘虞为皇帝。建安二年（197）春，袁绍异母弟袁术又在淮南寿春（今安徽寿县）称帝。 [7]“铠（kǎi）甲生虮（jǐ）虱”二句：战士长年征战，铠甲都长出虮虱，百姓也因战乱死亡惨重。铠甲，古代将士披挂的衣甲。虮，虱卵。 [8]“白骨露于野”二句：原野白骨累累，千里大地全无人烟。形容战争残酷，造成大量百姓死亡。 [9]“生民百遗一”二句：百姓百不存一，想到这里真是非常哀伤。断人肠，形容悲伤到极点。断，一本作“绝”。

［点评］

初平元年（190）正月，关东诸郡起兵讨伐董卓，一直到建安三年（198）四月，平定董卓部将李傕、郭汜之乱，这场持续了九年多的战乱才告结束。董卓之难甫平，又出现袁术称帝的闹剧。所以，这一战争过程交错着各方权势利益：一是讨伐董卓及其部将，二是讨伐黄巾起义，三是各路军阀为攻城略地而展开的各种争夺战，四是袁术称帝所引发的讨逆之战。这正是“势利使人争”的丰富历史内涵。

建安二年（197）春，袁术称帝。秋九月，曹操率军东征，大败袁术。袁术生活奢侈荒淫，挥霍无度，军中士兵却饥寒交迫，他所统治的江淮一带也民不聊生，加之天灾和战争，使许多地方人烟断绝。从诗中所涉及的史实看，此诗当是征讨袁术时所作。具体时间在建安二年九至十月之间。

这首诗撷取这一段历史事实，剪辑几段对历史产生深远影响的重大题材，揭示社会动荡的原因，抒写忧世伤时的深广悲愤。诗歌在历史的剪影中，再现了汉末世积乱离、社会凋敝和民不聊生的真实图景；在深广的悲愤中，表现了诗人和平统一的渴望。此诗与作者的政治理想诗有内在统一的思想倾向。

叙事、议论和抒情的结合，是曹操史诗作品的基本特点，这首诗表现得尤为显著。这种结合，主要表现在三个方面：

第一，叙事饱蘸感情。从叙事上说，诗以讨伐董卓开始，以讨伐袁术结束。关东义士举兵讨伐董卓，会盟孟津，志匡汉室，诗人充满强烈的期待。然而，各路军马虽已会合，却因为私利，观望犹豫、踌躇不前，这又让诗人何其焦虑；特别是各路所谓“义兵”，出于权势和利益，抢占地盘、掠夺人口等战争资源，互相厮杀，“乃心在咸阳”的政治目标已经荡然无存，诗人又该是多么的失落；尤其是“淮南弟称号，刻玺于北方”，不仅忘记了举兵的政治初衷，疯狂掠夺战争资源，而且悖逆篡主，简直“是可忍孰不可忍”，诗人已经是出离愤怒了。诗人叙事不是冷眼旁观，而是情融事中，所以充满艺术感染力。

第二，议论融入叙述。从议论上说，几乎所有的叙事都包含诗人的评价。关东诸郡起兵，作者以“关东有义士”称之，“义”就是一种包含价值判断的评价；“乃心在咸阳”，既是对义兵初起时军心的一种叙述，也是一种带有政治伦理的评价；“势利”二字的评价，揭示了“嗣还自相戕”的政治原因，补充交代了“军合力不齐”的心理原因。“义士”与“势利”、“心在咸阳”与“称号”“刻玺”云云，构成了一种强烈的反讽意味。这种评价性语言的介入，使冷静的历史叙事也显得惊心动魄。

第三，抒情交织叙事。从抒情上说，后六句是直接抒情，但也没有离开诗歌的意象和叙事，既有强烈的画面感，又进一步将叙事抒情化。“铠甲生虮虱，万姓以死亡”，前句重在意象描绘，后句重在事件叙述，然而前句用一“生”字就有明显的叙事性，后句用一“以”字与上面的叙事勾连，揭示原因，是议论，也是感慨；“白骨露于野，千里无鸡鸣”，有强烈的画面感，更有浃肌沦髓的悲怆，但何尝不是一种对事实的描述？即便是“生民百遗一，念之断人肠”，也是先叙述后抒情，而叙述中的深重叹息，抒情中的“断肠”意象，也同样使二者交织。这种交织就使情生于境，境融于情，从而充满深厚悠长的诗歌韵味。

此外，在结构上，先扬后抑的跌宕使这首诗表现出特殊的情调。前四句发端响亮高亢，接下二句转折延宕，再四句沉郁愤激，最后六句低沉哀伤。与《薤露》相比，虽然二者在情调上都是先扬后抑，但这首诗比《薤露》更为曲折。

苦寒行[1]

北上太行山[2]，艰哉何巍巍。羊肠坂诘屈[3]，车轮为之摧。树木何萧瑟[4]，北风声正悲。熊罴对我蹲[5]，虎豹夹道啼。溪谷少人民[6]，雪落何霏霏[7]。延颈长叹息[8]，远行多所怀。我心何怫郁[9]，思欲一东归[10]。水深桥梁绝[11]，中路正徘徊[12]。迷惑失故路[13]，薄暮无宿栖[14]。行行

朱乾《乐府正义》：“魏武《北上》，拟《东山》作也。魏武善用兵，今观其言，与士卒同甘苦如此，使能以周公之心为心，则此诗何遽出《东山》下哉！”将士同心，军纪严明，是曹操用兵的特点。

吴淇《六朝选诗定论》：“‘北上’二字，已伏下‘东归’。山居趁坳，泽居趁突。曰‘溪谷少人民’，则真无人民矣，已伏下‘薄暮无宿栖’。‘延颈’者，望所怀也。‘水深’云云，东归不得，仍旧北上，故曰行行日远，而人马同时饥矣，此苦实过《东山》。”溪谷无人，不仅写荒凉，而且写战争造成的人口凋零，与“白骨露于野，千里无鸡鸣”同样怵目惊心！

所以特别点明《东山》，一是行役之苦，与《东山》类似；二是自己征讨叛将，正义同于周公东征；三是周公平定叛乱，统一天下，也正是曹操的理想。千古同心，惺惺相惜。

日以远，人马同时饥。担囊行取薪[15]，斧冰持作糜。悲彼《东山》诗[16]，悠悠使我哀。

[注释]

[1] 苦寒行：曹操自拟乐府。郭茂倩《乐府诗集》收录于《相和歌辞·清调曲》。《乐府解题》说："晋乐奏魏武帝《北上篇》，备言冰雪溪谷之苦。其后或谓之《北上行》，盖因武帝辞而拟之也。"按：曹操《苦寒行》有两种版本，一是本辞，本书所录。二是晋乐所奏，见《宋书·音乐志》。四句一解，每一解的首两句后，都有叠句。叠句取首两句的后八字，如第一解："北上太行山，艰哉何巍巍。太行山，艰哉何巍巍。羊肠坂诘屈，车轮为之摧。"下同。晋乐所奏的内容，本书不录。 [2]"北上太行山"二句：我北上太行，山是何其高耸而艰险。北上，曹操从邺城（今河北临漳境内）出发，出兵壶关（在今山西长治境内），壶关在北，故曰北上。太行山，又名五行山、王母山、女娲山，绵延于山西、河北、河南三省交界处的大山脉。 [3]"羊肠坂诘（jié）屈"二句：羊肠坂，地名，在壶关东南，萦曲如羊肠，故称。坂，斜坡。诘屈，盘旋曲折。摧，毁坏，折断。 [4] 萧瑟：风吹树叶之声，形容环境凄清。 [5] 熊罴、虎豹：指出没的凶猛野兽。罴，大熊，又称人熊。道，一本作"路"。 [6] 溪谷：山间沟壑。 [7] 霏霏：形容雨雪浓密。此次曹操出兵是在建安十一年（206）正月，正是北方苦寒之季。 [8] 延颈：伸长颈脖，眺望远方。 [9] 怫郁：忧郁，心情不舒畅。 [10] 一：句中助词，无义。东归：泛指回乡。曹操为谯（今安徽亳州）人，此地在太行之东南，故说"东归"。 [11] 绝：即断。 [12] 中路：途中。一本作"中道"。徘徊：

往返回旋。因山道萦曲如羊肠，故云徘徊。 [13] 故路：原来的路。一本作“径路”。 [14] 薄暮无：一本作“暝无所”。薄暮，黄昏。薄，迫近。 [15]“担囊行取薪”二句：军人挑着行李，边行军边拾柴，持斧凿冰，取水造饭。糜（mí），稀饭。 [16]“悲彼《东山》诗”二句：我不禁想起《东山》诗中战士行役之苦，内心哀伤悠悠不绝。《东山》，《诗经》中的行役诗。依据《毛诗序》，周公东征，战士离乡三年，在归途中思念家乡而作此诗。

[点评]

建安九年（204），曹操攻下邺城，袁绍外甥、并州牧高干降曹，曹以之为并州刺史。建安十年十月，高干听说曹操北征乌桓，后方空虚，立即举兵叛曹，派兵拒守壶口关（在今山西壶关境内）。建安十一年（206）正月，曹操率兵北击高干，三月平定。此诗是在出兵邺城、北上壶口途中所作。

诗极力描写军旅途中的苦寒和感慨。“北上太行山”四句，概述行役艰难。山的高峻艰险，一难；路的盘旋曲折，尤难。在登山途中，牛马倒地，连车轮都已断折，人困马乏就不难想象了。“树木何萧瑟”六句，描述环境恶劣。北风凄紧，树木萧瑟，野兽凶猛，声震林道，空谷无人，飞雪浓密。虽为写景，景中含情。风声林声、猛兽之声，回荡在空旷无人的山谷之中，令人悲凉、颤栗、忧伤。而溪谷无人，不仅伤时，而且伤世。“延颈长叹息”四句，直接抒情。面对此景、此境，诗人举首眺望，心头涌起种种复杂的情怀，不禁叹息不已：行军艰难，可叹息者一；远离故乡，可叹息者二；空谷无人，可叹息者三。这种情怀郁积缠绕，难以排解，于是归乡之思油然而生。这种乡情，不仅是写自己，也是写将士；不仅留恋故乡的温馨，也包含对故乡的担忧——从空谷无人的眼前之境中，联想起战争造成故乡的凋敝。“水深桥梁绝”八句，转入叙事。水深桥断，无法前行，欲返来路，又迷失方向，只得在小道盘旋而上，偏偏又是黄昏渐近，无处投宿。渐行渐远，人马困乏饥饿，只好以斧凿冰，造饭充饥了。这一层虽是叙事，却与写景勾连：因为雪落霏霏，才导致“迷惑失故路”；空谷无人，才造成“薄暮无宿栖”；“斧冰持作糜”，又补写了天气奇寒。正是这种难以想象的艰难，更使诗人体恤将士“思欲一东归”的乡思。所以诗人联想起描写行役之苦、思乡之深的《东山》诗，种种复杂的忧伤情怀又泛上心头。以悠悠的哀伤和感叹收束全诗，在情感上与开头呼应，使诗境涂抹上更为浓郁的悲怆色调。

但是，悲怆诗境的背后仍然洋溢着一种坚韧的精神。虽然环境如此恶劣，行军如此艰苦，乡思如此浓郁，然而将士并没有退缩，“斧冰持作糜”是继续前进的一种体力上的准备，苦寒的环境反而成为将士坚韧斗志的反衬。所以，曹操的大军终于越过太行，并在三月攻下壶口关，高干败走荆州，为上洛都尉所杀，取得了这次战争的彻底胜利。

写景、叙事和抒情的相融相生，叹息的笔调贯穿始终，写景的背后交织着乱离的时世，环境苦寒的背后反衬将士的坚韧，而这一层意思则又隐蔽在语言的背后，从而使诗歌具有极高的艺术价值。

却东西门行[1]

鸿雁出塞北[2]，乃在无人乡。举翅万里余，行止自成行。冬节食南稻，春日复北翔。田中有转蓬[3]，随风远飘扬。长与故根绝，万岁不相当。奈何此征夫[4]，安得去四方。戎马不解鞍[5]，铠甲不离傍。冉冉老将至，何时反故乡。神龙藏深泉[6]，猛兽步高冈。狐死归首丘，故乡安可忘？

［注释］

[1] 却东西门行：曹操自拟乐府。郭茂倩《乐府诗集》收录于《相和歌辞·瑟调曲》。《古今乐录》说："王僧虔《技录》云：《却东西门行》，荀录所载。武帝《鸿雁》一篇，今不传。" [2]"鸿雁出塞北"以下六句：鸿雁出于塞北无人之地，展翅高飞万里之外，飞翔栖息，自然成行。冬季南方觅食，春天飞回北方。塞北，古以长城为界，长城以北即称塞北。乃，是。乡，古代基层行政编制，此泛指地方。 [3]"田中有转蓬"以下四句：田有蓬草，随风飘扬远去，与故土长久分离，相会无日。蓬，多年生草本植物。其茎叶大于根部，遇大风拔地飞起，随风旋转，故称转蓬。根，指根基，生长转蓬的故土。万岁，夸张时间之久。相当，相遇，即回归故乡。 [4]"奈何此征夫"二句：叹息这些征人，无奈地离开故乡征战四方啊。奈何，表感叹。安得，怎么能。 [5]"戎马不解鞍"以下四句：马不离鞍，人不解甲，长年征战，征人渐老，何时才能返回故乡。冉冉，渐渐。反，同"返"。 [6]"神龙藏深泉"以下

余冠英《三曹诗选》："乐府有《东门行》《西门行》，又有《东西门行》。《东西门行》大约是合并《东门行》和《西门行》的调子。曹操此题作《却东西门行》，后来陆机又有《顺东西门行》，'却'和'顺'有人以为是倒唱和顺唱之别，这些都是乐调的变化。"若然，曹操对音乐研究也别有会心。

陈祚明《采菽堂古诗选》："'狐死'句用比，意切。而以'神龙'二句为兴，与狐相排，法变。"从句群的意义看，"神龙""猛兽"都是用比，"神泉""高岗"亦龙、兽之乡。

四句：神龙藏于深渊，猛兽奔跑在山岗，狐狸死时，头向狐穴，征人怎么能不怀念自己的故乡？泉，渊。唐人抄书改“渊”为“泉”，避唐高祖李渊之讳。狐死首丘，古代谚语。《礼记·檀弓上》：“古之人有言曰：‘狐死正丘首，仁也。’”首丘，指狐死时头向狐穴所在的山丘。比喻对故园的思念。

［点评］

这首诗的创作时间并无明确记载，然而曹操“横槊赋诗”，多为写实。诗之发生多是“感物而动”，因此诗中之景必然与诗人的经历有隐约联系。清朱嘉徵《乐府广序》说：“《却东西门行》歌‘鸿雁’，征戍曲也。道将士离索之悲，以劝劳之。”今人也解释说：“写征夫久从征役的怀乡之情，也是作者自伤。”（《魏晋南北朝文学史参考资料》）也就是说，此诗是实写，作于曹操征戍途中，抒写将士的离索之悲、怀乡之情。诗中“鸿雁出塞北”之景，唯有北方才有。考《三国志·魏书·武帝纪》，曹操出征塞北，唯有建安十二年（207）北征乌桓，别无出征塞北的历史记载。

建安六年（201），官渡之战，曹操击败袁绍。七年（202），袁绍病死，其子袁尚即位，引发了袁绍诸子内部的争斗。建安十年（205）春，袁熙大将焦触、张南反叛，攻打袁熙、袁尚，熙、尚逃到三郡乌桓，“复图冀州”。曹操为了平定北方，肃清袁氏残余，举兵北征乌桓。原拟渡海直取蹋顿老巢柳城（在今辽宁朝阳境内）。夏五月，因为天降大雨，海水泛滥，海路不通，只好取道陆路，到达无终山（在今天津蓟州区北），在当地隐士田畴的引导下，绕道徐无山（今河北玉田东北），出卢龙塞（今河北唐山喜峰口）。然而，塞外也道路不通，乃凿山填谷五百余里。八月，登白狼山（今辽宁喀左大阳山），大破乌桓，斩乌桓首领蹋顿，直捣柳城。袁氏兄弟逃往辽东，被太守公孙康所杀。至此，乌桓三郡彻底平定。九月，引兵自柳城还邺（今河北临漳境内）。此诗当作于北征乌桓、初出塞北之时。

前十句写景，以物喻人；后十句抒情，直写伤怀。写景又分两层，先六句写出塞，意思是我和我的将士犹如鸿雁，从塞北无人之地，展翅高飞千里，无论行军还是栖息，都行伍整肃。虽然冬季也去南方就食，但春天又回到北方。这就非常明确地说：我虽出征塞北，终究会奏凯归来。然而，接下四句反跌出“自伤”，意思是征夫却如田中转蓬，随风飘向远方，久别故乡，也不知何时才能归来。所以后十句自然转入对征夫的直接抒写。其抒情也分两层，先六句直写伤怀，感叹征夫离开故土，征战四方，过着马不解鞍、人不离甲的征战生活。正因为如此，诗人才感叹岁月流逝，老之将至，何时才能返回故乡呢。再以比喻推进一层，深化思乡之情。神龙、猛兽尚且留恋深渊、高岗，狐死仍然头向着自己的山丘洞窟，这些征夫怎么可能忘记自己的故乡呢？由此可见，曹操虽然一生戎马倥偬，却非好战，乃不得已也。在“自伤”之时，他推己及人，体恤将士在艰辛的征战中时时泛起的思乡之情。这种推己及人的怜悯情怀，骨子里仍然浸透着对和平安宁的渴望，与诗人“对酒歌，太平时”（《对酒》）的政治理想诗有内在一致之处。

在艺术上，此诗与《苦寒行》都是描写行役。同写征战乡思，《苦寒行》主要描述行役的艰险，思乡之情成为行役艰险的点染；此诗则主要抒发思乡之情，“戎马不解鞍，铠甲不离傍”的战事紧张和艰辛，则成为思乡之情的点染。——两诗取材的侧重点不同。同是描写景物，《苦寒行》“树木何萧瑟”“雪落何霏霏”云云，主要是通过写景突出环境的恶劣，与行役的艰险相得益彰；此诗写景则纯用比兴，或明喻如“狐死归首丘”，或暗喻如“田中有转蓬”，或兴中兼比如“鸿雁出塞北”。——两诗的艺术手法不同。同有腾挪变化，《苦寒行》以“艰哉何巍巍”笼罩全篇，或以萧森寥落之景衬托之，或以叹息思乡之情衬托之，或以栖遑无宿、人马饥渴衬托之，形成一个“众星拱月”式的结构；此诗则由“举翅万里余”的高昂，反跌出“随风远飘扬”的悲怆，而后层层递进，抒写深重的乡思，构成反跌与递进并用的结构。——两诗的艺术结构不同。

步出夏门行五首[1]

一、艳

这是乐府“艳”曲。艳，从音乐上说，是前奏曲，为进入主题曲提供一个引子；从组诗上说，是全诗引言，为理解全诗提供了一个背景。

云行雨步[2]，超越九江之皋。临观异同[3]，心意怀游豫，不知当复何从。经过至我碣石[4]，心惆怅我东海。

［注释］

[1] 步出夏门行：乐府旧题，又叫《陇西行》。郭茂倩《乐府

诗集》收录于《相和歌辞·瑟调曲》。王僧虔《技录》说:“《陇西行》歌武帝《碣石》、文帝《夏门》二篇。”因此,此诗一名“碣石篇”。《宋书·乐志》归于“大曲”,前有“艳”(前奏曲),然后是《观沧海》《冬十月》《土不同》《龟虽寿》四解(章)。 [2]“云行雨步”二句:连连降雨,海水泛滥。九江,泛指海边河道。皋,水边高地。《三国志·魏书·武帝纪》:建安十二年(207),曹操北征乌桓,夏五月,至无终(今天津蓟州区)。七月,因为天降大雨,海水泛滥,海路不通。 [3]“临观异同”以下三句:面对形势的变化,内心犹豫,不知何去何从。异同,不同,指与原先预料不同。游豫,同“犹豫”。何从,即从何,从哪里,指进军路线的选择。 [4]“经过至我碣石”二句:我经过碣石时,因为海水泛滥,内心充满惆怅。碣石,山名,在今河北昌黎北。曹操北征乌桓,经过此山。

[点评]

这是诗的“艳”曲,扼要回忆了北征乌桓经过碣石时的情景。天降大雨,海水泛滥,突如其来的天气和海潮变化,打破了原先从海路进军的计划,因此如何选择进军路线,曹操内心充满犹豫和忧虑。

建安十二年(207)春,曹操从邺城起兵北征乌桓。北征乌桓本来有两条路线可以选择:一是陆路,漫长而艰险;二是水路,路近且便捷。曹操在建安十年(205)消灭袁谭之后,就开始准备北征乌桓。为了缩短进军路程,便于军需保障,他下令修筑了两条人工河:一是从呼沲(即今滹沱河)入泒水,命名为平虏渠;二是从泃水(源出天津蓟州区北)口入潞河,命名为泉州渠。这两条河流都可以从天津方向直接入海;而且两条人工河之间又可以互通，从邺城漳水进入平虏渠，再进入泉州渠，经过潞河，从泃水口入海。如此精心的准备，却因为天降大雨，海水漫溢，无法从海路进入塞北柳城。只好改从陆路，经过无终（在今天津蓟州区），绕道徐无山（今河北玉田县东北），穿越卢龙塞（今河北唐山喜峰口），越过长城，然后还要跋涉数百里，方至柳城。所以到达碣石时，曹操面对涨潮的大海，如何选择进军路线，内心犹豫。此时，无论选择海路，还是选择陆路，都充满艰险，因而他充满忧伤。

一个“临”字，点明登高远眺。唯因人在高处，俯视大海，才可能望见海水澹荡，海岛挺拔。“洪波涌起”，则诗人视线稍移近处；而“日月”“星汉”的想象，视线又移向远方，海阔天高，水天相连，才产生如此奇想。

“日月”以下，想象奇妙而自然。远眺海阔天高、水天相连而自然联想；大海吞吐日月、包举星汉的壮阔，正折射出诗人的襟怀和境界。

二、观沧海

东临碣石[1]，以观沧海。水何澹澹，山岛竦峙。树木丛生[2]，百草丰茂。秋风萧瑟，洪波涌起。日月之行[3]，若出其中。星汉灿烂，若出其里。幸甚至哉[4]，歌以咏志。

［注释］

[1]“东临碣石”以下四句：登上碣石山，东观大海，水波微起，唯有山上岛屿耸立海上。澹澹，水波摇荡。竦峙（sǒng zhì），高耸。竦，同“耸”。 [2]“树木丛生”以下四句：岛上树木浓密，野草茂盛；海上秋风吹来，浪涛翻滚。萧瑟，风吹树叶之声。波，一本作“涛”。涌，一本作“踊”。 [3]“日月之行”以下四句：是诗人联想，大海辽阔，仿佛日月运行、星河灿烂，都出乎其中。 [4]“幸甚至哉”二句：非常庆幸，可以咏歌以抒发情志。这两句是合乐而歌的衬音，每章都有，与正文内容无关。

[点评]

建安十二年（207）九月，曹操北征乌桓凯旋途中，再次途经碣石，心境与出师时“经过至我碣石”的犹豫惆怅自然大不相同。此时，中国北方基本统一，南向用兵再无后顾之忧，因此在曹操眼里，平定蜀、吴只是时间早晚而已，国家统一大业已是指日可待。事业的鼎盛，心情的愉悦，横槊赋诗的情境，叱咤风云的个性，使诗人对人生、事业和未来都充满极度自信。所以诗在白描的景物和质朴的语言中，蓄满飞动的气势，呈现壮阔的境界。而这种气势与境界，又充分展现了诗人昂扬进取的精神面貌，吞吐日月的胸襟胆略，举重若轻的英雄气魄。

诗人登高眺望，巧妙运用视点的转换，写出大海全景，以及由此而引发的奇妙想象。先写远眺，以“水何澹澹”描写大海澹荡的波光，以“山岛竦峙”加以点染，以静衬动，动静相生；然后细致描写山上之景物，用“丛生”“丰茂”写出秋日晴空之下草木葱茏茂盛，将萧索的秋景描写得生机勃勃，春意盎然，蕴含着诗人喜悦的心情和舒展的襟怀。再写近观，当诗人由远眺而移向近处时，所见是秋风吹拂，海浪“涌起”。一远眺一近观，一“澹澹”一“涌起”，由静而动，详写静而略写动，如盘马弯弓，蓄满飞动气势。最后又将视点移向远处，引出大海吞吐日月星河的奇妙想象。

写大海，本应是怒涛霜雪，倾泻千里，惊涛裂岸，摄人心魄，然而诗人仅用“涌起”这一舒缓的语调一笔带过，化急为缓，化重为轻，在举重若轻中显现出巨人的气魄。在结构上，开头“东临”的远望、后文“日月”的想象，构成内在逻辑联系。唯其远，故见风浪平缓；也唯其水波澹澹，才给人以通透的视觉，才能想象出日月、星汉运行于大海之中。这一想象，在漫不经意中，写出了大海包举星汉、吞吐日月的壮阔胸怀。不仅写出大海的壮美，也寓含了诗人豪迈的情感，表现了一种包举宇宙的精神境界。王国维《人间词话》说："尼采谓，一切文学，余爱以血书者。"所谓"血书"，乃是比喻从心灵中流淌而出，而非堆垛文字的"创作"。曹操的这首诗正属于此类。

在中国文学史上，这是现存最早的一首完整山水诗，对后代山水诗的形成与发展都有深远影响，也受到后人景仰。毛泽东《浪淘沙·北戴河》："大雨落幽燕，白浪滔天。秦皇岛外打鱼船，一片汪洋都不见。知向谁边？　往事越千年。魏武挥鞭，东临碣石有遗篇。萧瑟秋风今又是，换了人间。"就与此诗有关。毛泽东以夸张的手法，写风急浪涌，是为突出渔船搏击风浪、处险不惊的胸襟气度，与曹诗异曲同工。但是，毛诗写景用重笔，诗境奇险；曹诗写景用轻笔，诗境奇隽；曹诗抒情突破空间的限制，毛诗抒情在穿越时间中突破了空间的限制；同是巨人之笔，也同有浪漫色调，但是毛诗奔泻千里，以气势胜；曹诗含蓄振荡，以气象胜。二者都是中国文学史上的瑰宝。

因为清晨行军，才使诗人产生北风"徘徊"、飞霜"霏霏"的感觉，"晨鸣"所闻，"南飞"所见，不仅叙事隐蔽于写景之外，而且这种感觉和所闻唯有在静谧的环境中才会产生，行进中的军队军纪整肃，也隐隐可见一斑。

三、冬十月

孟冬十月[1]，北风徘徊。天气肃清，繁霜霏霏。鹍鸡晨鸣[2]，鸿雁南飞。鸷鸟潜藏，熊罴窟栖。钱镈停置[3]，农收积场。逆旅整设，以通贾商。幸甚至哉，歌以咏志。

朱乾《乐府正义》：“《冬十月》，叙其路途所经天时物候。又自秋经冬，虽当军行，而不忘民事也。”

［注释］

[1]“孟冬十月”以下四句：初冬来临，北风不断吹来。天气高朗清爽，浓霜飘落。孟冬，冬天的第一月。徘徊，形容寒风徐徐回环。霏霏，形容雨雪浓密，此指飞霜。 [2]“鹍（kūn）鸡晨鸣”以下四句：鹍鸡早晨打鸣，大雁开始南飞。鸷鸟藏身巢中，熊罴栖息洞窟。鹍鸡，鸟名，黄白色，形状似鹤。鸷鸟，指鹰、雕、枭之类的猛禽。 [3]“钱镈（bó）停置”以下四句：农具已经收拾停当，庄稼也堆积场中。整理布置好旅店，准备接待往来的商人。钱镈，古代整地、除草用的两种农具。逆旅，客舍，即旅店。贾（gǔ）商，商人。

［点评］

这首诗描写河朔初冬的景物风情。前四句写景，描写初冬天气的寒冷。“孟冬十月”，强调刚刚入冬。在南方天气中，这个季节还带有深秋的凉爽，然而河朔的初冬却已是北风凛冽，天气高爽清冷，严霜飘落浓密。接下四句写物，进一步描写天气的寒冷。鸿雁南飞，虽有鹍鸡传来阵阵鸣叫，但是平时频繁出没的猛禽、野兽却或栖息巢中，或蜷缩洞窟，寒冷的程度于此可见一斑。最后四句写人，突出民间的闲适和安宁。繁忙的季节已经过去，悠闲的冬季即将来临，往来的客商不仅会带来异乡的风情，还可以带来一点意外的收入呢。

诗人写景始终紧扣北方特点。首二句，写北方寒风扑面而来，身后也浸透寒意。“徘徊”既写出寒风连续吹拂，也写出北方寒风给人所造成的特有的回旋感觉。“繁霜”本是落在草木叶上，作用于人的视觉，但是诗人用“霏霏”二字化视觉为感觉，仿佛感受到霜花轻轻的飘飞。接下来，不仅“鸿雁南飞”是北方之景，而且“鹍鸡晨鸣”也为北方所特有。宋陈鹄《耆旧续闻》卷六：“男儿未老中原在，寄与鹍鸡莫浪啼。”南渡文人因为无法听到鹍鸡之鸣而产生深重的故园之思，可见鹍鸡之鸣是北国中原特有的景致。

诗人写景还隐含着一种特定的叙事因子。北风的“徘徊”、繁霜的“霏霏”，都不是纯粹客观的描写，而是写人对北风、繁霜的主观感受。没有置身于北风之中，就不可能产生回旋之感；也只有在身临其境、身着霜花时，才能感受到繁霜的飘落。这种特殊的感受，正是诗人和他的将士凌晨行军时才有可能产生。同样，鹍鸡、鸿雁、鸷鸟、熊罴，并非虚构想象，而是诗人写眼中所见，主体的活动也隐蔽在写景的背后。尤其值得注意的是，诗人写北方风情浸透着一种淡淡的喜悦。平定了北方，消除了乌桓“数入塞为害”（《三国志·魏书·武帝纪》）的后患，才可能出现这种安宁祥和的社会环境。漫不经意中，诗人将平定乌桓的战争伦理意义连带展现出来。此外，这四句也表现了曹操农商并重的治国理念，朱嘉徵《乐府广序》认为“立国规模略见”，是很有见地的。

上首诗开头直接写景，与下文构成并列结构；这首诗开头点明特点，笼罩全篇，是总分结构。“流澌浮漂”六句，直承“河朔隆寒”；“士隐者贫”四句，转承“乡土不同”。描写同一对象，视角不同，结构不同。

四、土不同

乡土不同[1]，河朔隆寒。流澌浮漂[2]，舟船

行难。锥不入地[3]，蘴藾深奥。水竭不流[4]，冰坚可蹈。士隐者贫[5]，勇侠轻非。心常叹怨[6]，戚戚多悲。幸甚至哉，歌以咏志。

上首诗写乡风，是安宁祥和，着眼于经济的恢复和发展；这首诗写乡风，是民情剽悍，着眼于社会的安宁和稳定。所以，前者浸透淡淡的喜悦，后者直写深深的隐忧。思考的维度不同，所产生的心理感觉必然不同。

[注释]

[1]"乡土不同"二句：由于乡土气候不同，北方十月（或十一月）已是严寒。河朔，黄河以北地区。隆寒，严寒。 [2]"流澌浮漂"二句：河朔大川冰块漂流，舟船难以通行。澌，漂浮的冰块。 [3]"锥不入地"二句：地面冰冻坚硬，铁锥无法扎进地中，芜菁、藾（lài）蒿深厚堆积冰上。蘴（fēng），芜菁，别名蔓菁，二年生草本植物，根肥大，可供食用。藾，艾蒿。深奥，集聚深厚。奥，聚集。 [4]"水竭不流"二句：河水好像干涸，不再流淌，河面的坚冰，可以行人。蹈，踏，踩。 [5]"士隐者贫"二句：当地的壮士因为痛心于贫困，所以民风剽悍，重义轻非。士，壮士，此指年轻男子。一本作"土"，形近而误。隐者，痛心之事。勇侠，勇敢侠义。轻非，轻视是非。 [6]"心常叹怨"二句：所以我常常叹息遗憾，内心充满悲痛忧伤。怨，恨，遗憾。戚戚，忧伤。

[点评]

这首诗描写河朔深冬的景物风情。先以"乡土不同，河朔隆寒"概括北方不同于故国的"隆寒"，再具体描写北方隆寒的景象，最后抒写对北方因为贫困而"勇侠轻非"的深重忧戚。结构与上诗基本相同，取景的视角和抒写的情感却又完全不同。

同是写景，上首诗总写河朔之景，写风霜、写鸟兽，写山林；这首诗则特写河川之景，写浮冰、写植物、写川流。写寒冷，前诗突出“肃清”，此诗凸显“隆寒”。诗抓住河川浮冰漂流，以舟船难以通行衬托之，已见其寒冷；土地积冻深厚，以僵硬厚实的植物衬托之，更见其隆寒；小河全是冻冰，以冰上可以行人衬托之，简直是奇寒了。如此写来，一层深入一层，将河朔不同于南方的寒冬特点描写得淋漓尽致。上首诗所写是孟冬，这首诗所写已是深冬。曹操此次北征，直至十一月才返回邺城，这一首诗大约就是写于十一月初。

同是抒情，上首诗寓情于描写之中，这首诗却叙述寓抒情之中。此诗后四句直接抒情：年轻男子因为痛心于家贫，无法生存而铤而走险，尚勇任侠，作为一位统治者，自然忧虑叹息、戚戚悲伤。此次凯旋，曹操从辽西走廊折回邺城，经过燕赵之地，还在易水作短暂停留。燕赵自古多慷慨悲歌的侠士，由易水又很容易联想到荆轲、聂政等古代侠客。乱世，侠客可能伸张正义；治世，侠客则可能“以武犯禁”(《韩非子·五蠹》)，造成对法制的挑战。诗人的叹息，既有历史事实的依据，也有现实可能的忧虑，所以抒情的背后也隐含叙事的因子。倘若纯粹从抒情角度看，诗人不仅忧虑河朔尚侠任勇的剽悍民风，可能对国家法制和社会安宁的破坏，而且对形成这一民风的深层原因即贫困，有更深刻的思考，所以强化法制和纾民贫困的治政方针，也隐然包含其间。这正是政治家抒情与一般文人的差别之所在。

五、龟虽寿

神龟虽寿[1]，犹有竟时。腾蛇乘雾，终为土灰。老骥伏枥[2]，志在千里。烈士暮年，壮心不已。盈缩之期[3]，不但在天。养怡之福，可得永年。幸甚至哉，歌以咏志。

生命有限，使人类永远充满一种悲情色彩。但是，也唯有生命有限，才使人生庄严而神圣。“志在千里”“壮心不已”，正是生命庄严而神圣的颂歌。少年因此而辉煌，老境因此而绚丽。

[注释]

[1]“神龟虽寿”以下四句：神龟虽然长寿，仍有死亡之时；腾蛇虽也升天，死后同样化为土灰。神龟，传说中的神灵之龟，能活三千年。《庄子·秋水》：“楚有神龟，死已三千岁矣。”竟，终结，指死亡。腾蛇，一名“螣蛇”，也叫飞蛇，传说中龙类的动物，能腾云驾雾。《韩非子·难势》：“飞龙乘云，腾蛇游雾。” [2]“老骥（jì）伏枥”以下四句：老马虽然卧于槽上，其志仍是驰骋千里；壮士即使暮年，雄心也不减当年。骥，骏马，千里马。枥，马槽，马棚。烈士，有气节有壮志之人。已，止。 [3]“盈缩之期”以下四句：寿命长短，不仅仅在于自然，养性和心，也可以益寿延年。盈缩，满与亏，本指进退、成败、祸福，此指生命的长和短。养怡，犹养和，指修养心性、保持平和。

唯因生命有限与壮心不已构成了尖锐对立，才能鞭策人们珍惜生命，强化生命的密度；养生延年，拓展生命的长度。“密度”是生命存在的意义，“长度”是生命密度的保证。

[点评]

建安十二年（207），曹操五十三岁。这在“人到七十古来稀”的古代，也确实算是已入老境了。欧阳修作《醉翁亭记》时年仅四十，就感慨“苍颜白发，颓然乎其间”；苏东坡作《江城子·密州出猎》时年仅三十七，也自谓“老夫聊发少年狂”。然而，对于一位包举宇宙、昂扬进取的英雄而言，虽然也感觉到“年之暮奈何？时过时来微”（《精列》）的老之将至的残酷现实，如何延续生命的长度必然也时时泛上心头，所以才会创作超越生命的系列游仙诗。但是难能可贵的是，曹操清晰认识到“造化之陶物，莫不有终期”（《精列》），不仅“圣贤不能免”，即便是“神龟”“腾蛇”也有“竟时”，都无法逃脱“终为土灰”的结局。曹操的过人处在于，他并未沉溺于“人生忽如寄，寿无金石固”（《古诗十九首》）的消极悲情之中，而高吟“老骥伏枥，志在千里。烈士暮年，壮心不已”，将一般暮年最容易坠入的人生颓唐，转化为壮士之歌。仿佛让人又一次重温了诗人驰骋沙场、志匡天下的风云人生！曹操浪漫的情怀中始终有一份现实的清醒，风云人生的生命质量，毕竟还是蕴含在“盈缩之期”的生命长度之中，因此如何益寿延年，也是不可回避的问题。不过，诗人的养生态度也是积极的，他强调生命不仅仅是一种自然的存在，也是一种主体的存在，因此既需要顺乎自然，又不仅仅顺乎自然，而是通过修养心性、调节生命的节奏，达到“永年”的目的。显然，曹操扬弃了庄子“庖丁解牛”式的养生方法，又汲取了庄子“平易恬淡”的养神原则。

简要地说，生命有限，壮心无限；和心养性，就可以拓展有限。而“可得永年”，并不仅仅追求生命的长度，而是追求“壮心”的目标。“永年”和“壮心”的二元振荡，就能让生命绽放出一份别样的精彩。如果说游仙境界是一种追求生命超越的幻影，那么修养心性则是一种追求生命境界的现实。如果说“日月之行，若出其中。星汉灿烂，若出其里”，表达的是虎视四海的胸襟气度；那么“老骥伏枥，志在千里。烈士暮年，壮心不已”，表达的则是老当益壮的精神情怀。故清敖陶孙《诗评》说曹诗如“幽燕老将，气韵沈雄”。

短歌行二首[1]

其　一

对酒当歌[2]，人生几何？譬如朝露[3]，去日苦多。慨当以慷[4]，忧思难忘。何以解忧[5]，唯有杜康。青青子衿[6]，悠悠我心。但为君故[7]，沉吟至今。呦呦鹿鸣[8]，食野之苹。我有嘉宾[9]，鼓瑟吹笙。明明如月[10]，何时可掇。忧从中来，不可断绝。越陌度阡[11]，枉用相存。契阔谈讌[12]，心念旧恩。月明星稀[13]，乌鹊南飞。绕树三匝，何枝可依？山不厌高[14]，水不厌深。周公吐哺，天下归心。

［注释］

[1] 短歌行：乐府旧题。郭茂倩《乐府诗集》收录于《相和歌辞·平调曲》。崔豹《古今注》：“长歌、短歌，言人寿命各有定分，不可妄求。”或与《长歌行》相对，乃在曲调长短，而无关内

感慨人生几何，是一个古老的话题。然而，在曹操笔下，看似消极的人生态度，却蕴含积极的人生内容。陈沆《诗比兴笺》：“‘人生几何’发端，盖传所谓古之王者知寿命之不长，故并建圣哲，以贻后嗣。”与《古诗·驱车上东门》“不如饮美酒，被服纨与素”意义大相径庭。

陈沆《诗比兴笺》：“虽然，鸟则择木，木岂能择鸟？天下三分，士不北走，则南驰耳。分奔吴蜀，栖皇未定。若非吐哺折节，何以来之？山不厌土，故能成其高；海不厌水，故能成其深；王者不厌士，故天下归心。”

容。[2]“对酒当歌”二句：面对美酒，放声高歌，人生短暂啊。当，应当，一说与“对”同义。几何，多少，形容短暂。[3]“譬如朝露”二句：犹如早晨露珠，日出即逝，何况逝去的岁月何其之多。苦，患。[4]“慨当以慷”二句：慷慨高歌，仍然难忘忧思。慨当以慷，即慷慨。慨，一本作“既”。[5]“何以解忧”二句：谓以酒解忧。何以，以何。杜康，传说中的“酿酒始祖”。一说黄帝时人，一说周代人。后代称酒。何以解忧，晋乐所奏作“何以解愁”。[6]“青青子衿”二句：那些贤才，让我思念不已。《诗经·郑风·子衿》：“青青子衿，悠悠我心。纵我不往，子宁不嗣音？”原是少女对所恋爱的学子的思念，并责备他忘记了自己，致使音信遥无。此诗所引成句，也包含后二句“责其忘己”之意。青衿，周代学子之服。衿，衣领。悠悠，形容思念不绝。[7]“但为君故”二句：只是因为你的原因，我至今仍然沉吟思念。君，指贤才。沉吟，深思自语。[8]“呦（yōu）呦鹿鸣”二句：小鹿呦呦而鸣，寻找田野的蒿草。呦呦，鹿鸣声。苹，艾蒿。[9]“我有嘉宾”二句：我有尊贵的客人，弹瑟吹笙，殷勤地礼遇他们。瑟，弦乐器。笙，管乐器。此处截取《诗经·小雅·鹿鸣》成句，但还包含全章后四句“吹笙鼓簧，承筐是将。人之好我，示我周行”的含义。意思是不仅礼遇嘉宾，还将筐中礼物赠送给你们；你们爱我，就将治理国家的礼仪制度教我。因此，此诗运用《诗经》成句，意义却有转折。“呦呦鹿鸣”二句是以鹿之寻找艾蒿，比喻贤才择主而依；“我有”二句是以我之宴饮嘉宾，说明明主重用贤才。且隐含渴望贤才辅佐，共成统一大业。[10]“明明如月”以下四句：皎洁的月亮，何时会停止运行？我的忧愁就如这月亮一样，同样不能断绝啊。掇（duō），同“辍（chuò）”，停止。一本作“辍”。[11]“越陌度阡”二句：劳你远道而来，屈驾存问我。陌，与“阡”均泛指田间小道。东西为陌，南北为阡。枉，屈驾，屈就。

用，以。存，问候。 [12]“契阔谈讌”二句：久别重逢，推心置腹，饮宴款待，特别怀念旧日情谊。契阔，聚散。这里是偏义复词，偏用“阔”，久别。讌，同“宴”。 [13]“月明星稀”以下四句：比喻贤才犹如夜间南飞的乌鹊，反复绕树飞翔，哪里可以依托呢？南飞，比喻贤才投靠南方。当时曹魏在北，相对曹魏，吴蜀在南。匝（zā），周，圈。 [14]“山不厌高”以下四句：犹如高山可纳众土，大海可容百川，我会像周公那样，虚心地礼遇天下贤才。厌，满足。周公，姓姬名旦，周武王之弟，助武王灭殷。武王死，周公辅佐成王，创设周朝典章制度，深远地影响了中国政治、礼仪、文化。吐哺，指周公虚心纳士。《史记·鲁周公世家》记载：周公说：“我一沐三捉发，一饭三吐哺，起以待士，犹恐失天下之贤人。”意思是我洗头、吃饭往往要停顿数次，起身接待贤才，还是担心失去天下贤士。曹操以周公自比，求贤若渴，谦恭下士。

［点评］

汉末动乱，为了拯救汉室，维护国家统一，必须网罗人才，方能力挽狂澜。所以曹操强调明扬仄陋、唯才是举，曾多次下令求贤。建安十三年（208）九月，曹操南征，刘琮举荆州以降。在汉末动乱中，荆州相对宁静，北方人才大量来此避乱。荆州归降后，这些人才大多随曹操北归。如何笼络南归人才，也是曹操面临的一个实际问题。此诗当作于这一时期。

通过这首饮宴之歌，以艺术的形式表明自己的人才观念。全诗以忧思为抒情线索，四句一组，八组四层。第一层抒发人生短暂的感慨，难以驱遣的忧思；第二层表达求才不得的忧思，求才既得的欢乐；第三层对过去求贤若渴的追忆，对现实客子存问的感动；第四层比喻客子择枝之难，自己求贤若渴的情怀。表达了这位雄才大略的诗人希望如周公那样，网罗人才，建功立业。结构的合与分，抒情的显与隐，表达的因与革，是此诗艺术审美的三大特点。

诗既抒发自我情感，也代拟对方抒情，因而此诗具有双重抒情主体——“我”和“君”，由此也形成了情感的分和合。如第一层是合写，人生朝露、汲汲功业以及因此而生的忧思，是我和君所共有。下三层则是分写：第二层“悠悠我心”的人才思念，写我；“呦呦鹿鸣”的事业渴望，写君。第三层“不可断绝”的深重相思，写我；“越陌度阡”的择主而依，写君。第四层“月明星稀”的择主之难，写君；“山不厌高”的求贤若渴，写我。且分写中也有合写，如“鼓瑟吹笙”“契阔谈宴”写主客相见的欢愉，又是合。在具体描写中追忆和现实交织，所写贤才不至的忧虑、不可断绝的相思，是追忆；宾主相见的欢愉、心念旧恩的归依，是现实。抒情主体和视角的转换，改变了汉乐府单视点的结构形式，诗歌史的意义特别重要。

抒情的显与隐，首先表现在表层义，显；深层义，隐。如第一层，表面上说人生短暂，时光匆匆，所以借酒浇愁。从深层看，诗人之所以忧虑人生短暂，是因壮志未酬而产生的焦灼，去日苦多的回味也浸透忧时伤乱的情怀。而拯救时世，完成统一，必须网罗贤才，故引出思念贤才。同时，人生短暂，韶华易逝，应及时建功立业，也隐含着对贤才的劝勉。其次，表现在写我的情感，显；写对方情感，隐。第一层抒发的感慨与忧思，显写我而隐写君。分写时，写自己多用白描，多实写，如写渴慕贤才，用“悠悠”“沉吟”说明不得贤才的思念；用“鼓瑟吹笙”描述既得贤才的欢娱。以“不可断绝”直写忧思深重，以“周公吐哺”表达求贤若渴。写对方多用比喻，多想象，如“呦呦鹿鸣”表达贤才择主而依、建功立业的急切，用“月明星稀”比喻乱世中贤才无可依托、凄惶未定的心境，同时又隐含着规劝贤才归于自己的深义。总的说来，写自己直抒怀抱，披肝沥胆；写对方含蓄劝勉，比喻暗示。抒情方式的变换，增加了诗歌的审美张力。

此诗抒情，引用了大量《诗经》成句，既是传统的继承，也是诗人的创新。“青青子衿”二句引《子衿》第一章，原诗写少女思念恋人，此诗却借指思念贤才。而吟诵这两句诗自然使人联想起诗的后两句：“纵我不往，子宁不嗣音？”原诗表达少女对恋人微微的嗔怪，此诗却是对士人的含蓄批评：即便我没有去请你，为什么你不能主动投奔我呢？紧接着又引《鹿鸣》第一章四句成句，前两句原诗是兴，无实在意义；引入此诗则是比，有深层寓意。同样，吟诵这四句也会使人联想后四句：“吹笙鼓簧，承筐是将。人之好我，示我周行。”意思是贤才一旦归我，我必将设礼以待；希望辅佐我建立统一的王朝。所蕴含的含蓄批评和诱之功名的意义虽然省略，却又通过联想可以获得。所以，引用《诗经》成句，字面是“因”，语义是“革”。既继承了先秦言诗明志的传统，又赋予了时代的新意，丰富了诗的内涵。在言外之意中，同样增强了诗歌的审美张力。

所言之周文王、齐桓公、晋文公，都是孔子或儒家所推崇的历史人物。他们的共同点是：靖世安邦，功勋盖世，却又坚定维护国家统一，尊重天子威仪。曹诗的取材就鲜明昭示了自己的政治理想和政治态度。

在河阳之会上，晋文公挟周天子以会盟诸侯，实际已经违背了为臣的本分，所以曹操以批评的口吻叙述这一历史，既表现其不虚美、不隐恶的历史态度，也表明自己维护天子权威的政治立场。这一首诗对于理解曹操前期的政治倾向是非常有价值的。

其　二

周西伯昌[1]，怀此圣德。三分天下[2]，而有其二。修奉贡献[3]，臣节不坠。崇侯谗之[4]，是以拘系。后见赦原[5]，赐之斧钺，得使征伐。为仲尼所称[6]，达及德行，犹奉事殷，论叙其美。

齐桓之功[7]，为霸之首。九合诸侯[8]，一匡天下。一匡天下，不以兵车[9]。正而不谲[10]，其德传称。孔子所叹[11]，并称夷吾，民受其恩。赐与庙胙[12]，命无下拜。小白不敢尔[13]，天威在颜咫尺。

晋文亦霸[14]，躬奉天王。受赐圭瓒[15]，秬鬯彤弓，卢弓矢千，虎贲三百人。威服诸侯，师之者尊[16]。八方闻之，名亚齐桓[17]。河阳之会[18]，诈称周王，是以其名纷葩。

［注释］

[1]“周西伯昌”二句：周西伯昌，即周文王，商末周族领袖。姬姓，名昌，商纣时为西伯，亦称伯昌。怀此圣德，文王在位期间，“明德慎罚”，勤于政事，礼贤下士，所以人怀其德。　[2]“三

分天下”二句:《史记·齐太公世家》记载:周文王听从太公之谋,伐崇、密须、犬夷,并建造丰邑,“天下三分,其二归周”。 [3]“修奉贡献”二句:整备贡品,进贡天子,一直恪守臣节。贡献,谓进奉、进贡。臣节,为臣本分。《论语·泰伯》说:“三分天下有其二,以服事殷。”此即臣节。坠,一本作“隆”。 [4]“崇侯谗之”二句:因崇国诸侯虎的谗言,西伯被纣王拘捕。《史记·周本纪》记载:崇侯虎在纣王前诽谤文王说:“西伯积善修德,天下诸侯之心都向着他,这将对帝王不利啊。”于是,纣王将西伯囚禁在羑(yǒu)里。 [5]“后见赦原”以下三句:后被赦免其过,并赐给他斧钺等仪仗,使他讨伐诸侯。《史记·周本纪》记载:文王被囚禁羑里后,友人闳夭设法营救,献给纣王美女、骏马、奇珍异宝,纣王非常高兴,赦免了文王,赐予弓矢斧钺,使西伯受命征讨天下。 [6]“为仲尼所称”以下四句:因此文王受到孔子称赏,赞美他的德行,仍能“以服事殷”的臣节。《论语·泰伯》:“周之德,其可谓至德也已矣。”曹操化用其意,表明自己尊奉汉室。 [7]“齐桓之功”二句:齐桓公功业显赫,成为春秋五霸之首。齐桓,即齐桓公,姜姓,名小白,齐襄公弟。在位期间,任用管仲,改革政治,使国力强盛。又以“尊王攘夷”相号召,抵御戎狄,安定王室内乱,成为春秋时期第一个霸主。 [8]“九合诸侯”二句:齐桓公数次大会诸侯,订立盟约,统一天下。匡,正,纠正。 [9]兵车:泛指武力。 [10]“正而不谲”二句:齐桓公正直而不诡诈,经传称赞其道德。正而不谲,《论语·宪问》:“晋文公谲而不正,齐桓公正而不谲。”传,泛指经传,《春秋》《左传》都称赞齐桓公道德之美。 [11]“孔子所叹”以下三句:孔子赞叹夷吾,与齐桓并称,又说百姓受其恩惠。管仲,名夷吾。齐桓公任用为相,他辅佐齐桓公,使其成为春秋五霸之首。《论语·宪问》:“管仲相桓公,霸诸侯,一匡天下,民到于今受其赐。微管仲，吾其被发左衽矣。”意思是管仲辅佐桓公，称霸诸侯，统一天下，百姓至今还受他的恩惠。如果没有他，我们就会成为野蛮夷狄了。 [12]“赐与庙胙（zuò）”二句：天子赐桓公祭祀之肉，并下令说受赐时无须下拜。庙胙，祭祀用的肉。 [13]“小白不敢尔”二句：天子之威就在我的面前，我小白不敢不拜。小白，齐桓公之名。天威在颜咫尺，意思是天子之威始终就在我面前。颜，眉目之间，指眼前。咫尺，形容距离非常近。咫，八寸。《左传》僖公九年记载：周襄王派宰孔赐给桓公祭祀的肉，并说天子有命，桓公年老，不必堂下拜谢。桓公说：“天威不违颜咫尺，小白我怎么敢因为天子之命而不下拜呢？”曹操引用这一历史典故，说明必须始终维护天子的尊严。 [14]“晋文亦霸”二句：晋文公虽也称霸诸侯，却亲自侍奉天子。晋文，晋文公，姬姓，名重耳。因其父献公立幼子为嗣，出奔在外十九年，后由秦护送回国即位。即位后整顿内政，增强军队实力，使国力逐渐强盛。又平定周室内乱，迎接周襄王复位，也以“尊王”相号召。城濮之战，晋国大胜楚军，文公成为春秋五霸之一。 [15]“受赐圭瓒（guī zàn）”以下四句：《左传》僖公二十八年：晋文公打败楚国，把俘虏献给天子，以表示对天子的尊奉和忠诚。天子赐予伯的爵位，并赏赐圭瓒，秬鬯彤弓，卢弓矢千，虎贲三百人。圭瓒，一种玉制酒器，形状如勺，以圭为柄，用于祭祀。秬鬯（jù chàng），以黑黍和香草酿造的酒，用于祭祀降神及赏赐有功的诸侯。彤弓，红色弓。卢弓，黑色弓。虎贲，武士。 [16]师之者尊：意思是以晋文公尊奉周室为师，并得到诸侯的推崇。 [17]亚：次于。 [18]“河阳之会”以下三句：晋文公召见天子，并假托天子名义，会盟诸侯，遭到后人纷纷的批评。河阳之会，在河阳（今河南孟州西）举行的一次诸侯会盟。《春秋》记载，周襄王二十一年（前631），“天王狩于河阳”，实际上是晋文公召周天子，命诸侯以朝周天子名义举行的一次会盟活动。诈称周王，因为河阳之会是假借天子名义，所以用“诈称”。纷葩（pā），形容盛多，比喻议论纷纷。孔子批评“晋文公谲而不正”，即指此事。

［点评］

这首诗是曹操政治理想和政治态度的一个宣言书。建安十三年（208）六月，曹操为丞相。在群雄逐鹿中，成为实际上的中原霸主。如果说建安元年九月，曹操奉献帝迁都许昌（今河南许昌），是“挟天子以令诸侯”的政治谋略；那么这时已成霸主的曹操，其政治动机以及如何对待汉室，就成为群雄和天下士子非常关注的问题。在这种情况下，曹操先作此诗，后作《述志令》，明确回答了这些问题。

在这首诗中，曹操所选择的周文、齐桓、晋文，是殷代和春秋时期功勋盖世且又坚定维护国家统一的杰出历史人物，其共同的特点是“以大事小”“不坠臣节”，因而都受到孔子或儒家经传的赞美。周文王“三分天下，而有其二”，仍然“犹奉事殷”“修奉贡献”；齐桓公“九合诸侯，一匡天下”，仍然“正而不谲”，维护“天威”；晋文公“威服诸侯”，也仍然“躬奉天王”。这一切都借以宣示：我的功业虽然如周文、齐桓、晋文一样伟大，但是也如他们一样，在天下板荡之时，志在靖乱天下，安民治国，恪守臣节，忠于皇室，绝无不臣之心！他甚至尖锐批评了晋文公“河阳之会，诈称周王”的僭越行为，再次昭示自己的政治态度。这一切都说明曹操思想的底色依旧是传统的儒家思想，曹操此时的志向也在匡扶汉室，平定天下。

秋胡行二首[1]

其　一

晨上散关山[2]，此道当何难。晨上散关山，此道当何难。牛顿不起[3]，车堕谷间。坐盘石之上[4]，弹五弦之琴。作为清角韵[5]，意中迷烦。歌以言志[6]，晨上散关山。一解

牛马困顿僵硬，战车坠落山谷，并非实写，而是夸饰大散关的奇险。之所以安坐磐石上弹琴，也并非借琴音以消忧，而是言志。

有何三老公[7]，卒来在我傍。有何三老公，卒来在我傍。负揜被裘[8]，似非恒人。谓卿云何困苦以自怨[9]，徨徨所欲，来到此间。歌以言志，有何三老公。二解

"谓卿云何"四句，借仙人之言描述自己所面临的困境，以及内心的痛苦、怨艾和栖遑，用笔巧妙。

我居昆仑山[10]，所谓者真人。我居昆仑山，所谓者真人。道深有可得[11]，名山历观，遨游八极，枕石漱流饮泉。沉吟不决[12]，遂上升天。歌以言志，我居昆仑山。三解

去去不可追[13]，长恨相牵攀。去去不可追，长恨相牵攀。夜夜安得寐[14]，惆怅以自怜。正而不谲[15]，辞赋依因。经传所过[16]，西来所传。歌以言志，去去不可追。四解

［注释］

[1] 秋胡行：乐府旧题。郭茂倩《乐府诗集》收录于《相和歌辞·清调曲四》。《古今乐录》记载，《秋胡行》是清调六曲的第六支曲。 [2]“晨上散关山”二句：散关山，即大散关，在今陕西宝鸡境内。自古是川陕咽喉，兵家必争之地。当何难，何其艰难。当，应该，表确认语气。 [3]“牛顿不起”二句：驾车之牛僵硬倒地，车驾坠入山谷。顿，僵硬，形容疲惫至极。堕（duò），坠落，形容极为奇险。 [4]“坐盘石之上”二句：坐在磐石之上，弹奏五弦琴。这两句是暗用典故。《穆天子传》记载：天子北征，到达胡地，在磐石上举行酒宴。又《礼记·乐记》记载：舜制作五弦琴，歌唱《南风》：“南风之薰兮，可以解吾民之愠兮；南风之时兮，可以阜吾民之财兮。”作此诗时，曹操西征张鲁，途经大散关，困顿不前，所以用《穆天子传》典故，说明自己代表天子讨贼，希望上天如《南风》所歌那样佑助他摆脱困境。盘石，即磐石。五弦之琴，即五弦琴。 [5]“作为清角韵”二句：弹奏凄清的清角，内心充满迷乱烦恼。清角，古代曲调，声调凄清，传为黄帝所作，道德深厚者才能弹奏此曲。《韩非子·十过上》记载：晋平公要师旷为他奏清角。师旷告诉他说：“主君道德不厚，不能听清角。一旦听了，恐怕将有灾难发生。”平公坚持要听，师旷不得已而演奏，当时就风雨大作，后来晋国大旱三年，平公也身患重症。曹操所以弹奏清角，自信道德深厚；所以又迷乱烦恼，是因为面对如此困境。 [6] 歌以言志：用歌声表明心志。这是音乐衬音，为配乐演奏所加，并非原来文本所有。 [7]“有何三老公”二句：有何，何故。三老公，三位尊者。三老，代指所尊。卒，同“猝”，仓猝，突然。 [8]“负揜（yǎn）被裘”二句：负揜被裘，即《礼记·玉藻》所说的“裼（xī）裘”，皮衣外面覆盖的罩衣。负揜，覆盖。被，披。恒人，常人。 [9]“谓卿云何困苦以自怨”以下三句：卿为何困

顿痛苦，自怨自艾，心神不宁，来到此处又有何求？卿，你，仙人对曹操的尊称。徨徨，形容心神不宁。［10］“我居昆仑山”二句：我们居住昆仑山上，就是人间所说的仙人。真人，道教中修行得道者。［11］“道深有可得”以下四句：我们修炼深厚，已得道行，遍历名山，遨游天下，隐居于丘山。枕石漱流饮泉，以石为枕，以水漱口，饮用山泉。描述超越人间烟火的仙人生活。［12］“沉吟不决”二句：因为我迟疑不决，仙人随即飞上天去。［13］“去去不可追”二句：仙人渐行渐远，无法追去，常恨自己牵于世俗，不能追随仙人而去。牵攀，牵挂羁绊。［14］“夜夜安得寐”二句：夜夜不能入睡，内心惆怅而怜惜自己。安得，怎么能。［15］“正而不谲（jué）”二句：自己正直而不诡诈，凭借辞赋而言志。谲，欺骗，诡诈。辞赋依因，借歌赋以言志。《吕氏春秋·举难》记载：春秋时期，宁戚希望求见齐桓公，穷困无法自达，于是去齐都经商，住东门外。一次，桓公城外送客，宁戚车下喂牛，叩牛角而歌，“生不逢尧与舜禅，短布单衣裁至骭（gàn）”。桓公听后，知道他才能过人，就用后车载入宫中，任以国事。曹操以桓公自比，以宁戚比“三老”，希望得到贤才辅佐，以成大业。［16］“经传所过”二句：这是典籍所记载，西方所流传。经传，儒家经典及其传述之作，这里泛指历史典籍。所过，记载的过去事迹。《史记·齐太公世家》记载：齐桓公说：“我西伐大夏，跋涉于流沙之中，经历艰险的山路，终于登上太行山，一直打到卑耳山才班师归国。”曹操以桓公西伐大夏，比喻自己西征张鲁。

［点评］

虽然这首诗也想象仙人降临，描写自己对仙境的渴望，但是从严格意义上说，这是借游仙而写军旅行役。《三国志·魏书·武帝纪》记载：建安二十年（215）“三月，公西征张鲁，至陈仓。……夏四月，公自陈仓以出散关”。诗描述的就是出大散关时行军的艰难以及复杂矛盾的心态。

诗分四解：第一解写行军艰难。开头直接用感慨语气点明“此道当何难”，然后以“牛顿不起，车堕谷间”，夸饰性描写途中经历的奇险，将“当何难”落到实处。唯因军旅如此艰难，诗人才借磐石弹琴的意象呈现内心的渴望：我为天子征讨天下，上天佑助我吧。他之所以选择只有道德深厚者才能够弹奏的清曲，乃因事业的正义和道德的深厚。然而，现实的窘境又与正义事业、深厚道德形成巨大反差，不禁让诗人意乱情烦，故借清曲以言志。第二解写仙人降临。诗人带着惊喜的口吻，描写三位仙人猝然来到我身边，他们身穿重裘，貌非凡人。款款深情地询问：卿何以困苦自怨、恓惶不宁，来到此间，却又何为？第三解写仙人自述。我是昆仑山的仙人，不食人间烟火，道行深厚，遨游天下，遍历名山。你何不随我而去？诗人低头沉吟，犹豫不决，于是仙人飞升而去。第四解是自我反思。仙人既不可追，内心又对自己牵挂世俗充满悔恨，于是长夜难眠，惆怅自怜。但是，坚信自己正直而不诡诈，一定会有像辅佐齐桓公成就霸业的宁戚之类的人才出现，自己也一定能像齐桓公那样历经艰险终成霸业！理想的昂扬创造了壮浪的境界，在充满浪漫激情中收束全诗。

此诗虽分四解，在结构上却细针密线。行军艰难→渴望佑助→仙人降临→佑助无果→追悔自振，基本上呈现出一种线型结构，这是曹操继承汉乐府“缘事而发”的叙事模式而形成的基本特点，与《短歌行》(对酒当歌)完全不同。但是，句式的回环、抒情的顿挫、文气的跳跃，却又使全诗有鲜明的艺术个性。曹操游仙，在《精列》和此诗（包括其二）中都采用叠句手法。叠句，不仅形成音乐上的回环，还突出所强调的意义，形成叹息的意味。《精列》叠句是单句，此诗叠句是双句，在节奏长短和感叹浅深上都有所区别。此诗双句重叠，音乐节奏更长，感叹意味更深。这种感叹在全诗的结构中形成跌宕，在抒情上则形成顿挫。比如“牛顿不起，车堕谷间”，与上两句是顺承，与下两句则是顿挫，如此艰险怎么还有弹琴的闲趣？所以从形式上看，“坐盘石之上”二句与“牛顿不起”二句，是了不相连；同样“夜夜安得寐”二句，与前四句是顺承，与下四句则是顿挫，“正而不谲”云云，与夜不能寐、惆怅自怜有何关联？从文气上说，这就是跳跃。但是，全诗一往必达的文气，不仅体现在叙事性的结构上，而且也体现在抒情性的意脉上。从上文分析可以看出，诗人借弹琴所言之志、所含之意、所蕴之情，正是由所进行的伟大事业、所面临的艰险处境所引起。诗人守正不偏的剖白、贤才是辅的期待、事业必胜的自信，不仅是弹琴言志的升华，是“意中迷烦”“沉吟不决”的缘由，也是夜不成寐、惆怅自怜的心理内容之一。“夜夜安得寐，惆怅以自怜”，恰恰是文气由低沉走向昂扬的承接与转折。在回环、顿挫、跳跃的跌宕起伏中鼓荡着一往必达的气势。

其　二

愿登泰华山[1]，神人共远游。愿登泰华山，神人共远游。经历昆仑山[2]，到蓬莱。飘飖八极，

与神人俱。思得神药[3]，万岁为期。歌以言志，愿登泰华山。一解

天地何长久，人道居之短[4]。天地何长久，人道居之短。世言伯阳[5]，殊不知老。赤松、王乔[6]，亦云得道。得之未闻[7]，庶以寿考。歌以言志，天地何长久。二解

明明日月光，何所不光昭[8]。明明日月光，何所不光昭。二仪合圣化[9]，贵者独人不。万国率土[10]，莫非王臣。仁义为名[11]，礼乐为荣。歌以言志，明明日月光。三解

四时更逝去[12]，昼夜以成岁。四时更逝去，昼夜以成岁。大人先天而天弗违[13]，不戚年往，忧世不治。存亡有命[14]，虑之为蚩。歌以言志，四时更逝去。四解

戚戚欲何念[15]？欢笑意所之。戚戚欲何念？欢笑意所之。壮盛智慧[16]，殊不再来。爱时进趣[17]，将以惠谁？泛泛放逸[18]，亦同何为？歌以言志，戚戚欲何念？五解

曹操对得道成仙本持怀疑态度，但却注重顺乎自然，全性养生；超越自然，和心养性。可见求仙的本质是养生，长寿的目的是治世，这是他的基本人生逻辑。

“不戚年往，忧世不治”，此即“少壮不努力，老大徒伤悲”“业精于勤荒于嬉”之意。积极进取，是曹操的基本人生态度。陈祚明《采菽堂古诗选》：“浩然远怀，始信旋疑。猝恐难至，得之未闻。且复上感前哲，庶以寿考，聊复乍顾今兹。因宝身贵人，慕名戚世，年往勿顾，竟以树建为期，而永念后来。岁遒奄忽，几何壮盛，终用萦情。”

［注释］

[1] 泰华山：即华山，为五岳中的西岳，在今陕西华阴境内，传说是神仙聚居的地方。 [2]“经历昆仑山”以下四句：昆仑山，

传说中的仙山，在古代神话中是西王母所居之处。蓬莱，蓬莱山，传说中的东海仙山，山有神仙和不死之药。飘飖（yáo），疾风飞扬。　[3] 神药：长寿延年之药。　[4] 人道：人生。居之：居天地之间。　[5]“世言伯阳”二句：伯阳，老子，姓李名耳，字伯阳，谥号聃。既是道家学派创始人，也被道教尊为始祖。《老子》一书，是道家经典，也是道教的教义经典。殊，竟然。　[6] 赤松、王乔：传说中的仙人，赤松，即赤松子。刘向《列仙传》：赤松子，神农时雨师，服食水玉。常去昆仑山上。居于西玉母的石室中。王乔，即王子乔。《列仙传》：王子乔，周灵王太子晋。灵王二十二年，游于伊水和洛水之间，遇见道士浮丘公，追随他隐于嵩山，修道成仙。　[7]“得之未闻”二句：未曾听说其得道之事，或许以长寿闻名。得之未闻，“未得闻之”倒装。庶，或许。寿考，长寿。　[8] 何所：何处。光昭：照耀。昭，同“照”。　[9]“二仪合圣化”二句：阴阳相合，化育万物，独不以人为贵么？二仪，天地阴阳。圣化，神圣造化，指化育万物。不，同“否”。　[10]“万国率土”二句：举国境内，无不是君王之臣。《诗经・小雅・北山》：“率土之滨，莫非王臣。”率土，率土之滨之省。率，自，从。　[11]“仁义为名”二句：以施行仁义为职责，以治理礼乐为手段。名，名分，此指职分。荣，通“营”，经营，此指治理。　[12]“四时更逝去”二句：昼夜不息，四季更替，即为一年。　[13]“大人先天而天弗违”以下三句：有德之人先于天时而天不违人道，故不忧虑岁月流逝，却忧虑世道不宁。大人，有德之人。先天而天弗违，语出《周易・乾・文言》，意思是虽重于人事却合乎天道。　[14]“存亡有命”二句：生死顺乎自然，过度忧虑即为无知。蚩，无知。　[15]“戚戚欲何念”二句：何必时时忧惧，眷念生死，应该笑对人生，随心适意。戚戚，忧惧，忧伤。之，往。　[16]“壮盛智慧”二句：少壮盛年，智慧满腹，永远不会再来。　[17]“爱时进趣”

二句：爱惜时光，追求进取，必将惠及于谁？爱，吝惜。趣，同“趋”。 [18]“泛泛放逸”二句：随波逐流，放纵享乐，同样也无益于谁？泛泛，漂浮。一本作“汎汎”，意同。何为，为谁。

［点评］

从艺术上说，这首诗不及上首，也不及《气出唱》《精列》，既缺乏情境、场景描写，也缺乏跌宕、顿挫的审美韵味。但是，也正因这首诗，我们明确了曹操对待游仙的基本态度和求仙的本质。因为此诗恰恰反映了曹操思想的变化历程：求仙→疑仙→贵人→忧世→进取。他的确渴望“思得神药，万岁为期”，但是转念一想：人生短暂，所以渴望长寿，然而世上真有仙道么？为何从未听说过真正的仙道呢？推想起来，老子不老、仙人长生，也不过比别人长寿而已。天地阴阳，造化万物，以人为贵，维护国家统一，推行仁义礼乐，才是人生的价值所在。时光流逝，世道不宁，必须重世事而合乎自然规律，所以人生最重要的不是忧虑个人存亡，而是国家安宁。笑傲人生，积极进取，惠及自我，贡献社会，让青春智慧绽放出绚丽的光芒。这是怎样的人生境界啊！

陈祚明《采菽堂古诗选》说：“首章自升仙而归于时业，次章自时业而悼于人生。会味其旨，总归‘沉吟不决’四言而已。序述回曲，转变反覆，循环不穷。若不究其思端，殊类杂集。引绪观之，一意凄楚，成佳构矣，笔古无俟言。”所论《秋胡行》的审美艺术，切中肯綮，所论思想境界，则在皮相之间。简要言之，上一首由行役艰难而生游仙遐思，这一首则因游仙之疑而在励志人生。

陌上桑[1]

南至九嶷，北过玉门，形容遨游地域的辽阔；上至天河，下到昆仑，形容遨游空间的寥廓。结尾“景未移，行数千”，则夸饰遨游速度的迅疾。《长恨歌》“排空驭气奔如电，升天入地求之遍”，则可视为此诗的概括性描述。

陈祚明《采菽堂古诗选》：“若疾风游，上句连下，句法变宕，语亦飘忽，笔古无侯言。”全诗语言节奏虽同，但“食芝英”数句，语意舒缓，至结尾处则又风驰电掣，而结句的祝福、自诫之辞则又转向舒缓，回荡着袅袅不尽的余音。

驾虹蜺[2]，乘赤云，登彼九嶷历玉门。济天汉[3]，至昆仑，见西王母谒东君。交赤松[4]，及羡门，受要秘道爱精神。食芝英[5]，饮醴泉，拄杖桂枝佩秋兰。绝人事[6]，游浑元，若疾风游欻飘翩。景未移[7]，行数千，寿如南山不忘愆。

［注释］

[1] 陌上桑：乐府旧题。郭茂倩《乐府诗集》收录于《相和歌辞·相和曲》。《古今乐录》记载，《陌上桑》是相和十五曲的第十五支曲。 [2]“驾虹蜺”以下三句：驾着彩虹，乘着红霞，登上九嶷山，又经过玉门关。虹蜺，即虹霓。红色在外，紫色在内叫“虹”；紫色在外，红色在内叫“蜺”（霓）。九嶷，即九嶷山，又称苍梧山，山有九峰，所以称九嶷，在今湖南宁远县境内。《史记·五帝本纪》记载，舜南巡，死于苍梧之野，葬在九嶷山。嶷，一本作“疑”，意同。玉门，即玉门关，在今甘肃敦煌西。 [3]“济天汉”以下三句：渡过银河，到达昆仑，拜谒西王母和东王公。东君，指东王公。西王母是女仙之首，主宰阴气；东王公是男仙之首，主宰阳气。《搜神记》分别称之为东华帝君和西华金母，共理二气，育养天地，造化万物，掌握天下登仙得道者。 [3]“交赤松”以下三句：与赤松子、羡门高交游，接受仙人养生秘笈，颐养精气元神。赤松，即赤松子，见《秋胡行》其二注。羡门，复姓，名子高，原为燕地方士，后得道成仙。要秘道，秘道的精要。秘道，指仙人传授的长寿延年之术。精神，精气、元神。 [4]“食芝英”以

下三句：食灵芝之花，饮甘美泉水，拄着桂枝手杖，佩戴芬芳秋兰。芝英，灵芝花。醴（lǐ）泉，甘美泉水。传说昆仑山上有醴泉、瑶池。 [5]“绝人事”以下三句：超绝世俗之事，遨游于天地自然之气间，如疾风飘动，泠然轻飏。人事，指功名利禄、饮食男女之事。浑元，天地元气。欻（xū），吹动。飘翩，形容轻疾飞行。 [6]“景未移”以下三句：日影尚未移动，我已飞行数千里，祝君寿比南山，愿我无过无失。景未移，形容时间短暂。景，日影。不忘愆（qiān），不忘不愆的省略，诗人自诫之语。《诗·大雅·假乐》：“不愆不忘，率由旧章。”意思是不妄为，无过错。愆，过失。

［点评］

这是一首游仙诗。在创作时间上，应在《气出唱》《精列》之前。虽然以奇幻的想象，驾虹霓、乘朝霞，升天入地，遨游四海；与赤松子、羡门高交游，接受道家秘笈，延年益寿；超绝世俗，心游天地元气，追求寿如南山。但是此诗与《气出唱》《精列》在境界、格调上却大相径庭。

此诗取境，无论是“驾虹蜺，乘赤云”“济天汉，至昆仑”等拜谒各路仙人，还是餐灵芝之花，饮纯净甘泉，拄桂枝，佩秋兰，都渊源于《楚辞·离骚》，表现出一种强烈的理想追求。长寿延年的畅想，并不是因为“莫不有终期”的忧惧，也没有“陶陶谁能度”的愁绪。也就是说，对生命的热爱，不是简单地追求肉体的存在，而是以生命为载体，追求理想的实现。诗的结句运用《诗经》典故，尤其包含深刻意蕴。“寿如南山”出自《小雅·天保》：“如月之恒，如日之升。如南山之寿，不骞不崩。”在祝寿之辞中蕴含着对如月而趋于圆满、如日而逐渐光明的辉煌事业的期待。“不忘愆”出自《大雅·假乐》:“穆穆皇皇，宜君宜王。不愆不忘，率由旧章。”在自诫之辞中蕴含着对天子肃敬王事、诸侯光明正大的伟大盛世的期待。这些方面都使这首诗洋溢着昂扬进取的精神，也折射出曹操的雄才大略、体国经野的壮阔胸襟。

据钟来茵《中古游仙诗精华》考证:“此诗许多句子，都是汉朝早已流行的，汉代铜镜铭文云:‘上太(泰)山，食玉英，饮醴泉，驾交龙，乘浮云，白虎引兮直上天。’”但是，经过曹操的改造，形成了完整的诗境，境界格调也与原文迥异。鲁迅说，曹操是改造文章的祖师爷。他的诗何尝不如此!

气出唱三首[1]

其　一

诗人想象驾龙车，乘风云，遨游四海，俯视天下。境界高远、恢弘、奇谲，颇有《楚辞》之风。

驾六龙[2]，乘风而行。行四海外[3]，路下之八邦。历登高山临溪谷[4]，乘云而行。

行四海外，东到泰山[5]。仙人玉女[6]，下来遨游。骖驾六龙饮玉浆[7]。河水尽[8]，不东流。解愁腹，饮玉浆。

奉持行[9]，东到蓬莱山，上至天之门。玉阙下[10]，引见得入。赤松相对[11]，四顾而望，视正焜煌。开玉心正兴[12]，其气百道至。传告无穷闭其口[13]，但当爱气寿万年。

东到海[14]，与天连。神仙之道，出窈入冥。常当专之[15]，心恬澹，无所愒欲。闭门坐自守[16]，天与期气。愿得神之人[17]，乘驾云车，骖驾白鹿。上到天之门，来赐神之药[18]。跪受之，敬神齐[19]。当如此，道自来[20]。

“东到海”二句，既与“东到蓬莱山”呼应，又补充描述蓬莱仙境的寥廓、悠远、缥缈，同神仙之道的幽微、高深、玄妙形成暗示性的联系。

［注释］

[1] 气出唱：乐府旧曲。郭茂倩《乐府诗集》收录于《相和歌辞·相和曲》。《古今乐录》记载，《气出唱》是相和十五曲的第一支曲。　[2] 驾六龙：神话传说日神乘车，以六龙为驾，以羲和为御。　[3] “行四海外”二句：遨游四海之外，在天路中遍览了天下邦国。路，天路。之，到。八邦，八方邦国，泛指天下。　[4] “历登高山临溪谷”二句：乘着云气飞行，上遍登高山，下降临溪谷。历，遍。　[5] 泰山：又名岱宗、岱岳，为五岳中的东岳，在今山东泰安境内。古人认为泰山最高，离天最近，所以诗人想象，天上仙人玉女下至泰山遨游。　[6] “仙人玉女”二句：玉女，少年修道的女孩称玉女，男孩称金童。遨游，一本作“翱游”，意同。　[7] 骖（cān）驾：古代以三马驾车，中间的叫服，两旁的叫骖，又叫骓（fēi）。这里用作动词，驾驭。玉浆：仙人所饮的液体，或指美酒。　[8] “河水尽”二句：是以黄河干涸、不再东流，暗喻年寿终有尽时，所以下两句借饮仙人玉浆，消解满

腹忧愁。　[9]“奉持行”以下三句：虔诚修道，东到蓬莱，登上天门。奉，恭奉。持行，犹修行、修道。蓬莱山，传说中的东海仙山，山有神仙和不死之药。　[10]“玉阙下”二句：到达仙人居住的宫阙，在仙童引见下进入宫阙。玉阙，传说中天帝、仙人所居的宫阙。　[11]“赤松相对”以下三句：进入仙人宫阙，与赤松子相对而坐，环顾四周，宫阙如此辉煌。赤松，即赤松子，上古传说中的仙人。见《秋胡行》其二注。焜（kūn）煌，明亮辉煌。　[12]“开玉心正兴”二句：天上星星正闪烁明亮，上百道紫气照进宫阙。开玉心，都是星名。开，开明星，即木星。因为它十二年运行一周天，古代将周天分为十二份，称十二次。木星每年行经一次，古代用以纪年，所以又称岁星。玉，即玉井星，参（shēn）星下面的四小星。心，心宿，二十八宿之一。　[13]“传告无穷闭其口”二句：赤松子传授我奥妙无穷之道，常闭口，养元气，就能长寿万年。气，元气。道家主张闭口咽下唾液，以养元气。　[14]“东到海”以下四句：东到蓬莱，山在海中，水接云天，这里的神仙之道也深奥幽微。出窈入冥，出入于深奥幽微之理。窈冥，同“杳冥”，深奥不明。　[15]“常当专之”以下三句：既到仙山，矢志不渝地专心神仙道术，心境恬淡，贪欲不生。之，指道术。恬澹，同“恬淡”。愒（kài）欲，贪欲。　[16]“闭门坐自守”二句：闭门打坐，修持上天赐予的元气。这是道家修道的方式之一。守，修持。与，赐予。期，期待。　[17]“愿得神之人”以下三句：愿得神仙相助，乘着云车，以白鹿为驾。云车，仙人所乘之车。骖驾，三匹马所驾的车，此是动词，谓以三鹿驾车。白鹿，古代以为是祥瑞之兽，故仙人多骑白鹿。乐府《长歌行》：“仙人骑白鹿，发短耳何长。”　[18]神之药：仙丹妙药。　[19]齐：同“斋”，原指祭祀前戒绝嗜欲，洁净身心，以示虔诚。此指虔诚。　[20]道：仙道，长生之术。

［点评］

远古人类，在采集、渔猎过程中，逐渐发现了时间是单元化的存在；在灾难、死亡的过程中，逐渐发现了生命是阶段性的存在。这种对时间和生命的人文化认知，推进了人类对生命的深刻认识，诞生了生命意识。生命意识一旦诞生，也给人类带来了永恒的精神困境——死亡成为无法解开的生命死结。如何超越死亡，成为人类面临的具体问题，也成为哲学的永恒命题。于是，中国神话产生了“羿请不死之药于西王母，羿妻嫦娥窃之奔月”的神话故事，哲学上产生了“立德、立功、立言”的三不朽理论。或追求肉体的不朽，或追求精神的永恒。

《诗经》，尤其是《楚辞》，将美丽的神话传说引入诗歌创作中。自此，中国诗歌开始了描写超越生命境界的审美历程。曹操是汉末以“游仙诗”的形式描写这一境界的第一人。然而，纵观曹操思想，并非真正相信仙境的真实存在。这不仅从《龟虽寿》“神龟虽寿，犹有竟时。腾蛇乘雾，终为土灰”中可以明确看出，而且从同是“游仙”系列的《精列》中也可隐约感受到这一点。这与秦始皇、汉武帝的求不死之药有本质的不同。所以，朱乾《乐府正义》认为“魏武之心，汉武之心也”，乃是一叶障目之见。

那么，曹操何以创作“游仙诗”？实际上也是浪漫诗人所追求的“列仙之趣”。《气出唱》三首所表达的就是“列仙之趣”。其中有游仙的境界、求道的虔诚、歌舞的欢快、饮宴的热烈、祝福的温馨，表现了自由逍遥而又充满人间情趣的仙人世界。其深层当然也蕴含着对长生不老的向往。这种向往，既包含势位权要、荣华富贵的世俗贪恋，也包含“不戚年往，忧世不治”的价值追求。

这一首写遨游泰山、蓬莱仙境。首先描绘驾龙车、乘风云遨游四海、遍历天下的自由、超越、逍遥的境界，作为组诗的引起。然后具体描述东游泰山、再游蓬莱的情境。遨游泰山，简略描写仙人降临，且与诗人同饮仙界玉浆，以解满腹忧愁。遨游蓬莱，则描述登上仙界的过程，仙人宫阙的辉煌及其所笼罩的祥瑞紫气，详写赤松子的传道和自己虔诚受道学道的过程。

写蓬莱突出海上仙山的特点，写华山突出陆上仙山的特点：宏伟、高耸、空灵，用笔不同。同写陆上仙山，泰山略，华山细，详略不同。写神仙之会，在泰山重点写饮宴，在华山重点写歌舞，取境也不同。

其　二

华阴山[1]，自以为大，高百丈，浮云为之盖。仙人欲来[2]，出随风，列之雨。吹我洞箫[3]，鼓瑟琴，何誾誾。酒与歌戏[4]，今日相乐诚为乐。玉女起[5]，起舞移数时。鼓吹一何嘈嘈。

从西北来时[6]，仙道多驾烟，乘云驾龙，郁何蓩蓩。遨游八极[7]，乃到昆仑之山，西王母侧，神仙金止玉亭。来者为谁[8]？赤松、王乔，乃德旋之门。乐共饮食到黄昏[9]。多驾合坐，万岁长，宜子孙。

登上蓬莱，主要写修持道术，重点在学道；登上昆仑，主要写神仙饮宴，重点在祝福。祝福之辞与学道内容构成内涵上的呼应关系。

[注释]

[1]“华阴山”以下四句：华阴山本来就很宏伟，山高百丈，浮云笼罩。华阴山，即华山，又名泰华山，为五岳中的西岳，在今陕西华阴境内，传说是神仙聚居的地方。自，本来。盖，覆盖，谓浮云笼罩山顶。 [2]“仙人欲来”以下三句：仙人出行，风雨相随。列，行列。 [3]“吹我洞箫”以下三句：与仙人一起吹洞箫，奏琴瑟，音乐和谐悦耳。洞箫，古代以竹管制箫，以蜡蜜封底，没有封底者称洞箫。瑟琴，古代弦乐器。瑟，五十弦，后改为二十五弦。琴，五弦，后改为七弦。訚（yín）訚，叠音词，形容声音和悦。一本作“甗（yǎn）甗”，古同音通假。 [4]“酒与歌戏”二句：美酒与音乐相得益彰，今日相聚之乐才是人生真正的快乐。戏，嬉戏。诚，果真，确实。 [5]“玉女起”以下三句：玉女起身，久久地翩翩起舞，歌舞音乐萦绕，何其热闹。移数时，经过数个时辰，形容时间之久。一何，何其，多么。嘈嘈，形容声音繁多喧闹。 [6]“从西北来时”以下四句：仙人从西北来时，乘云车，驾飞龙，飞腾在烟霞之中，威仪何其盛大。仙道，得道成仙者。烟，烟霞。郁何蓩（mǎo）蓩，形容众仙威仪何其盛大。郁、蓩蓩，茂盛意。 [7]“遨游八极”以下四句：仙人从僻远之处遨游而来，才到达昆仑山上，车驾停在西王母宫殿旁边。八极，八方极远之地。昆仑之山，昆仑山，古代神话中西王母所居。在道教神话中，西王母是女仙之首，主宰阴气、修仙的女神，对应的男仙之首是东王公。金止玉亭，金车玉辇都停下来。金、玉，金车玉辇的省称。止、亭，停下。亭，同“停”。 [8]“来者为谁”以下三句：所来的仙人有赤松子、王子乔，且有德星、璇星与南门星。赤松、王乔，传说中的仙人。见《秋胡行》其二注。乃，犹且。之，犹与。德、旋、门，星宿名。德星，即填星，填通“镇”，又称镇星。旋，同“璇”，璇星是

北斗七星中的第二星。门星，南门星。 [9]“乐共饮食到黄昏”以下四句：仙人满座，其乐融融，饮宴一直持续到黄昏，齐声祝福主人长寿，子孙众多。多驾合坐，指驾临的众多仙人合坐一席。万岁长、宜子孙，乃祝福之辞。

[点评]

这一首写遨游华山、昆仑仙境。写华山时，首先描述华山宏伟、高耸和空灵的境界，再描摹神仙降临时风雨相随的神异情景，最后重点渲染歌舞饮宴的欢快场景。在渲染饮宴场景时，既有描写洞箫、琴瑟之音的和谐悦耳，又有玉女翩翩起舞的动人情境。音乐、美酒、歌舞构成了一幅自由欢快的人间图画。写昆仑时，首先描绘各路仙人驾龙车、乘烟霞而至西王母瑶台的情景。用“郁何蓩蓩”的同义复用，渲染仙人众多、仪仗盛大；用“遨游八极”的途中经历，渲染仙人所来路途的遥远和境界的恢弘。然后选择松乔、星宿的典型意象，暗示所来仙人的道术高深。最后简约交代了饮宴时间之长和气氛的融洽快乐，在温馨祝福的高潮中结束全诗。

其　三

游君山[1]，甚为真。磪嵬砟硌[2]，尔自为神。乃到王母台[3]，金阶玉为堂，芝草生殿旁。东西厢[4]，客满堂。主人当行觞，坐者长寿遽何央，长乐甫始宜孙子。常愿主人增年[5]，与天相守。

上首诗只点到众仙人来到西王母宫殿旁边，重点交代所来仙人道行高深的身份，在这里补充描述西王母所居瑶台的金碧辉煌。前后互相补充。

[注释]

[1]“游君山”二句：翱游君山，恭敬虔诚。君山，古称洞庭山，是洞庭湖中的一个小岛，与岳阳楼相对。传说山浮水上，玉女居之，四时金石丝竹之声，响彻山顶。后因舜帝妃子娥皇、女英葬于此，屈原据此传说创作《九歌》的《湘君》《湘夫人》，故后人将此山改名为君山，又名湘山。张华《博物志》记载：“君山上有美酒数斗，得饮者不死。”甚为真，非常虔诚。 [2]“磪嵬（cuī wěi）砟硌（zuò luò）”二句：君山高峻磊落，自然是神灵之地。磪嵬，同“崔嵬”，高峻。砟硌，岩石错落不平。尔，你。 [3]“乃到王母台”以下三句：到达西王母所住的瑶台，那里以黄金为台阶，宫殿铺满白玉，宫殿旁长满灵芝。乃，其，指示代词。芝草，灵芝。传说炎帝小女死后，灵魂化为灵芝，服之可以延年益寿。汉乐府《长歌行》：“主人服此药，身体日康强。发白复更黑，延年寿命长。” [4]“东西厢”以下五句：两边厢房坐满了客人，王母依次行酒，祝福宾客长寿无疆，永远快乐，子孙满堂。当，正在。觞，古代一种酒器。遽（jù），遂，就。何央，无尽。甫始，开始。宜，所安。 [5]“常愿主人增年”二句：这两句是宾客答谢主人之辞。常，一本作“当”。年，寿。与天相守，与天地共存。

[点评]

第三首写遨游君山而后到达西王母瑶台仙境。首先交代遨游君山的心境虔诚，君山的高峻、绵延和神灵；然后描绘到达王母瑶台时所见宫殿的辉煌和环境的神异；最后仙人满座，宾主互相祝福，带有收束组诗的意味。

纵观组诗，艺术上也很有特点。首先，内容互补的结构形式。作为组诗，如何组织全诗内容，使之形成互补性的联系，是非常重要的。这一点组诗处理得非常巧妙。开头所描述的驾龙车、乘风云的游仙境界，不仅笼罩首章，也笼罩整个组诗。所以下面二诗不再重复描述这一境界，只是在第二章中以“从西北来时”数句加以呼应。同是描写仙人遨游，首章是“驾六龙，乘风而行”“乘云而行”，次章是“出随风，列之雨”“仙道多驾烟”，内容前后互补，描绘了不同仙人不同的遨游方式。在第二章中，西王母只是作为叙事因子出现，但是在第三章中则补充描述了王母所居住的瑶台“金阶玉为堂”的辉煌和“芝草生殿旁”的神异。在抒情上，首章“解愁腹”暗示“河水尽，不东流”的比兴内容，而在后两章中却借用宾主的祝辞，明确并丰满了所“愁”的内容。

其次，虚实结合的艺术表达。组诗所描写的遨游仙境有两类：一是人间仙境，二是传说仙境，对于两种仙境的描写手法不同。泰山、华山和君山，是人间仙境，所以除写泰山以“东到泰山”一笔带过之外，写华山之大之高以及“浮云为之盖”，写君山“磪嵬砟硌，尔自为神”，都用实笔。蓬莱、昆仑瑶台，是传说仙境，所以用“东到海，与天连”写蓬莱的环境，用四顾焜煌、紫气百道写天门、玉阙的辉煌和奇幻，用金阶玉堂、殿旁灵芝写昆仑瑶台的华美高贵和神异，都是虚写。但是诗人特别善于以实写虚，或化虚为实。如到达蓬莱玉阙之下，必须“引见得入”，后来白居易《长恨歌》“金阙西厢叩玉扃，转教小玉报双成”，也是如此；与“赤松”相对时，通过“我”的“四顾相望”，描写宫阙的金碧辉煌，群星的灿烂闪烁和盈室的吉祥之气，既虚无缥缈，又真实可信。特别是以我眼之所望，不仅真实，还暗示性地描绘了初到仙人宫阙的惊讶神态。第二章描述仙人歌舞，第三章描述饮宴以及饮宴上的祝福，都弥漫着浓郁的世俗色彩。这种以实写虚、化虚为实的手法，使本是虚幻的神仙世界，既真实可信，又充满人间烟火气息。

此外，相比于其他诗歌，这一组诗语言更是不拘一格。语言以散文化为主要特点，长短不拘，有三言、四言乃至七言，句式活泼；叙事说理以口语为主，状物写境以白描为主；或押韵，或失韵，或换韵，是完全的自由体。既保留了汉乐府句式自由的特点，又消解了汉乐府用韵整饬的特点。一切语言的表达形式无不随性为之，充分表现出诗人通脱的个性。从组诗内容以及曹操个性和思想发展上看，这一组诗当创作于晚年时期。

精 列[1]

厥初生[2]，造化之陶物，莫不有终期。莫不有终期。圣贤不能免[3]，何为怀此忧？愿螭龙之驾[4]，思想昆仑居。思想昆仑居[5]。见欺于迂怪，志意在蓬莱。志意在蓬莱[6]。周孔圣徂落，会稽以坟丘。会稽以坟丘[7]。陶陶谁能度？君子以勿忧。年之暮奈何[8]？时过时来微。

天生万物，莫不生死相因，这是困扰人类的一个情感死结。所以面对死亡，无论贤愚都心存忧惧。但是诗人认为，有生必有死，这是自然造化的必然规律。

古代圣贤最终也只能“徂落”而长卧“坟丘”。求仙只是心造的幻影，一旦回归现实，谁也无法逃避自然造化的必然规律。诗人究竟还是朴素的唯物论者。

［注释］

[1] 精列：古乐府曲名。郭茂倩《乐府诗集》收录于《相和歌辞·相和曲》。《古今乐录》记载，《精列》是相和十五曲的第二支曲。 [2]“厥初生”以下三句：生物之初，天地自然化育万物，无不有终结之时。厥，其，代指一切生物。 [3]“圣贤不能免”二句：即便圣贤也无法免于死亡，世人为何还要忧虑呢？ [4]“愿螭龙之驾”二句：希望以龙驾车，飞向昆仑仙人聚居之处。螭龙，传说中无角的龙。 [5]“思想昆仑居”以下三句：希望居住在昆仑山上，却又被神灵怪异所欺，所以决意去蓬莱仙山。见，表被动。欺，一本作“期”，形近而误。迂怪，《山海经·西山经》记载：昆仑山上，其神的形状，“虎身而九尾，人面而虎爪”。或即指此。 [6]“志意在蓬莱”以下三句：虽然决意求仙，然而古代圣贤也终究无法逃避死亡。周孔，周公、孔子，中国历史上的两位圣贤。徂（cú）落，死亡。徂，同“殂”。会稽，即会稽山，在今浙江绍兴境内。坟丘，原指山陵，此指大禹墓。《史记·夏本纪》：舜帝逝世后，大禹就天子位，十年，到东方巡视，至于会稽而崩，葬于此。 [7]“会稽以坟丘”以下三句：大禹的墓陵告诉人们，即使人生漫长，也无法逃脱死亡，所以君子不必忧惧死亡。陶陶，漫长。 [8]“年之暮奈何”二句：然而时光流逝，人至暮年，来日无多，多么无可奈何啊。时过，时光流逝。一本作“过时”。时来微，来日无多。

［点评］

虽然同是游仙诗，《精列》与《气出唱》格调完全不同。前诗描写游仙的境界，此诗写对游仙的思考。所以，诗一开头就直接点明人类所面临的自然规律：自然造化，万物都无法逃避死亡。无论贤愚凡圣，死亡都是上天赐给人类最为公平的“礼物”。生命消逝是对肉体的彻底否定。当人步入暮年，不得不直面死亡时，必然产生对生命的留恋和对死亡的忧惧，曹操也是如此。所以，他渴望游仙，获得生命的永恒。然而，圣人周、孔名悬日月，终不免于死亡；帝王大禹功垂青史，仍埋骨于会稽。当心造的幻影坠入残酷的现实时，他清醒地认识到，“纵有千年铁门槛，终须一个土馒头”，是冰冷的铁的规律。事实上，曹操的诗也唤醒了迷执求仙者。

此诗亦当创作于曹操晚年，时间又在《气出唱》之后。如果联系曹操的行迹，这首诗可能创作于建安二十四年（219）。这一年三月，曹操北征刘备，已经身染小恙；五月还军长安，病情加重，终于在建安二十五年正月逝于洛阳。当病染沉疴时，曹操已经明白死神向他逼近，所以此诗和《遗令》所表现的“雄心摧于弱情，壮图终于哀志”（陆机《吊魏武帝文》）的心态，是基本一致的。

诗所表达的主题，汉代《古诗十九首》已经有明确的表达：“人生忽如寄，寿无金石固。万岁更相送，贤圣莫能度。服食求神仙，多为药所误。”然而，此诗的说理更让人惊悚，抒情更淋漓尽致，表达也更曲折有致。开篇就将死亡的主题不加铺垫，直接呈现在读者面前。用一个“莫不”，将任何自然和人类都无可逃避的事实深刻揭示出来。求仙么？或是“见欺于迂怪”，或是“会稽以坟丘”。无论是虚拟的游仙情境，还是真实的残酷人生，都打碎了追求长生不死的幻想。全诗基于自然与人生的两个维度，从抽象到具体的说理方式，撕开了死亡的面纱，使死亡毫不掩饰地呈现在眼前，既透彻骨髓，又惊心动魄。但是，即便面对圣贤的枯骨、帝王的坟丘，他已经清晰地认识到生命消亡的不可逆转，却仍然“何为怀此忧”，无法跳出对死亡的忧惧；“年之暮奈何”，无法释怀对生命的留恋，这在曹操临去世之前“分香卖履”的絮絮叮咛中表现得尤为显著。在这里，曹操将人性所固有的感性渴求和理性认知的矛盾揭示得非常深刻。

正是这种矛盾的纠结缠绕，使诗歌表达曲折有致。比如对待死亡“莫不有终期”的理性认知，似乎已经释然，但是“何为怀此忧”又陡生波澜；面对“徂落”“坟丘”，明确说明“陶陶谁能度”“君子以勿忧”，似乎已经释然，结尾又感慨“年之暮奈何”，再次跌入生之留恋、死之忧惧中。全诗采用自问自答的句式，隐含着曹操自言自语的叙述语气。而前一问之后，夹入数句描述；后面两问，直接点明结果。语气由舒缓而趋于急促，在情感高潮时戛然而止，留下袅袅回味。如此小诗，抒情却跌宕回环，不能不令人惊叹于诗人的艺术匠心。

从《周易》的善恶因果论，到汉代的“天人感应”论，形成了“天不变，道亦不变”的固定认知模式。但是，曹操从现象认知出发，第一次对这种天命观提出了疑问。这疑问正是对传统哲学的一种挑战。

董卓歌[1]

德行不亏缺[2]，变故自难常。郑康成行酒伏地气绝[3]，郭景图命尽于园桑。

[注释]

[1]董卓歌：乐府曲调。郭茂倩《乐府诗集》收录于《相和歌辞·清调曲》，名《董逃行》。崔豹《古今注》说："《董逃歌》，后汉游童所作也。" [2]"德行不亏缺"二句：虽然人的德行并无亏损，但是意外发生，并不合于常道。 [3]"郑康成行酒伏地气绝"二句：郑玄行酒之时倒地而死，郭景图意外丧命于桑园。郑康成，郑玄字康成，东汉著名经学家。行酒，依次敬酒。郭景图，不详。所言康成伏地气绝，景图命尽园桑，事迹失载，待考。

[点评]

这首诗《宋书·乐志》《乐府诗集》均未收录，最早见于《三国志·魏书·袁绍传》裴松之注引王粲《英雄记》。究竟是残篇，还是完整短诗，不得其详。而且因所说之事史籍失载，所以诗歌意蕴也难以确证。从所存四句而言，曹操似乎对善恶因果的天命论持怀疑态度。《易传》说："积善之家，必有余庆；积不善之家，必有余殃。"意思是修善积德之家，必然吉庆盈余；作恶无德之人，必然灾祸相续。然而，曹操提出疑问：郑康成、郭景图都是道德完美之人，何以都意外死亡！足见所谓的善恶因果的天命论是不可信的。用今天的观点来说，曹操对生死相依、善恶因果的认知是唯物而非唯心的。

鲁迅在《魏晋风度及文章与药及酒之关系》中指出："曹操做诗，竟说是'郑康成行酒伏地气绝'，他引用离当时不久的事实，这也是别人所不敢用的。"毫无避讳，笔锋直指眼前，也是一种通脱。

谣俗词[1]

瓮中无斗储[2]，发箧无尺缯。友来从我贷[3]，不知所以应。

［注释］

[1] 谣：歌谣。因为民谣反映民间风俗和百姓情感，所以称为"谣俗"。这首《谣俗词》最早见于《初学记》卷十八，或是残篇，疑不能明。 [2]"瓮（wèng）中无斗储"二句：瓦瓮中没有一点存粮，打开竹箱没有一尺余布。意取汉乐府《东门行》："盎中无斗米储，还视架上无悬衣。"瓮，瓦瓮，盛粮的瓦器。箧（qiè），竹箱。缯（zèng），丝织品的总称。 [3]"友来从我贷"二句：亲友来向我借贷，真不知如何回答。

［点评］

作为一名政治家，关注民生是其基本情怀。曹操诗文也有大量反映民生疾苦、将士死亡的作品，"铠甲生虮虱，万姓以死亡。白骨露于野，千里无鸡鸣"（《蒿里行》）是典型代表。但是，完全以百姓口吻描写人间苦难，则唯有这首民谣。诗歌截取一个生活的断面，反映战乱频仍中人民生活的现状。亲友借贷，已经是走投无路，可是自己既无存粮，也无余布，拿什么借给他呢？前两句和后两句隐含着一种递进关系："我"的生活已经十分窘迫，可是亲友还来向"我"借贷，说明亲友生活比"我"更加窘迫。最后一句还蕴藏一层人间温情：面对亲友借贷，“我”的感觉并不是亲友强人所难，而是理解亲友走投无路的无奈之举，所以即使无法满足借贷要求，却又不忍拒绝，这种微妙的心理正折射了人性的善良。比汉乐府《东门行》“盎中无斗米储，还视架上无悬衣”，更浸透无限酸楚。

文　集

令

置屯田令[1]（建安元年）

《管子·问篇》说：“官府之藏，强兵保国。”“保国”必先“强兵”，“强兵”必先“足食”（即官府之藏）。故曹操将“强兵足食”作为安邦定国的基本方略。

夫定国之术[2]，在于强兵足食。秦人以急农兼天下[3]，孝武以屯田定西域，此先世之良式也。

[注释]

[1] 屯田：汉代利用驻守边疆的兵士垦荒生产，保证军队给养。曹操的屯田政策，又分为军屯和民屯两种。令：命令，是上级对下级发布的具有强制执行效力的公文。 [2] 定国：安定国家。术：道，指方法、方略。 [3]“秦人以急农兼天下”以下三句：秦孝公以推行农耕政策，兼并天下；汉武帝以屯田方法，平定西域。这是前代优良的治国用兵模式。秦人，指秦孝公。孝公重用商鞅实行变法，奖励耕战，增加生产。急农，把发展农业作为急迫任务。孝武，即汉武帝。武帝初通西域，置校尉，屯田渠犁（今新疆库尔勒）。

［点评］

因为连年战乱，加上灾荒不断，经济凋敝，军粮匮乏，于是在建安元年（196），曹操采纳枣祗、韩浩等人建议，实行屯田。此令引证历史，说明屯田的意义，言简意赅。关于屯田问题，可参阅《枣祗子处中封爵令》。

造发石车令（建安五年）

《传》言[1]：旝动而鼓。

［注释］

[1]《传》：《左传》。《左传》桓公五年："旝（kuài）动而鼓。"旝：一是指用于指挥作战的令旗。旝动而鼓，是说令旗挥动，擂鼓进军。二是指发石车。旝动而鼓，是说一擂战鼓，发石车立即发射石头。此取第二义。

［点评］

这一军令虽然只留下六个字，但对于了解军事史和官渡之战却很有意义。《太平御览》卷三三七引《魏武本纪》说：曹操与袁绍战于官渡，袁绍堆积土山，造瞭望楼，用弓箭射击曹营，使曹军士卒即使行于军营中，也都必须披上铠甲，造成曹军人心惶恐。曹操下令：按照《左传》所说："旝动而鼓。"于是制造发石车，攻击袁绍军中的瞭望楼，仅一日工夫就全部毁坏了绍营瞭望楼，所以袁军士兵称之为“霹雳车”。发石车的巧妙运用，对于稳定曹营军心和击溃袁军十分重要，为官渡之战的胜利奠定了基础。

为徐宣议陈矫下令[1]（建安五年）

此令虽由具体事件引起，却揭示了一个基本事实：战乱不仅导致民生凋敝，也导致人文教化堕落。所以建安八年，曹操下《修学令》，令各郡国“各修文学”，复兴儒学，教化天下。

丧乱已来[2]，风教彫薄，谤议之言，难用褒贬。自建安五年已前[3]，一切勿论[4]。其以断前诽议者[5]，以其罪罪之。

［注释］

[1] 为徐宣议陈矫下令：《魏武帝集》作“禁用诽谤令”。此据严可均《全三国文》。徐宣，字宝坚，广陵海西（今江苏灌南县东南）人。因平定海西民众反叛，被曹操任命为齐郡太守，入为门下督。历事曹丕、曹叡，深得信任，官职不断升迁。陈矫，字季弼，广陵东阳（今安徽天长西北）人。早年避乱江东，曹操辟为丞相掾属，历任彭城、乐陵太守等。曹丕称帝，领吏部事，封高陵亭侯，迁尚书令。 [2]“丧乱已来”以下四句：自从时局动乱以来，风俗教化衰颓，非议之言，不可用来褒贬人物。已，同“以”。彫薄，衰颓。彫，同“凋”。 [3] 已前：同“以前”。 [4] 勿论：不准妄加议论。 [5]“其以断前诽议者”二句：以断限之前的事非议他人者，按照所非议他人的罪过处罚他。前“其”，副词，殆，一定。后“其”，代词，他。断前，意即断限，指以建安五年为断限。

［点评］

据《魏氏春秋》记载：陈矫本姓刘，因为过继给舅舅而改姓陈，后来娶本族刘姓女子为妻，违背同姓不通婚的伦理，因而遭到徐宣非议，并常常在大庭广众之下议论其过错。太祖爱惜陈矫才干，希望保全他的名声，就下了这一命令。

首先为陈矫过错开脱：因为丧乱，才会出现有违风教之事，所以非议陈矫的言辞，不能作为褒贬人物的标准。然后定下一条准则：以现在即建安五年（200）为限，之前发生的事一律不予追究，切勿妄加议论，有违此令者必加处罚。由此令可以看出两点：一是曹操用人唯才而不唯道德，二是曹操待人有原则而不唯原则。但是，在不唯道德、不唯原则中，又包含唯道德、唯原则的标准，即既往不咎，令行必止。

枣祗子处中封爵令[1]（建安六年）

故陈留太守枣祗，天性忠能[2]。始共举义兵[3]，周旋征讨。后袁绍在冀州，亦贪祗[4]，欲得之。祗深附托于孤[5]，使领东阿令。吕布之乱[6]，兖州皆叛，惟范、东阿完在，由祗以兵据城之力也。后大军粮乏[7]，得东阿以继，祗之功也。及破黄巾[8]，定许，得贼资业，当兴立屯田。

“天性忠能”是本篇公文之眼，下文所有阐释皆围绕这一核心展开。这既是曹操加封枣祗之子的依据，也是曹操用人的基本准则——不仅唯才是举，而且必须忠贞不二。“能”是必要条件，“忠”则是充要条件。

时议者皆言当计牛输谷[9]，佃科以定。施行后[10]，祗白以为僦牛输谷，大收不增谷，有水旱灾除，大不便。反覆来说[11]，孤犹以为当如故，大收不可复改易。祗犹执之[12]，孤不知所从，使与荀令君议之。时故军祭酒侯声云[13]："科取官牛，为官田计。如祗议，于官便，于客不便。"声怀此云云[14]，以疑令君。祗犹自信[15]，据计画还白，执分田之术。孤乃然之[16]，使为屯田都尉，施设田业。其时岁则大收[17]，后遂因此大田，丰足军用，摧灭群逆，克定天下，以隆王室，祗兴其功。不幸早没[18]，追赠以郡，犹未副之。今重思之[19]，祗宜受封。稽留至今[20]，孤之过也。祗子处中[21]，宜加封爵，以祀祗为不朽之事。

结尾有两点十分精彩：一是将屯田的意义上升到"摧灭群逆，克定天下，以隆王室"的高度，既突出枣祗功勋卓著，也为"祗宜受封"提供了坚实依据；二是将"祗宜受封"与"稽留至今"对比，突出"孤之过也"，在"今重思之"的自我反省中，既进一步强调枣祗的功勋，也表现了曹操对枣祗缅怀不已的情感。前者是理，后者是情。

[注释]

[1] 枣祗（zhī）子处中封爵令：严可均《全三国文》作"加枣祗子处中封爵并祀祗令"。枣祗：姓棘，先祖避难改姓枣，颍川阳翟（今河南禹州）人。曾任东阿令、羽林监。建安元年，建议实行"屯田制"，迁屯田都尉。祀，祭祀。 [2] 天性忠能：秉性忠诚而有才干。 [3]"始共举义兵"二句：关东初举义兵，枣祗即追随我征战讨贼。共举义兵，指关东起兵讨伐董卓。周旋，辗转追随。 [4]"亦贪祗"二句：也爱惜枣祗之才，希望得到他的辅

助。 [5]“祗深附托于孤”二句：枣祗坚定依附于我，使之任东阿令。孤，王侯谦称。领，统辖，此指接受官职。东阿，汉置东阿县，隶属东郡，在今山东阳谷县阿城镇。 [6]“吕布之乱”以下四句：吕布之乱，兴平元年（194），陈留太守张邈和曹操部将陈宫在操攻打徐州陶谦时，举兵叛操，迎吕布为兖州牧，唯鄄城、范、东阿三城固守。范，汉置范阳县，隶属东郡，在今河南东北部。以兵据城，率兵固守城池。 [7]“后大军粮乏”以下三句：后来我大军缺粮，得到东阿后续支援，这也是枣祗的功劳。 [8]“及破黄巾”以下四句：及，至。定许，定都许昌。得贼资业，指得到黄巾军的大量兵源。初平三年（192）冬，曹操追击黄巾军至济北（今山东济南长清区南），黄巾败降，收编精锐三十余万，号“青州兵”。因为人口、军队骤然扩大，首先必须解决粮食问题，所以讨论建立屯田制。屯田，见《置屯田令》注。 [9]“时议者皆言”二句：当时参与讨论者都认为应统计耕牛征收租粮，按照征收租粮的章程确定数额。计牛输谷，即按照农民租借官牛的数目，征收租粮。佃科，官田收租的章程。 [10]“施行后”以下五句：这一政策施行后，枣祗反复辩白，认为计牛输谷在丰收时不能增收谷物，遇到旱涝灾害又必须减免租粮，这对政府非常不利。僦（jiù），租赁。除，减免。不便，不利。 [11]“反覆来说”以下三句：枣祗反复来说服我，我仍然坚持按照旧的章程，丰收年成也不能再改变。覆，同“复”。 [12]“祗犹执之”以下三句：祗犹执之，枣祗还是坚持己见。所从，听从谁。荀令君，是对尚书令荀彧的爱称。 [13]“时故军祭酒”以下六句：军祭酒侯声说：“按照章程以官牛收租，是为扩大官田考虑。按枣祗建议，对官府提高租粮有利，对屯田农民不利。”时，《全三国文》无此字。军祭酒，即军师祭酒，军中幕僚长官。科，法令条文。客，指屯田流民。 [14]“声怀此云云”二句：侯声坚持这一观点，因使荀彧迟疑不决。怀，犹坚持。以，因。疑，使动词。 [15]“祗犹自信”以下三句：枣祗仍然十分自信，按照自己的计划往还辩白，坚持原来分田收租的方法。计画，同“计划”。术，道，此指方法。 [16]“孤乃然之”以下三句：我才认为枣祗是对的，使他任屯田校尉，实施屯田之事。然，意动词，以之为然。屯田都尉，管理屯田的武官，官阶相当于郡守。 [17]“其时岁则大收”以下七句：年初实行屯田，这一年就获得丰收，后来因此而扩大屯田，军中粮饷充足，消灭群凶逆贼，平定天下，王室兴盛，这是枣祗建立的功业。时岁，是岁，指建安元年。时，通“是”。以，因。隆，使动词，使王室兴隆。 [18]“不幸早没”以下三句：枣祗不幸早逝，追赠郡守，还是不能与他的功勋相称。没，同“殁(mò)”，死亡。副，相称。 [19]“今重思之”二句：现在我反复思考，枣祗应该再受封爵。 [20]“稽留至今”二句：是说拖延到现在，是我的过错啊。稽留，迁延。 [21]“祗子处中”以下三句：枣祗的儿子处中，应加封爵，用来褒扬枣祗不朽功业。

[点评]

建安元年(196)初，曹操采纳枣祗屯田建议，任命枣祗为屯田校尉，任峻为典农中郎将，率先在许昌推行屯田，当年就得谷百万斛。然后，按照许昌屯田体制，推广到地方州郡，实行民屯。数年之中，所在积粟，仓廪皆满。建安五年，曹操与袁绍决战官渡，所以能大获全胜，其中一个重要原因就是曹操有“军国之富”，袁绍“仓库无积”，因此一旦曹操烧毁袁绍乌巢粮草，战争胜负已定。当时，枣祗已经去世，任峻负责粮草运输。战后，曹操封峻为都亭侯；又追思枣祗功绩，封爵其子，故下此令。

此令全面回顾了枣祗功绩，先以“天性忠能”概括其人品才干，然后叙述他在征战南北时忠贞不二的情感，兖州之乱中中流砥柱的作用，制定屯田中力排众议的坚持，以及不幸早逝后自己的缅怀之情。在追述功绩时，特别详细地叙述了枣祗在制定屯田过程中的重要作用及其独特见解，尤其鲜明地表现了枣祗自信、耿介、执着的个性，以及从容、理性、耐心的办事风格。

曹操叙述，始终围绕“忠能”展开。“共举义兵，周旋征讨”“吕布之乱”“范、东阿完在”“大军粮乏，得东阿以继”，写其“忠”；“祗白”“据计画还白，执分田之术”，写其“能”，这就将“天性忠能”的概括，落到实处。其叙述还通过漫不经意的对比，突出其“忠能”。时局板荡时，袁绍“贪祗”与“祗深附托于孤”，“兖州皆叛”与“范、东阿完在”，枣祗的矢志不移与他人的朝秦暮楚，对比鲜明，突出其“忠”；讨论屯田时，“时议者皆言”与“祗白”，“孤不知所从”“以疑令君”与祗“据计画还白，执分田之术”，枣祗的胸有成竹与众人的迷惘犹豫，对比鲜明，突出其“能”。

举泰山太守吕虔茂才令[1]（建安六年）

夫有其志必成其事[2]，盖烈士之所徇也。卿在郡以来[3]，禽奸讨暴，百姓获安，躬蹈矢石，所征辄克。昔寇恂立名于汝、颍[4]，耿弇建策于

“贪夫殉财，烈士殉名”，自古而然。所谓名，并非虚名，而是功名——建功立业。建功立业，先必有志，无志则不可能成名，所谓“有志者事竟成”。

青、兖，古今一也。举茂才[5]，加骑都尉，典郡如故。

［注释］

[1] 举泰山太守吕虔茂才令：《魏武帝集》作“褒泰山太守吕虔令”。此据严可均《全三国文》。吕虔，字子恪，任城（今山东济宁东南）人。曹操初领兖州，任命虔为从事，后迁泰山太守，与夏侯渊共同征讨济南等地的黄巾军残余，有功，被推举为茂才，加封骑都尉。茂才，汉代的一种察举科目，原作秀才，因避光武帝刘秀讳而改。 [2]“夫有其志必成其事”二句：有志者必能成就事业，所以壮士为之献身。烈士，有气节有壮志之人。徇，《全三国文》作“殉”，献身。 [3]“卿在郡以来”以下五句：你任郡太守以来，擒获奸贼，讨伐暴徒，百姓获得安宁，而你亲冒箭石，每战必胜。禽，通“擒”。躬蹈，亲身履行。辄，就。克，战胜。 [4]“昔寇恂（xún）立名”以下三句：从前寇恂因治理汝、颍而闻名，耿弇（yǎn）制定策略平定了青、兖二州，你的功勋和二位前人相同。寇恂，字子翼，东汉昌平（今北京昌平区）人。镇守河内，治理颍川、汝南，发展生产，为刘秀输送粮饷，并与冯异征讨绿林军，为建立东汉王朝立下殊勋。立名，扬名。耿弇，字伯昭，扶风茂陵（今陕西兴平东北）人。光武即位，拜耿弇建威大将军，率军平定青州、兖州的张步、五校等地方军阀。建策，制定策略。 [5]“举茂才”以下三句：特举荐为茂才，加封骑都尉，依旧领郡太守。

［点评］

吕虔任泰山太守，是在平定昌豨（xī）之乱前。据《资治通鉴》记载，建安六年（201），吕虔协助夏侯渊平定昌豨，而后又合兵征讨徐和，大获全胜。于是，曹操下令举虔茂才，加封骑都尉。

曹操首先称赞吕虔有壮士建功立业之志，然后表彰其在郡太守任上，擒奸除暴，安宁境内，冲锋陷阵，战功显著，比之前人，既如寇恂善于治理地方，又如耿弇能够决胜千里。

军谯令（建安七年）

吾起义兵[1]，为天下除暴乱。旧土人民[2]，死丧略尽，国中终日行，不见所识，使吾凄怆伤怀。其举义兵已来[3]，将士绝无后者，求其亲戚以后之，授土田，官给耕牛，置学师以教之。为存者立庙[4]，使祀其先人。魂而有灵[5]，吾百年之后何恨哉。

自古是“一将成名万骨枯”。然而战争有正义与非正义的伦理之别。曹操所举义兵，“为天下除暴乱”，这就从战争伦理上突出其正义性。

“禁断淫祀”是曹操初出仕时治理地方的一项重要举措，“无神”也是曹操的基本思想特点，然而明知无神却宁愿“魂而有灵”，其眷眷哀思何其深厚！

[注释]

[1] 吾起义兵：指举兵讨伐董卓。中平六年（189），董卓杀何太后及弘农王（即少帝刘辩），曹操至陈留（今河南开封陈留镇），广散家财，招募义兵，将诛董卓。次年，即初平元年正月，参加关东讨伐董卓的盟军。见《蒿里行》注。 [2] “旧土人民”以下五句：故乡人民几乎死丧殆尽，城中行走终日，也不见故旧，令我悲痛心伤。旧土，因谯是曹操故乡，故称旧土。凄怆（chuàng），悲

痛。 [3]“其举义兵已来”以下六句：对自举义兵以来，那些死亡而无后代的将士，要寻求其亲属作为后代，官府授予田地，分配耕牛，并设立学校，延请教师教育他们。 [4]“为存者立庙”二句：为幸存者建立宗庙，使他们祭祀前辈。 [5]“魂而有灵”二句：若死者灵魂有知，我死后还有什么遗憾。百年之后，此为死亡的讳称。

［点评］

建安六年（201）九月，曹操南征屯兵汝南（治河南上蔡县）的刘备。七年春正月，部队驻扎于谯（今安徽亳州），所见满眼悲怆，于是下达此令。

令文虽短，却细致描述了战乱以来人口骤减的惨烈现象。战乱所造成的死亡，一是将士战死沙场而“绝无后者”，一是百姓埋骨村野使“国中终日行，不见所识”。所以曹操之令也包含两个方面：战死沙场而无后者，寻其亲属以继嗣香火，授予基本生活资料，提供必要教育条件；战乱中的幸存者，也必须提供宗族祭祀的祠堂，使之祭祀先人。曹操从“克绍箕裘”的传统出发，以安慰亡者的在天之灵，充满了人文情怀。此外，在“国中终日行，不见所识”的连续叠映的镜头中，将“死丧略尽”具象化，尤为惊心动魄。

严败军令[1]（建安八年）

《司马法》：“将军死绥[2]。”故赵括之母[3]，乞不坐括。是古之将者[4]，军破于外，而家受罪于内也。自命将征行[5]，但赏功而不罚罪，非国典也。其令诸将出征[6]，败军者抵罪，失利者免官爵。

曹操严令整饬军队，强化对败军之将的处罚，但是他的处罚仅限于"抵罪""免官爵"，而不再实行古代的连坐法，在严厉中尚留下一份人道的温情。

［注释］

[1] 严败军令：《文馆词林》卷六九五作"败军抵罪令"，严可均《全三国文》作"败军令"。 [2]《司马法》：又名《司马兵法》，是早于《孙子兵法》的一部古代兵书，并非一人所撰。《史记·太史公自序》："《司马法》所从来尚矣，太公、孙、吴、王子（成甫）能绍而明之。"可见，《司马法》最初是由周朝姜尚所撰，后人重加编撰。又据《司马穰苴列传》：齐威王使大夫论《司马兵法》，将穰苴申述阐明《司马兵法》的内容也附录其中，因此后代又称《司马穰苴兵法》。由此可见，《司马兵法》与《司马穰苴兵法》是同一类型的两种不同兵书，后人多混淆之。将军死绥：率兵之将临阵退却必须处死。绥，退却。 [3]"故赵括之母"二句：从前赵括的母亲，请求不要因赵括之罪而受连坐。《史记·廉颇蔺相如列传》：战国名将赵奢之子赵括，只善于纸上谈兵。奢谓括母说："如果赵国以括为将，必将毁了赵军。"后来赵王以括为将，替代廉颇。括母上书劝阻赵王，王不听。括母说："王一定要遣括为将，若有不满时，不能连坐于我啊。"赵王答应了括母。后来括为秦将白起所败，括被杀，"赵前后所亡者四十五万"。赵王因为括母有言在先，没有诛杀括母。连坐，他人犯罪受牵连而被处罚。 [4]"是古之将者"以下三句：这因为古代为将者，在外打了败仗，后方亲属也必须受牵连而治罪。 [5]"自命将征行"以下三句：我自遣将出征以来，只赏有功而不处罚罪过，不符合国家大法。 [6]"其令诸将出征"

以下三句：所以现在命令，诸位将领出征，失败者按律治罪，造成损失者免去官爵。其，表命令语气。

［点评］

官渡之战，曹操击败袁绍。而后又击败袁绍二子袁谭、袁尚，北方大局已定。为了进一步统一北方，进而统一全国，则必须总结经验，整顿军队，严明军纪，赏罚分明，而且在平定袁氏的过程中，也有部分袁氏旧部并入曹军，对这一部分将士也必须严加整肃。所以在建安八年（203）五月，曹操下达此令。

令文引证古代兵法，说明严厉处罚败军之将的理由，然后检讨自己过去率兵遣将“赏功而不罚罪”之失，最后明确今后对败军之将的处罚条例。语言短促，条例简明，口气严厉，是此军令之特点。

重功德令[1]（建安八年）

“治平尚德行，有事赏功能”，是曹操治乱治平非常重要的两大方略。强调“明扬仄陋，唯才是举”，是曹操的战时方略，并非治国方略，这是必须明确加以分辨的。

议者或以军吏虽有功能[2]，德行不足堪任郡国之选，所谓“可与适道，未可与权”者也[3]。管仲曰：“使贤者食于能则上尊[4]，斗士食于功则卒轻死，二者设于国则天下治。”未闻无能之人，不斗之士，并受禄赏[5]，而可以立功兴国者也。故明君不官无功之臣[6]，不赏不战之士。治平尚德行[7]，有事赏功能。论者之言[8]，一似管窥虎欤。

[注释]

[1] 重功德令：严可均《全三国文》作“论吏士行能令”。 [2]“议者”二句：有议论者认为，军吏虽有战功和作战才能，但道德品行不能胜任郡国的行政长官。郡国，郡与封国，泛指地方行政区划。 [3] 可与适道，未可与权：语出《论语·子罕》：“可与适道，未可与立；可与立，未可与权。”意思是能学习道的人，未必能坚守道；能坚守道的人，未必能通达权变。曹操引用此句意在说明：在议论者看来，军吏可以为将帅，未必能治郡国。 [4]“使贤者食于能”以下三句：使贤才因才能而享受俸禄，则君主尊贵；使战士因军功而享受俸禄，则士卒勇猛。国家实行这两条措施，则天下大治。此语节录于《管子·法法》。 [5] 并：皆。 [6] 不官：不授予官职。官，使动词。 [7]“治平尚德行”二句：国家安宁时崇尚德行，动乱时奖赏军功。 [8]“论者之言”二句：议论者的话，全似以一管而窥视全虎。一，副词，全部。

[点评]

从《三国志·魏书·武帝纪》裴松之注看，此令与《严败军令》作于同一时期。官渡之战后，曹操面临两大任务：一是严令整饬军队，提高战斗力，以利迅速肃清北方残敌；二是北方领土尽入曹操之手，需要大批地方行政官员，选拔有军功、有才能者出任地方行政长官，势在必行。后一问题引起了内部争议，认为有军事才能的人未必适宜出任地方官吏。曹操下达此令予以正面回答。

此令首先指出怀疑论者的问题本质：军吏唯有军事

才能，德行不能胜任地方官吏；然后引用管仲之论说明尚贤能、重军功是治理国家的两条基本方针，正面指出无能无功而受封爵，不可能使国家强盛；最后点明自己治国的两条基本方略："治平尚德行，有事赏功能"。按军功授予地方郡守，正是这一方略的组成部分，故直接指出议论者是管中窥虎，眼界狭隘，不能把握全局。令文虽短，却有正面回应，有反面说明。结尾比喻，虽语气严厉却表达委婉，与《严败军令》微有不同。

建学令[1]（建安八年）

"仁义"是儒家的基本价值观，"礼让"是儒家的基本伦理观，弘扬"先王之道"是儒家的社会教化观，可见曹操"揽申、商之法术，该韩、白之奇策"，仅仅是战时政策而已。

丧乱已来，十有五年[2]，后生者不见仁义礼让之风，吾甚伤之。其令郡国各修文学[3]，县满五百户置校官[4]，选其乡之俊[5]，造而教学之，庶几先王之道不废，而有以益于天下。

[注释]

[1] 建学令：严可均《全三国文》作"修学令"。 [2] 有：同"又"。 [3] 修文学：设置文学之官。文学，文章博学，此指掌管文献学术教育之官。 [4] 校官：学官。 [5]"选其乡之俊"以下四句：选拔乡里才俊之士，入学校接受教育，希望儒家仁义礼让之教不致荒废，并由此而有利于天下。俊，俊士。造，就，去。庶几，表希望和可能。先王之道，古代帝王的治国之道，此指儒家之道。

[点评]

自中平六年（189）以来，东汉社会持续处于动荡之中，以太学为核心的教育体制遭到空前破坏。曹操在北方渐趋统一时，于建安八年（203）七月下令恢复学校教育。

这篇令文提供了三点值得注意的信息：第一，天下稍一安宁，曹操虽未“偃武”却已“修文”，即注意恢复教育制度；第二，曹操“修文”的目的是匡正“仁义礼让之风”的衰颓，继承“先王之道”，这就非常明确地提倡以儒家思想为教育核心的价值取向；第三，曹操的这种核心价值取向是其“治平尚德行”的治国方略的一个有机组成部分。

蠲河北租赋令[1]（建安九年）

河北罹袁氏之难[2]，其令无出今年租赋。

[注释]

[1]蠲（juān）：免除。河北：黄河以北地区，此指冀州。 [2]罹：遭受。

[点评]

袁氏家族统治河北地区以来，豪强兼并严重，加之连年战乱，农业生产凋敝，民不聊生。建安九年（204），曹操占领袁氏老巢邺城之后，于九月下达此令，免除河北当年租税，百姓皆喜，冀州遂安。

抑兼并令[1]（建安九年）

孔子“均贫富”而使天下安宁的赋税观念，是中国早期富有创造性的经济学理论，也成为后世基本的赋税准则。

抑制兼并，使百姓有基本生活资料，使国家保证有效的赋税制度，既可以改善社会的政治生态，也可以保证国家的繁荣昌盛。

“有国有家者[2]，不患寡而患不均，不患贫而患不安。”袁氏之治也[3]，使豪强擅恣，亲戚兼并，下民贫弱，代出租赋，衒鬻家财，不足应命。审配宗族[4]，至于藏匿罪人，为逋逃主；欲望百姓亲附[5]，甲兵强盛，岂可得邪？其收田租亩四升，户出绢二匹、绵二斤而已，他不得擅兴发[6]。郡国守相明检察之[7]，无令强民有所隐藏，而弱民兼赋也。

［注释］

[1] 抑兼并令：严可均《全三国文》作“收田租令”。抑，抑制。兼并，指豪强世族霸占或侵吞人民土地。 [2]“有国有家者”以下三句：无论诸侯之国或是大夫之家，不必忧虑财富少而要忧虑财富不均，不必忧虑人民少而要忧虑境内不安。语出《论语·季民》，然文有错简。杨伯峻《论语译注》认为当作“不患贫而患不均，不患寡而患不安”，所言极是。 [3]“袁氏之治也”以下七句：袁氏治理河北时，使豪强大族横行无忌，亲属兼并土

地，百姓贫困潦倒，被迫替豪强交纳租税，即使变卖家产，也无法完成。衒鬻（xuàn yù），犹叫卖。应命，从命。 [4]“审配宗族”以下三句：审配家族甚至隐藏罪犯，成为逃犯窝主。审配，字正南，魏郡阴安（今河北清丰北）人，是袁绍的重要谋士。曹操围邺，审配死守数月，城破，曹操杀之。藏匿（nì），隐藏。逋（bū）逃，逃亡。 [5]“欲望百姓亲附”以下三句：如此却希望百姓依附你，建设强盛的军队，怎么能够做到呢？ [6]擅：擅自。兴发：意谓另行征收。 [7]“郡国守相”以下三句：郡中太守、封国之相必须严格监督考察，不要让豪强逃避，而由弱势小民为他们交纳赋税。郡国守相，是郡太守和封国之相的合称。

[点评]

初平二年（191），袁绍胁迫原冀州牧韩馥，巧夺冀州，自任冀州牧，自此冀州一直为袁绍所统治。袁绍出身于四世三公的豪强世族，其部下也多出于高门。因此，河北地区豪强横行，土地兼并严重，而且豪强大族收揽流民，窝藏逃犯，通过隐匿人口，逃避国家赋税。曹操占领冀州之后，受命出任冀州牧。要改革弊政，增加赋税，首先就必须打击豪强。《抑兼并令》正是曹操打击豪强的第一剑。

此令引证孔子的赋税理论，强调一税收，均贫富，是境内安宁的基本举措。指出袁绍治理冀州的根本失误在于纵容豪强兼并土地，世族隐匿人口，将国家的赋税征收转嫁到普通百姓身上，造成百姓的积贫积弱，难以生存，因此也造成百姓与统治者离心离德，削弱了军队的战斗力。针对这一现象，曹操改革赋税，采取薄赋轻敛，统一按照田亩征收（即田租制）的政策，这样既能有效防止豪强逃避赋税，也能减轻普通百姓的赋税负担。从政治层面上说，这一政策还能有效防止了豪强扩张佃户，进而拥兵自重；同时普通百姓直接向政府交纳赋税，增强了对政府的经济依附性，从而形成一种隐性的政治向心力。

选举令（建安九年）

邺县甚大[1]，一乡万数千户，兼人之吏，未易得也。

［注释］

[1]“邺县甚大”以下四句：邺县广阔，一乡之中有一万几千户，要选拔能力过人者，不容易得到啊。兼人之吏，指官员一人要做两人之事。兼，加倍。

［点评］

建安九年（204）八月，曹操攻下邺城，需要选拔一位治理邺县的官员，因为邺地地广人稠，加之邺地新附曹操，民心浮动，必须选择一位才能出众、精力过人者才可胜任。所以曹操下达此令，选拔人才。

诛袁谭令[1]（建安十年）

敢有哭之者[2]，戮及妻子。

［注释］

[1] 袁谭：字显思，大将军袁绍长子，曾任青州刺史。建安九年（204）八月曹操击败袁尚之后，举兵攻谭。十二月，袁谭夜逃南皮（今河北南皮县），建安十年（205）正月，为曹操所败，被杀。 [2]“敢有哭之者”二句：是说有敢于吊唁袁谭者，妻儿同诛。

［点评］

曹操攻下邺城时，还亲自祭奠袁绍墓陵，为之流泪，慰劳绍妻，还其家人宝物，赠其绢帛，并供给廪食，表现出温情的一面。那么何以对袁谭如此刻薄寡恩呢？原因在于袁谭乃反复无常之人。建安八年（203），袁谭为袁尚所攻，派遣辛毗向曹操乞降，并请救兵。曹操不仅伸出援手，而且与谭约为婚姻。曹操破邺之后，袁谭复又叛逆，曹操写信给谭，责其负约，与之绝婚，然后举兵攻谭。建安十年正月，曹操打败谭军，斩谭并诛其妻儿，并下达一系列禁令。此是第一令。

赦袁氏同恶及禁复仇厚葬令[1]（建安十年）

其与袁氏同恶者[2]，与之更始。令民不得复私仇，禁厚葬，皆一于以法[3]。

[注释]

[1] 禁袁氏同恶及禁复仇厚葬令：《魏武帝集》作“更始令”，唯有“其与袁氏同恶者，与之更始”二句。今中华书局点校本《三国志·魏书·武帝纪》亦仅以前二句为令。此标题及内容皆依据严可均《全三国文》。 [2]“其与袁氏”二句：那些跟随袁氏共同作恶的人，应给予重新做人的机会。更始，重新开始。 [3] 皆一于以法：都统一按照这一法令。

[点评]

建安十年（205）正月，曹操诛袁谭、定冀州之后，面临三个问题：一是如何处理袁氏余党；二是如何处理失势豪强之间以及豪强与百姓的原有矛盾；三是连年征战，经济凋敝，死伤众多，如何禁止厚葬而节约社会资源。曹操此令虽仅二十余字，却对分化瓦解袁氏余党、谨防仇杀以及厉行节俭都做了强制性规定。

整齐风俗令[1]（建安十年）

“阿党比周”者利益至上，既泯灭了“父父子子”的家庭伦理，也毁坏了为人须“忠”的社会伦理。

阿党比周[2]，先圣所疾也。闻冀州俗[3]，父子异部，更相毁誉。昔直不疑无兄[4]，世人谓之盗嫂；第五伯鱼三娶孤女[5]，谓之挝妇翁；王凤擅权[6]，谷永比之申伯；王商忠议[7]，张匡谓之左道。此皆以白为黑[8]，欺天罔君者也。吾欲整齐风俗[9]，四者不除，吾以为羞。

这种堕落的社会风气，不仅违背了社会的基本价值原则，而且对国家政治也产生直接的负面影响。

[注释]

[1] 整齐风俗令：《魏武帝集》作“禁比周令”。严可均《全三国文》作“整齐风俗令”，考其内容，此题为善。 [2]“阿党比周”二句：结党营私、相互勾结，是古代圣人所痛恨的。 [3]“闻冀州俗”以下三句：冀州风俗，父子分属不同人主，或互相诋毁，或互相吹捧。异部，指投靠主人不同。毁誉，诋毁与赞美。 [4]“昔直不疑”二句：从前直不疑没有兄长，别人却说他与嫂子私通。直不疑，南阳（今河南南阳）人。汉文帝征为郎官，后迁太中大夫。一次上朝，有人诽谤他与嫂子私通。不疑听后，唯说“我乃无兄”，然后不再自我辩解。 [5]“第五伯鱼”二句：第五伦三次娶孤女为妻，有人却说他殴打岳父。第五伯鱼，第五伦字伯鱼，京兆长陵（今陕西咸阳）人。东汉光武帝时，举孝廉，候补淮阳国医工长。后随淮南王入朝，光武问以政事，伦应对为政之道，帝大悦。一次，光武开玩笑说：“听说你为吏时，殴打岳丈，有这事么？”伦回答说：“我三次娶妻，都是孤女。”挝（zhuā），击打。 [6]“王凤擅权”二句：王凤专擅朝政，谷永却比作古代贤臣。王凤，字孝卿，魏郡元城（今河北大名县东）人，是汉元帝皇后之兄。成帝刘骜即位，凤为大司马、大将军、领尚书事。兄弟四人皆位居要津，形成“王凤专权，五侯当朝”的局面。谷永，字子云，长安（今陕西西安）人。汉成帝即位，大将军王凤专权，谷永依附之，竟上奏章，将凤比作周代贤臣申伯。申伯，是周代“宣王中兴”的

名臣，尹吉甫作《崧高》(《诗经·大雅》) 赞美之。 [7]“王商忠议”二句：王商奏议忠诚，张匡反而污蔑为邪道。王商，字子威，涿郡蠡吾（今河北博野县）人，汉宣帝生母王翁之侄。元帝即位，商为右将军、光禄大夫；成帝即位，为丞相。上书弹劾王凤姻亲琅琊郡太守杨肜，反遭太中大夫张匡上书诬陷“执左道以乱政”，被罢官，吐血而亡。张匡，蜀郡（今四川成都）人，官太中大夫，为人佞巧，党附王凤。 [8]“此皆以白为黑”二句：这些都是颠倒黑白，欺骗上天，蒙蔽君主。罔，同“惘”，迷惑。 [9]“吾欲整齐风俗”以下三句：我将整顿社会风气，上述四种现象不根除，我认为是耻辱。整齐，含有整顿、规范、齐一之义。

［点评］

冀州自古为燕赵之地，“勇侠轻非”是这一地域文化的基本特点。以江湖之义为核心的侠客文化，往往以“阿党比周”的小集团形式存在。儒家所重视的道德伦理、忠孝节义，在这里都显得相当淡漠。加之，曹操攻下邺城之后，即以邺城作为自己的政治文化中心，其地位类似陪都。因此，要保证社会安宁，必须从整顿社会风气入手。于是曹操下达此令。

文章以历史为鉴，列举四种恶劣的社会风气：谓不疑盗嫂，乃无端猜忌，毁其为弟之“悌”；伯鱼挝翁，是无中生有，毁其为子之“孝”；王凤奸贼，谷永却比之申伯，乃媚附权臣，毁其为人之“节”；王商忠臣，张匡诬之左道，毁其为臣之“忠”。四种现象分属两大类型，一是诽谤，一是阿谀；产生的缘由是利益驱使，结党营私；

事件的本质是颠倒是非，欺天惑君；造成的恶果是利益至上，毁誉随心。社会丧失了基本的道德准则，群体丧失了基本的人性良知，所以曹操决计整顿风俗，并以“四者不除，吾以为羞”表明自己的态度和决心。

与张范令[1]（建安十年）

邴原名高德大[2]，清规邈世，魁然而峙，不为孤用。闻张子颇欲学之[3]，吾恐造之者富，随之者贫也。

此令语气虽是批评，但是求贤若渴的期待、志匡世难的目标，却也隐含其中。

［注释］

[1] 与张范令：严可均《全三国文》和《曹操集》作“为张范下令”。《魏武帝集》作“与张范令”。张范，字公仪，河内修武（今河南修武）人。出身于世家，性格恬静乐道，不爱荣华。曹操平定冀州，遣使迎范，不就。曹操南征荆州还，次年初，范与操相见于陈（今河南商丘睢阳区），以为议郎，参丞相军事。 [2]“邴原名高德大”以下四句：邴原名声高洁，道德深厚，品行清高，超然世外，特立独行，不为我所用。邴原，字根矩，北海朱虚（今山东临朐县东）人。初为北海相孔融所举，曹操为司空，任邴原为东阁祭酒，后又任丞相征事、五官将长史等。清规，品行清高。规，行为准则。邈世，远离世俗。魁然，形容高大。峙（zhì），耸立。 [3]“闻张子颇欲学之”以下三句：听说你很想学习他，我担心开风气的人可得大名，追随他的人必然困顿。张子，对张

范的尊称。造，开端。富、贫，比喻名声大、小。

［点评］

建安十年（205），曹操平定冀州，派遣使者迎接名士张范，范以生病为由，仅使弟弟张承拜见曹操，曹操作此令。毫不客气地批评了当时“名士”如邴原之流面对苦难时世却超然世外的做法，希望张范放下“名士”招牌，为我所用。结尾二句，在假设之中，包含着一种双关：“随之者贫”，既指名气之小，也指人生困顿。意思是你既不为我所用，恐我亦可使你困顿矣。霸权的语气，威胁的意味，系于言外。要补充说明的是，此后不久，邴原也入幕曹府，任丞相掾。

禁绝火令[1]（建安十一年）

古代贤人，非止介子推一人，为何只为子推禁火寒食？若为纪念先贤，“子胥沉江”，吴人应该断绝用水，岂非荒唐之至！北方苦寒，禁火寒食，甚至造成羸弱老少因此而病死，岂非违背人性！所以，陋俗必革，令行必止。

闻太原、上党、西河、雁门[2]，冬至后百五日皆绝火寒食[3]，云为介子推[4]。子胥沉江[5]，吴人未有绝水之事。至于子推独为寒食[6]，岂不偏乎？且北方沍寒之地[7]，老少羸弱，将有不堪之患。令到，人不得寒食。若犯者，家长半岁刑，主使百日刑[8]，令长夺一月俸[9]。

[注释]

[1] 禁绝火令：严可均《全三国文》作“明罚令”。 [2] 太原、上党、西河、雁门：东汉郡名，属于并州。其治所，太原在晋阳（今山西太原）、上党在长子（今山西长治）、西河在离石（今山西吕梁离石区）、雁门在阴馆（今山西代县西北）。 [3] 绝火寒食：《后汉书·周举传》：太原郡旧俗，以介子推忌日的一个月之内，不举火，吃冷食。百姓不堪，每年都有死人。周举任并州刺史，始改革此俗。后由一个月改为只在清明节前一天，即冬至后第一百零五日，这一天禁火，俗称“寒食节”。 [4] 介子推：又名介之推，春秋时期晋国（今山西介休）人。曾跟随晋公子重耳在外流亡十九年。重耳回国即位，即晋文公，封赏随他流亡者，没有封介子推，介子推便带着母亲隐居绵山。后来晋文公想起他，派人召他受封，知其隐居绵山，则放火烧山，介子推宁肯被烧死，也不愿出山受封。 [5]“子胥沉江”二句：子胥，即伍子胥，名员，春秋时期吴国大夫。初为楚国人，其父伍奢被杀，逃亡入吴。帮助公子光即吴王阖闾，刺杀吴王僚，夺回王位。又整军经武，攻破楚国，以功封于申，又称申胥。吴王夫差时，劝王拒绝越国求和并停止伐齐，吴王不听，最后被吴王赐剑自杀，并将其尸体沉入江中。绝水，禁绝用水。 [6]“至于子推”二句：到了纪念介子推时却唯独为他禁火，难道不是错了吗？偏，不正。 [7]“且北方沍（hù）寒之地”以下三句：再说北方极为寒冷，老少身体瘦弱，如若寒食，将有无法忍受的后患。沍寒，形容极端寒冷。沍，闭。羸（léi），弱，瘦弱。 [8] 主使：主管官吏。 [9] 令长：县级长官。汉代制度，万户以上的县级长官称为令，不足万户者称为长。夺：丧失，此指扣除。

[点评]

建安十一年（206）正月，曹操率兵北击并州刺史高干，三月平定。此令是在这一年寒食节之前发布的。是时，并州之战已近尾声，为了保存军队的战斗力，也为了保护当地居民而发布此令。曹操以“子胥沉江，吴人未有绝水之事”的绝对性例证，对比说明为介子推“绝火寒食”的荒谬。然后以极端寒冷之地，对老人孩子身体的影响，说明“绝火寒食”的恶劣后果。最后明确指出具体处罚措施。

根绝陋俗，是曹操的一贯方针。从人情、事理上说明政令执行的理由，也是曹操令文的一贯风格。

求直言令[1]（建安十一年）

夫治世御众[2]，建立辅弼，诫在面从。《诗》称“听用我谋，庶无大悔”[3]，斯实君臣恳恳之求也。吾充重任[4]，每惧失中，频年以来，不闻嘉谋，岂吾开延不勤之咎邪？自今以后，诸掾属、治中、别驾[5]，常以月旦[6]，各言其失，吾将览焉。

曹操每在用兵、决策之前，都能集思广益，充分听取部下意见，如采纳荀彧建议，迎天子而都许昌；因为枣祗坚持，实行屯田制，即为明证。这里所说的“频年以来，不闻嘉谋”，并非真的没有听到大臣良策，而是虽大臣时献良策，曹操犹嫌不足。其善于纳谏，于此可见。

［注释］

[1] 求直言令：严可均《全三国文》作“求言令”。 [2]“夫治世御众”以下三句：治理天下，驾驭百姓，设置辅佐大臣，尤须警戒当面顺从。辅弼（bì），指辅佐君主的大臣。面从，指当面顺从，背后不满。《尚书·益稷》：“汝无面从，退有后言。”曹操

引此语典也包含后一层含义。 [3]“《诗》称”二句:《诗》说“听从我的主张，大概不会有大错”，这实在是君臣之间的恳切要求啊。引诗出自《诗·大雅·抑》。庶，庶几，表达希望。 [4]“吾充重任”以下五句：我担负重任以来，每每担心出现偏差，连年以来，没有听到好的建议，难道是虚心求教不够的过错吗？失中，有失中允，指偏差。开延，开启贤路，延揽人才，此指广纳视听。 [5]掾（yuàn）属：东汉时三公府分曹办事，各曹主管官员称掾，副职称属。治中：州刺史下主管文书的官员。别驾：州刺史的佐吏。此均指曹操丞相府中的僚属。 [6]月旦：即月旦评，泛指评论人物。《汉书·许劭传》：许劭与许靖当时皆有盛名，喜欢评论乡党人物，每月初一更换一个题目，时称“月旦评”。此指评论得失。

［点评］

建安十一年（206）三月，曹操击败高干，收复并州，原先袁绍家族所盘踞的地盘尽入曹操之手，中国北方除了边夷之外，已经基本统一，统一中国的蓝图已经在曹操的胸中逐渐清晰。要实现这一宏伟蓝图，必须效仿古代明君，广开言路，故下达此令。

治理天下，设置股肱大臣的目的，一在辅佐功业，一在匡正过失。如何防止大臣面谀而腹诽，是明君必须时时警惕的问题。所以“听用我谋，庶无大悔”，成为君臣之间开诚布公的明训。唯因如此，曹操身居重位，却战战兢兢，唯恐出现偏差，希望广纳视听，鼓励部下以“月旦评”的形式，直陈过失。一纸令文，不足百字，一个从谏如流的政治家形象却跃然纸上。

掾属进得失令[1]（建安十一年）

自今诸掾属、侍中、别驾，常以月朔各进得失[2]，纸书函封[3]，主者朝常给纸函各一[4]。

［注释］

[1] 掾属进得失令：严可均《全三国文》作“求言令”（求直言令），与《求直言》合为一篇，《魏武帝集》单列为一令，作此题。 [2] 月朔：每月朔日，即初一。 [3] 函封：用匣子盛而封之。 [4]“主者”句：凡进言者在朝会时发纸一张、封函一个。

［点评］

此令与《求直言令》应属于同一令，或因《三国志》裴松之注引有删改，令文全貌已不详，此是《魏武帝集》从《初学记》卷二十一辑出。“纸书函封”，对进言方式已有明确要求；“主者朝常给纸函各一”，实际上也将掾属进言得失制度化了。这说明曹操求言得失，并非政治作秀，而在于“镜于人，则知吉与凶”（《墨子·非攻》）。

戒饮山水令（建安十一年）

凡山水甚强寒[1]，饮之皆令人痢[2]。

[注释]

[1] 强寒：非常寒冷。　[2] 痢：痢疾，此指腹泻。

[点评]

此令下达时间不详，疑与《明罚令》禁止"寒食"下达的时间差近，即建安十一年（206），曹操率兵北击并州刺史高干时所下。

封功臣令（建安十二年）

吾起义兵诛暴乱[1]，于今十九年，所征必克，岂吾功哉？乃贤士大夫之力也。天下虽未悉定[2]，吾当要与贤士大夫共定之[3]。而专飨其劳[4]，吾何以安焉？其促定功行封。

[注释]

[1]"吾起义兵"以下五句：我举义兵，平定暴乱，至今已十九年，所征必胜，哪里是我功劳呢？都是诸位贤能将士的力量啊。士大夫，指将帅。《周礼·夏官·司马》："二千有五百人为师，师帅皆中大夫；五百人为旅，旅帅皆下大夫。"故统帅军将皆曰士大夫。　[2] 虽：只是，表示确然的事实。悉：全部。　[3] 要：约，约定。　[4]"而专飨（xiǎng）其劳"以下三句：而我独自享受这些功劳，怎么能安心？应该迅速评定功绩，进行封赏。飨，同

"士大夫攀龙附凤者，皆望有尺寸之功，以保其福禄"（《梁书·沈约传》），是封建社会将士甘冒矢石的心理动力。因此，封爵是统治者激励将士最为有效的手段。曹操封爵的目的非常明确："要与贤士大夫共定"天下！所以，这既是手段，也是目的。

"享"。何以，以何，凭什么。其，表命令语气。

［点评］

令文开头"吾起义兵诛暴乱，于今十九年"，据《三国志·魏书·武帝纪》记载：曹操于中平六年（189）十二月举兵讨董卓，逆推之，则知此令作于建安十二年（207）。这时，袁绍集团虽已灭亡，然北有乌桓，南有孙权、刘表、刘璋、刘备、张鲁，统一大业任重道远。为了有效激励将士死心塌地地效忠自己，是年二月，曹操大封功臣。二十余人被封列侯，其余亦依次受封。

令文主要说明：封赏的理由，"所征必克"，乃将士之力；封赏的目的，约定与将士"共定"天下；封赏的准则，"定功行封"。其中"专飨其劳，吾何以安"，在进一步申述封赏的必要性的同时，也透露出曹操不贪将士之功以为己有的襟怀。值得注意的是：此次封赏并非表请献帝，而是由曹操直接决定，隐含着君臣权力分配的微妙变化。

不慕钱财，以求名节，以成大业，是古代圣贤的基本价值标准。战国赵奢、西汉窦婴，甚至曹操都是这一方面的代表。中国历代的廉吏形象也成为古代吏治精神的一把标尺。

分给诸将令[1]（建安十二年）

昔赵奢、窦婴之为将也[2]，受赐千金，一朝散之，故能济成大功[3]，永世流声。吾读其文[4]，未尝不慕其为人也。与诸将士大夫共从戎事[5]，幸赖贤人不爱其谋，群士不遗其力，是以夷险平乱。而吾得窃大赏[6]，户邑三万。追思窦婴散金之义[7]，今分所受租与诸将掾属及故戍于陈、蔡者，庶以酬答众劳，不擅大惠也。宜差死事之孤[8]，以租谷及之。若年殷用足[9]，租奉毕入，将大与众人悉共飨之。

作为一名统治者，不忘初起义兵时阵亡的将士，关爱阵亡将士的遗孤；不忘仍然追随自己南北征战的下层佐吏，关心他们的现实生活，这既是一种御人之术，也是一种人道关怀。

［注释］

[1] 分给诸将令：严可均《全三国文》作“分租与诸将掾属令”。 [2] 赵奢：战国时期赵国邯郸（今河北邯郸）人，因战功卓著，赵惠文王赐号“马服君”，与廉颇、蔺相如地位相同。赵奢用兵有两点：一是受命之日，不问家事；二是所得赏赐，尽分给将士。窦婴：字王孙，清河观津（今河北衡水东）人。吴楚七国之乱时，被景帝任为大将军，赐金千斤，婴将赐金放在廊庑之下，军吏经过，就令取之。 [3]“故能济成大功”二句：所以能成就大业，声名流传后世。 [4]“吾读其文”二句：我读史书记载他们的文字，未曾不羡慕他们的为人。 [5]“与诸将士大夫”以下四句：我与诸位将士共同征战，幸而贤才不吝惜自己的智谋，兵士竭尽全力，因此化险为夷，平定暴乱。戎事，兵戎之事，指征战。爱，吝惜。夷，平。 [6] 窃：窃取，谦辞。 [7]“追思窦婴”以下四句：追想窦婴分金给部下的义举，现在我也将封地的租税分给诸位将领的佐吏，以及因戍守陈、蔡而战死之人，希望以此报答众人的功劳，不独揽这丰厚的赏赐。陈、蔡，陈留、上蔡，今河南开封、上蔡一带，曹操早年举义兵之地。擅，专，独揽。 [8]“宜差死事之孤”二句：应该分别等级，将所收租谷给予战死者的后代。差，

分别等级。死事，因战事而死。及，至，给予。 [9]“若年殷用足”以下三句：如果年成丰收，用度丰足，租税俸禄全部收齐，我将大多数与众人共同分享。奉，同“俸”，俸禄。飨，同“享”。

[**点评**]

建安十二年（207）二月，曹操在大封功臣的同时，又下令将自己食邑所得的田租分别赐予下层佐吏，以及初起义兵时戍守陈留、上蔡的阵亡将士的遗孤。曹操坦率地说，他仰慕赵奢、窦婴散尽千金，终于成就大业、名垂后世。之所以效仿前贤千金散尽的义举，是因为感激在自己安天下、平暴乱过程中将士们的出生入死、出谋划策。其分租谷赐予的对象主要是俸禄微薄的官府佐吏，战死疆场无人抚养的烈士遗孤。同时，他告诉诸位将士，对自己而言，这将成为一个定例。

与一般统治者不同，曹操一生躬奉节俭，但是每逢紧要关头，散尽千金，毫不吝惜。早年“散家财，合义兵，将以诛卓”，而今又分租谷赐予下层佐吏及烈士遗孤。前者是为臣之“节”，后者是为主之“义”。这与东晋孙盛《杂记》所渲染的“宁我负人，毋人负我”的极端自私的曹操形象，实在大相径庭。

论功行封二荀令[1]（建安十二年）

忠正密谋[2]，抚宁内外，文若是也。公达其次也[3]。

[注释]

[1] 论功行封二荀令：严可均《全三国文》作“下令大论功行封”。二荀，指荀彧、荀攸。 [2]“忠正密谋”以下三句：忠诚正直，谋划周密，又能安抚朝廷内外，文若就是这样的人。文若，荀彧字。 [3] 公达：荀攸字。

[点评]

在建安五年至十一年之间消灭袁绍集团的过程中，荀彧、荀攸皆立下汗马功劳，所以曹操曾先后上《请爵荀彧表》《请封荀攸表》。建安十二年（207），大封功臣，二人自然成为重要封爵对象。曹操既高度评价了二人的功绩，又作了明确区分。这特别体现他不徇私情、论功行赏的治政原则。

乱世必以法为上，崇法令；治世必以儒为先，尚教化，是封建时代治政御民的基本举措。曹操祭奠卢植，彰显其道德学问，推崇周代、孔子所赞赏的人格典范，显然是为了弘扬儒家教化。这说明他已经为治世的来临做好了思想上和国策上的准备，表现出一位政治家的远见卓识。

修卢植坟墓令[1]（建安十二年）

故北中郎将卢植[2]，名著海内，学为儒宗，士之楷模，乃国之桢干也。昔武王入殷[3]，封商容之闾；郑丧子产[4]，而仲尼陨涕。孤到此州[5]，嘉其余风。《春秋》之义[6]，贤者之后，有异于人。敬遣丞掾修其坟墓[7]，存其子孙，并致薄醊，以彰厥德。

[注释]

[1] 修卢植坟墓令：严可均《全三国文》作“告涿郡太守令”。　[2]“故北中郎将”以下五句：原北中郎将卢植，声名显于天下，学问以儒学为宗，行为是士大夫的楷模，乃国家耿直大臣。卢植，字子干，涿（zhuō）郡涿县（今河北涿州）人。汉末著名经学家，师从太尉陈球、大儒马融等，著有《尚书章句》《三礼解诂》等。历任侍中、尚书、北中郎将等。其性格刚毅有大节，因反对董卓议废少帝，险遭杀害，从而离京隐居。中郎将，统领皇帝侍卫的武官，东汉统兵将领亦用此名。桢干，原指筑墙所用的木柱，比喻耿直大臣。　[3]“昔武王入殷”二句：从前武王进入殷都，尊崇商容的乡里。《尚书·武成》：“释箕子囚，封比干墓，式商容闾。”意思是武王入殷，经过商容闾巷时，在车上礼敬其闾，以示尊崇忠贤。武王，周武王姬发，公元前十一世纪攻入殷都朝歌（今河南淇县西），灭纣，建立周朝。商容，殷大臣，因进谏纣王而被黜。　[4]“郑丧子产”二句：郑国子产死后，孔子为之落泪。《左传》昭公二十年载：子产死后，孔子流涕说：“古之遗爱也。”郑，春秋时期小国，在今河南郑州一带。子产，郑国大夫公孙侨，字子产。其执政期间，改革弊政，广开言路，施行仁政。陨（yǔn）涕，落泪。　[5]“孤到此州”二句：我到达涿州，就赞美他留下的风范。嘉，意动词，以之为美。余风，遗留风范。　[6]“《春秋》之义”以下三句：按照《春秋》的微言大义，贤哲的后代，不同于常人。《春秋》，据传为孔子所撰的编年史，记载了春秋鲁国从隐公元年（前722）到哀公十四年（前481）的历史大事。寓褒贬于“微言大义”是《春秋》叙事的重要特点，使“乱臣贼子惧”是《春秋》隐含的价值取向。《春秋公羊传》昭公二十年说：“君子之善善也长，……善善及子孙。”故曰“贤者之后，有异于人”。　[7]“敬遣丞掾”以下四句：恭敬地派遣下属官吏修缮他的

坟墓，慰问他的子孙，并且致以祭奠，用来彰显他的德行。丞掾，公府属官。存，抚恤慰问。薄醊（zhuì），微薄的祭品。醊，祭祀时以酒酹（lèi）地。曹操提倡节俭，故嘱其准备微薄祭品。厥，其。“存其子孙”四字，《魏武帝集》及裴松之注引《续汉书》无，今据《艺文类聚》卷四十、严可均《全三国文》补。

［点评］

建安十二年（207），曹操北征乌桓，经过卢植故乡，缅怀卢植，下令涿郡太守派遣下属修缮卢植坟墓，抚恤子孙，并请代为祭奠，以彰先贤的光辉品德。

此令对于研究曹操思想有十分重要的意义：第一，在学术上，卢植出身于太学博士，是汉代大儒，曾经师从著名经学家马融，与汉末经学大家郑玄同门，有《尚书章句》《三礼解诂》（今佚）而“名著海内”。第二，在行为上，卢植并非以谋士或虎将著称，他曾以北中郎将的身份率兵征战黄巾张角，大败获罪，后来才复任尚书，说明卢植并不以事功见长。但是，他却以忠义之臣垂名汗青：何进谋诛宦官，张让等劫持少帝逃奔小平津（在今河南孟津东北黄河上），植持剑责让张让等人罪过，叱令让等放下兵器，让等遂垂泣谢罪而自杀，植于危急时刻，舍身护主；董卓议废少帝，朝臣唯唯诺诺，唯有卢植不畏虎狼，敢于直接驳斥董卓，维护汉室尊严。曹操称赞其“士之楷模”，乃因“学为儒宗”；誉之为“国之桢干”，乃因恪守臣节。毫无疑问，卢植是以儒家思想立德、立功、立言的人格典范，曹操如此推崇卢植，有着鲜明的以儒学治世的政治取向。而且曹操所推举的商容、子产，也是周武王、孔子所赞赏的历史人物，这从侧面印证了这一政治取向。

船战令（建安十二年）

出征前严格的秩序、出征时整肃的队形，是部队的基本要求，所以无论此文还是后文《步战令》，首先就强调这两个方面。

雷鼓一通[1]，吏士皆严。再通[2]，什伍皆就船，整持橹棹；战士各持兵器就船，各当其所；幢幡旗鼓[3]，各随将所载船。鼓三通鸣[4]，大小战船以次发，左不得至右，右不得至左，前后不得易。违令者，斩。

[注释]

[1]“雷鼓一通”二句：擂鼓一通，官兵都俨装待发。雷，通“擂”。一通，古代以擂鼓三百三十六槌为一通。严，同“俨”，威武。 [2]“再通”以下五句：擂鼓二通，伍长什长登船，统一手持船桨，战士各持兵器登船，各就其位。什伍，古代军队的基层编制，五人为伍，首领为伍长；两伍为什，首领为什长。橹棹，船桨。 [3]“幢幡旗鼓”二句：令旗、军旗、战鼓，各自安置于将领的指挥船。幢幡，令旗。 [4]“鼓三通鸣”以下五句：擂鼓三通，大小战船按次序出发，左右不能偏离，前后不可改变。

[点评]

建安十二年（207），曹操北征乌桓，大获全胜，中国北方基本趋于统一，所以曹操又开始计划南征。十三年正月，操还邺城后，就在邺城所开凿的人工湖玄武池中训练水军，七月南征刘表。此令当在训练水军时所下。主要规定水军号令与次序的关系，对将士的行动次序、战船的队形展开，都有明确规定。

步战令[1]（建安十二年）

严鼓一通[2]，步骑悉装；再通[3]，骑上马，步结屯；三通[4]，以次出之，随幡住者，结屯住幡后。闻急鼓音[5]，整阵，斥候者视地形广狭，从四角而立表，制战阵之宜。诸部曲者[6]，各自安部，陈兵疏数，兵曹举白。不如令者，斩。

斥候侦察地形，因地确定战阵的布局，是战前行军布阵的基本原则。

［注释］

[1] 步战令：《魏武帝集》及严可均《全三国文》均将“步战令”作为一个整体。唯有中华书局点校本《通典》按照宋本《通典》，以宋本圆圈标记为分段依据，将此分为十八节。考其内容，又可分为三层，故本书分三层注释。 [2]“严鼓一通”二句：擂鼓一通，步兵骑兵全部整装待发。严鼓，战鼓。一通，古代以擂鼓三百三十六槌为一通。 [3]“再通”以下三句：擂鼓二通，骑兵上马，步兵集结。 [4]“三通”以下四句：擂鼓三通，按次序出发，随令旗停下，集结在令旗后面。 [5]“闻急鼓音”以下五

句：听到紧急鼓声，各部部署战阵，侦查人员察看地形宽狭，在四角树立标志，制定适宜的战阵。斥候，古代侦察兵。 [6]“诸部曲者”以下四句：军中各部，按部排兵布阵，疏密合理，兵曹将各部的布阵情况报告将领。部曲，古代军队编制单位。将军领军皆有部曲，大将军营五部，部下有曲，曲下有屯。部，校尉一人；曲，军侯一人；屯，屯长一人。安，通“按”。疏数，即疏密。兵曹，军中掌握作战部署的机构。

战阵一旦布置就绪，所有士兵必须保持肃静，严格服从号令指挥，这是取胜的前提。

兵若欲作阵对敌[1]，营先白表，乃引兵就表而阵。临阵皆无讙哗[2]，明听鼓音，旗幡麾前则前，麾后则后，麾左则左，麾右则右。不闻令而擅前后左右者[3]，斩。

伍中有不进者，伍长杀之[4]；伍长有不进者，什长杀之；什长有不进者，都伯杀之。督战部曲将，拔刃在后察[5]，违令不进者，斩之。

一部受敌，余部不进救者，斩。

临战，兵弩不可离阵[6]，离阵，伍长、什长不举发[7]，与同罪。

无将军令，有妄行阵间者[8]，斩。

临战[9]，阵骑皆当在军两头；前陷，阵骑次之，游骑在后。违令[10]，髡、鞭二百。

兵进，退入阵间者，斩。

[注释]

[1]“兵若欲作阵对敌”以下三句：部队如若列阵迎敌，营中兵曹先说明标志，然后部曲率兵按照标志列阵。 [2]“临阵皆无讙（huān）哗”以下六句：将士临阵，不准喧哗，静听鼓声，令旗指前部队向前，指后部队向后，指左部队向左，指右部队向右。讙哗，喧哗。麾，指挥。 [3]“不闻令”二句：不听号令、擅自向前后左右移动者，斩首。 [4]伍长、什长、都伯：部队下级军官，统领五人曰伍长，十人曰什长，百人曰都伯。 [5]察：督察。 [6]兵弩：兵器弓箭。 [7]举发：举报告发。 [8]妄行：随意穿行。 [9]“临战”以下五句：交战时，阵前骑兵应在部队两头，前队攻入敌阵，阵前骑兵随之前进，机动骑兵跟随阵后。阵骑，主力作战骑兵。游骑，骑兵机动力量。 [10]“违令”二句：如果违背将令，处以剃发、鞭打二百的刑罚。髡（kūn），古代割去头发的刑罚。古人认为“身体发肤，受之父母”，故割发就是一种处罚方式。

若步骑与贼对阵[1]，临时见地势便，欲使骑独进讨贼者，闻三鼓音，骑特从两头进战，视麾所指，闻三金音，还。此但谓独进战时也[2]，其步骑大战，进退自如法。

在地势便利的情况下，骑兵突进，必须采用两头夹击的阵势，也必须号令为准。

吏士向阵骑驰马者[3]，斩。

吏士有妄呼大声者[4]，斩。

追贼[5]，不得独在前在后，犯令者，罚金四两。

士将战[6]，皆不得取牛马衣物，犯令者，斩。

进战[7]，士各随其号，不随号者，虽有功不赏；进战，后兵出前，前兵在后，虽有功不赏。

临阵[8]，牙门将、骑督明受都令。诸部曲都督将吏士各战时[9]，校督部曲督住阵后，察凡违令畏懦者。

有急[10]，闻雷鼓音绝后，六音严毕，白辨便出。

卒逃归，斩之。一日[11]，家人弗捕执，及不言于吏，尽与同罪。

［注释］

[1]“若步骑与贼对阵”以下八句：如果步兵、骑兵共同与敌对阵，临时看到地势便利，准备使骑兵独自冲锋，听到擂鼓三通后，骑兵只从两头进攻，服从令旗指挥，听到鸣金三声，退回本阵。金，钲（zhēng），古代军中的一种乐器。以鸣金表示进攻、停止或撤退的号令。 [2]“此但谓独进战时也”以下三句：这是指骑兵单独进攻作战的情况。如果步兵、骑兵协同作战，进退自然如同上法。 [3]“吏士向阵骑驰马者”二句：保持战阵整齐，官兵擅自驰马阵前，斩首。 [4]“吏士有妄呼大声者”二句：保持战阵肃静，官兵有大声喧哗者，斩首。 [5]“追贼”以下四句：追赶敌人，保持步调一致，不准独自向前退后，违令者，罚金四两。 [6]“士将战”以下四句：将士作战，均不准擅自拾取战场上的牛马衣物，违令者，斩。 [7]“进战”以下八句：前进作战，士兵必须坚守规定的战斗位置，服从号令，不服从号令者，前后位置错乱者，即使有功也不

奖赏。 [8]“临阵”二句：临阵对敌，牙门将、骑督必须明确接受统帅命令。牙门将，负责防御的武官。骑督，督率骑兵的武官。都，都督，军中统帅。 [9]“诸部曲都督”以下三句：各部曲统帅率领将士作战时，检查督促部曲的督战官在阵后，督察所有违反军令、懦弱退缩者。校督，检查督促。 [10]“有急”以下四句：有紧急情况，听到紧急擂鼓六通的鼓声结束，明辨号令立即出击。严，指鼓声紧急。白辨，犹明辨。 [11]“一日”以下四句：士卒逃归家中，家人没有逮捕他，也没有报告官吏，家人与逃兵同罪。

[点评]

“步战令”是曹操关于陆地作战的命令，所作时间不详。其内容总共十八条，主要涉及三个方面：第一，部队集结和战阵部署：详细规定鼓声三通与部队集结次序、方位；地形地貌侦察、标志和战阵设置；战阵的部署要求和报告制度。第二，临阵杀敌的基本军纪：布阵程序与要求；战时军纪和处罚条例，即不准喧哗，必须服从号令，保持战阵齐整；必须勇敢前进，临阵怯敌者则执行战场纪律；一部受敌，余部必须全力相救；士兵武器必须临阵以待，违者及时上报；保持各自战斗岗位，行伍整肃；主力骑兵队形布局，骑兵和步兵冲锋次序；不准临阵退缩。第三，步骑兵协同作战的军纪和处罚条例：整体原则是借助地势冲锋陷阵，必须听从号令；具体要求是不得驰马于骑兵阵地，不得大声呼喊，追敌保持阵营齐整，不得擅取战利品，出击听取号令、战斗位置不乱，督察负责纠察，军情紧急以鼓声为号，处置逃兵及连坐条例。这三个方面内容，从军种构成上，涉及步兵、骑兵两大部类，以及两大部类如何协同作战；从战斗次序上，涉及战前、战中和战后的具体军纪及惩处条例；从战阵部署上，涉及战前战阵选择的原则和程序、战中战阵形态的构成和部伍齐整的要求。

陆战和水战是冷兵器时代最主要的两种作战方式，所以曹操所下达的“步战令”和“船战令”，是研究曹操军事思想和用兵特点的重要史料。既体现了曹操治军严明甚至严酷的特点，也完整体现了曹操的具体战术原则。强调军令的绝对权威性、战阵的稳定统一性、全军的协同一致性，以及战场选择的重要性、战场督察的必要性，是战术原则的具体要求；士卒各自为战、有死无退的战斗精神，是战斗胜利的根本保证。这种战术原则，推开来看，也是治军的战略方针之一。在今天仍然具有重要的启发意义。

下田畴令[1]（建安十二年）

田子泰非吾所宜吏者[2]。

［注释］

[1] 田畴：字子泰，右北平无终（今河北玉田）人。初为幽州牧刘虞从事，虞为公孙瓒所害，畴举家及从者数百，入徐无山（在今河北玉田县东北）隐居。袁绍屡次遣使招命，且授予将军印，田畴皆不受。建安十二年（207），曹操北征乌桓，

畴投曹操，任司空户曹掾。因为引导曹军平定乌桓有功，封亭侯，亦不受。 [2]“田子泰”句：田畴不应只作为我的府吏使用。

［点评］

建安十二年（207），曹操北征乌桓，派遣使者征辟田畴为官，畴随使者来到军中，操任命为司空户曹掾，并咨询进攻乌桓的路线。第二天曹操即下此令，意思是田畴仅为府吏未免屈才。所以，当即举茂才，拜为蓨（xiū）县（今河北景县南）令，因其随军北征，并未到任。

下田畴让封令[1]（建安十三年）

昔伯成弃国[2]，夏后不夺，将欲使高尚之士[3]，优贤之主，不止于一世也。其听畴所执[4]。

在叙述历史中，写出了曹操对待士族的一种态度——出处随性，不夺人之志。“听田畴所执”，正是“夏后不夺”的一种历史延续。

［注释］

[1] 下田畴让封令：严可均《全三国文》作“听田畴谢封令”。让封，不受封赏。 [2]“昔伯成弃国”二句：从前伯成子高辞去封国诸侯而归隐，夏朝之君不夺其志。伯成，伯成子高，唐尧时代的诸侯。《庄子·天地》记载：尧让位于舜，后来舜又让位于禹。伯成子高认为，道德自此衰落，刑名自此建立，后世的混乱局面也自此开始。于是就辞去诸侯，隐居耕种。夏后，夏朝君主，指大禹。夏朝君主在位称“后”，死后称“帝”。夺，失去，这里是

使动词，意谓剥夺。 [3]“将欲使高尚之士”以下三句：是希望隐居避世之士，优崇贤才之君，不只是出现在一代。 [4]其听畴所执：就听任田畴所坚持的志向吧。其，表命令语气。

［点评］

北征乌桓胜利之后，论功行赏，封田畴亭侯，邑五百户。田畴认为，因为世道混乱，率众逃避山中，此次随军北征，节操道义尚未树立，反而因此取利，这不是我的本意，所以坚辞不受。曹操明白他的至诚之心，就同意他继续隐居。这既反映了田畴不慕荣利的品质，也反映了曹操用人的通脱。

列孔融罪状令[1]（建安十三年）

汉末以来，清流集团由最初的激扬时政、品评人物，逐步转化为“嘘枯吹生”的清谈之风。孔融是汉末著名的清流名士，好以浮艳之辞而作耸人之语，这也是事实，但是说他“违天反道，败伦乱理”，则是深文周纳。

太中大夫孔融[2]，既伏其罪矣，然世人多采其虚名，少于核实，见融浮艳，好作变异，眩其诳诈，不复察其乱俗也。此州人说[3]，平原祢衡受传融论，以为父母与人无亲，譬若缻器，寄盛其中。又言若遭饥馑而父不肖[4]，宁赡活余人。融违天反道[5]，败伦乱理，虽肆市朝，犹恨其晚。更以此事列上[6]，宣示诸军将校掾属，皆使闻见。

[注释]

[1] 列孔融罪状令：严可均《全三国文》作“宣示孔融罪状令”。孔融，字文举。鲁国（今山东曲阜）人，孔子二十世孙。曾任北海相，世称孔北海。在任六年，修城邑，立学校，举贤才，表儒术，经刘备表荐兼领青州刺史。建安元年（196），袁谭攻北海，孔融与其激战数月，最终败逃山东。不久，被朝廷征为将作大匠，迁少府、太中大夫。性好宾客，喜抨议时政，言辞激烈，后因触怒曹操而为其所杀。 [2]“太中大夫孔融”以下八句：太中大夫孔融，已经伏法，然而世人多取其虚名，很少考核其实际。看到孔融浮华艳丽、翻新异端之词，往往被其虚假欺诈所迷惑，而不再考察其败坏风俗的后果。太中大夫，光禄勋（九卿之一，总领宫内事务）属官，官秩相当于千石。伏罪，指受到应有的惩罚。眩，眼花，此指迷惑。诳诈，虚假欺诈之言。 [3]“此州人说”以下五句：这一州中有人说，平原祢衡接受并传播孔融的谬论，认为父母与孩子没有亲情，母亲怀孕就像瓦瓶，孩子寄托其中而已。《后汉书·孔融传》载路粹诬枉孔融说：“前与白衣祢衡跌荡放言，云‘父之于子，当有何亲？论其本意，实为情欲发耳。子之于母，亦复奚为？譬如寄物缻中，出则离矣’。”语意更为清晰。缻（fǒu）器，瓦器。缻，同“缶”。寄盛（chéng），寄托。 [4]“又言若遭饥馑”二句：又言如果遭遇饥荒，父亲品行不好，宁肯赡养别人。 [5]“融违天反道”以下四句：孔融违反天理，败坏人伦，虽然陈尸市朝，还恨太晚。肆，陈，指陈尸示众。市朝，集市朝堂。 [6]“更以此事列上”以下三句：再将这些事陈述于上，宣告诸位武将文官，使之全部知道。将校，指武官。掾属，指府吏。

[点评]

建安十三年（208）八月，曹操杀太中大夫孔融，夷其族。曹操公文一向说理充分，充满无可辩驳的气势。但是，此令气势虽在，说理却十分勉强。尤其是仅仅依据“此州人说”这一类耳食之言，即加定罪，简直是“欲加之罪，何患无辞”。即便所列罪状是真实存在，显然也未涉及大节，唯有浮华怪论而已。说其“违天反道，败伦乱理”，已是事小帽大；陈尸市朝，戮及孩童，更是惨无人性。至于曹操与孔融为何如此不共戴天，其根本点在于二人政治取向的不同，而且孔融的行为客观上已经阻碍了曹操统一中国的宏图以及日益膨胀的政治野心。这一点，可以参阅“导读”的相关论述。

必须说明的是，孔融被杀时，曹操正在南征刘表。是御史大夫郗（xī）虑联合丞相军谋祭酒路粹，上表诬枉孔融，“欲谋不轨”“谤讪朝廷”“不遵朝仪”“大逆不道”云云，曹操所谓的“败伦乱理”只是其中一个插曲而已，而“夷其族”更与曹操无关。从曹操所列罪状看，他对这一案件的具体情况并不完全知悉。

表青州刺史刘琮令[1]（建安十三年）

楚有江、汉山川之险[2]，后服先强，与秦争衡。荆州则其故地[3]，刘镇南久用其民矣。身没之后[4]，诸子鼎峙，虽终难全，犹可引日。青州刺史琮[5]，心高志洁，智深虑广，轻荣重义，薄利厚德。蔑万里之业[6]，忽三军之众，笃中正之体，敦令名之誉。上耀先君之遗尘[7]，下图不朽之余祚。鲍永之弃并州[8]，窦融之离五郡，未足以喻也。虽封列侯一州之位[9]，犹恨此宠未副其人。而比有笺求还州[10]，监史虽尊，秩禄未优。今听所执[11]，表琮为谏议大夫，参同军事。

“鲍永之弃并州，窦融之离五郡”，归顺光武刘秀，与刘琮束手而降，是性质完全不同的历史事件，曹操强作比拟，实在是因为像刘琮这样庸弱无能，简直是前无古人。

［注释］

[1] 表青州刺史刘琮（cóng）令：严可均《全三国文》作“表刘琮令”。刘琮，山阳高平（今山东微山县）人，荆州牧刘表次子。表死后，琮继其官爵。曹操南征荆州，琮降，被封为青州刺史，后迁谏议大夫，爵封列侯。 [2]“楚有江、汉山川之险”以下三句：楚国有长江、汉水，山川险要，中原有明君则最后臣服，中原无明君则率先叛之，故后来与秦国争霸中原。齐桓公称霸时，派兵讨伐楚国。楚人惧，派遣使者屈完结盟于齐；齐国衰落后，楚国背盟，问鼎中原，引发与秦国之间的霸主之争。后服先强，即后服先叛。《公羊传》僖公四年：“楚有王者则后服，无王者则先叛。”意思是中原有君主之道则后臣服之，中原无君主之道则先叛逆之。争衡，较轻重，争高下，此指争霸。 [3]“荆州则其故地”二句：荆州原是楚国之地，刘表治理这里的百姓已经很久了。刘镇南，刘表，字景升，山阳郡高平县（今山东微山县）人，官镇南将军、荆州牧。治理荆州期间，远交袁绍，近结张绣，内纳刘备，据地数千里，带甲十余万，称雄荆江。 [4]“身没之后”以下四句：刘表死后，诸子相互对立，虽然最终难以保全，但还可以延续时日。没，同“殁（mò）”，死亡。诸子鼎峙，指刘琦与刘琮争

位。刘表病逝。蔡瑁等人废长立幼，奉表次子刘琮为主，引发兄弟对立。　[5]“青州刺史琮”以下五句：青州刺史刘琮，心志高洁，智慧深远，谋虑周全，轻视荣华，犹重大义，鄙薄私利，崇尚道德。　[6]“蔑万里之业”以下四句：刘琮无视万里基业，忽略三军士卒，厚养正直的德操，敦崇美好的声誉。笃、敦，皆深厚意，此作动词。　[7]“上耀先君之遗尘”二句：上可显耀先父的功业，下可谋存不朽的福荫。遗尘，留下的轨迹，此指遗业。　[8]“鲍永之弃并州”以下三句：鲍永放弃并州，窦融离开五郡，也不足以与琮比拟啊。鲍永，字君长，上党屯留（今山西长治屯留区）人。曾割据并州，刘秀即位后，遣散士卒，归顺刘秀，后官至东海国相。窦融，字周公，扶风平陵（今陕西咸阳西北）人。曾割据酒泉、金城、张掖、武威、敦煌五郡，刘秀即位，窦融放弃五郡，归顺刘秀，授职凉州牧。　[9]“虽封列侯”二句：虽然封为列侯，位居一州，仍然遗憾皇上的恩宠不能与他的功绩相符。　[10]“而比有笺求还州”以下三句：而最近来信请求回到荆州，刺史虽然尊贵，然而官位俸禄不够优厚。监史，刺史。　[11]“今听所执”以下三句：现在听凭刘琮要求，上表请封谏议大夫，并参与军事谋划。

［点评］

建安十三年（208）七月，曹操南征刘表，未至荆州，刘表病死，少子琮嗣位。操大军一到，刘琮即举荆州束手投降。这是刘琮投降后，曹操为之请封所上的奏表。

这一奏表虽言辞严肃，却内容滑稽。奏表所言，荆州山川险要，与刘琮不战而降；轻忽万里基业、三军之众，与刘琮苟全性命……读来似乎都具有嘲讽意味。刘表之后，刘琮“犹可引日”的苟延残喘之态，所谓心志、智虑、荣义、利德的去就选择，也让人忍俊不禁。虽然都是正面叙述，却活画出一位庸碌无为、虽耻犹荣的贪生苟且之辈。这样的奏表是十足的表面文章，实际上曹操本人对刘琮的行为也十分鄙视。不然，后来在濡须之战中，曹操见孙权舟船器仗军纪整肃，何以发出“生子当如孙仲谋，刘景升儿子若豚犬耳”的感慨呢！

褒赏令（建安十三年）

别部司马请立齐桓公神堂[1]，使记室阮瑀议之[2]。

［注释］

[1] 别部司马：汉代大将军属官有军司马，秩比千石，其中别领营属者称为别部司马。司马是军中掌管司法的官。齐桓公：见《善哉行》注。 [2] 阮瑀（yǔ）：字元瑜，陈留尉氏（今河南开封）人，“建安七子”之一。曾任司空军谋祭酒，管记室，后迁仓曹掾属。

［点评］

此令所作时间不详。然而，按照汉代官职，别部司马是大将军的属官，建安元年（196），献帝以曹操为大将军；是年，又拜曹操为司空。建安三年（198）正月，曹操初置军师祭酒（《三国志·魏书·武帝纪》）；阮瑀任司空军谋祭酒，管记室，应在建安三年正月之后。建安十三年（208）六月，曹操为丞相，而后阮瑀转丞相曹掾属，具体时间不详，然必在建安十三年六月之后。也就是说，从阮瑀任职迁转看，《褒赏令》或作于建安十三至建安十四年之间。其中还有一条微妙的线索：曹操早期创作的《善哉行》对齐桓公晚年任用小人，导致国家和个人的悲剧颇有微辞，但是到建安十三年所创作的《短歌行》二首，则对齐桓公大加赞美。别部司马请立“齐桓公神堂”，必是揣摩人主之心而作的请求。综合考察，则此令当在建安十三年曹操任丞相之初。

遣使令[1]（建安十三年）

夫遣人使于四方[2]，古人所慎择也。故仲尼曰[3]：“使乎，使乎。”言其难也。

［注释］

[1] 遣使令：严可均《全三国文》作“选举令”。 [2]“夫遣人使于四方”二句：派遣人出使他国，古人选择慎重。 [3]“故仲尼曰”以下四句：所以孔子感叹：“好使者，好使者。”说明选择使者难啊。《论语·宪问》：卫国大夫蘧伯玉使人拜访孔子。孔子问：“你家先生在做什么？”使者答：“先生希望少犯错误，却未能做到。”使者出，孔子说：“使乎！使乎！”赞叹使者回答得体。

［点评］

此乃选拔使者所下之令，所选何人，出使何处，均不详。然而，考证史料，曹操派遣使者最重要的一次，就是出使东吴和西蜀。因为赤壁战败后，如何处理与东吴、西蜀的和战关系，如何利用“挟天子以令诸侯”的政治资源，是一个重要问题。从这一点推断，《遣使令》当与《遗孙权书》和《与诸葛亮书》产生于同时，即建安十三年（208）末或十四年（209）初。

表封田畴令[1]（建安十四年）

蓨令田畴[2]，志节高尚，遭值州里戎夏交乱，引身深山，研精味道，百姓从之，以成都邑。袁贼之盛[3]，命召不屈，慷慨守志，以徼真主。及孤奉诏征定河北[4]，遂服幽都，将定胡寇，特加礼命，畴即受署。陈建攻胡蹊路所由[5]，率齐山民，一时向化，开塞导送，供承使役，路近而便，令虏不意。斩蹋顿于白狼[6]，遂长驱于柳城，畴有力焉。及军入塞[7]，将图其功，表封亭侯，食邑五百，而畴恳恻，前后辞赏。出入三载[8]，历年未赐，此为成一人之高，甚违王典，失之多矣。宜从表封[9]，无久留吾过。

田畴面临乱世，并非简单地逃避战乱，而是能在战乱中重建安宁的“都邑”，若与《三国志·魏书·田畴传》对照阅读，则更能见其过人之处。

袁绍“命召不屈，慷慨守志”，而曹操一至，召之即来，田畴的前后行为形成鲜明对比。在对比之中，隐含着忠君爱国的情怀。

［注释］

[1] 表封田畴令：严可均《全三国文》作“爵封田畴

令”。 [2]“蓨（tiáo）令田畴”以下七句：蓨县令田畴，志向操守高尚，遭遇州里戎狄、华夏交替动乱，抽身退往深山，研究立身处世之理，百姓追随他，从而使深山成为都市。蓨令，畴投曹操，封蓨县（今河北景县南）令，未赴任。蓨，一本作“蓚”，古二字同。志节，一本作“至节”。 [3]“袁贼之盛”以下四句：袁绍兴盛时，召其为官而不屈就，身守正气，矢志不移，以等待真正的君主。命召不屈，袁绍父子数次召命田畴为官，并授将军印，畴拒不受命。慷慨，充满正气。徼（jiǎo），求。 [4]“及孤奉诏”以下五句：及至我奉命北定河北、征服三郡、平定乌桓之时，特以礼相召，畴即接受任命。署，官署，此指司空户曹掾之职。服，使臣服。幽都，北方之地，此指辽西、辽东、右北平三郡。胡寇，指乌桓。特，一本作“时”。 [5]“陈建攻胡”以下七句：陈述进攻乌桓所经的山路，率领所有山民，同时归顺，开边塞，做向导，承担劳役，所选道路既近且便，出乎乌桓意料。蹊路，狭路，小路。 [6]“斩蹋顿于白狼”以下三句：在白狼山斩杀蹋顿，大军即直达柳城，畴有功劳啊。蹋顿，辽西乌桓（乌丸）首领，总摄三郡。白狼，即白狼山，在今辽宁凌源。柳城，蹋顿老巢，在今辽宁朝阳南。 [7]“及军入塞”以下六句：及至军队进入塞内，将论其功，故上表封畴亭侯，食邑五百，然而畴诚恳悲切，反复辞让。 [8]“出入三载”以下五句：经历三年，一直没有赏赐，这是成全一人的高尚名声，却严重违背国家典制，过失很大。 [9]“宜从表封”二句：应该按照前表再次封爵，不要让我一直犯这一过错。

［点评］

赤壁战败，曹操心境可能非常复杂，对于在北征乌桓中建立大功的谋士，尤其怀念，两次遗书荀彧，追思郭嘉。还邺之后，又追念田畴殊勋，遗憾以前听任田畴的谦让，未加封赏，复以前爵（亭侯、食邑五百户）封赏田畴，故下此令。

此令与《请封田畴表》内容近似，但剪裁有所不同。此令着重谈田畴的三点过人之处：一是生遭乱世，“志节高尚”的人格感召力，“以成都邑”的社会组织能力；二是群凶蜂起，“慷慨守志”的政治判断力，“畴即受署”的忠贞爱国之操守；三是北征乌桓，“陈建攻胡”的军事运筹谋略，“令虏不意”的奇兵制胜之贡献。最后追述田畴恳恻辞赏的过程，以及遵从王典、宜从表封的目的。

论田畴之功和“宜从表封”的目的，是叙述和说理的核心。论田畴之功，先揭示战争的结局：“斩蹋顿于白狼，遂长驱于柳城”。而这一结局，一是得益于田畴选择“攻胡蹊路”的“路近而便，令虏不意”；二是得益于田畴“率齐山民”的“开塞导送，供承使役”。从战争开始的谋略和战争过程的勠力王师两方面叙述其功勋，为“宜从表封”提供了无可辩驳的理由。然后推进一层说明：田畴不封，有违王典，是我之过，这就从国家制度和个人情感两方面说明“宜从表封”的必要性。

存恤令[1]（建安十四年）

自顷以来[2]，军数征行，或遇疫气，吏士死亡不归，家室怨旷，百姓流离。而仁者岂乐之哉[3]？不得已也。其令[4]：死者家无基业不能自存者，县官勿绝廪，长吏存恤抚循，以称吾意。

文明发展的悖论在于：欲望和贪婪，刺激了人类的不断求索和奋进，推进了文明进程；也刺激了人类的扩张和掠夺，延缓了文明发展。战争是人类生存发展中悖论的极端体现。曹操看出了人类战争的“不得已”一面，但是他没有发现这一“不得已”的真正原因。

［注释］

[1] 存恤令：严可均《全三国文》作“存恤从军吏士家室令”。存恤，抚恤。 [2]“自顷以来”以下六句：近年来，部队数次出征，有时还遇到瘟疫之气，将士死亡不能归家，夫妻不能团聚，百姓流离失所。怨旷，长期别离，此指夫妻生离死别。 [3]“而仁者岂乐之哉”二句：仁爱之人难道乐意如此吗？不得已啊。 [3]“其令”以下五句：因此下达此令：凡是死者家中没有基业、家属赡养自己，县官不可断绝廪供，长官抚恤慰问，以符合我心。廪，指廪食，政府供应口粮。抚循，安抚、慰问。

［点评］

建安十三年（208），曹操南征，因为中原将士不习水土，又发生大范围的瘟疫，再加上赤壁战败，将士死亡很多。次年七月，曹操驻军合肥，又与东吴作战，曾经南征的阴影难免影响士气，为了提振军心，就下达了此令。

战争的残酷和不得已而战的矛盾，在温情抚恤背后的尸骨和血色，也从此令中隐隐地显露了出来。

蒋济为扬州别驾令[1]（建安十四年）

季子为臣[2]，吴宜有君。今君还州[3]，吾无忧矣。

［注释］

[1] 蒋济：字子通，楚国平阿（今安徽怀远）人。先后任九江郡吏、扬州别驾，后迁丹阳太守、丞相府主簿、西曹属，成为曹操的心腹谋士。扬州：三国时期，魏国、吴国各置扬州。魏国所置扬州，治所在寿春（今安徽寿县），后迁合肥。吴国所置扬州，治所在建业（今江苏南京）。别驾：州刺史佐吏。 [2] “季子为臣”二句：季子，即季札，姬姓寿氏，又称公子札、延陵季子，春秋时期吴王寿梦第四子。《公羊传》襄公二十九年：“吴无君，无大夫，此何以有君、有大夫？贤季子也。……以季子为臣，则（吴）宜有君者也。”意思是吴国本无所谓国君，无所谓大夫，为何《春秋》记载“吴子使札来聘”，承认它有国君、有大夫呢？因为季子有贤德，承认季子是吴国大臣，那么吴国就应该有君了呀。曹操称赞蒋济有季子的贤德，由蒋济任扬州别驾，必然能够弘扬天子之威。 [3] 今君还州：蒋济曾任扬州治中，现在又回扬州任别驾，故曰“还州”。

［点评］

赤壁之战后，曹操为了固守东南，建安十四年（209）七月，重新建制扬州郡县，选拔官吏，以温恢为扬州刺史，蒋济为别驾，并将治所由寿春迁往合肥，开芍陂（今安徽寿县安丰塘）屯田，以作对吴作战的持久之计。因为扬州处于对吴作战前沿，故曹操对所选官吏十分重视，令文语言简约，却充满对蒋济的信任和期待。

蒋济为丞相西曹属令[1]（建安十四年）

舜举皋陶[2]，不仁者远。臧否得中[3]，望于贤属矣。

［注释］

[1] 蒋济为丞相西曹属令：严可均《全三国文》作“辟蒋济为丞相主簿西曹属令”。西曹属，丞相府属吏分曹治事，有西曹，正者称掾，副者称属。初主领百官奏事，后改为主管府内官吏署用。 [2]“舜举皋陶”二句：舜任用皋陶掌管刑罚，不仁的人就远去了。舜、皋陶，见《度关山》注。 [3]“臧否得中”二句：褒善黜恶，公允中正，寄希望于贤明下属。臧否，善恶，引申为褒贬。

［点评］

蒋济任扬州别驾，不久即“民有诬告济为谋叛主率者”。曹操听到这一消息后，指着《蒋济为扬州别驾令》对于禁、封仁等将帅说：“蒋济宁有此事！有此事，吾为不知人也。此必愚民乐乱，妄引之耳。”大约为了避嫌，曹操下令，将蒋济调任丞相西曹属。不过，别驾虽为刺史佐官，但总理众务，职权甚重。而西曹属，官秩比四百石，蒋济实际上还是被降了职。不知曹操此令是表达期待，还是一种安慰。

求贤令（建安十五年）

自古受命及中兴之君[1]，曷尝不得贤人君子与之共治天下者乎？及其得贤也[2]，曾不出闾巷，岂幸相遇哉？上之人不求之耳。今天下尚未定[3]，此特求贤之急时也。“孟公绰为赵、魏老则优[4]，不可以为滕、薛大夫。”若必廉士而后可用[5]，则齐桓其何以霸世！今天下得无有被褐怀玉而钓于渭滨者乎[6]？又得无有盗嫂受金而未遇无知者乎？二三子其佐我明扬仄陋[7]，唯才是举。吾得而用之。

“求贤”而不是等贤，曹操的人才态度不同于一般统治者；“唯才是举”而不是以德为先，曹操的人才标准不同于一般统治者；“明扬仄陋”而不论门第，曹操的人才选择也不同于一般统治者。

［注释］

[1]“自古受命”二句：自古以来天子和中兴君主，何尝不是得益于贤人君子与他共同治理天下吗？受命，即受命于天。古代帝王均自称受命于天，故称天子。曷尝，何尝。 [2]“及其得贤也”以下四句：他们希望求得贤才，却不愿走出闾巷，难道能侥幸遇到贤才吗？这是执政者没有主动求才啊。 [3]“今天下尚未定”二句：现在天下还没有安宁，这是访求贤才特别迫切之时。 [4]“孟公绰为赵、魏老”二句：孟公绰做赵、魏两家的家

臣非常优秀，却不能作滕国和薛国的大夫。此句引自《论语·宪问》。孟公绰，鲁国大夫，廉静寡欲，却短于才智。赵、魏，晋国贵族赵氏和魏氏。老，家臣之长。曹操引用《论语》的意思是，孟公绰虽然清廉，却缺少治国才能。 [5]“若必廉士”二句：如果一定是廉洁之人然后才能用，那么齐桓公怎么能够称霸于世！齐桓公，见《善哉行》注。齐桓用管仲而称霸，管仲并非廉洁之士。《列子·力命》记载：管仲年轻时穷困，与鲍叔牙一起做生意，分财物时，每次都多分给自己。 [6]“今天下得无有”二句：今天天下难道没有身着布衣而垂钓于渭水边的姜尚吗？难道没有蒙受“盗嫂受金”之名而没有遇到魏无知的陈平吗？钓于渭滨，传说姜尚垂钓渭水之滨，遇到周文王（姬昌），举为太师，后来姜尚协助周武王（姬发）灭商而建立西周。盗嫂受金，楚汉相争时，陈平经魏无知的引荐，投奔汉王刘邦。绛侯、灌婴等谗言陈平居家与嫂子通奸，在军中收受钱财。汉王疑之，责问魏无知，无知说：“我所说的是才能，陛下问的是品行。”后来陈平助汉王平定天下，建立汉朝。陈平也成为西汉著名的丞相。无知，即魏无知，秦末人。楚汉战争时从汉王刘邦，陈平背楚降汉，也因无知的推荐而得重用。 [7]“二三子”以下三句：你们辅佐我举荐地位低下者，只要有才就举荐他，让我能够任用他们。二三子，指左右僚属。明扬，举用选拔。仄陋，指所居之狭隘简陋。唯才是举，即唯举才。是，助词，宾语前置的标志。

［点评］

赤壁之战后，从曹操对郭嘉的深切怀念以及再次表封田畴，就可以看出：他认为这次战争失败，关键在于缺乏超绝过人的谋士为之运筹帷幄。也就是说，人才问题仍然是完成统一大业的首要问题。所以，曹操于建安十五年（210）春即下达这一求贤令。首先说明求才的重要性和迫切性。在“受命”或“中兴”的历史转折时期，人才是治理天下的最重要因素；必须“求才”，而不是“遇才”；天下未定、国未统一，求才尤为迫切。然后说明人才的具体标准：不在于廉洁，不在于出身，不在于德行，其核心在于能够辅佐我统一天下、平定乱世！最后要求部下举荐人才，为我所用。

《求贤令》的历史意义在于：“明扬仄陋”，打破了东汉以来世家大族垄断仕途的社会现象，打破了汉代以来举“孝廉”“秀才”之类唯德是举的选才标准，为庶族寒门、怀抱用世之才者进入仕途打开了一条通道。在科举制度产生之前，这一选才标准和方式，不仅有一定的政治权力分配的合理性，而且也有效地改善了官僚队伍的构成。毋庸置疑，这不是简单的改良，而是近乎革命。然而，又有两点必须说明：第一，在任何一个历史变革时期，“唯才是举”实际上是所有统治者所采用的人才政策。战国时期，孟尝君豢养鸡鸣狗盗之徒，为己所用；汉高祖麾下，魏无知所举的陈平以及以屠狗为业的樊哙，无不如此。所不同的是，前代统治者“用而不言”，曹操则公开宣示。这在统治者中确实不多见。第二，曹操虽是突出“唯才是举”，但是从所列举的历史人物来看，也并非道德卑下之人。管仲所谓贪财，是因为家贫；姜尚垂钓渭水，也有一分清高；陈平“盗嫂受金”，只是小人谗言，曹操何曾真是不重道德。所不同的是，汉代取士强调“德才兼备”，曹操举贤强调“才德兼备”，只是将

“才”与“德”的关系颠倒了次序而已。即便是汉代选官重“德”，如果所选是真正的道德之士，为何还会出现“举秀才，不知书；察孝廉，父别居”的民谣呢？

述志令[1]（建安十五年）

论少年出身，曹操表达得非常微妙：为何说明自己“本非岩穴知名之士”？宦官的家庭出身，既非士族，亦非庶族。言出自官宦之家，士族不屑；言出自寒门，事实不是。这种尴尬的出身，使他对自己的家世既有自豪，又有自卑。所以不说出身，也不明确说明身份，只是含糊带过。

孤始举孝廉[2]，年少。自以本非岩穴知名之士[3]，恐为海内人之所见凡愚，欲为一郡守，好作政教，以建立名誉，使世士明知之。故在济南[4]，始除残去秽，平心选举，违迕诸常侍，以为强豪所忿，恐致家祸，故以病还。

[注释]

[1]述志令：严可均《全三国文》作“让县自明本志令”。 [2]“孤始举孝廉”二句：我开始被举孝廉时，年龄还小。孤，王侯谦称。孝廉，意即“孝顺亲长、廉能正直”，是汉武帝时设立的察举制考试、以任用官员的一种科目。西汉时，规定地方长官必须定期向中央推举各科人才，分孝廉、贤良、方正等科目。东汉时，每年各郡、国从二十万人中荐举一人。熹平三年（174），曹操举孝廉，年二十。 [3]“自以本非岩穴”以下六句：认为自己本非隐居的知名人物，唯恐被天下人看作平庸愚昧之辈，所以希望做一郡太守，治理好政治教化，以此建立声誉，使世人真正了解我。岩穴，山洞石室，隐士所居之处。 [4]“故在济南”以下七句：所以在任济南相时，

清除残暴，扫去陋俗，公正选拔人才，得罪了诸位宦官，也因此为豪强世族所忌恨，唯恐招致家族之祸，所以辞病还乡。济南，指济南（治所在今山东济南历城区东）相。中平元年（184），曹操由骑都尉迁济南相。除残去秽，清除残暴陋俗。济南所属十余县，官吏多趋附权贵、贪赃枉法，曹操奏免其八。又禁断淫祀，奸宄（guǐ）逃窜，郡界肃然。违迕（wǔ），违背，触犯。常侍，即中常侍，皇帝的侍从近臣，东汉时由宦官充任。

去官之后[1]，年纪尚少，顾视同岁中，年有五十，未名为老。内自图之[2]，从此却去二十年，待天下清，乃与同岁中始举者等耳。故以四时归乡里[3]，于谯东五十里，筑精舍，欲秋夏读书，冬春射猎。求底下之地[4]，欲以泥水自蔽，绝宾客往来之望，然不能得如意。

辞官归乡后，读书射猎，绝客避世，俨然隐士。曹操意在说明，自己少年时期并无大志，遑论政治野心！然而“读书”与“射猎”并举，终究不是一般的书生隐士，而闪烁着壮士的风采。

［注释］

[1]“去官之后”以下五句：辞官之后，年纪还轻，环顾同年被举为孝廉的人中，有年已五十者，他们还没说自己老。去官，中平四年（187），曹被征为东郡太守，不就，称疾归乡里。同岁，指同年被举为孝廉的人。是年，曹操年三十三。 [2]“内自图之”以下四句：所以我内心盘算，从此退隐二十年，等到天下安宁，才与同年举孝廉者年龄相同呢。 [3]“故以四时”以下五句：所以四季之内皆在故乡，在谯城东五十里处，建筑书房，准备秋天夏季读书，冬天春季射猎。精舍，精神所居之所，汉时称学舍，

后来称出家修炼之处。 [4]“求底下之地”以下四句：本来希望寻找一个偏僻之地，凭借道路不通，与外界隔绝，断绝宾客往来的念头，然而并不能如愿。底下之地，偏僻之地。泥水，指道路泥泞。自蔽，自隐于世。

叙述由隐居故乡而出仕的原因。“意遂更”是人生转折，由避世隐居而积极用世：一是为国讨贼，二是立功扬名。然而作者反复强调“此其志”“其本志有限”，旨在说明年轻时，自己虽然积极事功，却并无任何政治野心。与上段内容呼应。

后征为都尉[1]，迁典军校尉。意遂更[2]，欲为国家讨贼立功，欲望封侯作征西将军，然后题墓道言：“汉故征西将军曹侯之墓”，此其志也。而遭值董卓之难[3]，兴举义兵。是时合兵[4]，能多得耳，然常自损，不欲多之。所以然者[5]，多兵意盛，与强敌争，倘更为祸始。故汴水之战数千[6]，后还到扬州更募，亦复不过三千人，此其本志有限也。

［注释］

[1]“后征为都尉”二句：后来被征召为校尉，又升任典军校尉。都尉，武官，掌管一郡军事。典军校尉，东汉末西园八校尉之一。校尉，武官，掌管禁卫兵，多由皇帝亲信担任。按：中平五年（188）八月，朝廷置八校尉，袁绍为中军校尉，曹操为典军校尉。 [2]“意遂更”以下六句：于是改变主意，希望为国家讨贼立功，能够封侯做征西将军，然后在墓道石碑上刻：“汉故征西将军曹侯之墓”，这就是我的志向。征西将军，东汉置，因西进征讨赤眉军而得名。 [3]“而遭值董卓之难”二句：却遇上董卓大乱天下，关东举义兵讨伐董卓。董卓之难、兴举义兵，见《蒿

里行》注。 [4]“是时合兵”以下四句：此时义兵聚合，能够多招兵马，然而我却常常自我减少，不希望兵多。合兵，关东举兵讨伐董卓，曹操在陈留己吾（今河南陈留镇）招募五千人起兵应之。 [5]“所以然者”以下四句：所以这样，是因为士卒一多，意气旺盛，与强敌争衡，可能再成为祸根。 [6]“故汴水之战数千”以下四句：所以汴水之战时，我只有数千人马，后来回到扬州再招募，也不过三千人马，这是因为我的志向本来有限。汴水之战，初平元年（190），讨伐董卓的各路兵马，畏惧董卓兵强，不敢先进。曹操独自率军西进，与董卓部将徐荣战于汴水（在河南荥阳西南），兵败。扬州更募，汴水之败后，曹操与夏侯惇等到扬州重新召募兵丁。

后领兖州[1]，破降黄巾三十万众。又袁术僭号于九江[2]，下皆称臣，名门曰建号门，衣被皆为天子之制，两妇预争为皇后。志计已定[3]，人有劝术使遂即帝位，露布天下，答言：“曹操尚在，未可也。”后孤讨禽其四将[4]，获其人众，遂使术穷亡解沮，发病而死。及至袁绍据河北[5]，兵势强盛，孤自度势，实不敌之。但计投死为国[6]，以义灭身，足垂于后。幸而破绍[7]，枭其二子。又刘表自以为宗室[8]，包藏奸心，乍前乍却，以观世事，据有当州。孤复定之[9]，遂平天下。身为宰相[10]，人臣之贵已极，意望已过矣。今孤言

叙述为国讨贼和走向辉煌的人生历程。讨袁术，伐袁绍，征刘表，安定中原，统一北方，平定荆州，是建安十五年前曹操最大的历史功绩。从个人方面说，位极人臣，已过意望，夫复何求？从国家方面说，尽心为国，忠于王室，谗言何据？所以作者特别点明：“今孤言此，若为自大，欲人言尽，故无讳耳。”并非自我炫耀，唯在止谤而已。

此[11]，若为自大，欲人言尽，故无讳耳。设使国家无有孤[12]，不知当几人称帝，几人称王！

［注释］

[1]“后领兖州”二句：初平三年（192），青州黄巾军攻入兖州，杀刺史刘岱。济北鲍信迎曹操为兖州牧。曹操大败黄巾军，受降三十万，挑选精锐，号为“青州兵”。 [2]“又袁术僭（jiàn）号”以下五句：袁术在九江郡盗用天子称号，部下称臣，郡门称为“建号门”，服饰都按照天子的规格，两位妇人预先争夺皇后。袁术，见《蒿里行》注。僭号，盗用皇帝称号。九江，即九江郡，治所在寿春（今安徽寿县）。 [3]“志计已定”以下六句：袁术决心虽定，也有人劝他马上登基，布告天下，袁术回答说：“曹操尚在，不行。”露布，布告，宣示。 [4]“后孤讨禽其四将”以下四句：后来我讨伐袁术，擒获其四位大将，俘虏其大批士卒，终于使袁术穷途末路，瓦解崩溃，生病而死。建安二年（197）九月，袁术攻陈（今河南商丘淮阳区），曹操引兵出击，大胜，擒斩桥蕤（ruí）、李丰、梁纲、乐就四位大将。禽，同“擒”。沮（jǔ），崩溃。 [5]“及至袁绍”以下四句：等到袁绍占据黄河以北，兵力强盛，我审时度势，实力不能与他抗衡。河北，黄河以北，指冀、青、幽、并四州。建安四年（199），袁绍消灭公孙瓒，占有四州，成为北方最强大的割据势力。 [6]“但计投死为国”以下三句：只是想赴死为国，因义献身，足以名垂后世。 [7]“幸而破绍”二句：侥幸大破袁绍，又斩杀他的两个儿子。枭（xiāo），即枭首，斩首示众。按：“二子”当为“三子”。曹操在官渡之战消灭了袁绍主力后，建安十年，斩杀袁绍长子袁谭；建安十二年，曹操消灭袁绍次子袁熙、三子袁尚。 [8]“又刘表自以为宗室”

以下五句：刘表自认为出身皇室，暗藏险恶用心，投机取巧，观望形势，占据荆州。刘表，字景升，见《请增封荀彧表》注。乍前乍却，忽进忽退，意谓徘徊不定，投机观望。 [9] 孤复定之：建安十三年七月，曹操南征刘表，八月，刘表病死，九月，其幼子刘琮即以荆州降曹操。 [10]“身为宰相”以下三句：身为丞相，作为人臣，地位尊贵到极点，已超出我的愿望了。建安十三年，汉献帝废太尉、司徒、司空三公，恢复西汉的丞相制，任曹操为丞相，自此丞相独揽朝政。 [11]“今孤言此”以下四句：现在我说这些，似乎自我夸耀，实际是希望别人无话可说，所以毫不隐讳。 [12] 设使：表假设。

或者人见孤强盛[1]，又性不信天命之事，恐私心相评，言有不逊之志，妄相忖度，每用耿耿。齐桓、晋文所以垂称至今日者[2]，以其兵势广大，犹能奉事周室也。《论语》云[3]：“三分天下有其二，以服事殷，周之德可谓至德矣。”夫能以大事小也。昔乐毅走赵[4]，赵王欲与之图燕。乐毅伏而垂泣[5]，对曰：“臣事昭王，犹事大王，臣若获戾，放在他国，没世然后已。不忍谋赵之徒隶，况燕后嗣乎！”胡亥之杀蒙恬也[6]，恬曰：“自吾先人及至子孙，积信于秦三世矣。今臣将兵三十余万，其势足以背叛，然自知必死而守义者，不敢辱先人之教以忘先王也。”孤每读此二

回击政敌对自己的攻击。在此，作者才明确指出他人“妄相忖度”，就是认为曹操“有不逊之志”。然而作者并未正面回答，而是通过列举一系列历史人物，说明“以大事小”乃是历史常态，此是不必“妄相忖度”的理由之一。再以乐毅、蒙恬或遭猜忌、或蒙冤被杀，仍然忠君爱国之心不改，此是不必“妄相忖度”的理由之二。不仅推开一层的说理方式巧妙，而且“怆然流涕”的形象描述，也将作者由晓之以理转化为动之以情矣。

人书，未尝不怆然流涕也[7]。

［注释］

[1]“或者人见孤强盛”以下六句：或许有人看我兵力强大，生性又不相信天命之说，唯恐他们私下议论，说我有篡位野心，妄加推测，我因此而内心不安。不逊之志，不恭敬的想法，指篡位自立之心。用，因。　[2]“齐桓、晋文”以下三句：齐桓公、晋文公之所以至今为人称道，是因为他们兵势强大，仍然能够拥戴周天子。齐桓，即齐桓公，见《善哉行》注。晋文，即晋文公，见《短歌行》其二注。垂称，著称，称颂。　[3]“《论语》云”以下五句：《论语》说：“天下三分，周有其二，仍然侍奉殷商，可以说周文王是道德最高的人啊。”就是因为能以强大的诸侯国侍奉弱小的天子。所引出自《论语·泰伯》。　[4]“昔乐毅走赵”二句：从前乐毅逃到赵国，赵王想同他谋划攻燕国。乐毅，战国时期燕昭王的名将，曾攻下齐国七十余城，被封为昌国君。燕昭王死后，因齐将田单的反间计而遭到燕惠王的猜忌，被迫投奔赵国。　[5]“乐毅伏而垂泣”以下九句：乐毅伏地流泪，回答说：“我侍奉燕昭王，犹如侍奉大王，我若获罪，被流放别国，到死为止，我也不忍心谋害赵国的奴隶，更何况燕昭王的后代！”徒隶，刑徒奴隶。　[6]“胡亥之杀蒙恬（tián）”以下八句：胡亥杀蒙恬时，恬说：“从我前辈一直到我，三代人都受秦国信任。现在我率兵三十多万，这军力足够背叛秦国，然而我知道必死，却守道义，是不敢辱没先辈教诲而忘记先王的恩德。”胡亥，秦始皇嬴政小儿，继始皇位，称二世。蒙恬，秦始皇时名将，秦统一六国后，他率兵三十万，北击匈奴，修筑长城。秦始皇死后，赵高伪造始皇遗诏，逼蒙恬自杀。三世，蒙恬祖蒙骜、父蒙武及自己，均为秦国名将。　[7]怆然流涕：忧伤流泪。

孤祖父以至孤身[1]，皆当亲重之任[2]，可谓见信者矣[3]。以及子桓兄弟[4]，过于三世矣[5]。孤非徒对诸君说此也[6]，常以语妻妾，皆令深知此意。孤谓之言[7]："顾我万年之后，汝曹皆当出嫁，欲令传道我心，使他人皆知之。"孤此言皆肝鬲之要也。所以勤勤恳恳叙心腹者[8]，见周公有《金縢》之书以自明，恐人不信之故。

这一层正面说理，蒙恬家族三代"积信于秦"，所以蒙恬宁愿蒙冤被杀，也不忘先王之恩，恪守为臣之义，更何况我的家族已经四代沐浴皇恩，宠幸优渥，怎么可能产生"不逊之志"！所以下文反复说明自己所说都是"肝鬲之要""心腹之言"。言之切切，仿佛忠心可掬。

［注释］

[1] 祖父：指曹操祖父曹腾和父亲曹嵩。曹腾（100—159），字季兴，沛国谯人。安帝时，除黄门从官。顺帝时，迁中常侍。桓帝即位，迁大长秋，封费亭侯。曹嵩（？—193），字巨高，曹腾养子。初为司隶校尉，灵帝时擢为大司农，后代崔烈为太尉，次年免官。初平四年避乱琅琊，为陶谦别将所劫杀。 [2] 亲重：宠信重用。 [3] 见信：被信任。见，表被动。 [4] 子桓：曹操次子曹丕的字。 [5] 过于：超过。 [6]"孤非徒对诸君"以下三句：我不仅仅对诸位说，也常常用这些话告诉妻妾，使她们都知道我的内心。 [7]"孤谓之言"以下六句：我对她们说："我死之后，你们这些人都应出嫁，传播我的想法，使别人都了解我。"我所说的这些话都是发自肺腑。顾，发语词。万年，讳言死。肝鬲（gé）之要，肺腑之言。鬲，同"膈"，胸膈。 [8]"所以勤勤恳恳"以下三句：我之所以诚恳叙述这些心腹之言，因为看到周公用《金縢（téng）》之书自明心志，唯恐别人不相信的缘故。周公，见《短歌行》其一注。金縢，《尚书·金縢》：武王病时，周公作祷词祭

告于神，请求代武王死，祭毕，将祷词封藏在金縢柜中。武王死，成王年幼，周公摄政。成王的另两个叔父管叔、蔡叔等诽谤周公篡位，引起成王怀疑。周公为避嫌，出居东都（今河南洛阳西）。后来成王启柜发现祷词，知其忠贞，亲自迎回周公。金縢，密封的金属柜。縢，封缄。

这一层又退一步说明自己不能放弃兵权、接受其子封侯的缘由：一是为国家安宁，一是为子孙避祸。但是，古人功成不受赏，自己立功则得力于“天助汉室”，皇上恩宠优渥，自己德不堪命，故必须辞让三县食邑，既可减少谤议，又能稍损自责。利可不要，权不可少，这才是曹操的真正目的。

然欲孤便尔委捐所典兵众[1]，以还执事，归就武平侯国，实不可也。何者[2]？诚恐己离兵为人所祸也。既为子孙计[3]，又己败则国家倾危，是以不得慕虚名而处实祸，此所不得为也。前朝恩封三子为侯[4]，固辞不受，今更欲受之，非欲复以为荣，欲以为外援，为万安计。孤闻介推之避晋封[5]，申胥之逃楚赏，未尝不舍书而叹，有以自省也。奉国威灵[6]，仗钺征伐，推弱以克强，处小而禽大。意之所图[7]，动无违事，心之所虑，何向不济！遂荡平天下[8]，不辱主命，可谓天助汉室，非人力也。然封兼四县[9]，食户三万，何德堪之。江湖未静[10]，不可让位，至于邑土，可得而辞。今上还阳夏、柘、苦三县[11]，户二万，但食武平万户。且以分损谤议[12]，少减孤之责也。

[注释]

[1]“然欲孤便尔委捐”以下四句：然而要我就此交出所掌握的军队，还给主管者，回到武平侯国，这确实不行。便尔，就此。委捐，放弃。执事，指朝廷统率军队的主管。武平侯国，建安元年，献帝任曹操为大将军，封武平侯。武平，在今河南鹿邑西。 [2]“何者”二句：为什么呢？确实怕自己放弃部队被人陷害。 [3]“既为子孙计”以下四句：既是为子孙考虑，又因为我一旦失败，国家就要危亡，因此不能追求虚名而身遭实祸，这就是不能做的原因。 [4]“前朝恩封”以下六句：以前，朝廷恩宠，加封三子为侯，我坚决拒绝，现在改变主意，准备接受，并非想因此而更加荣耀，是打算以子作为外援，为万全之计。按：曹操此令公布后，献帝于建安十六年封曹操之子曹植平原侯、曹据范阳侯，曹豹饶阳侯。 [5]“孤闻介推”以下四句：我听说介子推逃避晋君封爵，申包胥拒受楚国赏赐，未曾不放下书而叹息，并因此自我反省。介推，即介子推，见《明罚令》注。申胥，即申包胥，春秋时期楚国大夫。伍子胥率吴军伐楚，攻下郢都。申包胥求救于秦，痛哭七日，感动秦哀公，求得救兵，击退吴军。楚昭王回到郢都，赏赐功臣，他逃居山中。 [6]“奉国威灵”以下四句：恭奉国威神灵，执掌天子斧钺，征讨天下，率弱兵而胜强敌，虽军少而擒大敌。钺（yuè），斧钺。将帅出征，皇帝授予斧钺，代表天子出征。推，排，指布阵。 [7]“意之所图”以下四句：意中谋划，行动从无违碍；心中安排，所向无不成功。违事，违背意愿。 [8]“遂荡平天下”以下四句：终于扫平天下，没有辜负皇上使命，可以说是上天协助汉朝王室，并非我个人的力量。 [9]“然封兼四县”以下三句：然而封地兼有四县，食邑三万户，我有何德，能承受如此恩宠。 [10]“江湖未静”以下四句：天下尚未安宁，不能让位，至于食邑封地，可以

辞让。 [11] 上还：奉还。阳夏（jiǎ）：今河南太康。柘（zhè）：今河南柘城北。苦（hù）：今河南鹿邑东。 [12]“且以分损谤议”二句：将以此减少对我的诽谤，也稍稍减轻我的自责啊。

[**点评**]

建安元年（196），曹操迎天子，都许昌，采取“挟天子以令诸侯”的政治方略，占据了最为有效的政治资源，从而使其从历史的后台走向历史的前台，完成了第一次人生转折；建安十三年（208），汉罢三公，置丞相和御史大夫，但御史大夫不再设中丞，大大削弱了御史大夫的实权，成为丞相之下的具体执法机构，自此三公的权力集中于丞相一人之手，丞相府成为实质上的国家权力中心，从而使曹操由权力的配角转化为权力的主宰，完成了第二次人生转折。在这种背景下，曹操政治行为的最终目标究竟是什么？这不仅引起了政敌的“妄自忖度”，甚至也引起了部下“拥护汉室”一派的“妄自忖度”，一股希望曹操分权让位的潜流也在涌动。而这时“江湖未静”，虽然北方已经统一，但南方的孙权、刘备、刘璋、张鲁各自拥兵割据，一旦“妄自忖度”的潜流汇聚成政治洪波，必然再次造成北方内部的政治分裂。于是，曹操下达此令，既是对政敌的回击，也是对部下“拥护汉室”一派的回应。

文章回顾了自己的人生历程，围绕着世人“妄自忖度”自己“有不逊之志”的核心，旗帜鲜明地宣示忠于汉室的政治态度。第一，“年少”时志向仅仅是“欲为一郡守”而已，理想受挫之后，避世乡里，唯求安身。第二，朝廷征召都尉迁典军校尉之后，虽然“意遂更”，但是也只是希望通过“为国家讨贼立功”，实现“征西将军曹侯”的人生目标。所以在董卓之难中，率兵“不欲多之”，汴水之战失败后，重新招募兵马，也“不过三千人”，因为“本志有限”。第三，在讨伐黄巾军、军力强盛之后，灭袁术，破袁绍，征刘表，也并非谋一己私利，而是平定天下，有效阻止国家分裂，维护汉王室的完整和权威。第四，虽然世人“妄自忖度”自己“有不逊之志”，但是自己所向往的是“三分天下有其二，以服事殷”的周文王之至德；所恪守的是乐毅、蒙恬不辱先人、不忘先王的为臣大节。第五，曹氏家族四世皆受汉室隆恩，“当亲任之重”，比起蒙恬有过之而无不及，蒙恬宁肯蒙冤受死，也不负王室，更何况我辈！所以曹操特别强调，自己所说都是肺腑之言，唯在“明志”而已。第六，明确说明自己不能放弃兵权、不可让位的原因，不仅是为个人安危计，也是为国家安宁计。所能做的只是辞让封邑，以“分损谤议”“少减孤责”。

六个层次，重点有三：少无鸿鹄之志，长则为国效力，强而以大事小，如此而已。无论从个人志向、人生历程，还是世受皇恩上说，都没有背叛汉室的理由。所以张溥《魏武帝集题辞》说：“述志一令，似乎欺人，未尝不抽序心腹。”不管曹操是否“似乎欺人”，从文章上说，说理充分，态度恳切，“抽序心腹”则是肯定的。

鲁迅《魏晋风度及文章与药及酒之关系》以清峻、通脱概括汉末魏初的文章特点，并且以曹操为代表；张溥又以“慨当以慷”概括《述志令》的特点。也就是说，清峻、通脱、慷慨是曹操文章的整体特点，在这篇文章中表现得尤其显著。

所谓清峻，就是简约严明。曹操出生于宦官之家，驰骋于风云之时。迷雾一般的家世，叱咤疆场的人生，其人物本身就是一部历史。从家世上说，祖父曹腾是著名的宦官，父亲曹嵩官至太尉，然而曹嵩的家世，已经不清楚其身世背景。所以，曹操对自己父祖的辉煌，带有几分自豪，即所谓“皆当亲重之任”；对自己阉宦家庭的出身，又有几分难言的隐衷。而且曹操早年也以清流士族自居，对宦官专权十分不满，是反对宦官专权的朝官之一，这从《上书理窦武陈蕃》即可看出。所以本文开头巧妙回避了家世的追述，以“本非岩穴之士”含糊言之。曹操人生，由唯恐海内之士“所见凡愚”的平凡，走向“人臣之贵已极”的辉煌，蕴含着丰富的历史内容。倘若详细叙述，不啻一部汉末风云录。但是，作者始终紧扣为汉室澄清天下、除残去秽展开，一片拳拳忠贞之情浸润其中。即使是权倾朝野，势力强盛，也是以大事小，甚至以蒙恬手握兵权、宁肯蒙冤“必死而守义”作为人生的楷模。如此，世人妄自忖度的所谓“有不逊之志”，也就不攻自破。围绕中心，没有枝蔓，叙事简约，说理透彻，正是文章清峻的具体呈现。

这种清峻的叙事说理所呈现的个性，就是通脱。所谓通脱，就是通达洒脱。鲁迅说：“他（曹操）胆子很大，文章从通脱得力不少，做文章时又没有顾忌，想写的便写出来。”（《魏晋风度及文章与药及酒之关系》）曹操是一位有性情、有血性的政治家，又兼有浪漫、潇洒的诗人气质。因此，他的文章多半很少顾忌，也很少掩饰。

在《述志令》中，他从不掩饰自己利家利己的一面。少年不甘凡愚，以“建立名誉”为目标；初入官场，虽是除残去秽、追求公正，并因此触怒宦官豪强，但是为了保全家族、苟全性命，也不得不回归乡里；在扫荡天下之后，“身为宰相，人臣之贵已极”而大喜过望；特别是论述如果“委捐所典兵众，以还执事”，就可能造成“为人所祸”“国家倾危”的严重后果；接受三子为侯，乃是“欲以为外援为万安计”的周密计划……如此等等，都毫无隐晦地将自己自利自私的一面袒露给世人。这种没有顾忌、率性而书的通脱个性，固然与曹操以大事小的政治身份、无与伦比的军事实力密切相关，也与他纵横一世、毫无羁绊的鲜明个性密切相关。这在政治家的文章中是十分少见的。

也正是这种毫无顾忌、率性而书的通脱个性，形成了文章慷慨的风格。所谓慷慨，就是言壮气盛。无论说曹操是枭雄也好，是英雄也罢，其文章所闪耀的雄杰之风，是一般文人难以企及的。比如他概括自己辉煌的军事生涯，“奉国威灵，仗钺征伐，推弱以克强，处小而禽大。意之所图，动无违事，心之所虑，何向不济！遂荡平天下，不辱主命”，那种摧枯拉朽、所向无敌的军威，运筹帷幄、发踪指示的气魄，何其壮哉！尤其是描写自己维护国家统一、汉室威仪的辉煌，“设使天下无孤，不知当几人称帝，几人称王”，所透出的扭转乾坤、独立天地的英武，睥睨一世、笑傲群雄的伟岸，又是何其雄哉！即便是在位卑之时，“除残去秽”的行为，“为国讨贼”的理想，“征西将军曹侯”的人生目标，也与一般人追求

“耕读传家”的传统有着天差地别。如果我们联系“日月之行，若出其中；星汉灿烂，若出其里”的诗歌，就更能体会曹操文章的壮烈辞采和鼓荡之气。所以鲁迅称赞曹操“是一个改造文章的祖师”，感叹“可惜他的文章传世的很少”。

与邴原令[1]（建安十六年）

如此谦卑的语气，在曹操令中实属罕见。然而爱子之情、望子成龙之心却蕴含在语言的背后。读来令人感动。

子弱不才[2]，惧其难正，贪欲相屈，以匡励之。虽云利贤[3]，能不恧恧？

[注释]

[1] 与邴原令：严可均《全三国文》作“转邴原五官长史令”。邴原，见《与张范令》注。五官：即五官中郎将。此职本为禁军统领，负责京畿和皇帝的安全。然曹丕所领，则为丞相副职。长史：幕僚长官。 [2]“子弱不才”以下四句：我子懦弱无才，担心其行为不正，要您屈驾以匡正勉励他。贪欲，过分要求。相屈，委屈您。相，代词。 [3]“虽云利贤”二句：我既重用贤才，那么你能否让我不留遗憾？虽，让步连词，表达一种事实。恧（nǜ）恧，惭愧。

[点评]

建安十六年（211）正月，天子任命世子曹丕为五官中郎将。曹操为其子选择幕僚长官，类似选择太子太傅。邴原满腹经纶，名高当时；清廉自守，周而不比，是辅佐世子特别合适的人选。所以，曹操在此令中对邴原充满“能不恧恧”的期待，而且此令所表达的“贪欲相屈”的态度，也十分谦和。虽曰是“令”，却情同尺牍。

下令增杜畿秩[1]（建安十六年）

河东太守杜畿[2]，孔子所谓“禹，吾无间然矣”。增秩中二千石[3]。

［注释］

[1] 下令增杜畿（jī）秩：《魏武帝集》作“褒杜畿令”，且无最后一句“增秩中二千石”。或编辑《魏武帝集》时认为此句乃是《杜畿传》的叙事，而非曹操令文。此据严可均《全三国文》。杜畿，字伯侯，京兆杜陵（今陕西西安东南）人。受荀彧推荐入幕曹府，初任司空司直，后迁河东太守，因为政绩卓著，曹操下令增其官秩。 [2]“河东太守杜畿”二句：河东太守杜畿，正如孔子所说“对于大禹，我没有可以挑剔的了”。河东，河东郡，位于黄河以东，治所安邑（今山西夏县北）。所引孔子之语出自《论语·泰伯》。 [3] 秩：官秩，按照官吏职位或品级而定的俸禄。中二千石：汉代官秩，郡守分为中二千石、真二千石和比二千石。中二千石，实得二千石；真二千石，实得一千八百石；比二千石，实得一千二百石。中，满的意思。

［点评］

建安十年（205），曹操平定河北之后，杜畿受荀彧推荐，被任命为河东太守。杜畿镇守河东，平定豪强，发展生产，政绩卓著，受到曹操赞赏，因此下令增加杜畿官秩。

止省东曹令[1]（建安十七年）

此令虽然只有二十一字，然而运用诗的语言，轻松活泼，谈笑之中就裁决了如此重大的问题，反映了曹操行事果决且举重若轻的风格。

日出于东[2]，月盛于东，凡人言方，亦复先东，何以省东曹？

［注释］

[1] 止省东曹令：《魏武帝集》作“省西曹令”。此据严可均《全三国文》。省，裁减。东曹，丞相府属官，典掌“二千石长吏迁除及军吏”的升迁等。 [2]“日出于东”以下五句：是说太阳、月亮都出自东方，而光照天下，凡是人们说到方向，也都先说东方，为什么要裁撤东曹？

［点评］

曹操为司空和丞相时，毛玠任东曹掾，与崔琰共同掌握选官。玠正直廉洁，不徇私情，所选之官皆是清正之士。曹丕在任五官中郎将时，亲自拜谒毛玠，荐举自己的近属，玠也严词拒绝，当时曹府幕僚都非常忌惮毛玠。建安十七年（212）正月，曹操西征关中，凯旋还邺之后，决定裁并丞相府的相关机构。当时，曹府幕僚乘机请求曹操裁减东曹。曹操对毛玠十分了解，下达此令，不仅保留东曹，反而裁减西曹，扩大了东曹选举的权力。

选令[1]（建安十七年）

令诏书省司隶官[2]：钟校尉材智决洞，通敏先觉，可上请参军事，以辅暗政。

［注释］

[1] 选令：严可均《全三国文》作“选举令”。 [2]“令诏书省司隶官”以下五句：可下达诏书裁撤司隶校尉，原校尉钟繇才智果断明察，敏锐而有先见之明，可上表奏请朝廷，任军事参谋，辅助我处理政务。司隶，司隶校尉，京师和地方的监察官。钟校尉，钟繇（yáo），字元常，颍川长社（今河南长葛）人。曾以待中守司隶校尉都督关中军事，功勋卓著，迁前军师。暗政，自谦处理政务不够明察。

［点评］

据《三国志·魏书·钟繇传》记载：“自天子西迁，洛阳人民单尽，繇徙关中民，又招纳亡叛以充之，数年间民户稍实。太祖征关中，得以为资，表繇为前军师。”这说明，曹操上表迁繇为军师、参军事，是在西征关中之时。建安十七年（212）七月，曹操西征关中，故此令必在此时下达。令文赞扬钟繇的才干见识和处理政务的能力，实际上也是说明迁官的理由。

辞九锡令（建安十八年）

历史上，周公灭殷建立西周，汉代异姓八王助高祖从微贱夺得天下。曹操在汉王室衰微绝望之时，迎接天子，建都许昌，使汉室如日月再明，其功是否也如古代周公、汉代八王？曹操自谦“何可比之”的背后，是恰恰可比之。措辞微妙，不可不察。

夫受九锡[1]，广开土宇，周公其人也。汉之异姓八王者[2]，与高祖俱起布衣，创定王业，其功至大，吾何可比之？

［注释］

[1]“夫受九锡”以下三句：接受九锡之礼，广泛开拓疆土，只有像周公那样的人。九锡，中国古代皇帝赐给建立殊勋的诸侯、大臣的九种礼器，即车马、衣服、乐县、朱户、纳陛、虎贲、斧钺、弓矢、秬鬯。锡，通“赐”。广开土宇，开疆拓土。 [2]“汉之异姓八王者”以下五句：汉初所封的八位异性王，都与高祖在低微时一起起兵，开创、奠定帝王基业，功勋特别大，我怎么能和他们相比？异姓八王，高祖刘邦取得天下后，共封八个异姓王：楚王韩信、梁王彭越、淮南王英布、赵王张耳、燕王臧荼（tú）、长沙王吴芮、韩王信、燕王卢绾（wǎn）。布衣，平民百姓。此指出身微贱。

［点评］

建安十八年（213）五月，天子赐曹操冀州之河东、河内、魏郡、赵国、中山、常山、巨鹿、安平、甘陵、平原凡十郡，封为魏公，加九锡，建立魏国。策命又说：

“魏国置丞相已下群卿百寮（僚），皆如汉初诸侯王之制。”曹操此令所谓“广开土宇”“异姓八王”云云，都针对策命而言。实际这次封国，无论是在疆域广阔上，还是在机构设置上，都超过了汉代封王。面对如此史无前例的封国，曹操总不能马上收入囊中，于是三次辞让，天子不允，朝中诸位大臣例行劝进之，曹操再对朝臣重唱一遍“辞让”的老调，如此而已。

下州郡美杜畿令[1]（建安十八年）

昔仲尼之于颜子[2]，每言不能不叹。既情爱发中[3]，又宜率马以骥。今吾亦冀众人仰高山[4]，慕景行也。

孔子爱颜回，情过父子。《论语·雍也》说：“一箪食，一瓢饮，在陋巷，人不堪其忧，回也不改其乐。”而且颜回谦逊好学，“不迁怒，不贰过”；恪守仁义，“回也，其心三月不违仁”，所以孔子反复称赞“贤哉，回也”。在作者看来，孔子的称赞，固然情出乎诚，也是确立人格的榜样。这种《论语》解读，无疑是深刻的。

［注释］

[1] 下州郡美杜畿令：严可均《全三国文》作“下州郡”。杜畿，见《下令增杜畿秩》注。 [2]“昔仲尼之于颜子”二句：从前孔子对于颜回，每次说起都不能不叹息。颜子，颜回，孔子得意门生，孔子曾饱含深情地赞美“贤哉回也”。 [3]“既情爱发中”二句：孔子爱颜回之情，既是发乎心中，也是希望树立人格榜样。率马以骥，以骏马率领群马，比喻榜样。 [4]“今吾亦冀众人”二句：现在我也希望众人仰慕你的高山之德、高尚之行啊。《诗经·小雅·车舝（xiá）》：“高山仰止，景行行止。”意思是道德如高山，令人仰慕；行为如大道，引人前行。

［点评］

杜畿为官清廉正直，不徇私情。平虏将军刘勋，很受曹操喜爱，贵震朝廷。勋曾从杜畿求取河东特产大枣，遭到杜畿拒绝。刘勋因罪伏法之后，曹操在刘勋处得到勋给杜畿的书信，认为畿不媚权贵，于是下令州郡，称美杜畿。刘勋伏法的时间，史书失载。然而，建安十八年（213）五月，刘勋曾参与荀攸等人劝曹操进爵魏公之事，故其被杀当在此之后，杜畿任魏国尚书之前，即五月至十一月之间。

对杜畿的这一行为，曹操为何如此赞赏呢？对于中央集权而言，最重要的是必须维护一个核心，保证政令的下达和实施具有垂直性，因此任何媚附权贵、结党营私，都是对中央集权的直接威胁。而魏国初建，保证群卿百僚对魏的绝对忠诚尤为重要。所以曹操树立这一典型，有非常深刻的政治含义。

以杜畿为尚书仍镇河东令[1]

（建安十八年）

如此重要的大郡，作者却以“烦卿卧镇之”的轻松之语出之，既表现了曹操文章通脱的个性，也暗示了杜畿处理政务举重若轻的能力。

昔萧何定关中[2]，寇恂平河内，卿有其功，间将授卿以纳言之职。顾念河东[3]，吾股肱郡，充实之所，足以制天下，故且烦卿卧镇之。

［注释］

[1] 以杜畿为尚书仍镇河东令：《魏武帝集》作“赐杜畿令”，严可均《全三国文》和《曹操集》作“以杜畿为尚书仍镇河东令”，意义明确，故依之。 [2]“昔萧何定关中”以下四句：从前萧何安定关中，寇恂平定河内，你兼有二人功劳，所以择机授予你尚书之职。萧何定关中，楚汉相争时，萧何留守关中，为刘邦筹措粮草，输送士卒。“定关中”即指此事。寇恂平河内，刘秀起兵时，寇恂镇守河内，治理颍川、汝南，发展生产，为刘秀输送粮饷。间，间或，此指择机。纳言，古称“喉舌之官”，即听下言而上达天子，受上言而昭告于下。汉代尚书掌管文书章奏，类似纳言之职。 [3]“顾念河东”以下五句：但是考虑到河东是战略要郡，殷实富足之地，凭借它足以制衡天下，所以将借重你的威望镇守它。股肱（gōng）郡，指拱卫京师的要郡。《史记·季布栾布列传》：“河东，吾股肱郡，故特召君耳。”河东郡，见《下令增杜畿秩》注。股肱，大腿和胳膊，比喻位置重要。卧镇，意指借重崇高威望而轻松治理。《东观汉记·景丹传》：“弘农逼近京师，知将军病，但得将军威重，卧而镇之可也。”

［点评］

建安十八年（213）十一月，魏国置丞相以下群卿百僚，以杜畿为尚书。由于东汉以后，尚书位置日渐重要，曹操选杜畿为尚书，显然是对其道德、忠正和才能的极大信任。不仅如此，杜畿原任河内郡太守，政绩卓著，河内本为战略要地，魏国建立后，又成为拱卫魏都邺城的重要大郡，所以曹操仍然让其兼任此郡太守，恩宠之隆几乎是无以复加。此令首先以西汉萧何、东汉寇恂两位元勋，比附杜畿的卓著功业，说明任命其为尚书的理由；然后又说明仍然让其兼任河内太守的原因。虽是令文，赞美信任之情却充溢其中。

议复肉刑令陈群[1]（建安十八年）

诏令行文一般是正面阐释或说明，有意味的是，此令却连用两个问句，在商量的语气中，是否也隐含责备？

安得通理君子达于古今者[2]，使平斯事乎？昔陈鸿胪以为死刑有可加于仁恩者[3]，正谓此也。御史中丞能申其父之论乎[4]？

［注释］

[1] 议复肉刑令陈群：严可均《全三国文》作“议复肉刑令”，《魏武帝集》作“议复肉刑令陈群”。从内容看，此令专对陈群而言，故以《魏武帝集》为是。陈群，字长文。颍川许昌（今河南许昌东）人，东汉大鸿胪陈纪之子。是“九品中正制”和“魏律”的主要制定者。 [2]“安得通理君子”二句：哪里能找到明晓事理、通达古今的君子，使其平议这件事呢？平，平议，公正地论定是非曲直。 [3]“昔陈鸿胪（lú）”二句：从前陈鸿胪认为死刑比笞（chī）刑更有仁恩，正是说的此事。陈鸿胪，指陈纪，陈群之父，任大鸿胪。大鸿胪，九卿之一，掌管诸侯及藩属国事务。汉景帝改为大行令。死刑，指肉刑。加于仁恩，指笞刑。陈纪认为：除肉刑而增加笞刑，本是加于仁恻之心（仁恩），却死人更多。笞刑，表面轻而实际重。 [4]“御史中丞”句：陈群能够申述你父亲之论吗？御史中丞，指陈群。群时任魏国的御史中丞。

[点评]

建安十八年(213),魏国初建,如何建立一套与国家制度相适应的法律制度是非常重要的,是否恢复肉刑(死刑),是重要议题之一。因为陈群之父陈纪对这一问题有独到的看法,曹操就令陈群具体阐述之。汉文帝刘恒采纳丞相张苍、御史大夫冯敏的奏议,废除黥(qíng,脸上刺字)、劓(yì,割鼻)、刖(yuè,剁脚)三种肉刑,其中劓改为笞三百,刖改为笞五百。结果大量犯人都被活活打死,所以大鸿胪陈纪认为这种刑罚是“名轻而实重”。陈群如实阐述其父这一观点,并认为如果以“笞死之法易不杀之刑”,是重人的肢体而轻视人的生命,所以也主张废除笞刑而恢复肉刑。实际上,曹操也主张恢复死刑,所以请陈群出面阐释其理由。后来,由于少府孔融认为汉代废除肉刑,实际上是与民休养生息,是“开改恶之路”,不宜轻率改革这一政令;加之战争尚未结束,恢复肉刑易引起归附者的误解,故依然实施笞刑。

与卫臻令[1](建安十八年)

孤与卿君同共举事[2],加钦令问。始闻越言[3],固自不信。及得荀令君书[4],具亮忠诚。

[注释]

[1] 与卫臻令:严可均《全三国文》作“辨卫臻不同朱越谋反

论”。此据《魏武帝集》。卫臻，字公振，陈留襄邑（今河南睢县）人，初为黄门侍郎，转任丞相府户曹掾，加封关内侯。其父卫兹，有大节。董卓之乱，曹操逃到陈留，卫兹劝操招募兵马，高举义旗。又追随曹操讨伐董卓，在荥（xíng）阳之战中战死。 [2]“孤与卿君”二句：我与你父亲共同举义兵，加之你的名声很好。卿君，令尊，对别人父亲的尊称。令问，即令闻，美好名声。 [3]“始闻越言”二句：我开始听到朱越（与之同谋）的话，本来就不相信。越，朱越，事迹不详，因谋反被杀。 [4]“及得荀令君书”二句：等得到荀彧书信，完全明白了你的忠诚。荀令君，指荀彧。令君，尊称。具亮，完全明白。

［点评］

建安十八年（213），东郡（治今河南濮阳南）朱越谋反，诬陷卫臻与他同谋。后经荀彧查证，并无此事，报告曹操后，曹公作此令予卫臻，并上表任命臻为参丞相军事。

让礼令[1]（建安十八年）

这里的“经”指儒家经典。这一令文再次说明“治世尚德行”是曹操的基本治国方针。

里谚曰[2]：“让礼一寸，得礼一尺。”斯合经之要矣。

［注释］

[1]让礼令：严可均《全三国文》作“礼让令”。《魏武帝集》唯收此则，下则令文失收。 [2]“里谚曰”以下四句：民间谚语说：

礼让别人一寸，会得到别人礼敬一尺。这符合经书精神。

辞爵逃禄[1]，不以利累名、不以位亏德之谓让。

［注释］

[1]“辞爵逃禄”二句：辞让爵位和俸禄，不因争利累及自己的名声，不因争位损害自己的德行，这才叫做真正的“让”。按：此则《魏武帝集》失收，《太平御览》卷四二四引自《魏武杂事》。

［点评］

两则文字并非出自一书，前则是曹操所下命令，后则出自《魏武杂事》。因为内容近似，《全三国文》将两则编辑在一起。

前则强调唯有学会尊重他人，才能使自己备受尊重。后则强调不争高官厚禄，注重自己的名声和德行。前者在“让”中获得精神满足，后者在“让”中获得声名和道德的升华。这实际上是曹操协调内部关系、调整利益分配的一种策略。虽然所作时间不详，但是“治平尚德行，有事赏功能”（《论功德令》），是曹操的基本思想准则。如此“尚德行”，显然是为“治平”服务的，为魏国建构一个和谐的官僚体系，是其隐性目标。由此推断，两则文字可能都出自建安十八年（213）魏国建立之后。

效力令[1]（建安十八年）

“阿党比周”即结党营私，是统治者最为痛恨的一种行为，因为这种行为切断了部属与统治者在政治结构上的依附关系，削弱了统治集团内部的政治向心力。

今清时[2]，但当尽忠于国，效力王事。虽私结好于他人[3]，用千匹绢，万石谷，犹无所益。

［注释］

[1] 效力令：严可均《全三国文》作“清时令”。 [2]“今清时”以下三句：现在是政治清明之时，只应该为国尽忠，为王效力。 [3]“虽私结好于他人”以下四句：即使是用千匹绢帛、万石谷物，去巴结他人，对你还是毫无益处。

［点评］

这则令文明确要求部下效忠国家，献身王事，切忌结党营私。语虽平淡，却意蕴丰富。曹操一生戎马倥偬，何曾有过“今清时”？所谓“清时”，应该是指魏国已建，对于毕生追随曹操者来说，清平的希望就在眼前。结尾指出：贿赂他人，结党营私，对于个人而言也必无所益，唯有“尽忠”“效力”才是你们人生的辉煌出路。所以“犹无所益”，既是威胁，也是诱惑。

从内容看，此令也当作于建安十八年（213）魏国初建之时。

选举令（建安十八年）

国家旧法[1]，选尚书郎，取年未五十者。使文笔真草[2]，有才能谨慎，典曹治事；起草立义[3]，又以草呈示令、仆讫，乃付令史书之耳。书讫[4]，共省读内之。事本来台郎统之[5]，令史不行知也。书之不好[6]，令史坐之；至于谬误，读省者之责。若郎不能为文书[7]，当御令史，是为牵牛不可以服箱，而当取办于茧角也。

引用“牵牛”典故而文气流畅，语意明晰，且具有幽默诙谐的特点，清峻中又带有通脱。

［注释］

[1]“国家旧法”以下三句：按照国家原来的章程，选拔尚书郎，必在年龄不满五十。尚书郎，东汉始置，选拔孝廉中有才能者入尚书台，协助尚书令处理政务，起草文书。 [2]“使文笔真草”以下三句：会作韵文、散文并能写楷书、草书，有才干又做事谨慎，能管理一部门的事务。典，掌管。曹，分曹，即分部门。东汉成帝初置尚书四人，分为四曹。 [3]“起草立义”以下三句：起草文件，确立主题，又将草稿呈示尚书令、尚书仆射后，才交付令史书写。令，尚书令；仆，仆射。东汉以尚书台作为国家执行政务的机构，其长官为尚书令，副长官为尚书仆射。令史，汉丞相府及以后三公府的属吏，尚书的属吏也有令史，乃主管文书、档案等的低级官吏。 [4]“书讫”二句：文件写好后，共同审读，决定是否采纳。省读，阅读，审读。 [5]“事本来台郎统之”二句：此事本由尚书郎统办，令史不必过问。 [6]“书之不好”以下四句：书写不

工整，治罪令史；至于文意错误，追责审读者。坐，定罪。 [7]“若郎不能为文书”以下四句：如果尚书郎不能起草文书，却让令史起草，那尚书郎简直就像天上的牵牛星不能拉车，却让小牛犊去拉车。意谓不能起草文书的尚书郎，尸居其位，则选官不当。御，治理。牵牛不可以服箱，出自《诗经・小雅・大东》：“睆（huàn）彼牵牛，不以服箱。”意思是那明亮的牵牛星，却不能用来驾车。服，负载。箱，车斗。茧角，指茧角犊，角如茧壳的小牛。《后汉书・赵憙传》：“茧栗犊，岂能负重致远乎？”唐李贤注：“犊角如茧栗，言小也。”

[点评]

建安十八（213）年五月，曹操被策命为魏公之后，七月开始筹建魏国社稷宗庙；十一月初，置尚书、侍中、六卿。此令当发布于这一时间。

此令明确规定：第一，选拔尚书郎的年龄、文笔、书法、才干标准，以及主要任务和工作流程；第二，尚书郎和令史的职责分工，以及对于工作失误的处罚条例，并特别强调尚书郎在起草文书中的重要作用。虽然全文仅一百一十二字，但是标准具体，任务明确，流程有序，职责清晰，处罚有章可循，特别便于执行。这是传统公文的经典范式。

设官令（建安十八年）

魏诸官印[1]，各以官为名，印如汉法，断二千石者章。

［注释］

[1]“魏诸官印”以下四句：魏国诸官印章，各自以所任官职为名，刻印沿用汉朝规定，二千石以上为“章”，以下为“印”。印如汉法，汉朝官员有印有章。俸禄二千石以上，所刻官印作“某官之章”；二千石以下，所刻官印作“某官之印”。断，指断限。

［点评］

建安十八年（213）十一月，魏国置尚书、侍中、六卿，所封官员必须赐之官印。于是曹操下令明确官印的篆刻准则，以此区分官员等级。

称荀攸令[1]（建安十九年）

孤与荀公达周游二十余年[2]，无毫毛可非者。

［注释］

[1]称荀攸令：严可均《全三国文》作“悼荀攸下令”。 [2]“孤与荀公达”二句：我与荀攸共事二十余年，他没有丝毫可以非议的。荀公达，即荀攸，见《遗荀攸书》注。周游，此指共事。按：何进秉政，荀攸入朝任黄门侍郎，董卓之乱，他参与谋杀董卓，事泄被捕，卓死获释，建安元年方入曹府。这里所说二十余年，是从董卓之乱算起。

［点评］

建安十九年（214）七月，荀攸随曹操南征，病死于途中，年五十八。曹操十分痛惜，言则流涕，下达此令，表彰其道德人品，以勉励后人。“无毫毛可非”是说荀攸虑事周密，行为谨慎，堪称完美之人。

又称荀攸令[1]（建安十九年）

荀公达真贤人也，所谓“温良恭俭让以得之”[2]。孔子称“晏平仲善与人交，久而敬之”[3]，公达即其人也。

［注释］

[1] 又称荀攸令：严可均《全三国文》作“悼荀攸下令”，与上文并为一令。从后代引用文献看，当属两令，故据《魏武帝集》而分列之。　[2] 温良恭俭让以得之：《论语·学而》：“子贡曰：‘夫子温良恭俭让以得之。’”意思是孔夫子温和、善良、庄敬有礼、节俭、谦逊，使得人家愿意把政治情况告诉他。曹操引用此典，是说荀攸具有温良恭俭让的品质。　[3] 晏平仲善与人交，久而敬之：出自《论语·颜渊》，是说晏子善于和别人结交，时间一久，别人更敬重他。晏平仲，即晏婴，见《善哉行》注。

［点评］

荀攸是曹操麾下非常重要的谋士，每次谋划，无不胜算。而且人品过人，行为低调。曹操曾称赞他说："公达外愚内智，外怯内勇，外弱内强，不伐善，无施劳，智可及，愚不可及。"曹丕为太子，操又告诫他说："荀公达，人之师表也，汝当尽礼敬之。"（《三国志·魏书·荀攸传》）所以，荀攸死后，曹操连下两令褒扬他。此令借用孔子"温良恭俭让"，评价其人品高尚；比之晏子，说明其与人为善，乃仁人君子。

褒夏侯渊令[1]（建安十九年）

宋建造为乱逆三十余年[2]，渊一举灭之，虎步关右[3]，所向无前。仲尼有言："吾与尔不如也[4]。"

此令称赞夏侯渊"虎步关右，所向无前"，自谦自己也有不及。其功勋卓著，罕有其匹。然而，建安二十三年，夏侯渊拜征西将军，留镇汉中，兵败为刘备所杀，曹操又下令称之为"白地将军"。褒贬抑扬，不啻霄壤，人世苍狗，难以逆料。两令对比，就可见曹操功利主义的人才观。

［注释］

[1] 褒夏侯渊令：严可均《全三国文》作"夏侯渊平陇右令"。夏侯渊，字妙才，沛国谯（今安徽亳州）人。初期随曹操征伐，后率军征伐关中与凉州，斩梁兴、逐马超、破韩遂、灭宋建，横扫羌族、氐族、屠各等外族势力，对平定关右贡献极大。陇右，即陇西，今甘肃陇山以西地区。 [2] 宋建：枹（fú）罕（今甘肃临夏）人，东汉末年割据凉州，自称河首平汉王，聚集部下于枹罕，改元，置百官，长达三十余年。建安十九年，为夏侯渊所灭。 [3] 虎步：称雄。关右：指潼关以西。 [4] 吾与尔不如也：语出《论语·公冶长》。

［点评］

初，陇西宋建，聚众枹罕，割据凉州，自号为王，长达三十余年。建安十九年（214），夏侯渊在大破韩遂之后，曹操令他率领诸将讨伐宋建。渊击败枹罕，斩宋建及所置丞相以下官吏，河西诸羌皆降，遂平定陇右。于是，曹操下令表彰其功绩。令文用语简约、形象而有生气。“一举灭之”，举重若轻；“虎步关右”，雄武神威；“所向无前”，摧枯拉朽，夏侯渊的形象也跃然纸上。而最后引用经典，抒写曹操深长的感慨，留下袅袅余味。

敕有司取士毋废偏短令[1]（建安十九年）

道德与才能的错位，是人才中最常见的现象。“大行不顾细谨”，是多数人才的特点；不因其短而弃其长，是曹操用人的基本特点。

夫有行之士未必能进取[2]，进取之士未必能有行也。陈平岂笃行[3]，苏秦岂守信邪？而陈平定汉业，苏秦济弱燕。由此言之，士有偏短[4]，庸可废乎？有司明思此义[5]，则士无遗滞，官无废业矣。

［注释］

[1] 敕有司取士毋废偏短令：《魏武帝集》作“举士令”。此据严可均《全三国文》，意义更为明确。敕，敕令，命令。有司，指负责选举的官员。古代设官分职，各有专司，故称。毋，不。 [2]有行：有德行。 [3]“陈平岂笃行”以下四句：陈平并无深厚德行，苏秦也不守信用，但是陈平辅佐刘邦而定大业，苏秦救助弱燕而成强国。

陈平，见《求贤令》注。笃行，道德深厚。因人谓陈平“盗嫂受金”，故曹操谓之无“笃行”。苏秦，字季子，雒阳（今河南洛阳）人，战国时期著名纵横家。先以“连横”游说秦王，未被采纳。后来又以“合纵”游说燕王，备受赏识。故曹操谓之不“守信”。 [4]“士有偏短”二句：人才各有长短，不可因其短而不用。偏，指偏长，某一方面长处。庸，难道，表反诘。 [5]“有司明思此义”以下三句：选举官吏者明确这一道理，那么人才就不会被遗漏弃置，官府也就没有被荒废之事。废业，当办而未办之事。

［点评］

坦率的性格、特殊的地位、深邃的思想，使曹操说理精辟，观点鲜明，词锋锐利。开头两句就鲜明揭示德才错位的现象，然后举陈平、苏秦之例证之，再说明取人才之长的意义——士无遗滞，官无废业。此令与《求贤令》都强调“唯才是举”，但是此令强调不必有“德”，前令强调不必有“廉”，这就真正打破了两汉所谓“孝廉”“贤良方正”的察举选官制度。

但必须强调的是：阅读曹操的文章要特别注意它产生的历史语境。建安十八年（213），献帝两次追加封赏：金玺、赤绂、远游冠、旄头、钟虡，使曹操在形式上几乎享有与天子相同的政治待遇，这也进一步刺激了曹操对攫取权力顶峰的遐想。于是，他从军事上加快统一的步伐，从政治上构建国家（魏国）的官僚体系，成为他刻不容缓的两大任务。显然，战时的人才队伍已无法适应新的形势变化，曹操又一次面临人才不足的问题，所以这一年十二月，他又下令求贤。此令和以下的一系列举贤求才令，都与这一时期的特殊人才需求有关。

选军中典狱令[1]（建安十九年）

“吾甚惧之”，说明曹操虽然执法严厉，却杜绝执法不公、草菅人命。不以喜怒而谬其赏罚，是曹操治军的原则，故典刑者必须“明达法理”。

夫刑，百姓之命也，而军中典狱者，或非其人，而任以三军死生之事[2]，吾甚惧之。其选明达法理者[3]，使持典刑。

[注释]

[1] 典狱令：执掌刑狱的长官。 [2] 三军：军队的统称。古代军队分为上、中、下三军。 [3] 明达：对事理认知明确透彻。

[点评]

刑罚，关乎众人的生命；刑罚公正，是社会公正的重要标志。而保证刑罚公正，不仅需要公平允正的法律体系，也需要公平允正的执法队伍。因此，选择高素质的刑罚执行者尤为重要。所以曹操下达此令，说明他对军中的法律公正特别重视。

诸子选官属令[1]（建安十九年）

侯家吏[2]，宜得渊深法度如邢颙辈。

[**注释**]

[1] 诸子选官属令：严可均《全三国文》作“高选诸子掾属令”。 [2]“侯家吏”二句：诸侯属吏，应选择深明礼法制度，如邢颙那样的人。侯，指诸侯，这里特指曹操已被封侯的诸子。邢颙（yóng），字子昂。河间鄚（mào）县（今河北任丘）人，举孝廉，司徒辟，皆不就。后由田畴推荐，曹操辟为冀州从事，后任司空掾、行唐（今河北行唐县）令，治理地方，颇有政绩，深受曹操赏识，故选为曹植家丞。法度，指礼仪制度。

[**点评**]

曹操此令，具体时间不详。但是为已被封侯的诸子选择官属，是建立魏国官僚体系的一个组成部分，一般的封侯是没有这一政治待遇的，所以必然是在魏国建立之后。而如此高调选官当是在曹操位至“准天子”并大规模选官之时，故此令或当发布于建安十九年前后。

曹操之所以如此推崇邢颙，是因为他深明礼仪制度，可以匡正诸子之失。而且邢颙德行深厚，不结党营私，所以被选为曹植家丞。

治世重教化和乱世尚刑罚的治政措施和“治平尚德行，有事赏功能”的人才政策，是曹操最为重要的执政思想。所以，不可将曹操所采纳的战时政策和他的思想基础相混淆。

拜高柔为理曹掾令[1]（建安十九年）

夫治定之化[2]，以礼为首；拨乱之政，以刑为先。是以舜流四凶族[3]，皋陶作士；汉祖除秦苛法，萧何定律。掾清识平当[4]，明于宪典，勉恤之哉。

[注释]

[1] 拜高柔为理曹掾令：严可均《全三国文》作“以高柔为理曹掾令”。高柔，字文惠，陈留圉（今河南杞县）人。袁绍外甥高干的堂兄。初随高干，后归曹操，任刺奸令史。柔持法公正，狱中没有积留案件。魏国建立后，任丞相理曹掾令，即丞相府掌管刑法的长官。 [2]“夫治定之化”以下四句：治世教化百姓，以礼义为主；乱世治理天下，以刑罚为主。拨，治理。 [3]“是以舜流四凶族”以下四句：因此舜帝曾经流放四凶，命皋陶做司法官；汉高祖刘邦废除秦朝苛刻法令，使萧何制定法律。四凶，指鲧、驩兜、共工、三苗。分别被舜处死或流放。舜、皋陶，见《度关山》注。萧何定律，萧何曾经参阅秦律六法，制定了汉《九章律》。 [4]“掾清识平当”以下三句：你清明公正，深明国家法律制度，要勉力谨慎啊。掾，指高柔。恤，指恤刑，慎于刑罚之意。

[点评]

建安十八年（213），魏国建立后，为了建立有效而公正的法律制度，曹操特别注意选拔掌管法律的官吏，一是选拔军中典狱令，掌管军中法律；二是选拔理曹掾，掌管社会法律。这篇就是下令选拔高柔作理曹掾。他强调两点：第一，乱世和治世不同的治政措施，“皋陶作士”和“萧何定律”正是为了适应这两种不同社会形态的需要。第二，“清识平当”是执行刑罚的基本标准，既要明于刑法，又要慎用刑法。礼义教化和刑罚惩治是相辅相成的两个方面，这说明，曹操已经有了由乱世向治世转化的思想准备。

禁鲜饰令[1]（建安十九年）

孤不好鲜饰严具[2]，所用杂新皮韦笥，以黄韦缘中。遇乱无韦笥[3]，更作方竹严具，以皂韦衣之，此孤之平常所用也。内中妇曾置严具[4]，于时为之，摧坏，令方竹严具，绿漆，甚华好。

儒家强调“治国、平天下”，必先“修身、齐家”。曹操一生躬身节俭，敕令家室杜绝奢华，即为修身齐家的具体例证。道德修养往往必须从小事做起。刘备遗诏其子“勿以恶小而为之，勿以善小而不为”，是行为的基本准则。

［注释］

[1] 禁鲜饰令：严可均《全三国文》作“内诫令”，考其内容，或误。　[2]“孤不好”以下三句：我不喜爱装饰美丽的梳妆盒之类，所用的错杂新皮制成的妆盒，以黄皮镶在中间。严具，即妆具，男女梳妆用品，因避东汉明帝刘庄的音讳而改为“严”。韦笥（sì），皮箱。　[3]“遇乱无韦笥”以下四句：因遇天下动乱，没有皮箱，就改作方型竹箱，用黑皮套在外面，这就是我平时所用。皂韦，黑皮。　[4]“内中妇曾置严具”以下六句：内室妇人曾按照时尚风格，置办梳妆盒，下令一律摧毁，改为方型竹制，油上绿漆，也很华美。

［点评］

这一禁令显然并非“内诫”，而是针对“内”与“外”而发。古代梳妆用具，犹如今天之镜子、梳篦之类，是男女必需的生活用品。由后文《上器物疏》可以看出，汉代宫中包括太子所用的梳妆用具都十分奢华。曹操生平提倡节俭，杜绝奢华，且以身作则，即便是日常的梳妆用具，也是如此。因为天下动乱，金属、皮革紧张，所以仅用竹制梳妆器具而已。并且告诫属下，他对自己内室妇人的要求也不例外，如若时尚奢华，必须销毁，一律采用竹制。从内容上看，此令的发布时间应该与《内诫令》相近，即建安十九年（214）后。

内诫令（建安十九年）

吾衣被皆十岁也[1]，岁岁解浣补纳之耳。

［注释］

[1]“吾衣被皆十岁也”二句：我所用衣被都已十年，年年拆洗缝补一下而已。浣（huàn），洗。

今宫人位为贵人[1]，金印蓝绂，女人爵位之极。

［注释］

[1]“今宫人”以下三句：如今你由宫女位至贵人，黄金印、绿绶带，作为女人，已达到爵位的顶端。贵人，嫔妃封号，汉代贵人地位仅次于皇后。建安十八年五月，献帝封曹操为魏公；七月，曹操进三女曹宪、节、华入宫为夫人；建安十九年并拜为贵人。

吏民多制文绣之服[1]，履丝不得过绛紫金黄丝织履。前于江陵得杂彩丝履[2]，以与家约，当著尽此履，不得效作也。

从此令看，当时虽处乱世，吏民却奢侈成风。在这种世风下，曹操要求家室衣着俭朴，确实难能可贵。而进军江陵，却不忘带回“杂彩丝履”，也可见曹操性格同于常人的一面。

［注释］

[1]“吏民多制”二句：虽官吏百姓多裁制刺绣的衣服，但你们穿丝鞋，不能用朱红、紫、金黄三种颜色的丝织品。后一“履”字，疑衍。 [2]“前于江陵”以下四句：从前在江陵得到的多种花色丝鞋，我已与家人约定，应该将这些丝鞋穿完，以后不能仿作。江陵，今湖北江陵。建安十三年九月，曹操南下江陵。所得杂彩丝履乃在此时。杂彩，多种花色。以，同“已”。

孤有逆气病[1]，常储水卧头，以铜器盛臭恶。前以银作小方器[2]，人不解，谓孤喜银物，令以木作。

［注释］

[1]“孤有逆气病”以下三句：我有逆气病，常用储水的器皿枕头，用铜器储水，时间一久就味道难闻。逆气病，中医指五脏之气逆行而导致的疾病。 [2]“前以银作小方器”以下四句：以前用银子做了一个小的方型器皿，人们不理解，说我喜爱银器，我下令改用木头制作。

“天下初定”，家中“不得熏香”，是原则；诸女备选入宫，必须遵循宫中规矩，必须“烧香”，是权宜；诸女一旦入宫，又恢复“不得烧香”的禁令，是常态。即便是生活琐事，也有原则与权宜之分。这是曹操的通脱之处，也是启人深思之处。

昔天下初定[1]，吾便禁家内不得熏香。后诸女配国家[2]，因此得烧香。吾不好烧香[3]，恨不遂所禁。今复禁不得烧香[4]，其以香藏衣著身亦不得。

[注释]

[1]“昔天下初定”二句：此前天下刚刚平定，我就禁止家室不准熏香。天下初定，指建安十五年五月，魏国初立。熏香，把香料点燃后放在熏笼中，以香气熏衣。 [2]“后诸女配国家”二句：以后三位女儿做了贵人，因此必须熏香。国家，指国君妻室，即三位女儿被封贵人。其中，小女年龄尚小，寄养家中，故按照宫廷规矩，每日熏香。 [3]“吾不好烧香”二句：我不喜爱熏香，又遗憾不能实现我的禁令。烧香，指熏香。恨，遗憾。 [4]“今复禁不得烧香”二句：现在仍然下令不得熏香，把香藏于衣服内或带在身上，也不允许。

房室不洁[1]，烧枫膏及蕙草。

[注释]

[1]“房室不洁”二句：若房屋内有异味，可以烧枫树胶以及香草。枫膏，枫树胶，有香味。不洁，指污秽之气。蕙草，香草名，又名薰草、零陵香。

[点评]

《内诫令》乃后人辑录相关文献编辑而成，具体时间不详，然而所作时间前后相近。从其中第五条的内容推断：第一，所谓“天下初定，吾便禁家内不得熏香”，是说魏国初建，我便禁止家室熏香。魏国建立于建安十八年（213）三月，这说明“内诫令”必是在此之后训诫后宫嫔妃所作。第二，所谓“后诸女配国家”，即曹操女儿已经备选入宫，配国君为妻。建安十八年，曹操送三女宪、节、华入宫。这也证明“内诫令”必作于诸女入宫之后，即建安十八年。第三，为何诸女入宫之后，“因此得烧香”呢？因为建安十八年，曹操送三女入宫，其中曹华年幼，尚未到婚嫁年龄，所以“待年于国”，即暂时寄养于魏国。因此，曹操必须按照宫中制度，每日熏香。第四，何以又“今复禁不得烧香”呢？乃因曹华已经入宫。据《后汉书·献穆皇后传》，建安十九年，献帝并封曹操三女为贵人，说明此时曹华也已入宫。曹华入宫后，曹操又下令“今复禁不得烧香”，即恢复原来禁令，魏国后宫不准熏香。可见，“内诫令”必然在曹华入宫、三女并封贵人之后，即建安十九年（214）。

“内诫令”所涉及的几个细节：衣被补纳浆洗，皆用十年以上；后宫家室不得追求时尚，衣履杜绝奢华；自己生活用品也须简朴，避免导致社会奢华之风的滋生；魏国宫中日常生活必须简朴自然，禁止如熏香一类的奢靡。曹操崇尚节俭，实际上是希望形成一种社会风气，在天下尚未安宁之时，尽可能地与民休息。

春祠令[1]（建安二十一年）

议者以为祠庙上殿当解履[2]，吾受锡命，带

抓住“解履”大做文章，貌似忠君，实则维护个人威严。不过，祭祀情感的虔诚，改变此前仅仅在于仪式的做法，又说明曹操行事重在本质，而不在形式。这与曹操的一贯作风完全一致。

剑不解履上殿。今有事于庙而解履上殿[3]，是尊先公而替王命，敬父祖而简君主，故吾不敢解履上殿也。又临祭就洗[4]，以手拟水而不盥。夫盥以洁为敬[5]，未闻拟而不盥之礼。且“祭如在，祭神如神在”[6]，故吾亲受水而盥也。又降神礼讫[7]，下阶就幕而立，须奏乐毕竟，似若不衎烈祖，迟祭速讫也。故吾坐俟乐阕送神[8]，乃起也。受胙纳袖[9]，以授侍中，此为敬恭不终实也。古者亲执祭事[10]，故吾亲纳于袖，终抱而归也。仲尼曰[11]：“虽违众，吾从下。”诚哉斯言也。

［注释］

[1] 春祠：春季举行的宗庙祭祀。　[2]“议者以为”以下三句：议论者认为登上祭庙大殿都应该脱鞋，我受天子恩赐，佩剑、穿鞋上殿。建安十七年，献帝令曹操“剑履上殿”，即允许带剑穿鞋上殿，这是一种特殊礼遇，故曰“锡命”。解履，古人席地而坐，故入室上殿，均需脱鞋。锡命，君主恩赐的命令。锡，同“赐”。　[3]“今有事于庙”以下四句：现在入庙祭祀，我若脱鞋上殿，就是尊祖先而违背皇帝之命，不能因尊崇先辈而轻视君主，所以我不敢脱鞋上殿。替，废除。简，简慢。　[4]“又临祭就洗”二句：又临祭祀时，到水盆边，模拟洗手而不真正盥（guàn）洗。盥，浇水洗手。　[5]“夫盥以洁为敬”二句：盥洗是以清洁表示恭敬，没有听说不盥洗而祭祀的礼仪。　[6]“且‘祭如在，祭神

如神在’”二句：再说“祭祀祖先就像祖先就在眼前，祭祀鬼神就像鬼神就在眼前”，所以我亲自用水盥洗。“祭如在，祭神如神在”，语出《论语·八佾（yì）》，是说祭祀必须恭敬虔诚。 [7]“又降神礼讫”以下五句：另外，降神礼仪完成后，走下台阶站在帷幕边，必须等待奏乐结束，似乎是不爱列祖，希望缓慢的祭祀尽快结束。讫，止。毕竟，音乐结束。竟，音乐尾章。衎（kàn），喜爱。 [8]“故吾坐俟（sì）乐阕送神”二句：所以我坐着等到乐章奏到送神曲，才站立起来。俟，等待。乐阕，乐章奏完。 [9]“受胙纳袖”以下三句：过去，祭祀完毕，都接受祭肉并放入袖中，然后交给侍中，这一做法表明对神的恭敬并不是自始至终。胙（zuò），祭肉。 [10]“古者亲执祭事”以下三句：古代是亲自主持祭祀，所以我把祭肉放在袖中，最后抱着回去。 [11]“仲尼曰”以下四句：孔子说：“虽然和众人做法不同，但我仍然在堂下拜。”这话真对啊。“虽违众，吾从下”，出自《论语·子罕》，意思是见到国君，首先要从堂下跪拜，这符合礼仪。现在人们都只在堂上拜，这是不恭敬的。虽然与众人不同，我还是坚持从堂下跪拜。

［点评］

建安二十年（215），曹操西征张鲁，平定汉中。二十一年（216）二月，回到邺城。祭祀宗庙，册封功臣，下达此令。

此令说明两点：第一，回答不敢解履上殿的原因。按照礼仪，祭祀宗庙必须解履上殿，但是曹操曾受天子之命，“剑履上殿”，因为不能轻慢君主，故上殿不解履。第二，表达自己祭祀时虔诚的态度。虽然上殿不解履，但是，一改以往只模拟洗手而不洗的仪式，真实地盥洗洁净；一改以往仪式中降神礼毕就下堂的仪式，直至送神的音乐结束才起身下堂；一改以往纳祭肉于袖然后交给侍从官的仪式，亲自将祭肉抱回家中。在整个仪式过程中，真诚、细心、庄重，恪守“祭如在，祭神如神在”的古训，态度十分虔诚。这又说明，曹操在处理古与今的关系上，重今而不薄古；在处理仪式与态度的关系上，重态度且遵仪式。守望传统和革新陋俗相辅相成，不可偏废。在语言表达上，此令以长句为主，三个意群皆以“也”煞尾，叙述说理迂徐舒缓，一改以往令文词锋锐利、义刚气厉的特点。

诛崔琰令[1]（建安二十一年）

琰虽见刑而通宾客[2]，门若市人。对宾客虬须直[3]，视若有所瞋。

[注释]

[1] 诛崔琰令：严可均《全三国文》作“赐死崔琰令”。崔琰，字季珪，清河郡东武城（今河北故城县境内）人。初随袁绍，拜骑都尉。曹操平定冀州，辟琰为别驾从事。曹操为丞相，迁琰东曹掾。　[2]“琰虽见刑”二句：崔琰虽被处罚，却仍然交结宾客，门庭若市。见，表被动。　[3]“对宾客”二句：面对宾客，须发直竖，看去似有不平。虬（qiú）须，卷曲的胡须。瞋（chēn），瞪眼，表示不满。

［点评］

建安二十一年（216）五月，天子册封曹操为魏王。当初由崔琰推荐入幕曹府的杨训，上表为曹操歌功颂德，有人讥讽崔琰举荐非人。崔琰从杨训处取得奏表，看后写信给杨训说："省表，事佳耳，时乎时乎，会当有变时。"他的本意是讽刺那些讥讽者不懂时势变化。结果，有人报告曹操此书有傲世怨谤之意。曹操大怒，说："谚言'生女耳'，'耳'非佳语。'会当有变时'，意指不逊！"意思是谚语之语尾助词"耳"带有轻蔑意味，"会当有变时"是说我有"不逊之志"（篡逆野心）。于是，就罚琰去服苦役。然后又派人去窥探崔琰，琰言辞神色毫不屈服。操乃下此令，令崔琰自杀。

这实在是一桩深文周纳而造成的冤案，或许是中国古代"文字狱"的滥觞吧。曹操初登魏王，唯恐天下不满，而崔琰也并未披逆龙鳞，只不过没有肉麻的吹捧而已。马屁拍得太浅，身遭冤屈，又不知闭门谢客，反而自作清高，从而招致杀身之祸，这也是崔琰万万没有料到的。这与孔融免官之后，高调宣称"坐上客常满，樽中酒不空"，而最终招致杀身之祸，本质上有共同性。不知前车之鉴，也是崔琰的不明智处。

报和洽论毛玠令[1]（建安二十一年）

今言事者白[2]：玠不但谤吾也，乃复为崔琰觖望。此损君臣恩义[3]，妄为死友怨叹，殆不可忍也。昔萧、曹与高祖并起微贱[4]，致功立勋。高祖每在屈笮[5]，二相恭顺，臣道益彰，所以祚及后世也。和侍中比求实之[6]，所以不听，欲重参之耳。

孙盛评价说："魏武于是失政刑矣。……昔者汉高狱萧何，出复相之，玠之一责，永见摈放，二主度量，岂不殊哉！"其实，并非曹操一定比刘邦器量狭窄，而是二人所处时势不同。刘邦已得天下，曹操觊觎天下，二者岂可同日而语！

[注释]

[1] 报和洽论毛玠令：严可均《全三国文》作"与和洽辩毛玠谤毁令"。和洽，字阳士，汝南西平（河南舞阳县东南）人。早年依刘表，曹操定荆州，辟为丞相掾属。魏国初建，任侍中。毛玠，字孝先，陈留平丘（今河南封丘县）人。曹操领兖州，辟为治中从事。后转东曹掾，与崔琰并典掌选举。魏国建，转尚书仆射。 [2]"今言事者白"以下三句：现在有人告诉我，毛玠不仅诽谤我，又对崔琰之死表示不满。觖（jué）望，不满。 [3]"此损君臣恩义"以下三句：此有损君臣之间的恩义，又为死去友人妄自怨恨，几乎不可容忍。 [4]"昔萧、曹与高祖"二句：从前萧何、曹参同高祖刘邦一同起兵于微贱之中，最后建立功勋。萧、曹，指汉高祖丞相萧何、曹参。起兵之前，萧何、曹参是县吏，刘邦是泗水亭长，所以说并起微贱。 [5]"高祖每在屈笮（zé）"以下四句：高祖每在困难窘迫之际，二位丞相恭敬顺从，更加彰显其为臣的本分，所以福禄延至子孙。屈笮，困迫。祚（zuò），福。 [6]"和侍中比求实之"以下三句：近来侍中和洽要求核实毛玠罪过，没有听从的原因，就是要从严处罚他。比，近来。参，弹劾。

[点评]

由《诛崔琰令》可知，建安二十一年（216），因为有人谗言崔琰寄给杨训书信有傲世怨谤之意，曹操大怒，处罚崔琰。崔琰自杀，曾经同为东曹掾的毛玠内心不悦。后来又有人告诉曹操：毛玠见到崔琰妻子没为官府奴婢，说“上天大概会因此而不下雨”，意思是冤情感动天地。曹操听后，见身边近臣竟公然与自己作对，于是又收玠付狱。钟繇负责审理此案时，毛玠要求“说臣此言，必有征要”。为此，和洽也要求覆核此案。曹操下达此令，作为回复。

首先明确给毛玠定罪：诽谤君王，徇私枉法，损害君臣之义，妄为死友悲怨，其行为实不可忍；然后列举萧何、曹参同高祖虽然同起微贱，但是恪守臣道，故福及子孙，毛玠福禄不终，实乃咎由自取；最后说明所以不采纳和洽奏表的原因，就在于必须从严法办。曹操这类令文往往都充满杀气，所举萧、曹之例，既说明毛玠咎由自取，也给和洽强烈的暗示；“欲重参之”，并非毛玠罪不可赦，而是杀鸡儆猴。而且强调高祖起于微贱，萧、曹恪守臣道，又别有深意：我也如高祖出身微贱，诸位也必如萧、曹恪守臣道，否则福禄不终！不过和洽之救，并非无果。后来，毛玠被免官，卒于家。这已是不幸中的万幸了。

诸儿令（建安二十一年）

今寿春、汉中、长安，先欲使一儿各往督领之[1]。欲择慈孝、不违吾令，亦未知用谁也。儿虽小时见爱[2]，而长大能善[3]，必用之。吾非有

言必行，行必果，是政治家必备的行为准则；公平允正，不徇私爱，是政治家必备的用人准则。于臣于子，“吾非有二言”的态度，正是曹操治政用人的过人之处。

二言也[4]，不但不私臣吏，儿子亦不欲有所私。

［注释］

[1] 督领：统率，治理。 [2] 见爱：被我喜爱。 [3] 善：指才德兼备。 [4]“吾非有二言也”以下三句：我说话算数，不仅不偏爱大臣属下，对待儿子也不会有任何偏爱。

［点评］

建安二十一年（216），曹操被册封为魏王之后，即面临如何选立魏王太子的问题。曹操下达此令，就是希望通过派遣儿子前往国家重镇统领军政，锻炼其治政治军的实际才干，然后再选择可成大事者作为太子。

在占领汉中之后，汉中成为面对西蜀的前线，寿春成为面对东吴的前线，而长安是西汉故都，都是国家重镇。所以曹操准备选派三子前往镇守，然而派谁去呢？曹操仍然心存犹豫。但是，作为父亲，他明确宣称：虽爱子之心是一样的，然必须“欲择慈孝、不违吾令”的才德兼备者，方可用之。犹如不偏爱臣属，对儿子也无所偏爱。明确地宣示了自己治政用人的态度。

赐夏侯惇伎乐名倡令[1]（建安二十二年）

魏绛以和戎之功[2]，犹受金石之乐，况将军乎！

[注释]

[1] 夏侯惇：字元让，沛国谯（今安徽亳州）人，曹操初起，惇常为裨将，从征伐。先后任建武将军，封高安乡侯，后转河南尹，迁伏波将军，特为曹操所亲重。伎乐：歌舞乐队。名倡：著名歌女。 [2]“魏绛以和戎之功”以下三句：春秋时期，魏绛因为和戎有功，还接受歌舞乐队的奖赏，何况将军你呢！魏绛，春秋时晋国大夫。《左传》襄公十一年：戎狄无终子嘉父出使晋国，请晋和戎，晋悼公认为“戎狄无亲而贪，不如伐之”，魏绛分析中原形势，认为和戎有五利，以此说服悼公，悼公使魏绛结盟诸戎，从而使晋国得到北方少数民族支持，得以称霸中原。悼公为了奖赏魏绛，赐给他歌舞乐队。戎，古代对北方少数民族的称呼。

[点评]

建安二十一年（216），夏侯惇从曹操征孙权还，曹操使惇都督二十六军，驻守居巢（今安徽巢湖）。因为在从曹操征讨吕布时，夏侯惇为流矢射伤左目，后来军中戏称惇盲将军，惇特别厌恶，每次照镜都愤怒地将镜子摔在地上。为了安抚夏侯惇，曹操赐其伎乐名倡，惇不受，操下此令劝慰之。

求逸才令[1]（建安二十二年）

昔伊挚、傅说出于贱人[2]，管仲，桓公贼也，皆用之以兴。萧何、曹参[3]，县吏也；韩信、陈平，负污辱之名，有见笑之耻，卒能成就王业，声著千载。吴起贪将[5]，杀妻自信，散金求官，母死不归。然在魏[6]，秦人不敢东向；在楚，则三晋不敢南谋。今天下得无有至德之人放在民间[7]，及果勇不顾，临敌力战？若文俗之吏[8]，高才异质，或堪为将守？负污辱之名[9]，见笑之行，或不仁不孝，而有治国用兵之术？其各举所知[10]，勿有所遗。

此令的语气由舒缓转向短促："在魏……不敢""在楚……不敢"，将人才对于国家举足轻重的贡献，表现得淋漓尽致。然后用"得无"贯穿三个语意连贯的反诘句，一句紧于一句，其焦急的心态也显露无遗。结尾也一改往日令文多用语气词煞尾的习惯，用表达命令语气的"其"领起，语气短促，语意斩截。

[**注释**]

[1] 求逸才令：严可均《全三国文》作"举贤勿拘品行令"。 [2]"昔伊挚、傅说（yuè）"以下三句：从前伊尹、傅说都是卑贱之人，管仲是齐桓公的仇人。伊挚，指伊尹，姒姓，伊氏，名挚，有莘国（今河南伊川县）人。出身奴隶，后为商朝名臣。辅助商汤打败夏桀，建立商朝，拜为伊（丞相），尊号阿衡。傅说，商朝人。本是筑城的奴隶，商王武丁任用为丞相，开创武丁中兴。管仲，原为齐桓公哥哥公子纠的部下，在公子纠与桓公争位时，曾射杀桓公，结果射中带钩，故说是桓公仇人。 [3]"萧何、曹参"以下七句：萧何、曹参出身县吏，韩信、陈平蒙受耻辱的名声，有被人耻笑的行为，终于辅佐刘邦成就王业，声名传于千古。萧何曾任沛县功曹，曹参为掾，故曰"县吏"。韩信曾受胯下之辱，陈平被诬盗嫂受金，故曰"负污辱之名，有见笑之耻"。 [5]"吴起贪将"以下四句：吴起欲做鲁国将军，杀妻而自明其志。年轻时散尽家产而求官，母亲去世也没有回去。吴起，战国时期卫国人，善于用兵。尝事鲁君，齐人攻鲁，鲁君欲以吴起为将，因他取齐女为妻，而鲁君疑之。

吴起于是杀妻而表明与鲁国同心，鲁君任命为将，大破齐兵。吴起年少时，因为出外求官，花光家产，遭到乡人嘲笑。与其母分别时，发誓不为卿相，不归故乡。故其母死，也不归。后来为魏文侯将，击败秦国，自此秦不敢攻魏。魏文侯死后，吴起到了楚国，楚悼王任命为相，韩、赵、魏等国皆不敢谋楚。　[6]“然在魏”以下四句：然而在魏国为将，秦国人不敢向东谋魏；在楚国为相，魏、赵、韩三国不敢向南谋楚。三晋，指魏、赵、韩。此三国原是晋国的三家世卿，后来瓜分晋国各自立国，故称三晋。　[7]“今天下得无有”以下三句：当今在民间难道没有才能卓荦之人，以及果敢勇猛、奋不顾身临阵杀敌的人？得无，难道没有，反诘语气。至德，指卓有才能，而不是指道德至厚。　[8]“若文俗之吏”以下三句：难道没有身为普通小吏，却才能品质高于常人，甚至能够担任将领郡守的人？　[9]“负污辱之名”以下四句：难道没有蒙受耻辱名声，行为被人嘲笑，或不仁不孝，却有治国用兵才能的人？见，表被动。　[10]“其各举所知”二句：你们各自举荐自己所了解的人，不要有遗漏。

［点评］

建安二十一年（216）五月，天子又册封曹操为魏王，命其女儿为公主。是年，南单于来朝，直接拜见魏王，魏国俨然是独立王国。建安二十二年（217）四月，献帝诏魏王设天子旌旗，出入称警跸（bì），曹操离九五之尊仅一步之遥了。为谋取天下，聚英才而为魏所用，显得尤为迫切。在这一背景下，曹操下达这一举才令。

此令含义有两层：一是举才的标准。无论是出身卑贱者、曾经为敌者、沉沦下僚者，还是品行有瑕疵者、求官不择手段者，只要有治国用兵之术，可以成就王业，都可以为我所用。二是举才的途径。搜罗民间遗贤，选拔下层小吏，拔擢名德卑下而素受压抑之人。此令与《求贤令》《敕有司取士毋废偏短令》相比，共同点是不论道德门第，唯才是举。但是，《求贤令》强调“明扬仄陋”而不必“廉士”；《敕有司取士毋废偏短令》强调“进取之士”而不必“有行”；此令则全面放宽了举才的尺度，真正做到“唯才”。《求贤令》是因为“天下尚未定”，《敕有司取士毋废偏短令》是为了“官无废业”，而此令则目标更加明确——“治国用兵”“成就王业”。求才的背后投映着曹操政治目标的隐隐变化。

使辛毗曹休参治下辨令[1]（建安二十二年）

昔高祖贪财好色[2]，而良、平匡其过失[3]。今佐治、文烈忧不轻矣[4]。

［注释］

[1] 使辛毗（pí）曹休参治下辨令：《魏武帝集》作“与辛毗令”。从内容看，当是与曹休、辛毗二人之令。此据严可均《全三国文》。辛毗，字佐治，颍川阳翟（今河南禹州）人。原为袁绍部下，204 年，曹操攻下邺城，上表推荐辛毗任议郎，后为丞相长史。曹休，字文烈，沛国谯（今安徽亳州）人，曹操族侄。早年就追随曹操起兵讨伐董卓，被曹操称为“吾家之千里驹”。曹操对他如同亲子，并使他领虎豹骑宿卫。下辨，在今甘肃成县西北。 [2] 高

祖：即刘邦。《史记·项羽本纪》："范增曰：'沛公（刘邦）居山东时，贪于财货，好美姬。'"故曰"贪财好色"。 [3] 良、平：指张良、陈平。当作"良、哙"。《史记·高祖本纪》：刘邦入关（函谷关）灭秦之后，准备居住在秦朝宫殿中，"樊哙、张良谏，乃封秦重宝财物府库，还军霸上"。张良，字子房，颍川城父（今河南宝丰）人。是刘邦重要谋臣，追随刘邦入关灭秦，为汉朝开国元勋之一，封为留侯，谥号文成。 [4] 忧：操劳，此指责任。

［点评］

建安二十二年（217），刘备出兵，与曹操争夺汉中。备令张飞、马超、吴兰屯兵下辨，操令曹洪率兵征讨。曹洪乃曹操堂弟，且战功赫赫，但贪财好色，于是曹操派遣骑都尉曹休、谋士辛毗参谋军事，并给二人下达此令。在汉中之战中，曹休趁张飞兵马尚未集结完毕，即迅速出击，败吴兰而退张飞。战后，曹休拜中领军，辛毗亦拜丞相长史。

临淄侯曹植犯禁令[1]（建安二十二年）

始者谓子建[2]，儿中最可定大事[3]。自临淄侯植私出[4]，开司马门至金门[5]，令吾异目视此儿矣[6]。

《三国志·魏书·陈思王植传》："年十岁余，诵读《诗》《论》及辞赋数十万言，善属文。……每进见难问，应声而对，特见宠爱。"所以曹操认为他是"儿中最可定大事"的人。

［注释］

[1] 临淄（zī）侯曹植犯禁令：严可均《全三国文》作"曹植

私出开司马门下令”，并分为两令。 [2] 子建：曹植字。见《诫子植》注。 [3] 定：成就。 [4] 临淄侯：建安十六年，曹植封平原侯；十九年，徙临淄侯。按：《魏武帝集》无“临淄侯”三字。 [5] 司马门：此王宫外门，其内是君主专用车道，称为“驰道”，四面有司马率兵卫守护，故称“司马门”。金门：王宫宫墙的外门，门外有金马，故称金门。 [6] 异目：不同眼光。

［点评］

曹操开始时对曹植充满期待，从《诫子植》也可以看出。但是，“植任性而行，不自彫励，饮酒不节”。建安二十二年（217），“乘车行驰道中，开司马门出”（《三国志·魏书·陈思王植传》）。“驰道”是为君王设立的专用车道，既是威仪的象征，也是安全的需要。曹植竟然乘车行于驰道，私开司马门，简直是大逆不道，所以“太祖大怒”，将公车令（掌管宫殿司马门的警卫）处死，曹操对曹植的恩宠也日渐衰退。从开始认为“儿中最可定大事”者，到今日“异目视此儿”，不仅是失望，简直是愤怒。其中也蕴含着对曹植辜负自己期望的复杂心态。

曹植私开司马门，为子，挑战了父亲的尊严；为臣，挑战了君王的权威，而且行为的背后还隐蔽着对权力巅峰的渴望，这对于魏国初建的时局也产生了潜在影响，所以引发曹操的震撼和愤怒。

下诸侯长史令[1]（建安二十二年）

诸侯长史及帐下吏[2]：知吾出辄将诸侯行意否？从子建私开司马门来，吾都不复信诸侯也[3]。恐吾适出[4]，便复私出，故摄将行。不可恒使吾以谁为心腹也[5]。

[注释]

[1] 诸侯：此指已被封侯的诸子。长史：官府幕僚。 [2]“诸侯长史”二句：诸位诸侯幕僚和军中官吏，你们知道我外出时就带着诸侯一起出行的含义吗？辄，就。将，带领。 [3] 不复：不再。信：信任。 [4]“恐吾适出”以下三句：我担心刚一出门，他们便又私自外出，所以我率领他们同行。摄，统领。 [5]“不可恒使”句：不能因我常只带领某一人，就以为他是我的心腹。

[点评]

建安二十二年（217），曹植乘车驰道、私开司马门之后，曹操不仅处死了公车令，而且立即对已被封侯的诸子加强戒律禁令。外出时也常常带上自己已被封侯的儿子。然而，每次带谁出门，往往又容易引起诸侯的部属对于魏王对谁亲疏远近的猜测，于是曹操下此令说明：我带领诸侯出门，只是防止他们再犯曹植那样的错误；至于带谁出门，与关系的亲疏没有关系，不可妄加猜测。令文全用口语，然而声口逼肖。“老奸巨猾”的试探、略带愤怒的说明、不容置疑的告诫，活画出一位真实的曹操形象。

由于百辟刀具有祝福、威权的特殊内涵，因此曹操制作好此刀后，首先赐予五官中郎将曹丕，实际上带有试探诸子的意味，是预立太子之位的一次无言的预演。

百辟刀令[1]（建安二十二年）

百炼利器[2]，以辟不祥，慑服奸宄者也。往岁作百辟刀五枚，适成[3]，先以一与五官将[4]。其余四，吾诸子中有不好武而好文学，将以次与之[5]。

[注释]

[1] 百辟刀：宝刀名。据曹丕《典论》，此刀又名“灵宝”，乃曹操令工匠所制。 [2]“百炼利器”以下三句：反复冶炼的锋利兵器，用来除去凶邪，震慑违法作乱者。按：严可均《全三国文》以及《曹操集》皆夺“百炼利器，以辟不祥，慑服奸宄者也”以下三句。辟，除去。奸宄（guǐ），违法作乱。在外曰奸，在内曰宄。 [3] 适成：刚造成功。 [4] 五官将：即五官中郎将，指曹丕。 [5] 以次：按照年龄次序。

[点评]

此令发表时间史籍失载，然而依据曹植《宝刀赋》：“建安中，魏王命有司造宝刀五枚，以龙、熊、鸟、雀为识。太子得一，余及弟饶阳侯各得一焉。”再结合此令，综合考之，可知曹操先将此刀赐曹丕，旋即立其为太子。在丕立为太子之后，又分别赐予曹植及饶阳侯曹豹。故此令当下达于建安二十二年（217）十月之前。此令先言此刀的特定内涵，再言赏赐的顺序，兄弟的权力排序也隐含其中。

立太子令（建安二十二年）

告子文[1]：汝等悉为侯，而子桓独不封[2]，而为五官中郎将，此是太子可知矣。

［注释］

[1] 子文：曹彰字，是曹操与卞皇后所生第二子，曹丕弟、曹植兄。彰武艺过人，自言“好为将”，深得其父赞赏。其胡须黄色，被操昵称为“黄须儿”。建安二十一年（216），封鄢陵侯。 [2] 子桓：曹丕字，是曹操与卞皇后所生的长子，建安十六年献帝任命为五官中郎将，后立为太子。见《转邴原五官长史令》注。

［点评］

自曹植私开司马门后，曹操已失去对曹植的信任，曹丕和曹植之间的太子之争事实上胜负已定。建安二十二年（217）四月，献帝诏魏王设天子旌旗，出入称警跸（bì）；十月，献帝又命操冕用十二旒（liú），乘金根车、驾六马，以五官中郎将曹丕为太子。无论是出行仪仗，还是所戴冠冕，魏王都完全等同于天子，因此太子地位也非同于一般诸侯王太子可比。曹操之所以直接下令给曹彰，是因为曹植因司马门事件而丧失了争太子的资格，唯有曹彰尚有一定可能，而且曹彰勇武过人，所以安抚好曹彰，既是对诸子的一个解释，也是希望曹彰理解为父用心，尽心辅佐太子。

王必早年投靠曹操，披荆斩棘，艰苦创业，虽有骐骥之才，却沉沦下僚、蹉跎岁月。然而始终忠于职守，勤于政事，所以曹操感叹其“心如铁石，国之良吏”。

辟王必令[1]（建安二十二年）

领长史王必[2]，是吾披荆棘时吏也。忠能勤事[3]，心如铁石，国之良吏也。蹉跌久[4]，未辟之，舍骐骥而弗乘，焉遑遑而更求哉？故教辟之[5]，已署所宜，便以领长史，统事如故。

[注释]

[1] 辟王必令：严可均《全三国文》作“敕王必领长史令”。敕，敕令，命令。王必，汉末曹操部下，曹操早年起兵时，即开始追随曹操，官至丞相长史。建安二十三年（218）正月，死于太医令吉本、少府耿纪、司直韦晃的叛乱之中。 [2]“领长史王必”二句：担任长史的王必，是我艰苦创业时的属吏。披荆棘，即披荆斩棘，喻艰苦创业。 [3]“忠能勤事”以下三句：忠诚能干，勤于政事，意志坚贞，是国家优良的官吏。铁石，比喻坚贞。 [4]“蹉跌久”以下四句：蹉跎沉沦已是很久，一直没有任用他，犹如有骏马而不乘，却汲汲寻求其他马匹呀。骐骥，比喻俊才。辟，征辟为官。焉，疑问代词。遑遑，犹汲汲，匆忙。 [5]“故教辟之”以下四句：所以下令任用他，安置在适当的位置，现在还是适宜让他担任长史，仍旧负责原来事务。

[点评]

王必在汉末历史上几乎是谜一般的人物。曹操说他“是吾披荆棘时吏也”，然而，在建安三年（198），他作为司空主簿身份，劝说曹操诛杀吕布之后，似乎在历史上消失了。直至建安二十三年（218）正月，汉太医令吉本、少府耿纪、司直韦晃在洛阳举兵叛乱，火烧王必军营，必受伤身亡，才又一次出现在历史上。那么，王必领长史究竟在什么时间？而且此令所说的“已署所宜”，究竟准备给王必安排什么职务？都没有明确交代。“便以领长史”，为何仍让他领长史？“统事如故”，他原来究竟负责什么事务？也不明确。倒是吉本等人的叛乱为我们提供了若干消息。吉本等人叛乱的目的，是杀王必，联合刘备，挟天子以攻魏，企图恢复献帝的帝王威仪。综合诸多信息，可以看出：王必一直率兵驻扎许昌，实际上是曹操安插在献帝身边、监督许昌政治动向的一支武装力量。所以，吉本等人欲攻魏国，必先除掉王必。

所以，这一敕令并不是任命王必为长史，而是表彰王必的功勋，隐含多年没有提拔的歉意，并且告诉他，“已署所宜”，但是因为特殊原因，目前只能仍领长史，负责原来事务。所以此令下达时间应在《举贤勿拘品行令》之后。

又选令[1]（建安二十二年）

谚曰[1]：“失晨之鸡，思补更鸣。”昔季阐在白马[2]，有受金取婢之罪，弃而弗问，后以为济北相，以其能故。

“金无足赤，人无完人”，对于人才不能因小疵而掩大德。在用人之中也显现了曹操宽容的态度。

［注释］

[1] 又选令：严可均《全三国文》作“选举令”。 [2]“谚曰”以下三句：民间谚语说：“耽误报晨的公鸡，还想着再叫以补过。”比喻偶有过失，亦可补救。 [3]“昔季阐在白马”以下五句：从

前季阐在白马时，犯过接受贿赂、夺人婢女的罪过，却没有问罪，后来还任命为济北相，是因他有才能的缘故。季阐，生平事迹不详。白马，县名，隶属元东郡，在今河南滑县东。

[点评]

此文残阙，所举对象不明，历史事迹失考，因此这一选令的下达时间亦不详。从内容看，当与《举贤勿拘品行令》时间差近，即建安二十二年（217）。其核心仍然是不仅强调唯才是举，而且强调虽有过也应允许将功补过。

给贷令[1]（建安二十三年）

建立完整的社会保障体系，是国家安宁的前提；关心弱势群体的基本生活，是以民为本的核心。

去冬天降疫疠[2]，民有凋伤，军兴于外，垦田损少，吾甚忧之。其令吏民男女：女年七十已上无夫子[3]，若年十二已下无父母兄弟，及目无所见，手不能作，足不能行，而无妻子父兄产业者，廪食终身[4]。幼者至十二止[5]，贫穷不能自赡者，随口给贷。老耄须待养者[6]，年九十已上，复不事家一人。

[注释]

[1] 给贷令：严可均《全三国文》作"赡给灾民令"。给贷，

给予救助。 [2]“去冬天降疫疠（lì）”以下五句：去年冬天，天降瘟疫，百姓死伤，军队在外征战，导致开垦的农田减少，我非常忧虑。疫疠，瘟疫，大规模急性传染病。凋，凋零，指死亡。 [3]已：同“以”。夫子：丈夫儿子。 [4]廪食：政府供应口粮。 [5]“幼者至十二止”以下三句：年过十二、国家不供给口粮者，贫困无法生存者，政府按照人口贷给口粮。 [6]“老耄（mào）须待养者”以下三句：家有老人必须靠人赡养者，如果老人年已九十以上，家中可以免除一人徭役。老耄，泛指老人。耄，年九十者。复不事，不再从事。事，指徭役。

［点评］

建安二十二年（217）冬天，魏国境内发生瘟疫，百姓死亡甚多，于是曹操在次年春季下达此令。开头直接点明所忧虑的两件大事：瘟疫造成人口的死伤，战争造成垦田的减少。这种现实又必然造成社会生产力的下滑。其中，人是生产力的第一要素。唯有先赈灾救民，才能再发展生产。赈灾救民分为两种类型：一种是年老的寡妇、年幼的孤儿，以及残疾的单身，实行完全供给制；另一种是年过十二、贫困人口，实行政府贷粮制。在恢复生产过程中，家有九十以上老人，可以有一人不承担徭役，专心侍奉老人。可见，曹操特别关注社会弱势群体，尽可能地使他们获得基本的生活保障。应该说，曹操所建立的这一社会保障系统具有十分重要的民本意义。

寿陵令[1]（建安二十三年）

古之葬者[2]，必居瘠薄之地。其规西门豹祠西原上为寿陵[3]，因高为基，不封不树。《周礼》[4]："冢人掌公墓之地，……凡诸侯居左右以前，卿大夫居后。"汉制亦谓之陪陵[5]。其公卿大臣列将有功者[6]，宜陪寿陵，其广为兆域，使足相容。

《周礼》《仪礼》《礼记》合称"三礼"，是中华民族礼乐文化的早期理论形态。广泛记载了先秦时期社会政治、经济、文化、风俗、礼法制度等，涉及内容极为丰富，堪称中国文化史的丰富宝库。其中《周礼》强调"薄葬"，对后代葬制影响深远。曹操所引，正是对汉代以来奢靡葬制的反拨。

［注释］

[1] 寿陵令：严可均《全三国文》作"终令"。 [2]"古之葬者"二句：古代墓葬，必须安置在贫瘠的土地上。 [3]"其规西门豹祠"以下三句：要在西门豹祠西边高地上规划寿陵，凭借原来高地为陵墓地基，既不堆土，也不植树。其，表命令语气。西门豹，战国时期魏国安邑人（今山西运城安邑一带）。魏文侯时任邺令，兴修水利，发展生产，并惩治地方恶霸，革除为河伯娶妇的巫风，很快使邺城民富兵强，成为魏国的重镇之一。死后，人民为他立祠。原，高而平旷的土地。寿陵，帝王生前营造的陵墓。不封不树，是人类早期的墓葬形式之一。随着墓陵的产生，墓葬奢靡之风日益盛行，所以曹操要求恢复古代的薄葬方式。封，堆土。 [4]"《周礼》"以下四句：《周礼》规定：冢人掌管国家墓地，凡是诸侯葬在左右前侧，卿大夫葬在左右后侧。《周礼》，又名《周官》，儒家经典之一。传为周公所著，实际成书于两汉之间。冢人，周代掌管墓葬的官员。 [5] 陪陵：古代诸侯、卿、大夫、士

葬在帝王墓旁，称为陪陵。汉代以后把功臣也葬于皇帝墓旁，作为陪陵。 [6]“其公卿大臣”以下四句：凡是公卿大臣、有功将领，死后应陪葬寿陵，应扩大墓地范围，使墓地足以容纳诸多陪陵。兆域，墓地四周的疆界。

［点评］

崇尚节俭，有效节约社会资源，是曹操的一贯原则。建安十年（205），他就曾因天下凋敝，下令“不得厚葬，又禁立碑”（《宋书·礼志二》）。建安二十三年（218），曹操六十四岁。六月，下令修建寿陵，采用古代“不封不树”的薄葬方式。而且他又以公卿、大臣、列将作为陪陵的方式，杜绝了社会的厚葬风俗。这一做法对魏晋影响很大，后来曹丕、司马懿父子等都采用薄葬方式，不仅影响到帝王，还被臣民广泛遵奉，从而形成一种翕然向风的社会风气。

徐晃假节令[1]（建安二十三年）

此阁道[2]，汉中之险要咽喉也。刘备欲断绝外内[3]，以取汉中。将军一举克夺贼计[4]，善之善者也。

马鸣阁地势险要，势处要冲，其战略地位十分重要。徐晃一举夺之，对于决胜全局的意义，自然也不言而喻。

［注释］

[1] 徐晃假节令：严可均《全三国文》作“假徐晃节令”。徐晃，字公明，河东杨（今山西洪洞县东南）人。初为杨奉帐下骑都尉，

后转投曹操，随操征战，建立殊勋。因为治军严整，被曹操誉为“有周亚夫之风”。假节，予以诛违反军令者的权力。节，出使时朝廷所授凭证。 [2]“此阁道”二句：这条阁道，是汉中险峻要塞、往来必经之地。阁道，指马鸣阁道，在今四川昭化境内。阁道又称栈道，是在悬崖峭壁间凿立支架、铺上木板而形成的道路。汉中，东汉郡名，郡治在南郑（今陕西汉中境内）。 [3]“刘备欲断绝外内”二句：刘备想占领马鸣阁道，断绝汉中与中原联系，然后夺取汉中。刘备，字玄德，幽州涿郡涿县（今河北涿州）人，自称汉中山靖王刘胜的后代。三国时期蜀汉开国皇帝，谥号昭烈皇帝，史称先主。 [4]“将军一举克夺贼计”二句：将军一举粉碎逆贼的计划，真是非常好啊。

[点评]

汉中争夺战，是曹刘第一次大规模争锋，历时三年。建安二十年（215）十一月，曹操平定汉中，班师还邺，留夏侯渊、张郃、徐晃屯兵守汉中。为了争夺汉中，建安二十二年（217），刘备令张飞、马超、吴兰等屯兵下辨（今甘肃成县一带），曹操遣曹洪拒之。建安二十三年（218）二月，曹洪破吴兰。三月张飞、马超败退。四月，刘备率兵进攻阳平关（今陕西勉县境内），另派陈式企图截断马鸣阁栈道。徐晃别领一军，击败陈式，守住了马鸣阁。曹操大喜，下达此令，假节徐晃，极力称赞守住马鸣阁的战略意义。

在阳平将还师令[1]（建安二十四年）

鸡肋[2]。

[注释]

[1] 阳平：即阳平关，在今陕西勉县阳平镇。北依秦岭，南临汉江和巴山，与汉江南、北的定军山、天荡山互为犄角，是汉中盆地的西边门户，也是巴蜀通往关中的北端前沿，地理位置十分险要。 [2] 鸡肋：鸡的肋骨，食之无肉，弃之可惜。

[点评]

建安二十四年（219）正月，刘备进军阳平，久攻不下，引军南渡汉水，屯兵定军山，夏侯渊率军欲夺之，老将黄忠大破魏军，斩夏侯渊。三月，曹操率军自长安出斜谷，进攻刘备，到达阳平，刘备据守险要，双方处于胶着状态。当时，魏军粮草不足，士卒多有逃亡，所以曹操准备还军，无意中竟以“鸡肋”为军令。官军不知含义，唯有主簿杨修打点行装，有人惊讶地问他，怎么知道魏王准备还军。修说：“鸡肋，弃之可惜，食之无肉，以此比汉中，所以知道魏王将要还军了。”果然，是年五月，曹操放弃汉中，还军长安。这一军令虽止两字，曹操不得已放弃汉中的矛盾心态，杨修对曹操心态的准确捕捉，都妙不可言。

然而，杨修也因此而使曹操不快，后来曹操杀杨修的罪名之一即“漏泄言教”——泄露军令机密。杨修不敏，果真是“聪明反被聪明误”了。

杜袭为留府长史令[1]（建安二十四年）

释骐骥而不乘[2]，焉皇皇而更索？

[注释]

[1] 杜袭为留府长史令：严可均《全三国文》作“选留府长史令”。杜袭，字子绪，颍川定陵（今河南襄城）人。初，避乱荆州，建安中逃归乡里，曹操以为西鄂（今河南南召县南）长，后迁议郎、丞相军祭酒。魏国既建，为侍中、丞相长史。府长史，指杜袭。 [2]“释骐骥而不乘”二句：见《辟王必令》注。皇皇，通“遑遑”。

[点评]

建安二十四年（219）三月，曹操在阳平攻打刘备，久攻不下，遂留杜袭镇守南郑（汉中郡治所），于五月还军长安。这是选留杜袭时所下达的命令。曹操公文特别富有创造性，几乎每一公文各有不同的声音口吻。然而，这一条公文则与《辟王必令》“舍骐骥而弗乘，焉遑遑而更求”几乎完全相同。这实际上反映了曹操面对“鸡肋”处境不得已而退兵时的烦躁心情。

徐晃进军令[1]（建安二十四年）

须兵马集至，乃俱前[2]。

[注释]

[1] 徐晃进军令：严可均《全三国文》作“遣徐商吕建等诣徐晃令”。此令乃曹操下达徐晃，而非下达徐商、吕建。今改作此题。　[2] 俱前：一起前进。

[点评]

建安二十四年（219）五月，曹操放弃汉中，退兵长安。七月，关羽乘胜挥兵攻打樊城（今湖北襄阳境内）。八月，汉水暴涨，关羽水淹七军，斩庞德，降于禁。九月，包围樊城曹仁。又令别部包围襄阳（今湖北襄阳）吕常。曹操派遣徐晃救助曹仁，晃屯兵宛城（今河南南阳境内）。当时，徐晃所率部队多为新兵，难以与关羽争锋。曹操又别遣将军徐商、吕建等前往和徐晃会合，唯恐徐晃单兵冒进，为关羽所败，所以下令：必须等到兵马聚集之后，才能前进攻敌。

襄樊之战是决定魏蜀命运的一次决战。魏国先失汉中，故都长安失去了一道屏障，后来诸葛亮对魏用兵，都是以汉中为据点，出斜谷，围祁山，试图占领长安。如果再失去襄樊，新都许昌又将失去一道屏障。所以，关羽包围襄樊之后，许昌人心惶惶。正是襄樊之战的胜利，守住了许昌的第一道屏障，而且此战也挫败了关羽锋芒，成为蜀失荆州的重要原因，直接导致蜀国由鼎盛走向衰落。

劳徐晃令（建安二十四年）

贼围堑鹿角十重[1]，将军致战全胜，遂陷贼围，多斩首虏。吾用兵三十余年，及所闻古之善用兵者，未有长驱径入敌围者也[2]。且樊、襄阳之在围[3]，过于莒、即墨，将军之功，逾孙武、穰苴。

[注释]

[1]“贼围堑鹿角”以下四句：敌兵挖掘营垒壕堑，又在四周设立鹿角砦（zhài）十层，将军前去作战，大获全胜，终于攻破围兵，斩首大量敌军将士。鹿角，即鹿角砦，见《获宋金生表》注。 [2]径入：直接冲进。 [3]“且樊、襄阳之在围”以下四句：况且樊城、襄阳被围，紧急程度超过莒（jǔ）和即墨，将军的功勋也超越了孙武、穰苴（yáng jū）。莒，今山东莒县。即墨，今山东平度东南。莒和即墨都是春秋时期齐国城邑。燕国乐毅攻齐，连下七十余城，唯有齐将田单所守的莒和即墨没有被攻下。后来，田单以此为据点，攻打燕国，全部收复齐国失地。孙武，字长卿，春秋末期齐国乐安（今山东北部）人，春秋时期著名军事家。由齐至吴，经伍子胥的举荐，吴王阖闾任命为将，先后打败楚、齐、晋等强国，使吴称霸诸侯。所作《孙子兵法》十三篇，为后世兵家誉为“兵学圣典”。穰苴，春秋末期齐国名将，本姓田，故名田穰苴，是继姜尚之后一位承上启下的著名军事家。曾率齐军击退晋、燕入侵之军，因功被封为大司马，因此又称司马穰苴。

[点评]

建安二十四年（219）九月，关羽围樊城曹仁，徐晃自宛城赴救，羽遣兵屯偃城（在今湖北襄阳北）。晃到达后，佯装挖掘壕堑，截断其退路，关羽部队遂烧军营而逃，晃顺利占据偃城。然后，曹军两面连营，稳步向前推进。在尚未进攻之时，曹操又调遣殷署、朱盖等十二营驰援徐晃。徐晃不仅击败关羽，而且在关羽退入营垒时，又乘胜追击，冲入重围，遂解樊城之围。这次战役胜利的意义十分重大。在樊城之围未解前，荆州前线的大批曹军将领投降关羽，使关羽“威震华夏”，乃至于曹操部下议论迁都以避其锋芒。樊城之役的胜利，稳定了襄樊前线。此时，东吴又乘机袭取荆州，关羽回救荆州，败走麦城，吴蜀联盟也由此破裂。自此之后，襄樊一直牢牢掌握在魏国手中。所以曹操下令表彰徐晃战功。

此令首先简要叙述樊城之战的战争态势、过程及结果；然后从“吾用兵三十余年”“古之善用兵”的今古两个方面，说明其战果辉煌；最后通过比较春秋时期乐毅攻打齐国莒和即墨的两座孤城，说明当时形势紧急；以功逾孙武、穰苴，彰显徐晃的功勋卓著。特别需要说明的是，曹操公文颇多溢美之词，意在勉励褒奖，切不可误读为真实的历史。

徐奕为中尉手令[1]（建安二十四年）

昔楚有子玉[2]，文公为之侧席而坐；汲黯在朝[3]，淮南为之折谋。《诗》称“邦之司直”[4]，君之谓与。

曹操在南征孙权时，令徐奕为丞相府长史，曾对奕说：“君之忠亮，古人不过也，然微太严。”这说明忠正耿介、执法严厉是徐奕的一贯作风。唯因如此，曹操才委以重任。

［注释］

[1] 徐奕为中尉手令：严可均《全三国文》作“以徐奕为中尉令”。《魏武帝集》作“徐奕为中尉手令”，合于《三国志》所载。徐奕，字季才，东莞（今山东沂水县）人。早年避难江东，建安初，曹操辟为司空掾属，后转丞相长史等。魏国初建，为尚书，

复典选举，迁尚书令。中尉，秦汉时，指挥禁军，为负责京师安全的高级武官。 [2]“昔楚有子玉”二句：从前楚有子玉，晋文公为此恐惧不安。子玉，春秋时楚将得臣的字。得臣，芈姓，成氏，因战功被举为楚国令尹。公元前632年，晋楚爆发城濮（今山东鄄城县西南）之战，晋人侥幸取胜，子玉率残部回楚国，途中被楚成王赐死。晋文公虽然获胜，但子玉并未元气大伤，所以忧心忡忡。后听说子玉自杀，才高兴地说：“再没有人能危害我了。”侧席，坐不安席，形容恐惧不安。 [3]“汲黯在朝”二句：西汉有汲黯在朝中，淮南王谋反的阴谋受挫。汲黯，字长孺，濮阳（今河南濮阳）人。汉武帝时期，因做东海太守政绩显著，被召为主爵都尉，列于九卿。黯为人耿直，好直谏廷诤。淮南王刘安阴谋叛乱，因为惧怕汲黯，迟迟不敢发兵。折谋，阴谋受挫。淮南，指淮南王刘安。 [4]“《诗》称‘邦之司直’”二句：《诗经》所说“邦之司直”，就是称赞你这样的人吧。《诗经·郑风·羔裘》：“彼其之子，邦之司直。”意思是他这个人，真正是国中主持正义之人。司直，负责正人过失。君之谓，谓君之倒装。与，同“欤”，表感叹语气。

［点评］

建安二十四年（219）三月，曹操率兵与刘备争夺汉中。九月，魏讽等密谋袭击邺城。事发，曹丕诛讽等数十人，原中尉杨俊降职。曹操认为，魏讽之所以敢叛乱，是因为缺少遏制奸臣、预防谋反的大臣。在桓阶的举荐下，操手书令文，任命徐奕为中尉，统领魏国禁军。

此令以古誉今，谓徐奕有楚国战将子玉的才能，西汉朝臣汲黯的耿介，能够正人过失，安宁邦国。

原刘廙令[1]（建安二十四年）

叔向不坐弟虎[2]，古之制也。

[注释]

[1] 原：赦免。刘廙（yì）：字恭嗣，南阳安众（在今河南南阳境内）人。其兄望之为刘表所杀，廙惧，投奔曹操，任丞相掾，转属五官中郎将文学。魏国初建，为黄门侍郎。 [2]“叔向不坐弟虎”二句：叔向不受弟弟叔虎牵连而治罪，这是古代的制度。叔向，姬姓，羊舌氏，名肸（xī），字叔向。春秋后期晋国贤臣，历事晋悼公、平公、昭公三世，为晋平公傅、上大夫。不坐弟虎，不因弟有罪而连坐。《左传》襄公二十一年记载：晋国下卿栾盈母栾祁，是晋卿范宣子之女，栾桓子之妻。桓子死后，栾祁与家臣州宾私通，州宾霸占了栾家财产，栾祁担心其子栾盈讨伐州宾，于是向范宣子诬告栾盈作乱，宣子放逐栾盈，诛杀其同党叔虎，并将其兄叔向逮捕入狱。后来在大夫祁奚的营救下，宣子赦免了叔向的连坐之罪。坐，连坐。一人犯法，其家属、亲族或邻里等连带受罚。

[点评]

建安二十四年（219）九月，刘廙弟弟刘伟参与魏讽密谋叛乱，按照法律，刘廙应连坐处死。但是因为刘廙鄙薄魏讽为人“不修德行”“华而不实”，劝告刘伟不要与魏讽往来。刘伟不听，故在魏讽案中被杀。曹操了解刘廙为人，故不予追究，反而任命为丞相仓曹属。这说明曹操也明察秋毫，善于识人，并非草菅人命。

军策令（建安二十四年）

作为令文，所以对夏侯渊兵败被杀描述得如此详细，乃在于立此存照，警示其他将帅谨防重蹈覆辙。如与《褒夏侯渊令》并读，就可清晰地感受到成功永远只属于胜利者。

夏侯渊今月贼烧却鹿角[1]。鹿角去本营十五里[2]，渊将四百兵行鹿角，因使士补之。贼山上望见，从谷中卒出[3]，渊使兵与斗，贼遂绕出其后，兵退而渊未至[4]，甚可伤。渊本非能用兵也，军中呼为“白地将军”[5]，为督帅尚不当亲战，况补鹿角乎！

［注释］

[1]“夏侯渊”句：这个月，夏侯渊被敌人烧毁了鹿角砦（zhài）。夏侯渊，见《褒夏侯渊令》注。鹿角，即鹿角砦（zhài），守卫军营的栅栏，因形似鹿角而名。 [2]“鹿角去本营”以下三句：鹿角砦离大本营十五里，渊率领四百士兵巡行鹿角砦，并命令士兵修补之。 [3]卒：同“猝”，突然。 [4]渊未至：夏侯渊没有归来，指战死。 [5]白地将军：比喻不善用兵的将军。白地，不生草木之地。

［点评］

夏侯渊早年即追随曹操，南征北战，建立了辉煌功勋，并非真是“白地将军”，《褒夏侯渊令》就是明证。然而渊刚勇有余，智谋不足。所以曹操曾告诫他：作为将领应以勇为本，以智用兵，一味逞勇，只是对阵的匹夫。建安二十三年（218），渊拜征西将军，留镇汉中，率诸将南拒刘备，相守连年。二十四年（219）正月，刘备遣兵烧毁渊兵鹿角砦，渊遣张郃守护东砦，自己率兵守护南砦，为刘备老将黄忠所袭，战死。曹操当即下此令，比较详细地叙述了夏侯渊的失败经过，意在提醒诸将汲取夏侯渊失败的教训，善用兵者即善于谋略，未必自己临阵厮杀，更不能因小失大。又因为夏侯渊之败，直接导致汉中得而复失，故曹操令中也充满一种愤怒。

遗令[1]（建安二十五年）

吾夜半觉小不佳[1]，至明日饮粥汗出，服当归汤。

此时，曹操以为小病，何曾料到死神正一步一步地在向他逼近呢！

[注释]

[1] 遗令：按：陆机《吊魏武帝文》说："元康八年（298），机始以台郎出补著作，游乎秘阁，而见魏武帝《遗令》，慨然叹息，伤怀者久之。"据此可知，魏武《遗令》在西晋时尚完整保存，可惜后来散佚。今之所存，乃后人从史籍、类书搜集的残篇断简。现存的曹操令文，不少属于此类。 [2]"吾夜半觉"以下三句：我夜半醒来，觉得小不舒服，到天明我喝点粥，发汗后再服当归汤。据《千金要方》卷四十一："当归汤：治心腹绞痛，诸虚冷气满痛方。"可知，曹操最初是虚冷腹胀绞痛。

吾在军中[1]，持法是也，至于小忿怒，大过

“吾有头病”几句特别值得玩味：第一，死时先戴好头巾，预防头部受凉而生病；第二，要求百官服丧，犹如他尚在世时。很显然，曹操不愿直面生命的消逝，而是希望死亡是另一种形式的存在。汉代“事死如事生”的观念，实际上就包含着死亡是生命的另一种存在形式的遐想。西晋陆机的《挽歌》三首，即以诗歌形式将这一观念诠释得淋漓尽致。

失，不当效也。天下尚未安定[2]，未得遵古也。吾有头病[3]，自先著帻。吾死之后[4]，持大服如存时，勿遗。百官当临殿中者[5]，十五举音，葬毕，便除服。其将兵屯戍者[6]，皆不得离屯部，有司各率乃职。敛以时服[7]，葬于邺之西冈上，与西门豹祠相近，无藏金玉珍宝。

[注释]

[1]“吾在军中”以下五句：我在军中，严厉执法是正确的，你们应当依而行之。至于因为个人的小愤怒而夸大了别人的过失，就不应效仿了。是，正确。忿怒，愤怒。大，使动词，夸大。 [2]“天下尚未安定”二句：天下尚未安宁，不能遵从古制。遵古，指遵从儒家。此句意思是谨防儒家“以文乱法”。 [3]“吾有头病”二句：我平素有头痛疾病，在去世时，先给我戴好头巾。帻（zé），头巾。 [4]“吾死之后”以下三句：我去世后，国人服丧应如我生前一样，不能有所疏漏。大服，谓帝王、王后死后国人为之服丧。《汉书·王莽传下》：“闰月丙辰，大赦天下，天下大服民私服在诏书前亦释除。”颜师古注：“张晏曰：‘莽妻本以此岁死，天下大服也。私服，自丧其亲。皆除之。’” [5]“百官当临殿中者”以下四句：百官来宫殿中吊唁者，按照早晚才许痛哭的规定，安葬结束，就脱去丧服。十五举音，《史记·文帝本纪》：西汉文帝去世前规定，前来吊丧的官员，早晚各哭十五声，其他时间不得擅自哭吊。举音，为悼念死者而放声痛哭。 [6]“其将兵屯戍者”以下三句：所有率领部队戍守边境者，都不允许离开驻地，官吏各自履行他的职责。有司，官吏。古代设官分职，各

有专司，故称。乃，人称代词。 [7]“敛以时服”以下四句：穿着当时的衣服入殓，葬在邺城西边的山冈上，靠近西门豹祠堂，不用金玉珍宝陪葬。敛，同“殓”。西门豹祠，见《寿陵令》注。

吾婢妾与伎人皆勤苦[1]，使著铜雀台，善待之。于台堂上[2]，安六尺床，施繐帐，朝晡上脯糒之属。月旦、十五日[3]，自朝至午，辄向帐中作伎乐。汝等时时登铜雀台[4]，望吾西陵墓田。余香可分与诸夫人[5]，不命祭。诸舍中无所为[6]，可学作组履卖也。吾历官所得绶[7]，皆著藏中。吾余衣裘[8]，可别为一藏，不能者，兄弟可共分之。

丧礼、丧葬，一切可以从简，然而人世间的声色欢乐和血浓于水的亲情，却不能有任何简化。曹操的后事安排包含多少生命的留恋！

［注释］

[1]“吾婢妾与伎人”以下三句：我的婢女歌伎都勤劳辛苦，使她们住在铜雀台，要善待她们。著，同“贮”，藏。此指安置。铜雀台，建安十五年，曹操修筑，旧址在今河北临漳西南。 [2]“于台堂上”以下四句：在铜雀台正堂上（设祭祀灵位），安放六尺坐床，挂上帷帐，早晚供上肉饭之类的祭品。床，坐具。施，设。繐（suì）帐，用细疏麻布制成的灵帐。晡（bū），晚。脯（fǔ），干肉。糒（bèi），干饭。泛指祭品。 [3]“月旦、十五日”以下三句：每月初一、十五，从早至午，就向着灵帐作歌舞。月旦，每月初一。 [4]“汝等时时登铜雀台”二句：你们也要常常登上铜雀台，遥望我西陵墓地。 [5]“余香可分”二句：我留下的熏

香可分给诸位夫人，不令她们参加祭祀（即作伎乐）。 [6]“诸舍中无所为”二句：各房中女眷无事可做，可以学习编制丝带、鞋子出售。组，装饰性丝带。诸舍中，谓众妾。 [7]“吾历官所得绶”二句：我历次官阶所得绶带，都收藏柜中。藏，犹藏于柜。 [8]“吾余衣裘”以下四句：我留下的衣物，可放置在另一收藏库中，若不便收藏，你们兄弟一起分了。

［点评］

综考陆机《吊魏武帝文》和《三国志·魏书·武帝纪》可知：建安二十四年（219）三月，曹操自长安出征刘备，身体已有小恙；五月，还军长安，病情有所加重；十月，军还洛阳途中，已处恶化状态；建安二十五年（220）正月，回到洛阳后，旋即去世。起初，曹操并不介意小病，但是病情加重后，他可能已经意识到此次病情凶险，于是在行军途中，开始安排后事：一是封夫人卞氏为王后，强化卞氏的后宫地位；二是杀杨修以稳定太子地位。“遗令”正文应是他回到洛阳病危之后，对诸子所立的遗嘱。

然其遗嘱今已不存，上面所辑曹操《遗令》三则佚文，从内容看，时间并不一致。第一则应非“遗令”，而是曹操初病时对部下所下命令，时间在建安二十四年三月或稍后。后二则是“遗令”，时间是建安二十五年正月。现存的两则遗令，第一，交待葬礼，以国事为核心。先告诫诸子治军，因为天下未安，必须继承以法治军的理念，但要允正，谨防因情枉法；再说明临终安排，头巾衣着一如生前，百官吊唁不必繁琐，将领屯戍不得离军；后遗言安葬细节，除了殓以平时衣服之外，墓穴选于邺城西冈，墓中不放任何珍宝，唯与西门豹相伴。第二，交待后事，以家事为核心。重点有二：一是婢女歌伎的安排，将她们安置在铜雀台上，然后设好祭堂，每月使她们对灵位载歌载舞；二是夫人众妾的安排，余香分给诸位夫人，众妾以编制丝带鞋子为业。其中又插入两点：诸子必须常常登台遥望墓陵，寄托哀思；所得绶带官印藏于柜中，传之后世，至于衣物则可藏可分。

从这两则散佚的遗令可以看出：依法治军、不徇私情是曹操的执政准则，崇尚节俭、行事简约是曹操的生活准则，恪职守责、以国为重是曹操的用人准则。然而，珍惜人生、享受欢乐、重视亲情，也是曹操精神世界的另一面。所以交待治军安葬之时，通脱简易；交待死后安排之时，缱绻惆怅。帐中伎乐、官绶著藏、分香卖履的吩咐之中，包含多少对声色欢乐、人生辉煌、琴瑟之欢的留恋和不舍啊。陆机《吊魏武帝文》悲叹其“雄心摧于弱情，壮图终于哀志”，其实这并非只是纳兰性德之类文人所专有的情怀，即便是叱咤风云，也会有“英雄气短”的一面，这也正是人性丰富的一种自然呈现。不然，何以有项羽的《垓下歌》、白居易的《长恨歌》和吴伟业的《圆圆曲》呢？

鼓吹令[1]

孤所以能常以少兵敌众者[2]，常念增战士，忽余事。是以往者有鼓吹而使步行[3]，为战士爱马也；不乐多署吏，为战士爱粮也。

[注释]

[1] 鼓吹：一种军乐，又名短箫铙歌。源自北方少数民族地区，主要演奏乐器为打击乐器和吹奏乐器，如鼓、笳、箫等，所以称为“鼓吹”。后来军乐队也称“鼓吹”。 [2]“孤所以能”以下三句：我用兵之所以能够常常以少胜多，因为经常考虑增强士兵战斗力，省去其他杂事。 [3]“是以往者”以下四句：因此从前使军乐队步行，是为战士爱惜马匹；不愿意多设官吏，是为战士爱惜粮食。

[点评]

所谓“增战士，忽余事”，就是减少非战斗人员，爱惜战争资源，增加军队战斗力，一切为战争服务。唯有如此，才能“以少兵敌众”。曹操还列举两个基本事实：一是命令乐队步行，保证一线战士的战马；二是精简部队机关，保证一线战士的军粮。此令下达时间不详。

曹操“能小复能大，何苦”之语，揭示了一个深刻的人生哲理：既须志存高远，又要脚踏实地。由小到大，是量的积累到质的变化过程。即所谓“千里之行，始于足下”。

又军策令（二则）[1]

孤先在襄邑[2]，有起兵意，与工师共作卑手刀。时北海孙宾硕来候孤[3]，讥孤曰：“当慕其大者，乃与工师共作刀耶？”孤答曰[4]：“能小复能大，何苦？”

[**注释**]

[1] 军策：指军事谋略。 [2]“孤先在襄邑”以下三句：我从前在襄邑时，打算起兵讨伐董卓，与工匠一起制作军用短刀。襄邑，汉属兖州陈留国辖内，在今河南省睢县。卑手刀，古代一种军用短刀。 [3]“时北海孙宾硕”以下四句：当时北海孙嵩来看我，讥讽我说：“应该有大的志向，你怎么与工匠一起做短刀呢？”孙宾硕，孙嵩，字宾硕，北海安丘（今山东安丘）人，汉末名士，因救助赵岐被其举荐为青州刺史，后官至豫州刺史。 [4]“孤答曰”以下三句：我回答：“能做小事又能做大事，难道做小事不值得么？”何苦，表反诘语气。

袁本初铠万领[1]，吾大铠二十领；本初马铠三百具[2]，吾不能有十具。见其少[3]，遂不施也，吾遂出奇破之。是时士卒精练[4]，不与今时等也。

用兵，既是力量的对垒，更是智慧的较量。善用奇兵，以少胜多，是曹操用兵的一大特点。其《孙子兵法注》反复突出奇兵的重要性。

[**注释**]

[1] 袁本初：即袁绍，字本初。铠：铠甲，古代用金属薄片和皮革制成的防护服。 [2] 马铠：战马所用铠甲，包括马鞍、马辔。 [3]“见其少”以下三句：我见自己的战马铠甲都很少，就不用它，终于出奇兵打败了袁绍。 [4]“是时士卒精练”二句：当时士兵精悍强壮，与现在不相同。

[**点评**]

这两则军策令所作时间不详，乃是曹操晚年总结自己的用兵经验。第一则说明，有大志者必须从具体事务做起，与工匠一起做军刀是为起兵作武器准备；第二则说明，用兵之道在于士卒战斗力强悍，主将能够扬长避短，善于出奇制胜。

军令（四则）

由此令可见：曹操虽然吞吐日月，包举宇内，但是处理具体军政事务却心细如发。这是一切成功者必备的个人素质。

吾将士无张弓弩于军中[1]，其随大军行，其欲试调弓弩者，得张之，不得著箭。犯者鞭二百[2]，没入。

［注释］

[1]“吾将士无张弓弩”以下五句：将士不许在军营中拉弓，在随大军行进中，想调试弓弩者，可以拉弓，不许搭箭。弩，指一种利用机械装置将箭射出的弓。 [2]“犯者鞭二百”二句：违犯规定的人鞭打二百，没入官奴。没入，指取消簿籍，入官为奴。

吏不得于营中屠杀卖之[1]，犯令，没所卖。及都督不纠白[2]，杖五十。

［注释］

[1]“吏不得于营中”以下三句：官吏不允许在军营中屠杀贩卖官奴，违犯此令，没收所得。 [2]“及都督不纠白”二句：军中都

督不制止不上报者，打五十军棍。都督，东汉末三国时的军事长官。

始出营[1]，竖矛戟，舒幡旗，鸣鼓。行三里[2]，辟矛戟，结幡旗，止鼓。将至营，舒幡旗，鸣鼓。至营讫，复结幡旗，止鼓。违令者，髡翦以徇[3]。

强烈的仪式感，并非仅仅追求形式整饬，也是军纪、士气和军威的外在呈现。

［注释］

[1]“始出营”以下四句：部队出发，手执竖直矛戟，打开军旗，开始击鼓。幡（fān）旗，指军旗。幡，长条旗。 [2]“行三里”以下四句：行进三里，肩扛斜放矛戟，收起军旗，停止击鼓。辟，斜。 [3]髡（kūn）翦：古代剪去头发的处罚。徇：示众。

军行[1]，不得斫伐田中五果、桑柘、棘枣。

［注释］

[1]“军行”二句：行军途中不准砍伐田中果树、桑柘、酸枣。五果，指栗、桃、杏、李、枣五种果树。

［点评］

此四则军令所作时间也不详。第一则强调非战斗状态下弓弩的使用与管理，事虽小而重要，主要为避免意外事件的发生。第二则强调保护军中的奴隶，既可以增加部队后勤人员，又可以防止草菅人命，滋生腐败。第

《三国志·魏书·武帝纪》裴松之注引《曹瞒传》曰：常出军，行经麦中，令“士卒无败麦，犯者死”。太祖马受惊，奔入麦中，敕主簿议罪；主簿对以《春秋》之义，罚不加于尊。太祖曰：“制法而自犯之，何以帅下？然孤为军帅，不可自杀，请自刑。”因援剑割发。这一“割发代首”的故事，可以作为这一军令的补充。

三则强调军容军威，无论出兵或是凯旋，都必须庄严高昂，充满仪式感。第四则强调行军军纪，保护百姓的基本生活资料。可见，曹操以法治兵，纪律严明，令行禁止，同时也爱护百姓，充满人本色彩。

追称丁幼阳令[1]

昔吾同县有丁幼阳者[2]，其人衣冠良士，又学问材器，吾爱之。后以忧恚得狂病[3]，即差愈，往来故当共宿止，吾常遣归。谓之曰[4]："昔狂病，傥发作持兵刃，我畏汝。"俱共大笑[5]，辄遣不与共宿。

［注释］

[1] 丁幼阳：出身谯县（今安徽亳州）世家，其他事迹不详。有学者疑是丁冲，即丁仪、丁廙之父，存疑待考。 [2]"昔吾同县"以下四句：从前我同县有位丁幼阳，是士族中品质优良的人，其学问、才能和器量，我非常欣赏。衣冠，代指缙绅大族，也指一般士子。材器，才能、器量。 [3]"后以忧恚（huì）"以下四句：后来因为忧愤得了狂病，不久痊愈，按照以往惯例，他来时应留他共宿，现在我却令他归去。忧恚，忧愁愤怒。狂病，狂躁抑郁。差，通"瘥（chài）"，痊愈。 [4]"谓之曰"以下四句：对他说："从前你有狂病，倘若发作，拿刀弄枪，我可畏惧你。"傥（tǎng），

同“倘”，假若。 [5]“俱共大笑”二句：说完一起大笑。于是令他回去，不与同宿。

［点评］

此令最早见于《太平御览》，人物行迹、所记事件难以确考，因此所作时间不详。然此令有两点值得玩味：一是曹操的常人情感，因为丁幼阳与曹操同乡，操又欣赏其才能、学问和器量，所以关系密切，往来便与之共宿，其情深意笃与常人相同；二是曹操的常人心态，虽然幼阳狂病已经痊愈，然而也唯恐偶尔发作，拿枪弄刀，故令其归去，此种心态也与常人无异。而作者将这种人同此心的市井画卷摄入严肃的令文之中，读来让人忍俊不禁。

与皇甫隆令[1]

闻卿年出百岁[2]，而体力不衰，耳目聪明，颜色和悦，此盛事也。所服食施行导引[3]，可得闻乎？若有可传，想可密示封内。

［注释］

[1] 皇甫隆：嘉平年间任敦煌太守，有政绩。曾教敦煌百姓用耧（lóu）犁耕种，取水灌溉，并改进服饰，节约布匹。皇甫隆又善养生，年过百岁，仍然精神矍铄。 [2] 卿：第二人称的

爱称。出：超过。 [3]“所服食施行导引”以下四句：你所服的药物及所行的导引之术，能够说给我听吗？如若可以传授，希望能密封函中告诉我。服食，道教修炼方式，服用丹药之类，以求长生。导引，道教养生方式，运用呼吸俯仰，屈伸手足，促进血气畅通。

［点评］

生死相因，是人类之痛；热爱生命，乃人心同理。曹操所追求的养生准则，就是“养怡之福，可得永年”(《步出夏门行》)。这篇令文简约而生动地展示了曹操对于养生的重视及对长生的渴望。据《三国志补注》卷四载：“皇甫隆遇道士，姓封名君达，其余养性法，即可放（仿）用。……武帝（曹操）行之有效。”可见曹操确实曾向皇甫隆学习过养生之术。

教

授崔琰东曹掾教[1]（建安十三年）

君有伯夷之风[2]，史鱼之直[3]。贪夫慕名而清[4]，壮士尚称而厉，斯可以率时者已。故授东曹[5]，往践厥职。

所谓“伯夷之风，史鱼之直”包含两层含义：一是赞美崔琰有伯夷、史鱼的道德风范，二是确立清廉、正直的选官标准。其目的在于化贪为廉，激励壮士，重建汉末动乱以来业已毁颓的社会风气。然而，如果与《诛崔琰令》并读，则揭示了一个令人啼笑皆非的悖论：当以“史鱼之直”直面封建统治者时，结果如何？崔琰的被杀给了一个完整的诠释。

［注释］

[1] 授崔琰东曹掾教：严可均《全三国文》作“授崔琰东曹教”。崔琰，见《诛崔琰令》注。东曹，丞相府属官，见《止省东曹令》注。教，是一种长官对下级训示的公文。刘勰《文心雕龙·诏策》说：“教者，效也，言出而民效也。” [2] 伯夷之风：有伯夷的清廉。伯夷，殷末孤竹君长子。孤竹君死后，为了让位给弟弟，弃国逃走。后人称赞他是清廉的典范。 [3] 史鱼之直：有史鱼的正直。史鱼，字子鱼，春秋时期卫国大夫。因为卫灵公不用贤人蘧伯玉而用小人弥子瑕，在弥留之际告其子，死后不在正室治丧。灵公知道后，退弥子瑕而进蘧伯玉。史称“尸谏”，从而成为正直的典范。 [4]“贪夫慕名而清”以下三句：贪婪之人慕伯夷之名而清廉，壮烈之士尊崇史鱼之直而励志，这可以作为时代的表率。厉，同“励”，砥砺意志。 [5]“故授东曹”二句：

所以授予你东曹之职，去履行你的职务。厥，其。

在《度关山》《善哉行》等诗文中，曹操一直以伯夷、叔齐为歌咏对象，为何在这里又批评他们“可谓愚暗”呢？这就涉及政治家治理社会在不同层面所设定的政治标准不同。一方面伯夷、叔齐不慕权力、忠于前朝，对于匡正争权夺利、提倡忠君爱国有着积极意义；另一方面伯夷、叔齐不明社会发展大势，其逃避世俗的方式也恰恰消解了士大夫的社会责任感，其政治取向又显现出迂腐保守的一面。一般地说，在治世、盛世，二人行为有积极意义；在乱世、历史变革时期，二人行为又有消极意义。

［点评］

建安十三年（208）六月，曹操为丞相，迁崔琰为东曹掾。东曹掾为掌管典选之官，地位清要，故操下教而训示之。他认为崔琰有“伯夷之风，史鱼之直”，并且将伯夷、史鱼这类人物作为时代的表率，实际上也是曹操确立的选官标准。有一点尤须注意：《孟子·万章下》说：“故闻伯夷之风者，顽夫廉，懦夫有立志。”《论语·卫灵公》也说：“直哉史鱼！邦有道，如矢；邦无道，如矢。”也就是说，伯夷、史鱼都是儒家推崇的人物。“儒以文犯法”（《韩非子·五蠹》），对于崇尚申韩之术的曹操来说，为何以儒家推崇的人物作为选官的标准呢？这与时代变化和曹操的治政方针密切关联。儒家推崇的人格典范本质上包含着一种强烈的社会秩序意识。这时，北方基本统一，国家职能逐渐恢复，要维护中央集权、国家秩序，必须借助儒家理论。这反映了曹操治理乱世和治理治世、治理军队和治理社会的不同政治谋略。

议田畴让封教[1]（建安十四年）

昔夷、齐弃爵而讥武王[2]，可谓愚暗，孔子犹以为“求仁得仁”。畴之所守[3]，虽不合道，但欲清高耳。使天下悉如畴志[4]，即墨翟兼爱、尚同之事，而老聃使民结绳之道也。外议虽善[5]，为复使令司隶以决之。

［注释］

[1] 议田畴让封教：严可均《全三国文》作“决议田畴让官教”。 [2]“昔夷、齐弃爵”以下三句：古代伯夷、叔齐放弃爵位，却讥讽周武王伐纣，可以说是愚昧不明，孔子还认为是“求仁得仁”。夷齐，即伯夷、叔齐。见《善哉行》注。求仁得仁，语出《论语·述而》：“（子贡）入曰：‘伯夷、叔齐何人也？’曰：‘古之贤人也。’曰：‘怨乎？’曰：‘求仁而得仁，又何怨？’”意思是伯夷、叔齐，求仁的目的已经达到，怎么会有怨恨呢？ [3]“畴之所守”以下三句：田畴坚持不受封爵，虽然不合治国之道，也只是显示其清高罢了。 [4]“使天下悉如畴志”以下三句：假使天下人都像田畴一样，也就是墨子提倡的兼爱、尚同之理，也是老子主张使百姓结绳记事的方法了。兼爱、尚同，见《度关山》注。 [5]“外议虽善”二句：诸位的议论虽然很好，却也必须使司隶校尉再议而决定此事。外议，指当时官吏主张弹劾田畴“狷介违道，苟立小节，宜免官加刑”。司隶，司隶校尉，京师和周边地方的监察官。

［点评］

曹操下令再次封赏田畴之后，“畴上书陈诚，以死自誓”。曹操不从，数次反复，田畴仍不接受封爵。是时，田畴已将其家属及宗人三百余家迁居邺城。于是，曹操又派与田畴关系密切的夏侯惇前去劝说。畴说：“我逃离无终山已违仁义，怎么能够因为出卖卢龙塞而换取爵禄呢？纵然国家爱我，我也内心惭愧啊。”（参阅《请封田畴表》）说时竟涕泪纵横，发誓毋宁死，不受封。曹操知田畴义不可屈，乃拜议郎。

毫无疑问，曹操认为田畴的行为是“名士”的故作清高，犹如伯夷、叔齐，既是逃避社会责任，也不明时代发展之大势。但是，曹操仍然从古代圣贤的理论中给田畴找到了开脱理由，并且下教有司必须慎重处理，可见他对田畴的态度还是十分宽容的。必须说明的是，田畴的行为与墨子的“尚同”和老子的“小国寡民”思想，尚有不同。这是需要细致区分的。

与韩遂教[1]（建安十四年）

谢文约[2]：卿始起兵时，自有所逼，我所具明也。当早来，共匡辅国朝。

［注释］

[1] 韩遂：原名韩约，字文约，后改为遂，凉州金城郡人。与马腾割据凉州，后又联合马超反曹，为曹操所败，不久被部将所杀。 [2]“谢文约”以下六句：告诉文约：你起兵叛逆时，本有人逼迫你，我完全清楚。现在你应早日来朝，共同辅佐朝廷。卿，对同辈的尊称。匡辅，匡正辅佐。

[点评]

韩遂、马超皆是西凉割据军阀。最初相互攻击，后来结盟抗操。曹操同韩遂父亲同年举为孝廉，故采取争取韩遂、孤立马超的策略。建安十四年（209），韩遂派遣使者阎行拜见曹操，操厚待阎行，并上表拜韩遂为犍（qián）为太守。阎行回去后，向韩遂宣示曹操此教，并劝说他归顺曹操。然而，韩遂并未归顺，后来反而受马超蛊惑，起兵反曹，终于兵败为部下所杀。教仅二十六字，先是推开一层，说割据叛乱，非你本意，这就将韩遂以前罪过洗刷干净，然后又以“共匡辅国朝”诱之官爵，笼络韩遂。在语言技巧的背后，展示了这位政治家的智慧。

征吴教（建安十九年）

今孤戒严[1]，未知所之，有谏者死。

[注释]

[1]“今孤戒严”以下三句：现在我宣布部队戒严，暂不宣布部队所去之地，有劝谏停止行军者处死。

[点评]

建安十九年（214）七月，曹操征孙权，因为连降大雨，将士多不愿前行。曹操唯恐有人谏止南征，影响士气，于是下达这一训示。由此可见，曹操南北征战的艰辛以及百折不挠的意志。

原贾逵教[1]（建安十九年）

逵无恶意，原复其职。

［注释］

[1] 原贾逵教：《魏武帝集》作“复教”，题意不明。今据严可均《全三国文》。贾逵，字梁道，河东襄陵（今山西临汾）人。初为并州郡吏，后举茂才，迁渑池县令，又任弘农太守、丞相主簿、谏议大夫等职。

［点评］

建安十九年（214）七月，曹操下达《征吴教》后，当时任丞相主簿的贾逵与其他主簿商量说：“现在确实不宜出征，虽教如此说，还是不能不谏。”于是，上书谏止出兵。曹操大怒，逮捕贾逵等人。审讯谁是主谋，贾逵回答：“我是主谋。”说罢，自己走向监狱，并督促狱吏给自己戴上枷锁。后来，曹操认为，贾逵虽触犯军令，仅仅是犯颜直谏，并无与自己对立的恶意，于是下达此教，赦免逵罪，并官复原职。这说明，曹操执法虽然严厉，却非常注意考察官吏违法背后的心理动机，非常注意“法”与“情”的统一。

戒子植[1]（建安十九年）

吾昔为顿丘令[2]，年二十三。思此时所行[3]，无悔于今。今汝年亦二十三矣，可不勉欤[4]？

［注释］

[1] 戒子植：此文虽非“教”，亦具有训示之义，故《魏武帝集》列入“教”的文体中。植，曹植，字子建。魏武卞皇后所生第三子。建安十六年封为平原侯，十九年改封临淄侯。曹丕即位，曾封为陈王，死后谥号“思”，因此又称陈思王。是建安文学的重要代表人物。　[2] 顿丘：在今河南清丰县西南。　[3]“思此时所行”二句：是说追思这一时期所做的一切，至今仍无后悔之处。　[4] 勉：勉励，努力。欤（yú）：此表感叹语气。

［点评］

建安十九年（214）七月，曹操南征孙权，令曹植留守邺城，这是行前对曹植的告诫。他以自己年轻时的行为勉励曹植，简短之语中，寄托了父亲的殷切期望。

“思此时所行，无悔于今”，虽为教子，却是至理名言。人，如果在反思过去所做的一切，能够“无悔于今”，是多么纯粹、高尚而辉煌的人生。“今”又是明天的历史，明天的“今”再反思“此时所行”能否还能“无悔于今”？这真是一个人生的大命题。

东晋历史学家孙盛评论说：“至于合肥之守，县（悬）弱无援，专任勇者则好战生患，专任怯者则惧心难保。且彼众我寡，必怀贪堕；以致命之兵，击贪堕之卒，其势必胜；胜而后守，守则必固。是以魏武推选方员，参以同异，为之密教，节宣其用；事至而应，若合符契。妙矣夫！”

与张辽等教[1]（建安二十年）

若孙权至者[2]，张、李将军出战[3]，乐将军守[4]，护军勿得与战[5]。

［注释］

[1] 与张辽等教：严可均《全三国文》作“合肥密教”。 [2] 孙权：见《遗孙权书》注。 [3] 张、李将军：指张辽、李典。张辽，见《表称乐进于禁张辽》注。李典，字曼成，山阳巨野（今山东巨野县）人，自归曹操，随操南征北战，屡立功勋，迁破虏将军，合肥之战后，增食邑百户。 [4] 乐将军：指乐进，见《表称乐进于禁张辽》注。 [5] 护军：指薛悌（tì）。悌，字孝威，年二十二，以兖州从事为泰山太守。初，太祖定冀州，以悌及东平王国为左右长史，后至中领军，二人皆忠贞练事，为官吏表率。

［点评］

建安二十年（215）二月，曹操南征汉中张鲁。当时，张辽、乐进、李典等率兵七千余人戍守合肥。因为合肥乃面临东吴前线，曹操唯恐有失，出征前给护军薛悌下达一道密教，并在封面写上“贼至乃发”。不久，孙权果然率十万大兵包围合肥，张辽等乃拆开此教。阅读之后，辽说：“此教是指示我们趁孙权部队尚未合围而迎击之，挫其锐气，以此安定军心，这样就可以守住城池。成败关键，就在此一战。”于是募集精锐八百余人，直接冲到孙权指挥旗下，孙权大惊，不知所措，张辽等左冲右突，孙权军士无人敢当，张辽大获全胜。后来，孙权包围合肥十余日，久攻不下，引兵而退。辽又率兵追击，差点俘获孙权。这是历史上著名的以少胜多的战例。

曹操的密教是说，假如孙权兵至，兵分三部：一部出战，一部守城，一部为预备队，采取以攻为守、以城为垒、以逸待劳的整体作战方针。而张辽灵活地运用这一作战方针，采取出其不意、直插敌人心脏的重点突破方针，从而打乱了敌军部署，提高了守城将士的士气。这说明：不仅曹操知己知彼，用兵如神，而且张辽灵活机动，谋勇过人。

赐袁涣家谷教（三则）[1]（建安二十四年）

以太仓谷千斛[2]，赐郎中令之家。

[注释]

[1] 袁涣：字曜卿，陈郡扶乐（今河南太康县西北）人。父袁滂，汉司徒。汉末，流寓江淮，初为袁术所用，转投吕布。布被杀，归曹操，拜沛南部都尉，后任谏议大夫、郎中令等职。 [2] 太仓：京师储粮之仓。斛（hú）：汉时一斛为一石，即十斗。

以垣下谷千斛[1]，与曜卿家。

[注释]

[1] 垣（yuán）下：指仓垣城（在今河南开封西北），曹操在此建有粮仓。

以太仓谷者[1]，官法也；以垣下谷者，亲

曹操这一做法，既体现秉公执法的一面，也浸透动人的人文情怀。这是曹操笼络人心最有效也最常见的手段。

旧也。

[注释]

[1] “以太仓谷者”以下四句：用国家之粮赏赐，是依据国法；用魏国之粮赏赐，是出于情感。

[点评]

袁涣为官清廉，前后所得赏赐虽然很多，却都分给他人，致使家中没有储粮。所以，袁涣死后，曹操泫然流涕，连下两条训示，分别从国家粮仓和魏国粮仓各支粮千斛，赐予袁涣家人。最后又三下训示，说明两种赏赐的不同意义：一出自国家法令，一出自个人情感。这说明曹操对待忠心耿耿的下属情深义重，即使赏赐也是公私分明。

此教作于袁涣去世之时。关于袁涣去世时间，史书失载。但是《三国志·魏书·袁涣传》有两个细节值得注意：一是“居官数年”，这里所说的“居官”是指任魏国郎中令之职，魏国始建于建安二十一年（216），“数年”至少在三年。二是“时有传刘备死者”，这一传闻应在关羽败走麦城被杀之时，即建安二十四年（219）底。或许袁涣即在这一年底去世。

表

谢领兖州牧表[1]（兴平二年）

入司兵校[2]，出总符任。臣以累叶受恩[3]，膺荷洪施，不敢顾命。是以将戈帅甲[4]，顺天行诛。虽戮夷覆亡不暇[5]，臣愧以兴隆之秩，功无所执，以伪假实，条不胜华。窃感讥请[6]，盖以惟谷。

［注释］

[1] 谢领兖州牧表：严可均《全三国文》作“领兖州牧表”。兖州，古代九州之一。汉置十三州，兖州治所在昌邑（今山东金乡县西北），下辖陈留、东郡、任城、泰山、济北、山阳、济阳、东平八个郡国。其范围在今山东西部及河南东部。牧，掌握一州军政大权的行政长官。表，古代上呈朝廷或天子的一种公文。蔡邕《独断》：“凡群臣上书于天子者有四名：一曰章，二曰奏，三曰表，四曰驳议。” [2]“入司兵校”二句：入掌禁军，出任州牧。入司兵校，指入掌校尉。中平五年（188）八月，朝廷设置西园八校尉，征召曹操为典军校尉。出总符任，指总领兖州牧。符，兵符，古代调兵遣将所用的符印。用铜、玉或木石制成，作虎形，又称虎符。符分两半，国君、将帅各持一半。调发军队，必先验

合符印，方能生效。 [3]“臣以累叶受恩”以下三句：臣数代受皇上恩宠和赏赐，致力效忠王室，不敢顾惜性命。累叶，犹累世。膺荷，承受。 [4]“是以将戈帅甲”二句：因此率领士卒，顺从天意，讨伐逆贼。戈、甲，代指士兵。 [5]“虽戮夷覆亡不暇”以下五句：我虽然致力平定天下，却未能挽救危亡，惭愧受此丰厚爵禄，无功受禄，借虚名而受恩赐，实在是功劳小而赏赐厚呀。戮夷，平定夷狄，指削平董卓之乱。覆亡不暇，不暇挽救危亡。《左传》隐公十一年：“吾子孙其覆亡之不暇，而况能禋祀许乎？”意思是我的子孙挽救危亡尚且不能，哪里能保住许国土地呢？执，取得。假，给予，授予。条不胜华，以枝小花大比喻功小而赏厚。胜，任。华，同“花”。 [6]“窃感讥请”二句：我私下认为必受人讥讽，实在进退两难。讥请，讥讽。窃，谦辞。惟谷，进退维谷，进退无路，此指进退两难。惟，同“维”。

［点评］

初平三年（192），青州黄巾起义军攻入兖州，刺史刘岱战死，鲍信等迎曹操领兖州牧。后为吕布所攻，复失兖州。兴平二年（195），曹操以奇兵击败吕布、张邈等，平定兖州。十月，天子正式拜曹操兖州牧，曹上表谢恩。叙说皇恩之隆，自己功业微薄，受恩时的惭愧之情。虽多是公文套语，然而所说自己献身社稷，率领士卒，顺天意，讨逆贼，致力于平定叛乱，救亡图存，既表达忠义之心，也隐含功业显著。表层是自谦，本质在自矜，用语十分巧妙。

又让封表[1]（建安元年）

臣诛除暴逆[2]，克定二州，四方来贡，以为臣之功。萧相国以关中之劳[3]，一门受封；邓禹以河北之勤[4]，连城食邑。考功效实[5]，非臣之勋。臣祖父中常侍侯[6]，时但从辇，扶翼左右，既非首谋，又不奋戟，并受爵封，暨臣三叶。臣闻《易·豫卦》曰[7]："利建侯，行师。"有功，乃当进立以为诸侯也。又《讼卦》六三曰[8]："食旧德，或从王事。"谓先祖有大德[9]，若从王事有功者，子孙乃得食其禄也。伏惟陛下垂乾坤之仁[10]，降云雨之润，远录先臣扶掖之节，采臣在戎犬马之用，优策褒崇，光曜显量，非臣尪顽所能克堪。

萧何是西汉"转漕关中，给食不乏"的一代名相，邓禹是东汉"既定河北，复平关中"的一代名将。二人在两汉立国后，都是封赏优渥。曹操举此二人为例，表层是谦逊，深层是暗示。既可如邓禹之出将，也可如萧何之入相。

古代的所谓"外交辞令"，不仅为往来使者所惯用，也广泛运用于公文、应对。此类文辞往往是言在此而意在彼。读"伏惟陛下"以下数句，不可仅从字面上理解。所谓"于无字处读书"，就在此处。

［注释］

[1] 又让封表：严可均《全三国文》作"上书让封"。《魏武帝集》又注曰："一作上让封书。"让封，谢绝封爵。建安元年六月，献帝诏封曹操费亭侯，曹上表。 [2]"臣诛除暴逆"以下四句：我诛杀逆贼，平定二州，使四方纳贡朝廷，皇上认为是臣的功劳。二州，青州、兖州。初平三年（192），曹操镇压青州黄巾起义军，平定青州；兴平二年（195），曹操又击败张邈、吕布，

平定兖州。 [3]“萧相国”二句：萧相国，萧何，沛封（今江苏丰县）人。西汉开国名臣。楚汉相争时，萧何为丞相，留守关中（今陕西中部一带），为刘邦筹措粮草，输送士卒。刘邦之所以战胜项羽，与萧何建立稳定的后方、提供物资和兵源保障，有密切关系。一门受封，刘邦即位后，论萧何为首功，封他为酂（cuó）侯，食邑八千户，后增封二千户，并加封了萧何父子兄弟十余人。 [4]“邓禹”二句：邓禹，字仲华，南阳新野（今河南新野县）人。东汉名将。初从刘秀镇压河北铜马起义军，后入河东，镇压绿林军王匡、成丹等部。刘秀即位，任大司徒，封高密侯，食邑四县。连城，城池相连，形容封地之广。食邑，古代君主赐予臣下土地，臣下征收租税，以为俸禄。 [5]“考功效实”二句：考核政绩，校核实际，并非我的功勋。考功，考核政绩。效，通“校（jiào）”，核对。 [6]“臣祖父中常侍侯”以下七句：我的祖父中常侍费亭侯，仅仅时时跟随皇上车辇之后，侍奉皇上身边，既不是首要谋臣，也没有奋战沙场，却受到封爵，到我袭封此侯，已是三代。祖父，指曹腾，为中常侍，桓帝即位，因腾是先帝老臣，加封费亭侯。中常侍，皇帝侍从官，多由宦官担任。三叶，三代。曹腾死后，子曹嵩袭封，此次操又袭封，故曰三代。 [7]“臣闻《易·豫卦》曰”以下五句：我看《周易·豫卦》上说，分封诸侯，有利于安定天下，讨伐叛逆。对于有功之人，就应该晋爵封侯。豫卦，《周易》分八卦，两两重复排列，又分六十四卦，豫卦是六十四卦的第十六卦。建侯，分封诸侯。行师，讨伐叛逆。 [8]“又《讼卦》六三曰”以下三句：《讼卦》的六三爻辞说：“或受先祖庇荫，或追随天子。”六三，《周易》卦分阴阳，“九”为阳卦，“六”为阴卦。凡是阴爻居卦第三位者，均称六三。食旧德，指受先祖恩荫。从王事，追随君主而任职。 [9]“谓先祖有大德”以下三句：是说祖上有大德，且为王事而建立功业者，子孙才能受君主俸禄。 [10]“伏惟陛下”以下七句：皇上降下天地的仁德、云雨的滋润，远思先帝之臣侍奉皇上的职责，近念我对皇上所效的犬马之劳，诏令优待褒奖我，如此荣耀显赫，我才弱愚昧，不能胜任啊。伏惟，伏地思考，表敬辞。陛下，宫殿台阶之下，借以尊称皇上。扶掖，扶持，此指侍奉皇上。优策，封赏优厚的诏令。尪（wāng）顽，才弱愚昧。尪，弱。克堪，能够胜任。

［点评］

建安元年（196）二月，献帝拜曹操建德将军；六月，迁镇东将军，并诏令曹操为镇东将军领兖州牧，袭父亲曹嵩的费亭侯爵位。从曹操的数次上表看，乃是先诏领兖州牧，后诏袭费亭侯。此是曹操接到诏袭费亭侯后所上的第一表。

此表名义上为“让封”，实际上是“赞封”。先论自己征讨逆贼、平定二州之功；再征引史实，举西汉名臣萧何、东汉名将邓禹因功勋卓著而封爵之高，赏赐之隆；接下来追述祖父侍奉桓帝，恪守臣节而被封爵；又引《周易》从理论上证明封侯对于安定天下、袭封祖爵对于稳定王室的意义。论功，说明封爵实至名归；证史，说明封爵于史有征；叙述家世，说明封爵源于先祖恩荫；引用《周易》，说明封爵由来已久。一言以蔽之，献帝诏封曹操袭费亭侯，操受之无愧。至于“非臣尪顽所能克堪”，其实不过是“自谦”的公文辞令而已。

让费亭侯表[1]（建安元年）

此书大有“生当陨首、死当结草”之意。这种表达至少部分发自衷心，与上文完全虚假“自谦”的公文辞令有所不同。

臣伏读前后策命[2]，既录臣庸才微功，乃复追述先臣，幽赞显扬。见得思义[3]，屏营怖惧，未知首领所当所授。故古人忠臣[4]，或有连城而不辞，或有一邑而违命。所以然者[5]，欲必正其名也。又礼制[6]：诸侯国土已绝，子孙有功者，当更受封，不得增袭。其有所增者[7]，谓国未绝也。或有所袭者[8]，谓先祖功大也。数未极[9]，无故断绝，故追绍之也。臣自三省[10]，先臣虽有扶辇微劳，不应受爵，岂逮臣三叶。若录臣关东微功[11]，皆祖宗之灵祐，陛下之圣德，岂臣愚陋，何能克堪？

这里所说的“录臣关东微功”与《又让封表》“远录先臣扶掖之节，采臣在戎犬马之用，优策褒崇，光曜显量，非臣尪顽所能克堪”，意义非常接近。但是从作文目的看，上文是以自谦“试探”皇上的内心，此文则是以自谦表达颂君的美意。

［注释］

[1] 让费亭侯表：严可均《全三国文》作“上书让费亭侯”。费亭侯，爵位名。自秦代以来，天子以二十等爵赏有功者。《后汉书·百官志五》：“列侯……功大者食县，小者食乡、亭。”即在列侯中食禄于乡、亭者称为乡侯、亭侯。曹操祖父曹腾始封费亭侯，腾死后其父曹嵩袭封，献帝又策命曹操再次袭封此爵，故曹操上表辞让之。 [2]“臣伏读前后策命”以下四句：臣拜读皇上前后书策，皇上既念我的微功，又追思我先祖之功，称赞死者，表扬

后代。策命，君主封官授爵的书策。 [3]“见得思义”以下三句：臣见其封爵，即思是否合乎道义，于是惶恐不安，不知我的生命能否抵得上所授爵位。见得思义，是孔子所提出的“九思”之一，意思是若有所得，当思是否合乎义，不可苟且。屏营，惶恐。首领，头和颈，代指生命。所当，所值。所授，所授爵位。 [4]“故古人忠臣”以下三句：所以古代忠臣，有人封地城池相连而受之，有人封地仅一城邑而拒绝。 [5]“所以然者”二句：之所以如此，是希望名实相称。正其名，即正名，是古代治理国政的重要观念。《论语·子路》：“必也正名乎！……名不正，则言不顺；言不顺，则事不成；事不成，则礼乐不兴；礼乐不兴，则刑罚不中；刑罚不中，则民无所措手足。” [6]“又礼制”以下五句：按照礼制，若诸侯封地已经废除，子孙有功，应另行封爵，不能再增加世袭爵位。国土已绝，指封土赐爵已被废除。 [7]“其有所增者”二句：如若再有增封，是因原先所封土地的子孙仍在世袭。 [8]“或有所袭者”二句：子孙仍然袭封，必须是先祖功勋卓著。 [9]“数未极”以下三句：按照制度，封土授爵的世袭期限未尽，却被无故废除，所以才会追封原爵使子孙继承爵位。数，法制。未及，世袭期限未至。绍，继承。 [10]“臣自三省”以下四句：我数次反思，先祖虽有侍奉皇上的微功，但因为功微而不应接受封爵，何况到我已是三代，已经不合世袭爵位的礼制。 [11]“若录臣关东微功”以下五句：如若皇上念我关东讨逆的小功，那也是祖宗神灵保佑，皇上至上仁德，我怎么能胜任呢？关东微功，是指《又让封表》所说的“克定二州”。

［点评］

时间上，这篇奏表在上表之后，约在建安元年（196）七月。先是献帝诏令曹操袭封费亭侯，公辞让不受；献帝再下诏不允，曹操又上表辞让。此表先说先祖和我都是功小勋微，不足挂齿，然而皇上追述先祖之功，又念我微劳，授臣显爵，我既内心惶恐不安，又舍生无以为报；再说古代忠臣或受连城之封而不让，或受一邑之封而辞让之，唯有希望名实相称，意思是我功小而爵厚，名不副实。三说按照礼制，我既不符合世袭父爵的规定，也不符合另行封爵的条件。最后概括说无论从世袭制度上，还是论功行赏的考核制度上，我都不能接受如此厚爵。在充分抒发感激之情后，紧扣名实关系、世袭制度、官吏考核三个方面，将辞让之理阐释得非常充分。

此表虽短，前后逻辑关联却非常严密。从孔子“见得思义”的人生准则到孔子“必也正名”的名实原则，构成意义上的逻辑联系；从“国土已绝”到“国未绝”的两种对立存在，构成形式上的逻辑联系；从赞美皇上“幽赞显扬”到“陛下之圣德”，构成抒情上的逻辑联系。准之义，动之情，晓之理，与上表内容、风格都大相径庭。表中也浸透着曹操的部分真情实感。这年七月，曹操至洛阳拜见天子。此时宫室已经烧毁，天子大臣居住在断垣残壁之间，以野菜充饥，曹操见之，岂能无恻隐之心？

《汉书·宦者列传》：“自曹腾说梁冀，竟立昏弱。魏武因之，遂迁龟鼎。”范晔认为，曹腾游说梁冀，立昏弱的刘志为桓帝，是东汉走向衰微的开始；后来魏武帝又采用先祖的做法，扶植献帝刘协，终于导致东汉覆亡。其中功过是非，颇值得深思。

谢袭费亭侯表（建安元年）

不悟陛下乃寻臣祖父厕豫功臣[1]，克定寇逆，援立孝顺皇帝。谓操不忘[2]，获封茅土。圣恩明发[3]，远念桑梓。日以臣为忠孝之苗[4]，不复量臣材之丰否。既勉袭爵邑[5]，忝厥祖考，复宠上将鈇钺之任，兼领大州万里之宪。内比鼎臣[6]，外参二伯，身荷兼绂之荣，本枝赖无穷之祚也。昔大彭辅殷[7]，昆吾翼夏，功成事就，乃备爵锡。臣束脩无称[8]，统御无绩，比荷殊宠，策命褒绩，未盈一时，三命交至。双金重紫[9]，显以方任。虽不识义[10]，庶知所尤。

“内比鼎臣，外参二伯”“未盈一时，三命交至”，献帝对曹操如此优渥恩宠，本质上反映了两点：一是献帝对于曹操关键时刻救驾之功确是心存感激；二是曹操也暗示自己就是夏商的大彭、昆吾，西周的周公、召公，其地位之高，也不许他人染指。由此也可以看出曹操“挟天子以令诸侯”政治谋略的历史意义。

［注释］

[1]“不悟陛下”以下三句：没有想到皇上追思祖父平定寇贼，迎立顺帝，位列功臣。祖父，指曹腾，字季兴。安帝时，任黄门从官。顺帝在东宫，腾侍奉太子。太子被废济阴王，腾又在安帝崩后，参与谋立顺帝。顺帝即位，迁中常侍。又因定策迎立顺帝之功，被封为费亭侯，迁官大长秋。厕豫，列入。豫，通“与”。援立，扶立。 [2]“谓操不忘”二句：皇上说我不忘先祖之德，获封爵位和封地。不忘，指不忘先祖忠于皇室。曹操率兵至洛阳、保卫献帝，故曰“不忘”忠于皇室。茅土，指封地。古代天子分封王侯，以五色土为坛，赐予祭祀之地的泥土，按照封地方位，赐予不同颜色的泥土，东方青色，南方红色，西方白色，北方黑色，上以黄土覆盖，用白茅包土而授予封爵者，作为拥有国土、建立社稷的象征。 [3]“圣恩明发”二句：天子圣恩，缅怀我的祖考。明发，思念。《诗经·小雅·小宛》：“明发不寐，有怀二

人。”曹操引此典故，包括“有怀二人”之意，即怀念祖考。桑梓，故乡，指曹操祖考的封地。 [4]“日以臣”二句：常常以我为忠孝之臣的后代，不再考量我才能的大小。丰否（pǐ），大小，好坏。 [5]“既勉袭爵邑”以下四句：既劝勉我袭封爵位土地，使我忝列祖考的爵位，又宠赐上将征战的重任，兼管万里大州的权力。忝，谦辞，辱没。厥，其。铁钺（fǔ yuè），即斧钺。钺，大斧。君主赐予大臣，表示授予征伐之权。 [6]“内比鼎臣”以下四句：内同朝廷重臣，外任诸侯之首，一身兼受双重的金印绶带，子孙因此享受无穷的福荫。鼎臣，重臣。二伯，原指周初分别主管东方和西方诸侯的两位重臣周公和召公，此指曹操总领尚书之职，地位仅次于天子。兼绂，兼任两种高级官职。此指曹操既迁镇东将军，又录尚书事。绂，古代系印纽的丝带，亦指官印。本枝，比喻本族子孙。祚，福。 [7]“昔大彭辅殷”以下四句：从前大彭辅助殷，昆吾辅佐夏，建立功业，俱被赐予爵位。大彭，即彭祖。《史记·楚世家》：彭祖，帝颛顼高阳的后裔，封于大彭。殷时，彭祖氏曾任侯伯。此所谓大彭当指彭祖后裔。昆吾，大彭之兄，夏时，昆吾氏曾为侯伯。爵锡，赐爵。锡，同“赐”。 [8]“臣束脩无称”以下六句：我年轻时读书没有乡里之誉，统兵治军又无成就，却连续承蒙特殊恩宠，诏命褒扬我的功绩，短短时间，三道诏令连续而至。束脩，入学读书。古代学生与教师初见面，必先奉赠礼物，表示敬意，名曰束脩。脩，腊肉。未盈一时，不满一个时刻。三命交至，指接连策命曹操。建安元年二月，天子拜曹操建德将军。六月，迁镇东将军，封费亭侯。七月，天子假曹操节钺，录尚书事。 [9]“双金重紫”二句：同时担任两种高级职务，并担任荣耀的地方重任。金，金印。紫，紫色绶带。带着金印，垂着紫绶，形容官位显赫。 [10]“虽不识义”二句：我虽不明大义，也约略懂得这是特别的恩宠啊。庶，庶几，差不多。尤，特别，此指特别恩宠。

［点评］

这是曹操接受了费亭侯封赏之后所上的谢表，表达对皇上的感激之情。一是感激皇上缅怀先祖平定强寇逆贼、匡扶顺帝之功，恩及自身、封土赐爵之恩；二是感激皇上唯念祖荫，不计臣才微薄，而委以将伯重任，使一门荣宠，福及子孙。最后表明自己对待王室的态度：臣虽不才，受到如此恩宠，深知责任重大，一定如大彭辅殷、昆吾佐夏那样尽心竭力，匡扶汉室。

短文反复强调自己才能微薄，令名不彰，功勋不著，与“内比鼎臣，外参二伯”“未盈一时，三命交至”形成对比，皇恩优渥和自己的感激之情也就显得尤其鲜明、深厚。

让增封武平侯表[1]（建安元年）

伏自三省[2]，姿质顽素，材志鄙下，进无匡辅之功，退有拾遗之美。虽有犬马微劳[3]，非独臣力，皆由部曲将校之助。陛下前追念先臣微功[4]，使臣续袭爵土，祖考蒙光照之荣，臣受不赀之分，未有丝发以自报效。昔齐侯欲更晏婴之宅[5]，婴曰：“臣之先容焉，臣不足以继之。”卒违公命，以成私志。臣自顾省[6]，不克负荷，食

晏婴是春秋时期著名的政治家，以爱国忧民、敢于直谏且生活简朴而闻名诸侯。曹操引晏婴而自比，其明确的政治取向也蕴含其中。曹操诗文善用典故，往往化腐朽为神奇。

旧为幸。虽上德在弘[7]，下有因割，臣三叶累宠，皆统极位，义在殒越，岂敢饰辞！

［注释］

[1] 让增封武平侯表：严可均《全三国文》作“上书让增封武平侯及费亭侯”。《魏武帝集》，“增”作“赠”，翻刻之误。武平侯，汉代封爵之一种。见《让费亭侯表》注。 [2]“伏自三省”以下五句：多次反省自己，天资愚钝朴拙，才志浅薄低下，进无匡正辅佐的功勋，又阙弥补缺漏的美德。资质，天资，禀赋。拾遗，弥补缺漏。有，按照前后语意当为“无”或“阙”。 [3]“虽有犬马微劳”以下三句：虽有微小的犬马之功，也不是我一人之力，都是部下将士辅助的结果。 [4]“陛下前追念”以下五句：皇上前已追思我先祖的微功，使臣继续袭封食邑和爵位，祖考蒙受皇恩天光的荣耀，我也受到无法比量的恩赐，还没有丝毫贡献，报效皇上。不赀，同“不訾（zǐ）”，无法比量。 [5]“昔齐侯”以下六句：从前齐景公打算更换晏子住宅，晏子说：“这是我祖先居住之处，我的德行还不足以继承这一住宅啊。”最终违背景公之命，以坚持自己的意愿。齐侯欲更晏婴之宅，事见《晏子春秋·内篇杂下》。 [6]“臣自顾省”以下三句：臣自我反省，不能承受这一增封的爵位，能够世袭先祖封爵已经是幸运了。负荷，负担，指增封爵位，不能胜任。 [7]“虽上德在弘”以下六句：虽然皇上恩德弘大，臣下却有取舍，我三代累受恩宠，都官居高位，按照道义就应该舍身报效皇上，哪里敢只说漂亮话呢！因割，取舍。殒（yǔn）越，坠落，死亡。

[**点评**]

建安元年（196）九月，迁都许昌，献帝拜曹操为大将军，增封武平侯，操上表辞让。先言自己天资愚昧，才志浅薄，不足以增封；再言前已封赏，尚未报效；又引晏子典故，说明辞让增封的理由；最后从君臣两边说明增封和辞让的原因，特别说明世受皇恩，应当没死以报，所言并非全为粉饰之辞。虽是公文，说理充分。而"义在殒越，岂敢饰辞"，也至少部分地流露出当时的真实想法，说明曹操当时并无篡逆的野心。曹操的野心是在历史的不断"振荡"中萌生并逐渐膨胀的。

让增封表[1]（建安元年）

无非常之功[2]，而受非常之福，是用忧结。比章归[3]，闻天慈无已，未即听许。臣虽不敏[4]，犹知让不过三。所以仍布腹心[5]，至于四五，上欲陛下爵不失实，下为臣身免于苟取。

曹操反复辞让增封，义出于诚，事出于势，实际上有着深刻的现实原因和政治原因，并非完全是公文辞令。

[**注释**]

[1] 让增封表：严可均《全三国文》作"上书让增封"。 [2]"无非常之功"以下三句：我无特殊的功业，却享受特殊的恩宠，因此内心忧虑郁结。是用，因是。用，因。 [3]"比章归"以下三句：等到奏表返回，得知皇德无比，没有允许。比，及至。 [4]"臣虽

不敏”二句：我虽不才，尚且知道辞让不可超过三次。不敏，谦辞，不才。 [5]“所以仍布腹心”以下四句：之所以仍然袒露我的诚意，以至于四五次地辞让，是上希望皇上封爵名实相副，下为了自己取之有道。腹心，犹言至诚之心。苟取，苟且取得，意即不义之得。

［点评］

曹操已上书辞让增封武平侯，献帝不允，操再上书辞让，这种现象在古代君臣之中普遍存在，读《三国志》有关曹丕、刘备、孙权称帝登基之时君臣往来公文，表现得尤为鲜明。往往是势已必得，却反复辞让，既可以得到目的，又能够沽名钓誉。这本是中国古代君臣之间玩“贴金术”的娴熟小把戏，却犹如“皇帝新装”，谁也不愿（或不敢）说破，于是这个小把戏一直在历史上不断重演。

曹操的反复辞让固然蕴含这一小把戏的伎俩，但是他的辞让也有深刻的现实原因。初迎天子，建都许昌，百废待兴，若唯在攫取个人威权地位，梁冀、窦武、何进甚至董卓的悲剧前鉴不远，作为政治头脑异常清醒的曹操，所见非常清楚；“挟天子以令诸侯”，本是曹操最为重要的政治战略，然而“挟”和“令”的两种政治行为，必须隐蔽于志在皇室的假象背后。简单地说，位极人臣的时机尚未成熟，辞让的背后也有曹操的政治考量，并非仅仅是政治“作秀”。

让还司空印绶表（建安元年）

臣文非师尹之佐[1]，武非折冲之任，遭天之幸，干窃重授。内踵伯禽司空之职[2]，外承吕尚鹰扬之事。斗筲处之[3]，民其瞻观，水土不平，奸宄未静。臣常愧辱[4]，忧为国累。臣无智勇，以助万一。夙夜惭惧[5]，若集水火，未知何地，可以殒越。

此表虽然意在“自谦”，但是曹操非常清楚：一是三公之职，必须民望所归；二是三公之职，必能荡平天下。治国安民毕竟是曹操的政治落脚点，这也是对袁绍不愿位在自己之下的一种隐性回应。

如果说上面文字以“自谦”为主，那么“夙夜惭惧”四句，既表达了曹操的焦虑，也隐含曹操的迷惘。不能出将入相，何以治国平天下？如若出将入相，又受到袁绍之流豪强世族的掣肘，所以才产生报国无地的感慨。

［注释］

[1]“臣文非师尹”以下四句：臣文不能如师尹辅佐朝政，武不能担任战将克敌制胜，因为受到皇上宠信，窃据重要职位。师尹，指太师。原指周太师尹氏。因周以太师、太傅、太保为三公，后代因之。折冲，克敌制胜。冲，一种战车。遭，遇到。天之幸，皇帝恩宠。干窃，干求窃取。干，求。 [2]“内踵伯禽”二句：在朝廷之内，追随伯禽，担任司空治国之职；在朝廷之外，继承吕尚，掌管征战之事。伯禽，姓姬名禽，周公旦长子，周朝鲁国国君。在位期间，以礼治国，使鲁国大治。吕尚，姓姜名尚，字子牙。先祖封于吕（今山东莒县），故称吕尚。辅佐文王讨伐边夷，使三分天下，周有其二；辅佐武王，伐纣立周。鹰扬，形容威武。《诗·大雅·大明》：“维师尚父，时维鹰扬。”毛传：“鹰扬，如鹰之飞扬也。”后指武将。 [3]“斗筲（shāo）处之”以下四句：我狭隘浅陋却身负重任，百姓仰望于我，然而天下不宁，逆贼未平。斗筲，形容狭隘浅陋。斗，量器。筲，竹器，均指小的器物。

民其瞻观，即民具尔瞻。《诗经·小雅·节南山》："赫赫师尹，民具尔瞻。"意思是显赫的师尹，百姓都在看着你。即百姓希望之所系。水土，指天下。奸宄（guǐ），指逆贼。 [4]"臣常愧辱"以下四句：我常常感到惭愧羞辱，忧虑自己有负国家；我缺少智慧勇猛。难以贡献微薄之力。 [5]"夙夜惭惧"以下四句：是说日夜惭愧忧惧，犹如身处水火之中。不知究竟身在何处，才可以献身报国。殒（yǔn）越，坠落，死亡。

［点评］

建安元年（196）十月，献帝以曹操为大将军，袁绍为太尉，袁绍耻于位在曹操之下，不接受所封官位。不得已，曹操奏请将大将军之职让给袁绍，于是献帝又拜曹操为司空、车骑将军。操上表辞让，并奉还官印、绶带。上书说自己既无将相之大才，却受将相之重任，唯恐辜负浩荡皇恩；识见狭隘，目光短浅，难以治理天下，讨伐逆贼，唯恐辜负百姓期望；智勇不足，难以效绵薄之力，惭愧羞辱，唯恐辜负国家重任。所以日夜忧惧惭愧，如处在水深火热之中，不知如何报效国家。曹操是一位头脑清醒的政治家，何以也偶有"未知何地"的迷惘？是因为外有豪强世族如袁绍之流掣肘的缘故。

这篇奏表与"上书让增封武平侯"系列不同。上文表达清晰直白，感激奋发之情鼓荡在字里行间；此书直白中包含曲折。前六句表达感激，固然直白，然而自"斗筲处之"以下则多有深层含义。三公之职，国家重臣，袁绍之流觊觎已久，绍岂能安天下、讨逆贼？初平元年（190）正月，兴义兵，讨董卓，绍为盟主，却因"卓兵强，绍等莫敢先进"，所以曹操认为绍之为人，志大才疏，色厉内荏，忌贤少威，是真正的"斗筲之人"。倘若此人入主朝政，必然太平无望，国将不国。假如自己入主朝政，袁绍之流又虎视眈眈，而当时曹操的军事、政治力量均在袁绍之下，所以他"未知何地，可以殒越"，才产生"若集水火"的特殊心理感受。

縻竺领嬴郡太守表[1]（建安元年）

泰山郡界广远[2]，旧多轻悍。权时之宜[3]，可分五县为嬴郡，拣选清廉以为守将。偏将军縻竺[3]，素履忠贞，文武昭烈，请以竺领嬴郡太守，抚慰吏民。

［注释］

[1] 縻（mí）竺领嬴郡太守表：严可均《全三国文》作"表縻竺领嬴郡"。縻竺，又作麋竺，字子仲。东海朐（qú）县（今江苏连云港西南）人，曾任徐州牧陶谦别驾从事，后投靠刘备，官至安汉将军。建安元年，吕布袭击下邳（今江苏邳县东），俘获刘备妻儿。縻竺将妹妹嫁给刘备，并从人力物力上资助刘备，使备复振。为分化刘备集团，曹操上表，举荐縻竺任嬴郡太守。 [2]"泰山郡界"二句：泰山郡地域辽阔，旧时多轻捷剽悍之徒。 [3]"权时之宜"以下三句：权衡时势，可从泰山郡中分出五县，另设嬴郡，选拔清廉之士作为守将。泰山郡，郡治在奉高县（今山东泰安东

北），下领十二县。献帝听从曹操建议，分嬴、南武阳、南城、牟、平阳五县，设嬴郡，郡治嬴县（今山东济南莱芜区西北）。 [4]“偏将军麋竺”以下五句：偏将军麋竺，平素行为忠诚正直，文治武功显著，请任用麋竺为嬴郡太守，安抚官吏百姓。

［点评］

麋竺属于刘备军事集团，曹操之所以在建安元年（196）上表举荐麋竺，一是献帝迁都许昌后，曹操身份是朝廷“录尚书事”，举荐地方官是其职责所在，这也是曹操重建朝廷制度的举措之一；二是泰山郡地域广阔，民风剽悍，不易治理，故宜分而治之；三是麋竺死心塌地追随刘备，当时刘备虽然力量弱小，但素称“人中之龙”，又有皇叔身份，故影响较大。曹操上表，表面举荐贤才，深层则意在分化刘备集团。然而，这一策略未获成功，麋竺并未上任，而是追随刘备而去。

虽是引用韩非典故，却清晰地表达了曹操治理政事的基本方针：在国家层面上，必须“富国强兵”；在吏治建设上，必须“用贤任能”。其“屯田令”“求贤令”正是这一治政方针的具体表现。

陈损益表[1]（建安元年）

陛下即祚[1]，复蒙试用。遂受上将之任[3]，统领二州，内参机事，实所不堪。昔韩非闵韩之削弱[4]，不务富国强兵，用贤任能。臣以区区之质[5]，而当钟鼎之任；以暗钝之才，而奉明明之政。顾恩念责[6]，亦臣竭节投命之秋也。谨条遵奉旧训、权时之宜十四事[7]，奏如左。庶以蒸萤[8]，增明太阳，言不足采。

“庶以蒸萤，增明太阳”的比喻取《庄子·逍遥游》“日月出矣，而爝火不息；其于光也，不亦难乎”，曹操巧妙加以改造，反其意而用之，使枯燥的公文具有诗的韵味。

[注释]

[1] 陈损益表：此表严可均《全三国文》认为作于“初平三年”，考察内容所涉及曹操官职的授命时间，应在建安元年。　[2]“陛下即祚”二句：皇上即位以来，承蒙试用。即祚，即位。此指迁都许昌之后，献帝重登帝位。　[3]“遂受上将之任”以下四句：授予我上将重任，并命我统领二州，又参与朝廷重要大事，实在是我所不能胜任的。受，同“授”。　[4]“昔韩非闵韩”以下三句：从前韩非子哀伤韩国衰弱，不能致力于富国强兵，任用贤才。韩非，战国末期法家代表人物。出身韩国贵族，与李斯同师荀子。曾上书劝谏韩王尚贤任能、富国强兵，但不被采纳。后出使秦国，为李斯、姚贾陷害，自杀狱中。著《韩非子》传于世。闵，同“悯”，哀伤，忧虑。　[5]“臣以区区之质”以下四句：我以微小身躯，担当国家重任；以愚昧迟钝的才能，奉行至尊圣明的政令。区区，形容微小。钟鼎，代指国家。　[6]“顾恩念责”二句：思念皇恩，考虑重任，也是我尽忠效命之时啊。　[7]“谨条遵奉旧训”二句：谨列举遵循旧章、权衡时势所需的十四件事，奏请如下。　[8]“庶以蒸萤”以下三句：希望用我的萤火之光，增加皇上的如日之光，言论并不值得采纳。蒸萤，微弱的萤火之光。蒸，原指细小的薪柴，此形容细小。

[点评]

兴平二年（195）十月，献帝拜操为兖州牧；建安元年（196）八月，献帝以操领司隶校尉，假节钺，录尚书事；九月迁都许昌，恢复了汉室的宗庙社稷制度，曹操上《陈损益表》当在迁都许昌之后。这时，曹操外领二州，内参朝政，将相的重任委于一身，故上表陈述政事十四条，改革朝政。所上条陈虽已散佚，但从他所引韩非典故可以推测：其改革核心是“富国强兵，用贤任能”。此表所说，承蒙皇上信任，身负“上将之任”“内参机事”的双重重任，所以必须“富国强兵，用贤任能”；之所以谨上条陈十四事，乃因受皇上之命，身负重任，效命国家竭尽臣节而已。虽是例行公文，却将条陈政事的原因、核心、目的说得非常清晰。

上器物表（建安元年）

臣祖腾[1]，有顺帝赐器[2]。今上四石铜鋗四枚[3]，五石铜鎗一枚[4]。御物有纯银粉铫一枚[5]，药杵臼一具[6]，铜熨斗二枚[7]。

［注释］

[1]腾：曹腾，曹操祖父。见《谢袭费亭侯表》注。 [2]顺帝：名刘保，汉安帝刘祜之子，东汉第七位皇帝，公元126年即位，公元144年去世，时年三十岁，死后庙号敬宗，谥号孝顺皇帝，葬于宪陵。 [3]四石铜鋗（xuān）：四只大的铜鋗。石，通“硕”，大。铜鋗，平底的盥洗盆，有两种，两边有环或无环。 [4]铜鎗

(yù): 一种釜类的铜铸炊具，一说是汤罐类的铜铸炊具。 [5] 粉铫 (diào): 一种带柄有嘴的小锅。 [6] 药杵臼: 舂捣药物的工具。 [7] 铜熨斗: 熨烫衣物的铜器。

[点评]

《上器物表》辑佚于古代类书，因此具体上表时间不甚明了。所上器物，应在建安元年（196）献帝迁都许昌之时。初平元年（190），献帝迁都长安，董卓焚毁洛阳宫庙。董卓被诛后，其部曲李傕、郭汜又陷落长安。兴平二年（195），李傕、郭汜互相残杀，长安宫室也遭焚毁。经过两次劫难，“宫室烧尽，百官披荆棘，依墙壁间”(《后汉书·献帝纪》)。曹操迎献帝，迁都许昌，此时朝廷已是一无所有，所以曹操将自己家中收藏的宫廷用物陆续奉献给朝廷。因此，此表及下文《上杂物疏》都作于此时。所献贡品，既是“修奉贡献，臣节不坠”(《短歌行》其二）的表现，也切实解决了宫中用物短缺的问题。

获宋金生表 [1]（建安四年）

臣前遣讨河内获嘉诸屯 [2]，获生口。辞云 [3]: “河内有一神人宋金生，令诸屯皆云: 鹿角不须守，吾使狗为汝守。不从其言者，即夜闻有军兵宋金生的言行本是荒唐之言，谬悠之举，却言之凿凿，事实有征；宋金生被虏、被杀的结局，又与他的言行形成强烈对比。对于宋金生而言，这是悲剧；而事件的叙述却充满喜剧效果。

声。明日视屯下，但见虎迹。”臣辄部武猛都尉吕纳[4]，将兵掩捉得生，辄行军法。

[注释]

[1] 获宋金生表：严可均《全三国文》作“掩获宋金生表”。宋金生，生平不详。从曹操此《表》看，应是一位方士。 [2]“臣前遣讨河内”二句：臣之前遣将讨伐河内郡获嘉县的驻军，抓获一个俘虏。河内，古称黄河以北为河内。此指河内郡，属司隶，治所在怀县（今河南武陟县西南）。获嘉，河内郡属县，今河南获嘉县。屯，军营。生口，指俘虏。 [3]“辞云”以下九句：俘虏告诉说：“河内郡有一个神人宋金生，命令诸兵营都说：防御的鹿角不需派兵守卫，我使狗为你们守卫。不照他的话去做，就会在夜间听到部队兵器声。第二日视看兵营下，只见老虎足迹。”鹿角，即鹿角砦（zhài），守卫军营的栅栏，形似鹿角而名。 [4]“臣辄部武猛都尉”以下三句：我就部署武猛都尉吕纳率领士兵，活捉了宋金生，按军法斩之。武猛都尉，武官名。

[点评]

建安三年（198），曹操征吕布，大司马张杨欲起兵救布，部将杨醜杀张杨以应曹操。建安四年（199）二月，公还昌邑（今山东金乡县西北）。眭固又杀杨醜，率其部众投靠袁绍，屯兵射犬（今河南沁阳东北）。四月，曹操派遣史涣、曹仁渡过黄河，途中遇到向袁绍求救的眭固，大破之，固被杀。曹操也渡过黄河包围射犬，眭固部将率众投降，河内平定。俘获宋金生只是这次战役中的一个小插曲。

曹操所上奏表，实际上是给献帝讲述这一故事。短文有两点值得注意：一是故事本身幽默风趣，富有喜感，说明曹操文章不拘一格，奏表也不例外；二是曹操对宋金生的处置，实际上表明了对秦汉以来方士的一种态度。唯物而不迷信，是曹操的思想特点之一。

上言破袁绍表（建安五年）

据《三国志·魏书·武帝纪》记载：献帝迁都许昌之后，黄河以南以及关中地区纷纷依附朝廷，曹操迅速走向国家权力中心。为了削弱曹操势力，便于把持朝政，袁绍遗书曹操，要求迁都鄄城，遭到严词拒绝。事实上，袁绍主张废立与要求迁都鄄城是不相关的两件事。曹操有意将这两件事混淆，意在证明自己对皇上的忠诚，袁绍对皇上的叛逆。这也是一种政治策略。

大将军邺侯袁绍[1]，前与冀州牧韩馥立故大司马刘虞，刻作金玺，遣故任长毕瑜诣虞为说命禄之数。又绍与臣书云[2]：“可都鄄城，当有所立。”擅铸金银印[3]，孝廉计吏，皆往诣绍。从弟济阴太守叙与绍书云[4]：“今海内丧败[5]，天意实在我家，神应有征，当在尊兄。南兄[6]，臣下欲使即位，南兄言，以年则北兄长，以位则北兄重。便欲送玺[7]，会曹操断道。”绍宗族累世受国重恩[8]，而凶逆无道，乃至于此！辄勒兵马[9]，与战官渡。乘圣朝之威[10]，得斩绍大将淳于琼等八人首，遂大破溃，绍与子谭轻身迸走。凡斩首七万余级[11]，辎重财物巨亿[12]。

[注释]

[1] “大将军邺侯”以下四句：大将军邺侯袁绍，曾与冀州牧韩馥要立大司马刘虞为帝，并私刻金印玉玺，派遣故任县县令任瑜游说刘虞登基，并说这是天命所定。韩馥，字文节，颍川郡（治今河南禹州）人，官至御史中丞、冀州牧。袁绍夺取冀州后，韩馥被迫投靠张邈，旋即自杀。刘虞，字伯安。东海郯（今山东郯城县）人。光武帝刘秀之嫡孙。中平五年（188），任幽州牧、加大司马，封襄贲侯。镇守幽州时与公孙瓒交恶，进兵攻打公孙瓒，兵败被杀。命禄之数，命运禄食之数。古代星相家认为富贵贫贱、生死寿夭是人与生俱来的定数。 [2] “又绍与臣书”以下三句：袁绍又给臣写信说：“可以建都鄄（juàn）城，应该另立新君。”鄄城，汉属兖州，即今山东鄄城县。曹操攻下兖州，屯兵鄄城，并以此为根据地。 [3] “擅铸金银印”以下三句：袁绍还擅自铸造金银官印，于是许多人都投靠袁绍。孝廉，汉代察举官员的一种名目，意取“孝顺亲长、廉能正直”。曹操年二十举孝廉为郎官。计吏，州郡掌簿籍并负责呈报朝廷的官员。 [4] 叙：袁叙，汝南汝阳（今河南商水县西北）人，袁绍、袁术堂弟。曾任济阴太守，上书劝袁绍称帝。 [5] “今海内丧败”以下四句：现在刘家天下已经衰败，天意在我袁家，神灵也有应验，帝位应在尊兄啊。 [6]“南兄”以下五句：我最初想推举南方袁术即皇帝位。袁术说：按照年龄，北方袁绍兄年长，按照地位北方袁绍兄重要。南兄，指袁术，因术在淮南，故称。臣下，袁叙自称，因推袁绍称帝，故称。北兄，指袁绍，因绍在邺城，故称。 [7] “便欲送玺”二句：便准备将玉玺送给你，正值曹操阻断了道路，无法送达。 [8] “绍宗族累世受国重恩”以下三句：袁绍宗族历代深受国家恩宠，却凶残悖逆，不讲道义，竟到如此地步！ [9]“辄勒兵马”二句：于是我部署兵马，与袁绍战于官渡。辄，就。官渡，地名，位于河南中牟县黄河之南，是从河北进军河南地

界的军事要冲之地。 [10]“乘圣朝之威”以下四句：乘着朝廷威势，斩了袁绍手下的淳于琼等八名大将，终于大破之，袁绍父子只身逃走。轻身，空身。迸走，屏住呼吸逃走，形容狼狈逃走。迸，通“屏”。 [11] 凡：共。级：首级。 [12] 辎（zī）重：军械、粮草等军用物资。

［点评］

建安四年（199），天下形势发生两大变化：一是袁绍击败公孙瓒，据幽州、冀州、青州、并州，尽有河北之地；二是曹操击破眭固，取得河内郡，势力范围扩张到黄河以北。而刘表据荆州，孙策保江东，各个自保，坐观成败。此时，袁绍拥兵十余万，意欲南进许昌，以争天下；曹操也想借机北进，统一北方。两大军事集团的决战，已经势所难免，于是发生了著名的官渡之战。八月，曹操进军；十二月，到达官渡。当时，曹操军少，袁绍兵盛，两军相持，互有胜负。然而，建安五年十月，曹操亲率奇兵，烧毁袁军的乌巢粮草，并击溃援兵，袁绍与长子谭弃军渡河逃去，冀州诸郡多举城降操。自此之后，曹操在政治、军事上都占据了绝对优势，天下难与争锋矣。

此文是上书献帝言事，禀告官渡大捷。然而，文章将决定两大军事集团命运的大决战，轻轻带过，重点在于声讨袁绍罪过：阴谋废立，不守臣节，其罪一；试图迁都，以威挟主，其罪二；私刻官印，乱我朝纲，其罪三；企图称帝，大逆不道，其罪四。作为“四世三公”、深受重恩的大臣，竟然“凶逆无道，乃至于此”！之所以将袁绍罪过一一昭示天子，一是说明讨伐袁绍是替天行道，师出有名；二是反衬自己对于汉家王朝的忠贞不二。这就将本是两大军事集团之间的逐鹿中原，上升到决定国家和王朝命运的高度。如此，战争的意义就发生了本质变化，曹操的忠贞也昭示天下。这正是这篇公文看上去没有技巧的最大技巧。

《史记·萧相国世家》："夫猎，追杀兽兔者狗也，而发踪指示兽处者人也。"意思是猎狗虽然追杀野兽，但是发现野兽踪迹，指示猎狗追杀者，却是猎人。刘邦以这一比喻说明萧何运筹帷幄之功犹如猎人，他人攻城野战之功仅是猎狗追杀野兽而已。曹操所论与刘邦之言，乃英雄所见略同。

曹操之杰出在于：他打碎了董仲舒以来所形成的一切善归于君、一切恶归于臣的观念，不贪天之功为己有，而将自己成功的缘由归于臣下，这种胸襟非古代一般统治者所有。

请封荀彧为万岁亭侯表[1]（建安八年）

臣闻虑为功首[2]，谋为赏本，野绩不越庙堂，战多不逾国勋。是故曲阜之锡[3]，不后营丘；萧何之土，先于平阳。珍策重计[4]，古今所尚。侍中守尚书令彧[5]，积德累行，少长无悔，遭世纷扰，怀忠念治。臣自始举义兵[6]，周游征伐，与彧勠力同心，左右王略，发言授策，无施不效。彧之功业[7]，臣由以济，用披浮云，显光日月。陛下幸许[8]，彧左右机近，忠恪祗顺，如履薄冰，研精极锐，以抚庶事。天下之定[9]，彧之功也。宜享高爵，以彰元勋。

［注释］

[1] 请封荀彧为万岁亭侯表：严可均《全三国文》作"请爵

荀彧表”。万岁亭侯，所封爵位，是都亭侯的一种。 [2]“臣闻虑为功首”以下四句：我听说决策居功勋之首，谋略是赏赐依据，战功之大也不能超过建国之伟业。野绩，野战之功。庙堂，朝廷，此指朝廷谋划政事。国勋，建国的功勋。 [3]“是故曲阜之锡”以下四句：所以武王赐封周公的曲阜，超过赐封姜尚的营丘；高祖所封萧何的食邑，也在平阳侯曹参之前。《史记·周本纪》：周武王灭商后分封功臣谋士，师尚父（姜尚）为首封，封于营丘（今山东昌乐），曰齐；封弟周公旦于曲阜（今山东曲阜），曰鲁。曹操所说“不后营丘”，乃是行文需要，并非历史事实。又《史记·萧相国世家》：高祖刘邦即位后，对有功之臣论功行赏，曹参功居第二。平阳，即平阳侯曹参，字敬伯，沛（今江苏沛县）人，跟随刘邦在沛县起兵反秦，身经百战，屡建战功，是西汉开国功臣之一。 [4]“珍策重计”二句：古今以来，皆推崇谋略。 [5]“侍中守尚书令彧”以下五句：侍中守尚书令荀彧，修养德行，始终没有过错，虽遭遇乱世，却怀抱忠诚，渴望太平。侍中，皇帝侍从官。守，掌管。尚书令，总管朝廷政务及章奏的行政长官。 [6]“臣自始举义兵”以下六句：我自从举义兵以来，四处奔走征战，荀彧与我并力同心，辅佐帝业，所授谋略，施行起来无不成功。左右，辅佐。王略，犹帝业。 [7]“彧之功业”以下四句：由于荀彧的勋业，我才得以成功，因而拨开乱世浮云，使皇上重显日月的光辉。 [8]“陛下幸许”以下六句：皇上迁都许昌，荀彧侍奉左右，掌管机要，忠诚恭顺，小心谨慎，尽心敏锐，妥帖地处理各种政务。恪，谨慎。祗，恭敬。如履薄冰，比喻行事谨慎。《诗·小雅·小旻》：“战战兢兢，如临深渊，如履薄冰。”履，践踏。研精，尽心。庶事，各种政务。 [9]“天下之定”以下四句：今天下平定，是荀彧之功，故应享受很高的爵位，用来表彰他的大功。

[点评]

据《三国志·魏书·荀彧传》，建安八年（203），曹操记载荀彧前后功劳，上表封彧为万岁亭侯。荀彧与曹操其他谋士的不同点在于：一是早年追随曹操，初平元年（190），曹操和袁绍并举义兵，时绍为盟主，地位显赫，曹操仅为代行奋武将军职务而已，然而彧虽初投袁绍，却“度绍终不能成大事”，于次年毅然离开袁绍而追随曹操，时年二十九。二是善于举荐贤才，曹操麾下的许多重要谋士如戏志才、荀攸、郭嘉、陈群、司马懿等，皆因荀彧举荐而为曹操效力。三是政治谋略过人，曹操有许多转折性的重大战略决策，都出自荀彧的谋划，如曹操正是采纳了荀彧的建议，率兵至洛阳，迎天子都许昌。四是理政能力高强，曹操每次率兵出征，军国大事都托付给荀彧统筹处理。可以说，曹操建立的盖世功勋与荀彧的运筹帷幄是密不可分的，所以此表所陈述的荀彧之功并非虚美之辞。

因为荀彧之功并非攻城野战，而是运筹帷幄，所以《表》的开头从理论和历史两个方面，说明封爵谋士的依据：帷幄之虑、庙堂之谋乃国家之伟业，远远超过了攻城野战；所以历史上重要谋士如周公、萧何，其功勋、封爵皆在攻城野战的姜尚、曹参之上。然后，先从人品上概述荀彧身居重位而德行深厚、操守忠贞。再具体列举荀彧之功：“始举义兵”，与臣“勠力同心”，言其忠；勤心王室，谋略过人，言其智；助臣平定暴乱，彰显皇威，言其勇；身处机要，忠诚敬顺，言其诚；处理政务，谨慎周密，言其能。最后感慨地说“天下之定，彧之功也”，就水到渠成得出结论“宜享高爵，以彰元勋”。奏表简短，而意蕴丰富。说理文气鼓荡，无可辩驳，是曹操文章的整体特点，在此表中表现得尤为突出。

又请爵荀彧表[1]（建安八年）

守尚书令荀彧[2]，自在臣营，参同计画，周旋征伐，每皆克捷。奇策密谋[3]，悉皆共决。及彧在台[4]，常私书往来，大小同策。《诗》美腹心[5]，“传”贵庙胜，勋业之定，彧之功也。而臣前后独荷异宠[6]，心所不安。彧与臣事通功并[7]，宜进封赏，以劝后进者。

“独荷异宠，心所不安”，再次展示其不贪臣下之功的胸怀；“彧与臣事通功并”，特别突出荀彧的功勋彪炳。

［注释］

[1] 又请爵荀彧表：此表出自《后汉纪》，《魏武帝集》失收。严可均《全三国文》将此表与《请封荀彧为万岁亭侯表》（严作《请爵荀彧表》）合为一表，并注曰：“袁宏《后汉纪》二十九。建安八年七月，曹操上言。案：此与《别传》之表相当，而文全异。”从内容看，此表与上表绝不是一篇文字。以常理推论，乃是曹操上《请封荀彧为万岁亭侯表》之后，或因朝廷暂未封爵荀彧，或因荀彧辞封，曹操再次上表朝廷，即是此表。所以奏事相同，而文字各异。　[2]“守尚书令荀彧”以下五句：掌管尚书台的长官荀彧，自从在我军营，共同参与谋划，辗转征战，每战必胜。　[3]“奇

策密谋”二句：所有出奇制胜的决策和秘密机要的谋划，都是我和彧共同决定。 [4]“及彧在台”以下三句：等到荀彧在尚书台，常有书信往来，无论大小事都共同决策。 [5]“《诗》美腹心”以下四句：《诗经》赞美谋臣，典籍贵于决策，国家功业的完成，是荀彧的功劳。《诗》美腹心，比喻谋臣。《诗·周南·兔罝》：“赳赳武夫，公侯腹心。”意思是勇武的军人，也可以成为公侯的谋臣。“传”贵庙胜，指决胜于庙堂之上。《孙子兵法·计篇》：“夫未战而庙算胜者，得算多也。”意思是两兵尚未交战而朝廷计划周密者，取胜的可能性就大。传，阐释经典的著作，如《左传》，此泛指典籍。 [6]“而臣前后独荷异宠”二句：而我前后独自享受皇上的特殊恩宠，心里感到不安。 [7]“彧与臣事通功并”以下三句：荀彧与我共同侍奉皇上，功业相同，应该增加彧之封赏，以勉励后人。

[点评]

曹操前上《请封荀彧为万岁亭侯表》之后，荀彧仍然未被封爵，故又上此表，再次申述荀彧运筹帷幄对于每战必捷、掌管尚书台对于国家政务处理的贡献；引证典籍说明谋划决策的重要性，而彧出为谋士，入为谋臣，功勋卓著。《表》始终围绕“彧与臣事通功并”，臣“独荷异宠”与彧尚未封爵形成鲜明对比，凸显对彧进官封爵的必要性，以及“以劝后进者”的吏制建设意义。

请封荀攸表（建安十年）

军师荀攸[1]，自初佐臣，无征不从，前后克敌，皆攸之谋也。

［注释］

[1]“军师荀攸”以下五句：谋士荀攸，自从辅佐我以来，一直随我征战，屡屡克敌制胜，都是攸的谋划。军师，军中谋士。

［点评］

建安八年（203），荀攸从曹操将征刘表。当时，袁谭、袁尚争夺冀州，谭被围困于平原（今山东平原县），派遣谋士辛毗向曹操求救。部下多认为刘表强大，应先征刘表。荀攸却认为，刘表虽强盛，却无大志。而袁氏实力依然雄厚，如若二子和睦，谨守袁绍基业，则天下之乱仍然难以平息。今兄弟交恶，乘乱取之，则天下安定。曹操采纳了荀攸建议，各个击破，终于平定冀州。建安十年，诛袁谭后，因攸功大，上表为之请求封爵，攸被封为陵树亭侯。

表称乐进于禁张辽[1]（建安十一年）

武力既弘[2]，计略周备，质忠性一，守执节义。每临战攻[3]，常为督率，奋强突固，无坚不陷，自援枹鼓，手不知倦。又遣别征[4]，统御师旅，抚众则和，奉令无犯，当敌制决，靡有遗失。

奏表的特点是“理周辞要，引义比事”，主要是以简要语词，说明道理，叙述事实，引述道义。但是曹操叙述三人战功时，“奋强突固”“自援枹鼓”云云，不经意中又掺入了文学叙述手法，十分生动。

论功纪用[5]，各宜显宠。

[注释]

[1] 乐进：字文谦，阳平卫国（今河南清丰县）人。原是曹操帐下吏，后在北定袁氏家族、南进西蜀刘备，以及从征孙权中屡立战功，迁右将军。于禁：字文则，泰山钜平（今山东泰安南）人。原为鲍信部将，鲍信战死后归顺曹操，随操南征北战，屡立战功。后被关羽水淹七军，全军覆没，流落东吴，回魏后惭恚而死。张辽：字文远，雁门马邑（今山西朔州）人。曾从属丁原、董卓、吕布，后归顺曹操，随操征讨，战功累累，尤以合肥大战孙权，以少胜多，名震江东，拜征东将军。 [2]“武力既弘”以下四句：三人武艺高强，计谋周密，品性忠诚专一，坚守节操道义。 [3]“每临战攻”以下六句：每次临阵，经常亲自督战，奋击顽强之敌，突破坚固的阵地，无坚不摧，甚至亲自擂鼓，不知疲倦。陷，攻破。援，手持。枹（fú），鼓槌。 [4]“又遣别征”以下六句：若派遣他们单独出征，则能统领部队，安抚将士和谐一心，执行命令从不违犯，面对敌情当机立断，从无疏漏之处。靡，无。 [5]“论功纪用”二句：论其功绩，记其所用，三人应该各授显耀荣宠的官爵。

[点评]

《三国志·魏书·乐进传》：建安十一年（206），曹操上表献帝，为乐进、于禁、张辽三人请求封爵，禁封虎威将军，进封折冲将军，辽封荡寇将军。

此表先概述三人的武功、谋略、品行、操守，然后从两点说明：一是杀敌勇猛，二是治军有方。前者突出其武功，后者突出其谋略。而“抚众则和”渗透品行之影响，“奉令无犯”则包含操守之贞正。不过“猛将必发于卒伍”，作为战将重在武功和谋略，故论武功、谋略详细，述品行、操守简略。

请增封荀彧表[1]（建安十二年）

昔袁绍侵入郊甸[2]，战于官渡。时兵少粮尽，图欲还许[3]。书与彧议[4]，彧不听臣。建宜住之便[5]，恢进讨之规，更起臣心，易其愚虑，遂摧大逆，覆取其众。此彧睹胜败之机[6]，略不世出也。及绍破败，臣粮亦尽，以为河北未易图也[7]，欲南讨刘表[8]。彧复止臣[9]，陈其得失，臣用反旆，遂吞凶族，克平四州。向使臣退于官渡[10]，绍必鼓行而前，有倾覆之形，无克捷之势。复若南征[11]，委弃兖豫，利既难要，将失本据。彧之二策[12]，以亡为存，以祸致福，谋殊功异，臣所不及也。是以先帝贵指纵之功[13]，薄搏获之赏；古人尚帷幄之规[14]，下攻拔之捷。前所赏录[15]，未副彧巍巍之勋。乞重平议[16]，增畴户邑。

“不虚美，不隐恶”是班固概括司马迁《史记》的重要特点。公文与史书的一个共同点也就在于此。曹操的杰出在于：不虚美部下的功绩，不讳言自己的过失。官渡之战前，荀彧谋略是“更起臣心，易其愚虑”；官渡之战后，荀彧陈述的“得失”，事实上也包含彧之“得”和我之“失”两个方面，所以曹操所言“谋殊功异，臣所不及”并非套语，亦非自谦，既是陈述事实，也是深情感慨。尤其重要的是，作为一名实际上的最高统治者，能够不贪部下之功而为“己有”，汉代以来，唯有曹操一人而已。

[注释]

[1] 按：此表范晔《后汉书·荀彧传》、陈寿《三国志·魏书·荀彧传》裴松之注引《彧别传》、袁宏《后汉纪》卷三十均有引述，文字差别较大。《魏武帝集》取裴注《彧别传》，严可均《全三国文》取《后汉书·荀彧传》。《曹操集》取《后汉书·荀彧传》，附录《彧别传》全文。以存世文献的时间排列，裴注所引《彧别传》最早，袁宏《后汉纪》次之，范晔《后汉书》又次之。比勘《彧别传》和《后汉纪》文字，《彧别传》文字更为完整，唯有结尾“前所赏录，未副彧巍巍之勋”，《后汉纪》作“原其绩效，足享高爵。而海内未喻其状，所受不侔其功，臣诚惜之”，文意更为完整，似应以《后汉纪》为是。另，“增畴户邑”，《彧别传》作“畴其户邑”，语意不明，今据《后汉纪》改。 [2] 郊甸：城外为郊，郊外为甸。此指许昌郊畿。建安四年（199），袁绍吞并公孙瓒，兼有四州之地，士卒十万，将进军攻打许昌。“侵入郊甸”即指此。 [3] 图欲还许：打算还军许昌。 [4]“书与彧议”二句：我去书和荀彧商量，彧不赞成我的计划。 [5]“建宜住之便”以下六句：他阐述坚守官渡之利，确立进攻袁绍的宏伟规划，又启发了我的思路，改变了我愚昧的想法，终于摧毁逆贼袁绍，又降服其士卒。恢，使宏大，意即确立宏大的进军规划。覆，同“复”，再。 [6]“此彧睹胜败之机”二句：这说明荀彧能够看到胜败的趋势，其谋略旷世所无。不世，旷世。 [7] 河北：黄河以北，此指冀州、幽州、并州。图：图谋，此指攻取。 [8] 刘表：字景升，山阳高平（今山东微山县）人。少时知名于世，后领荆州牧，据地数千里，带甲十余万，称雄荆江。 [9]“彧复止臣”以下五句：荀彧又制止我，向我陈述南征之失、北进之得，我因此回师北进，成功消灭逆凶袁氏，平定四州。反旆（pèi），回师。反，同“返”。旆，旌旗。四州，指冀州、青州、并州、幽州。 [10]“向使臣

退于官渡”以下四句：假使臣从官渡退兵，袁绍必然大张旗鼓地进兵，就可能有覆灭的情形，无取胜的趋势。鼓行，击鼓而行。克捷，克敌制胜。　[11]“复若南征”以下四句：再说如果南征，又必然丢弃兖州、豫州，既难以获得利益，又可能丧失根本。复，一本作“后”，误。要，求得。本据，原来依据之地。　[12]“彧之二策”以下五句：因为荀彧的两次谋划，使部队反败为胜，因祸得福，谋略不同，功业相反，是我所不及的。　[13]“是以先帝”二句：所以先帝重谋臣的功业，轻战将的赏封。先帝，指汉高祖刘邦。汉高帝五年（前 202），刘邦封赏功臣，以萧何为第一，众将认为萧何没有战功。高祖说：“你们知道猎人和猎狗吗？打猎时，追杀野兽狡兔的是猎狗，而发现野兽踪迹、指示野兽居处的是猎人。诸君是追捕野兽狡兔的有功猎狗，萧何是发现野兽踪迹、指示追捕野兽的有功猎人。”后来以“指纵”代指谋士，以“搏获”代指战将。纵，通“踪”。　[14]“古人尚帷幄之规”二句：所以古人推崇运筹帷幄的谋略，轻视攻城克敌的胜利。尚，同“上”，以之为上。下，以之为下。皆为意动词。　[15]“前所赏录”二句：以前的封赏，与荀彧高伟的功勋并不相符。赏录，计功封赏。副，相符。巍巍，形容高大。　[16]“乞重平议”二句：我请求重新评议，增加荀彧食邑的封地。畴，田地。

[点评]

建安八年（203），曹操上表封荀彧万岁亭侯，《下令大论功行封》也高度评价了他的功勋，此表又再次请求增加其封地食邑。

曹操首先阐述了荀彧的两大功勋：第一，官渡之战前，我军兵少粮尽、意欲退兵许昌，彧力阻退兵，筹谋破敌之策，取得了官渡大捷。善于揣度时势，谋略并世无双，其功一也。第二，官渡之战后，袁绍已破，残余尚存，我军又面临粮草不继、准备南征，又是彧力止南征，陈述得失之势，遂取得直捣袁氏老巢、收复四州的辉煌战果，其功二也。然后又分析若无彧谋，可能出现的两大恶果：一是如若官渡退兵，袁绍奋力追击，则我军即处于倾覆之势；二是如若举兵南征，兖州、豫州空虚，袁氏卷土重来，则二州难以保全。紧接着又总结说：彧之两大谋略，反败为胜，化祸为福，“谋殊功异，臣所不及”。最后引述高祖论功行赏的“发踪指示”之喻，说明运筹帷幄重于攻城野战，前所封赏与荀彧的巍巍功勋不相符合，故请求增其食邑。

此表与《请封荀彧为万岁亭侯表》是替同一人请封，在表达上，前表首先引证古人例证说理，然后说明请封理由；此表首先说明请封理由，然后以古人例证证之。前表是概括说明荀彧的品质、谋略和功勋；此表则具体说明荀彧的两大贡献，并深入阐释两大贡献对于国家存亡、收复失地的重大影响。尤为有趣的是，二表都引用了高祖刘邦的论功行赏，但是前表只点明结果——萧何第一，曹参第二；后表则说明原因——战将只是搏斗捕获野兽之猎狗，谋士则是发踪指示野兽之猎人。前表措辞含蓄，此表措辞直接，且叙事更清晰，说理更充分。

请封田畴表[1]（建安十二年）

文雅优备[2]，忠武又著，和于抚下，慎于事上，量时度理，进退合义。幽州始扰[3]，胡汉交萃，荡析离居，靡所依怀。畴率宗人避难于无终山[4]，北拒卢龙，南守要害；清静隐约[5]，耕而后食；人民化从[6]，咸共资奉。及袁绍父子威力加于朔野[7]，远结乌丸，与为首尾。前后召畴[8]，终不陷挠。后臣奉命[9]，军次易县，畴长驱自到，陈讨胡之势，犹广武之建燕策，薛公之度淮南。又使部曲持臣露布[10]，出诱胡众汉民，或因亡来，乌丸闻之震荡。王旅出塞[11]，途由山中九百余里，畴帅兵五百，启导山谷，遂灭乌丸，荡平塞表。畴文武有效[12]，节义可嘉。诚应宠赏，以旌其美。

这种叙事方式，既是公文体式所决定的，也反映了政治家叙事和文学家叙事的不同特点：政治家叙事重结果，文学家叙事重过程；政治家叙事以气胜，文学家叙事以情胜。

［注释］

[1] 请封田畴表：严可均《全三国文》作“表论田畴功”。 [2]“文雅优备”以下六句：田畴文才礼仪突出，忠诚勇武显著，温和安抚下人，谨慎侍奉上级，审时明理，行为合乎道义。 [3]“幽州始扰”以下四句：幽州开始纷乱时，胡人汉民尽皆困苦，动荡离散，没有安宁之所。胡，指乌桓、匈奴等少数民

族。萃，同“瘁”，疾病，痛苦。依怀，依靠。 [4]“畴率宗人”以下三句：田畴率领宗族在无终山避难，北面控制卢龙要塞，南方据守险要之地。无终山，在今天津蓟州区北。卢龙，长城边塞入口处，在今河北喜峰口。 [5]“清静隐约”二句：过着安宁避世简朴的生活，自耕自食。隐，隐居。约，简单。 [6]“人民化从”二句：百姓教化顺从，共同奉献财物。化，教化。咸，共。资奉，贡献财物。指共同出资兴办学校。 [7]“及袁绍父子”以下三句：及至袁绍父子控制北方，勾结远方乌桓，与之首尾呼应。乌丸，即乌桓，北方少数民族，居住在河北北部、辽宁西部一带。汉末，占据辽西、辽东和右北平三郡，故又称为“三郡乌桓”。 [8]“前后召畴”二句：屡次召请田畴，畴始终没有屈从。《三国志·魏书·田畴传》：袁绍数次遣使招命，又当即授予将军印，田畴都拒绝不受。所谓“终不陷挠”即指此。陷挠，屈从。 [9]“后臣奉命”以下六句：后来我奉命北征，军队驻扎在易县，田畴远道而来，陈述讨伐乌桓的形势，犹如广武确立攻打燕国的策略，薛公揣摩淮南王的行踪。次，驻扎。易县，在今河北雄县西北。胡，胡人，指乌桓。广武，指汉初赵国李左车，封广武君。《史记·淮阴侯列传》：汉高帝二年（前205），韩信准备攻打燕国，问计于李左车。左车建议“按甲息兵”，然后派遣使者出使燕国，以军威震慑之，胁迫燕国降服。韩信采用这一计策，果然成功。薛公，在楚国任令尹，后为汝阴侯夏侯婴宾客。淮南王黥（qíng）布谋反，高祖召薛公问计。薛公为高祖分析了黥布叛变的三种进攻方法，并认为黥布目光短浅，必取下计，即“东取吴，西取下蔡，归重于越，身归长沙”。高祖从其计，遂平黥布。 [10]“又使部曲”以下四句：田畴又使部下带上我的讨伐檄文，去诱导胡人汉民，部分逃亡的胡人汉民归顺曹军，乌桓为之震动。露布，指露布文，类于檄文，不缄封的讨伐文书，故曰露布。 [11]“王旅出塞”以下六句：天子之师出发塞外，途中山路九百余里，由田畴率领五百士兵，开山引路，于是消灭乌桓，扫平塞外。启导，开路引导。表，外。 [12]“畴文武有效”以下四句：田畴谋划征战有功，节操道义可贵，确实应该受尊崇和封赏，以表彰他的美德。效，功绩。嘉，赞美。旌，表彰。

［点评］

田畴是隐士，也是奇人。初为幽州牧刘虞从事，在刘虞被害后，即率领族人及其追随者隐居无终山，数年间竟达五千余家。畴制定乡规民约、婚嫁之礼，兴办学校，教化百姓，使之成为北方战乱中的一片静土。而且畴既有传统的忠贞节义，刘虞被害后，盟誓曰“君仇不报，吾不可以立于世”；又有敏锐的政治眼光，所以袁绍遣使招命，授予将军印，他拒绝不受，而曹操大军一到，立即为之出谋划策，并身率士卒开山引路，为平定乌桓立下汗马功劳。所以，《请封田畴表》也并非溢美之词。

曹操首先扼要说明田畴文雅的风仪、忠武的品质，以及处理事务的能力、审时度势的智慧、进退有节的行为，然后从三方面具体叙述：一是避难无终、安民教化的“和于抚下”；二是不屈强权、不慕荣华的“慎于事上”；三是陈述讨胡之势、出诱胡汉流民，以及率兵五百、开山引路的“文雅”“忠武”。这三个方面都反映了田畴“量时度理，进退合义”的行为智慧。最后以文武功绩、节义之举概括其应该获得优渥封赏的理由。虽为奏表，结构有分合，叙事有详略，说理有显隐，句式有整散，有很强的可读性。

此处“念功惟绩，恩隆后嗣”与后文“褒亡为存，厚往劝来”，虽是统治者治国御民、教化百姓的一种策略，也是缅怀先贤、恩及后嗣的一种人道关怀。有时，政治不仅仅是冰冷的权力意志，也充满人文的温情。不然，武帝何以“为之咨嗟”，光武何以“望柩悲恸”？正是这种人文的温情给等级森严的封建社会留下一缕光亮。

曹丕《与吴质书》描述自己与邺下文人关系时说，“行则连舆，止则接席”，又说“同乘并载，以游后园”，联系曹操对郭嘉的态度，可以看出曹氏父子对于僚属还有一定的平等意识。这也是建安时期“人的觉醒”的标志之一。

请恤郭嘉表[1]（建安十二年）

臣闻褒忠示宠[2]，未必当身，念功惟绩，恩隆后嗣。是以楚宗孙叔敖[3]，显封厥子；岑彭既没，爵及支庶。诚贤君殷勤于清良[4]，圣祖惇笃于明勋也。故军祭酒、洧阳亭侯颍川郭嘉，立身著行[5]，称茂乡邦。与臣参事[6]，尽节为国，忠良渊淑，体通性达。每有大议[7]，发言盈庭，执中处理，动无遗策。自在军旅，十有余年，行同骑乘[8]，坐共幄席。东禽吕布[9]，西取眭固，斩袁谭之首，平朔土之众，逾越险塞，荡定乌丸，震威辽东，以枭袁尚。虽假天威[10]，易为指麾，至于临敌，发扬誓命，凶逆克殄，勋实繇嘉。臣今日所以免戾[11]，嘉与其功。方将表显[12]，使赏足以报效。薄命夭殒[13]，不终美志。上为陛下悼惜良臣[14]，下自毒恨丧失奇佐。昔霍去病蚤死[15]，孝武为之咨嗟；祭遵不究功业，世祖望柩悲恸。仁恩降下[16]，念发五内。今嘉陨命[17]，诚足怜伤。宜追赠加封[18]，并前千户，褒亡为存，厚往劝来也。

[注释]

[1] 请恤郭嘉表：严可均《三国文》作“请追增郭嘉封邑表”。按：此表异文颇多，《三国志·魏书·郭嘉传》裴松之注引亦有删节。此据《魏武帝集》，唯“臣今日所以免戾，嘉与其功”二句，据《全三国文》校补。另，《三国志·魏书·郭嘉传》载其表曰：“军祭酒郭嘉，自从征伐，十有一年。每有大议，临敌制变。臣策未决，嘉辄成之。平定天下，谋功为高。不幸短命，事业未终。追思嘉勋，实不可忘。可增邑八百户，并前千户。”可能乃陈寿节录曹表之大意，存疑待考。郭嘉，字奉孝，东汉末颍川阳翟（今河南禹州）人。原为袁绍部下，鄙薄其好谋无决，难成大事，去绍投曹。在征讨吕布、官渡之战及北征乌桓中建立辉煌功勋。初为司空军祭酒，后封洧（wěi）阳亭侯。在曹操征伐乌桓时病逝，年仅三十八岁。谥曰贞侯。 [2]“臣闻褒忠示宠”以下四句：我听说褒赏忠臣以示恩宠，未必限于本人，追思功绩，隆恩加于后代。惟，思念。恩隆，深厚之恩，此为动词。 [3]“是以楚宗孙叔敖”以下四句：因此楚王尊崇孙叔敖，厚封其后；岑彭死后，光武封爵其二子。孙叔敖，芈姓，蒍（wěi）氏，名敖字孙叔，楚国令尹。辅佐楚庄王教化百姓，休养生息，兴修水利，发展经济，使庄王成为春秋五霸之一。死后，楚王赐封其子食邑四百户。敖，《全三国文》无此字。岑彭，字君然，南阳郡棘阳县（今河南新野县）人。建武元年（25），归降刘秀，拜刺奸大将军。先后逼降许邯，平定荆州，大破隗嚣，讨伐公孙述，功勋卓著。岑彭死后，刘秀封其二子为侯。支庶，嫡子和庶子，此指长子和次子。 [4]“诚贤君殷勤于清良”二句：这实在是贤君殷切关怀清廉良臣，圣主厚待功勋显著之人。惇（dūn）笃，深厚。此为动词。 [5]“立身著行”二句：立身处世，行为卓著，为乡里所赞美。茂，美。 [6]“与臣参事”以下四句：与我共事，为国尽职，忠诚善良，智慧深而

品德美，且个性通达。体通性达，即体性通达。体性，个性，本性。通达，洞悉事理。 [7]“每有大议”以下四句：每有重要决策，议论纷纷，他皆能公允处理，从无疏漏。发言盈庭，形容议论纷纷，意见不一。《诗经·小雅·小旻》：“发言盈庭，谁敢执其咎？”盈，满。遗策，考虑不周的计策。 [8]“行同骑乘”二句：出行时一起骑马乘车，帷帐中同坐一席。形容关系密切。 [9]“东禽吕布”以下八句：东征擒获吕布，西征斩首眭固，北征取袁谭首级，平定北方，越过边塞，扫平乌桓，声威震动辽东，致使袁尚被枭首示众。这八句所叙述的史实是：建安三年，曹操东征吕布，三战皆胜，布退守下邳，当时士卒疲惫，操欲退兵，嘉和荀攸皆劝其急攻之，终于擒获布。建安四年，眭固投靠袁绍，屯兵射犬，曹操使史涣、曹洪击之，大破眭固。建安八年，曹操进军黎阳，攻打袁谭、袁尚，诸将欲乘胜追击，曹操采纳郭嘉建议，缓兵待其内变，然后各个击破。九年，曹操乘袁尚攻击袁谭之机，夺取冀州。十年，斩杀袁谭。建安十年，曹操采纳郭嘉建议，北征三郡乌桓，斩乌桓首领蹋顿，大获全胜。袁尚、袁熙逃奔辽东，太守公孙康慑于曹军军威，斩尚、熙首级，传送曹营。自此，袁氏残余全被消灭，冀州、幽州彻底平定。 [10]“虽假天威”以下六句：虽是借助皇上之威，容易指挥，至于临阵杀敌，发挥君主之命，歼灭凶恶悖逆之敌，功勋实在郭嘉。假，借。指麾，指挥。誓命，君主约束警戒之辞，此指君主之命。克殄，歼灭。繇，同“由”。《全三国文》即作“由”。 [11]“臣今日所以免戾”二句：臣今天之所以免于过错，是因为郭嘉贡献了他的功绩。戾，罪过。此为谦词。 [12]“方将表显”二句：所以正要上表彰显其功，使封赏足以酬答其功绩。 [13]“薄命夭殒”二句：可惜他不幸早逝，没有实现生前封赏的美好愿望。 [14]“上为陛下”二句：上为皇上痛惜失去了忠良大臣，下为自己痛惜失去了辅佐奇才。毒恨，痛恨，悲痛惋惜。恨，遗憾。 [15]“昔霍去病蚤死”以下四句：从前霍去病早死，武帝为之叹息；祭（zhài）遵功业未成，光武望灵柩而悲痛。霍去病，河东平阳（今山西临汾西南）人，西汉著名将领。元狩六年（前117）卒，年仅二十四。汉武帝对其早逝非常悲伤，下令将其坟墓修成祁连山形状，以彰显其抗击匈奴的奇功。祭遵，字弟孙，颍川颍阳（今河南襄城县颍阳镇）人。率军平定渔阳，讨伐陇蜀，为东汉建立立下大功。建武九年（33），死于军中，灵柩至河南，光武身穿丧服，望灵柩哭泣哀恸。 [16]“仁恩降下”二句：这是皇上仁爱之心降临臣下，思念之情发自内心。五内，五脏。指内心。 [17]“今嘉陨命”二句：现在郭嘉去世，确实足以让人怜惜悲伤。陨，同“殒（yǔn）”，亡。 [18]“宜追赠加封”以下四句：应该追赠官爵增加封地，合并前所封地共千户。褒奖死者而为生者树立楷模，厚赏前人而激励后人前行。

［点评］

郭嘉先是追随袁绍，因认为绍不知用人，多端寡要，好谋无决，难以济天下而成霸业，故离绍而去。后来，在荀彧推荐下进入曹操麾下，成为曹操的重要谋士。在北征乌桓凯旋途中，不幸英年早逝，曹操痛惜不已，上表请增加郭嘉封地，以抚恤郭嘉后人。

此表先引战国孙叔敖、汉代岑彭的相关史实，说明追思死者功绩，优崇其后代，自古而然，这也是贤君圣主关切清良之臣、厚待明勋之将的治国方式。再叙述郭嘉少年时德行显著，参与军事以来，忠贞尽职，贤善多谋，通情达理，每于众说难断之时，皆处理公允，从无疏失。然后重点列举其在擒吕布、破眭固、斩袁谭、平冀州、征乌桓等一系列战争中，所建立的不朽功勋。最后以“方将表显，使赏足以报效”说明追恤郭嘉的原因，以“褒亡为存，厚往劝来”说明追恤郭嘉的社会意义。

虽为奏表，却浸透着曹操的深厚情感，“自在军旅，十有余年，行同骑乘，坐共幄席”，不仅为了叙述郭嘉在一系列战争中为曹操运筹帷幄，凸显“臣今日所以免戾，嘉与其功”的拾遗补缺的“奇佐”之功，而且也昭示了郭嘉与曹操亲密无间的关系。在叙述郭嘉不幸早逝时，既深深惋惜其“薄命夭殒，不终美志”，又在“悼惜”“毒恨”“怜伤”等情感浓烈的语词中，表达了难以自己的缅怀、痛悔、忧伤之情。奏表中反复运用的衬托手法，更强化了这种抒情色彩。“霍去病蚤死”和“祭遵不究功业”，既与郭嘉英年早逝构成正面衬托，同时“孝武为之咨嗟”“世祖望柩悲恸”，也深切表达了曹操的叹惋、悲怆之情。“仁恩降下，念发五内”，则在历史叙述中映衬了自己追恤郭嘉、情出于衷的目的和情感。其中饱含曹操爱才、惜才、怜才之心，至今读来犹让人动容。

表论张辽功[1]（建安十四年）

登天山[2]，履峻险[3]，以取兰、成[4]，荡寇功也[5]。

［注释］

[1] 张辽：见《表称乐进于禁张辽》注。 [2] 天山：天柱山，在今安徽潜山境内。 [3] 履：踏过。 [4] 兰、成：指陈兰、梅成，二人皆今安徽庐江人。陈兰原是袁术部下，后落草为寇，与梅成勾结，聚众数万，掳掠江淮一带。《资治通鉴·献帝纪》载：庐江人陈兰、梅成据灊（今安徽潜山）、六（今安徽六安）叛，操遣荡寇将军张辽讨斩之。 [5] 荡寇：即荡寇将军，张辽因破辽东逆贼柳毅，被封荡寇将军。

［点评］

陈兰、梅成占据潜山、六安而叛。据繁钦《天山赋序》，建安十四年（209）十二月，曹操遣于禁、臧霸等讨伐梅成，张辽率张郃、牛盖等讨伐陈兰。梅成向于禁诈降，禁还兵。于是成与兰合兵一处，转入潜山，凭借天柱山的险要以抗张辽。辽越过天险，斩兰、成之首，尽虏其众。事后，曹操表奏增封张辽食邑，并假以符节。

留荀彧表（建安十七年）

曹操以冠冕堂皇的理由将荀彧留在军中，目的是设计逼迫荀彧自杀。"明里一盆火，暗里一把刀"，欲杀人而又手不沾血，以这种阴鸷的手段杀人，比"莫须有"杀人，更令人恐怖。

臣闻古之遣将[1]，上设监督之重，下建副二之任，所以尊严国命，谋而鲜过者也。臣今当济江[2]，奉辞伐罪，宜有大使肃将王命。文武并用，自古有之。使持节、侍中、守尚书令、万岁亭侯彧[3]，国之重臣，德洽华夏。既停军所次[4]，便宜与臣俱进，宣示国命，威怀丑虏。军礼尚速[5]，不及先请，臣辄留彧，依以为重。

[注释]

[1]“臣闻古之遣将”以下五句：我听说古代派遣将士出征，上设监督重臣，下设辅佐助手，这是为了严肃国君之命，谋划周密而少过失。鲜，少。 [2]“臣今当济江”以下三句：我现在将要渡江，奉命讨伐罪逆，应该留有大臣，恭敬执行王命。将，掌握。 [3]“使持节侍中”以下三句：使持节、侍中、守尚书令、万岁亭侯荀彧，是国家重臣，道德浸润全国。使持节，地方军政长官往往加“使持节”称号，予以诛杀二千石以下官吏的权力。节，出使时朝廷所授凭证。侍中、守尚书令，见《请封荀彧为万岁亭侯表》注。重，一本作“望”。洽，浸润。 [4]“既停军所次”以下四句：荀彧既停留在大军驻地，便应与我一起出征，宣布国君命令，威慑招降敌人。所次，军队所驻之地。怀，使动词，引申为招降。丑虏，可恶之敌，蔑称。 [5]“军礼尚速”以下四句：军队贵在迅速，来不及预先请示，我就留下荀彧，仰仗他为重要谋士。军礼，军法。

[点评]

曹操上这一奏表，有两重背景颇值得玩味。第一，建安十七年（212），董昭等人准备了“九锡”，拟上表献帝请封曹操为魏公，并秘密咨询荀彧。彧认为董昭等人的做法违背了曹操本意，“不宜如此”，于是这件事就此戛然而止，曹操知道后自然非常恼火。十月，操南征孙权，先是上表请彧到谯郡劳军；彧至，又上表留彧军中，前表不存，后表即为此文。第二，此表奏上，献帝以彧为侍中、光禄大夫，持节，参丞相军事。后来，彧因病留在寿春（今安徽寿县），曹军至濡须（今安徽无为），馈赠食品于彧，彧打开一看，只是一个空盒，于是服药自杀，年仅五十。将这两件事联系起来看，曹操上表请荀彧劳军，又留于军中，是大有深意的。

操居丞相之位，人臣已极。要通向权力顶峰，或废帝自立，或封公称王。前者蕴含巨大政治风险，且与他一贯宣称的政治理念背道而驰。唯有后者合理合法，无君主之名，而有君主之实，自然为曹操所神往。中国古代的佞臣向来善于揣摩主上，董昭等人也正是揣摩透了曹操的心思，才会有此动议。可惜，善于运筹帷幄、洞悉世事的荀彧却迂执传统的忠君观念，盲目信任曹操平素的政治表态，善于识人却不善于识主，无意中成为曹操通向政治野心的拦路虎，由曹操的重要谋士转化为政敌。然而，对于荀彧这样功勋彪炳、声望卓著而又地位显赫的人，既不可杀之，又不可留之，最好的办法或许就是借荀彧远离京城、留在军中之机，逼其自裁。而彧因病留在寿春——既不在军中，又不在京城，对于曹操而言，乃天赐良机。馈之食品，外人看来何其温馨！然而所馈赠者唯是空盒，暗示君之食禄尽矣。聪明的荀彧何尝不明其中玄机！服药自杀，给双方都留下体面的台阶。所以，此表所言，“国之重臣，德洽华夏”“宣示国命，威怀丑虏”云云，只是包裹锋利匕首的锦缎，不可误读为“真”矣。这同此前有关荀彧的增封奏表以及私人书信所表达的内容和情感大相径庭。

让九锡表[1]（建安十八年）

臣功小德薄[2]，忝宠已过，进爵益土，非臣所宜，九锡大礼，臣所不称。惶悸怔营[3]，心如炎灼，归情写实，冀蒙听省。不悟陛下复诏褒诱[4]，喻以伊、周，未见哀许。臣闻事君之道[5]，犯而勿欺，量能处位，计功受爵。苟所不堪[6]，有殒无从。加臣待罪上相[7]，民所具瞻，而自过谬，其谓臣何！

曹操所论的“事君之道”，从封建时代的政治伦理上说，确实如此；然而，自己的行为又恰恰抽去了这一伦理根基。易代之际的历史，恰恰就是封建政治伦理的破坏和重建的历史。

[注释]

[1] 九锡：指君主为表达特殊礼遇和恩宠，赐予大臣的九种特别用物：车马、衣服（冠冕）、乐、朱户、纳陛、虎贲、鈇钺、弓矢、秬鬯（jù chàng）。锡，通“赐”。 [2]“臣功小德薄”以下六句：我功劳小，德行浅，受恩已过其实，增加封爵食邑，不是我应该得到的，九锡大礼，和我功德更不相称。忝（tiǎn），有辱于，谦词。 [3]“惶悸怔营”以下四句：因此惶恐不安，心如火燎，依据实情表奏，期待皇上省察。怔营，惶恐不安。怔，一本作“征”，形近而误。 [4]“不悟陛下”以下三句：想不到皇上又下诏褒奖，将我誉为伊尹、周公，不同意我的哀求。喻以伊周，天子策命有“功高于伊周”之语，故曰。伊，指伊尹，见《求逸才令》注。周，周公，见《短歌行》注。 [5]“臣闻事君之道”以下四句：我听说侍奉君主之理，可以谏诤而不能欺骗，依据才能担任职位，按照功勋接受官爵。犯，犯颜直谏。 [6]“苟所不堪”二句：假如

不能胜任，宁死也不能从命。殒（yǔn），死。一本作“损”，形近而误。 [7]“加臣待罪上相”以下四句：加之，我任丞相，百姓瞻仰，现在却自我犯错，他们将如何议论臣。待罪，任职的谦词。具，同“俱”。瞻，视。《诗·小雅·节南山》：“赫赫师尹，民具尔瞻。”其，语气助词。

［点评］

荀彧死后，封曹操为魏公的内部政治障碍已经清除。建安十八年（213）五月，天子使御史大夫郗虑持节策命曹操为魏公，并赐九锡，曹操上奏表辞让。所谓“事君之道，犯而勿欺”“苟所不堪，有殒无从”，恐怕连曹操自己都不会相信，秘密逼迫荀彧自裁就是明证。显然，这只是唱一点高调，走一下形式而已。与《述志令》所表达的思想内容自然不啻霄壤。

九锡谢表[1]（建安十八年）

这篇奏书，叙事则真，言志则伪；说早年志向有限则真，言后来权欲满足则伪。

臣蒙先帝厚恩[2]，致位郎署，受性疲怠，意望毕足。非敢希望高位[3]，庶几显达。会董卓作乱[4]，义当死难，故敢奋身出命，摧锋率众，遂值千载之运，奉役目下。当二袁炎沸侵侮之际[5]，陛下与臣寒心同忧，顾瞻京师，进受猛敌，常恐君臣俱陷虎口，臣不自意能全首领。赖祖宗灵祐[6]，丑类夷灭，得使微臣窃名其间。陛下加恩[7]，授以上相，封爵宠禄，丰大弘厚，生平之愿，实不望也。口与心计[8]，幸且待罪，保持列侯，遗付子孙，自托圣世，永无忧责。不意陛下乃发盛意[9]，开国备锡，以贶愚臣，地比齐、鲁，礼同藩王，非臣无功所宜膺据。归情上闻[10]，不蒙听许，严诏切至，诚使臣心俯仰逼迫。伏自惟省[11]，列在大臣，命制王室，身非己有，岂敢自私！遂其愚意[12]，亦将黜退，令就初服。今奉疆土[13]，备数藩翰，非敢远期，虑有后世。至于父子[14]，相誓终身，灰躯尽命，报塞厚恩。天威在颜[15]，悚惧受诏。

“非敢远期，虑有后世”，措辞含蓄而大有深意；表态忠心而内藏锋芒。“相誓终身，灰躯尽命”，不管怎么说，曹操生前还是持守这一诺言的。不过，曹操一死，曹丕立刻禅汉自立。有时，历史发展的转向和政治家的品质是错位的，孰是孰非，不能简单以道德绑架而定论。

［注释］

[1] 九锡谢表：严可均《全三国文》作“上书谢策命魏公”。《魏武帝集》作“表九锡谢表”，前一“表”疑为衍字，删。又注曰：“一作谢策命魏公书。” [2]“臣蒙先帝厚恩”以下四句：我承蒙先帝优厚恩宠，任职议郎官署，生性拖沓懈怠，愿望已经完全满足。先帝，已故皇帝，指汉灵帝刘宏。郎署，议郎官署。曹操二十举孝廉，二十三迁顿丘令，后征拜议郎。 [3]“非敢希望高位”二句：哪里还敢希望得到更高的爵位，这也近乎显贵了。 [4]“会董卓作乱”以下六句：正值董卓作乱，应当殉身取义而赴国难，所以舍身忘命，率领士卒冲锋陷阵，便遇到这千载难逢的际遇，为国

服役，直至现在。 [5]“当二袁炎沸”以下六句：正当袁绍、袁术气焰嚣张侵犯侮辱朝廷之时，皇上和我都心寒忧虑，回望京城，我进军面临强敌，常担心皇上和我都身陷虎口，没有想到我竟能保全性命。炎沸，如火燃烧如水沸腾，形容气焰嚣张。侵侮，侵犯侮辱。指袁绍欲废帝另立，袁术僭称帝号。 [6]“赖祖宗灵祐”以下三句：依靠祖先神灵保佑，平定消灭了敌人，这才使小臣能够在这一过程中窃取了声誉。丑类，犹丑虏，对敌人的蔑称。夷，平定。 [7]“陛下加恩”以下六句：皇上加以恩宠，授予丞相之职，所封爵位所给俸禄，丰厚弘大，实已超出了我的平生愿望。 [8]“口与心计”以下六句：扪心自问，若侥幸持续侍奉皇上，保持列侯封爵，传给子孙，自己托身圣明之世，永远没有担忧自责。待罪，任职的谦词。 [9]“不意陛下”以下六句：没有想到皇上竟然圣恩大发，立魏国授九锡，以赐予愚昧之臣，封地同于齐、鲁，礼仪同于藩王，不是微功之臣所应接受的。贶（kuàng），赐。齐、鲁，周武王封姜尚于齐，都营丘（今山东昌乐县境内）；封周公旦于鲁，都曲阜（今山东曲阜）。藩王，拥有封地或封国的亲王或郡王。无功，指微功。膺据，接受，占有。 [10]“归情上闻”以下四句：据情奏请皇上，未蒙允许，严厉的诏令迫切而至，真使我忐忑窘迫。 [11]“伏自惟省”以下五句：我私下反省，位列大臣，命属王室，此身已不属自己所有，哪里敢自私！制，裁制，谓命由皇帝裁决。 [12]“遂其愚意”以下三句：若顺从自己意愿，也将被罢免斥退，命令我削职为民。遂，顺。初服，犹布衣，指未出仕的服装。 [13]“今奉疆土”以下四句：现在我奉守所封疆土，充任捍卫皇室重臣，不敢再有更远的期望，为后代考虑。备数，充数，自谦之词。藩翰，捍卫皇室的重臣。藩，屏障。翰，重臣。 [14]“至于父子”以下四句：至于我们父子，共同发誓，终身许国，死而后已，以报答皇上的厚恩。灰躯，身躯化为灰尘。与“尽命”意思相同。[15]“天威在颜”二句：天子之威就在眼前，心怀恐惧，接受诏令。天威在颜，见《短歌行》其二注。

[**点评**]

天子封国，曹操辞让，朝臣劝进，一切形式完美收官之后，曹操便欣然受命，于是上《九锡谢表》。建安十八年（213）十一月，魏国置尚书、侍中、六卿。自此，国中有国，天并二日。是年，曹操五十九岁。七年之后，献帝的天下终于成为曹家天下矣。

奏书简要回顾了自己的仕宦历程，紧扣三点展开：第一，自己“意望”有限，并无野心，乃因历史际遇，才得以“授以上相，封爵宠禄”。至于封国赐王，非臣“所宜膺据”。第二，自己始终献身国家，与君主同心。所以董卓之乱，“奋身出命，摧锋率众”；二袁图谋不轨，气焰嚣张，“顾瞻京师，进受猛敌”。第三，从今而后，自己命归王室，身属国家，谨守封国，为王藩屏，绝无他心，鞠躬尽瘁，死而后已。与《让九锡表》《辞九锡令》相比，这篇奏书相对真诚，所表达的忠心，在特定背景下，或许出于诚意。需要补充一点的是：正是在这一年，曹操在建立魏国社稷宗庙的同时，又将自己三位美貌的女儿送给献帝做“贵人”，其中一位年龄尚小，暂时养于魏国，待长大后再送入宫中。不知曹操是向献帝表达忠心，还是在献帝枕边安插耳目？

谢置旄头表[1]（建安十九年）

不悟陛下复加后命[2]，命置旄头，以比东海。

［注释］

[1] 旄（máo）头：古代皇帝仪仗中一种担任先驱的骑兵。据应劭《汉官仪》记载：皇帝出行，从羽林（禁卫）军中挑选一批武士，披散头发，作为前驱。 [2]“不悟陛下”以下三句：想不到皇上又追加命令，命我设立旄头，以与东海王刘彊相同。东海，指东海恭王刘彊，光武郭皇后所生。初立为太子，因郭氏被废而就藩国。光武认为彊被废并不是他本人的过错，故优以大封，兼食鲁郡，合二十九县。赐虎贲（武士）、旄头、钟虡（jù）。

［点评］

建安十九年（214）三月，天子为了凸显魏公地位在诸侯之上，改授金玺（黄金印玺）、赤绂（赤色绶带）、远游冠（王侯头冠）。十二月，天子命魏公治旄头，宫殿设钟虡（悬挂钟磬木架）。赐予旄头，是一种特殊礼遇，虽为王侯，但其仪仗却与天子相同。如果说光武赐东海王刘彊，意在安慰；那么献帝赐魏公，则别有深意。究竟是试探，还是无奈，后人实在难以揣测。

上书、奏事

上书理窦武陈蕃[1]（光和四年）

武等正直，而见陷害[2]，奸邪盈朝[3]，善人壅塞[4]。

［注释］

[1] 书：奏书。汉时在诸侯王国中，臣下向王公陈述意见的文书称“奏书”。《文心雕龙·书记》：“战国以前，君臣同书；秦汉立仪，始有表奏；王公国内，亦称奏书。”窦武：字游平，扶风平陵（今陕西咸阳西北）人。桓帝立窦武长女为皇后，拜武城门校尉。桓帝驾崩，武与皇后迎刘宏（灵帝）即位，迁官大将军。陈蕃：字仲举，汝南平舆（今河南平舆县北）人。桓帝时为太尉，灵帝即位，拜太傅。陈蕃、窦武谋诛宦官曹节等人，事泄，反被曹节等所杀。 [2] 见：被。 [3] 奸邪：狡诈恶毒，此指宦官。 [4] 善人壅塞：指道德之士进身仕途却被堵塞。

［点评］

东汉后期，先是外戚专权，后为宦官乱政。桓帝后期，朝官与宦官的斗争已是势同水火，并于延熹九年

（166）酿就了第一次党锢之祸。永康元年（167），桓帝驾崩，窦武和太后谋立刘宏即位，是为灵帝。建宁元年（168），窦武迁大将军，与太傅陈蕃、司徒胡广主持朝政。这年九月，窦武等谋诛宦官，事败被杀。光和二年（179），司徒刘郃、永乐少府陈球、卫尉阳球、步兵校尉刘纳再次谋诛宦官，事泄，皆下狱死。自此之后，宦官气焰嚣张，大量耿介朝臣被杀。光和三年，曹操被征议郎。四年，操即上表，申理窦武、陈蕃冤案。《魏书》记载："太祖上书陈武等正直而见陷害，奸邪盈朝，善人壅塞，其言甚切，灵帝不能用。"（《三国志·魏书·武帝纪》裴松之注引）

虽此次上书今止存残句，但也可看出，当时曹操虽年轻位卑，却敢于仗义执言，其凛然正义亦可钦敬。

兖州牧上书[1]（兴平二年）

山阳郡有美梨[2]，谨甘梨三箱。

［注释］

[1] 按：此书严可均《全三国文》及《曹操集》作"山阳郡有美梨。谨上缝帐二、丝缕十斤、甘梨二箱、椑枣二箱"，乃是依据类书拼凑而成。此据《魏武帝集》。 [2] 山阳郡：西汉始置，郡治昌邑（今山东巨野县东南）。

[点评]

此是曹操在兴平二年（195）兖州牧任上，贡献朝廷礼物而上书。

上杂物疏（建安元年）

御物三十种[1]，有纯银参镂带漆画书案一枚[2]，纯银参带台砚一枚[3]，纯银参带圆砚大小各一枚。

[注释]

[1] 御物：皇帝专用之物，下同。 [2] 纯银参镂带漆画书案：这种书案四周有三条镶边，用纯银镂刻；桌面图案，用植物油漆调色所作。参，同“三”。 [3] 纯银参带台砚：这种砚台四周也有三条镶边，用纯银镂刻。有方形和圆形两种。

御物有漆画韦枕二枚[1]，贵人公主有黑漆韦枕三十枚[2]。

[注释]

[1] 漆画韦枕：用植物油漆绘制图案的皮枕。韦枕，软皮枕头。 [2] 贵人：皇帝妃嫔的封号之一。东汉光武帝时始置，其位仅次于皇后。黑漆韦枕：表面油上黑漆的皮枕。

御物三十种，有纯金香炉一枚，下盘自副[1]。贵人公主有纯银香炉四枚，皇太子有纯银香炉四枚，西园贵人铜香炉三十枚[2]。

［注释］

[1] 下盘自副：指纯金香炉另附有托盘。副，配套。　[2] 西园贵人：指居住在上林苑的贵人。

御杂物用，有纯金唾壶一枚[1]，漆园油唾壶四枚[2]，贵人有纯银参带唾壶三十枚[3]。

［注释］

[1] 纯金唾壶：小口大腹的纯金痰盂。　[2] 漆园油唾壶：油漆圆形的木制痰盂。　[3] 纯银参带唾壶：三条银线镶边的痰盂。

御物三十种，有上车漆画重几[1]，大小各一枚。

［注释］

[1] 上车漆画重几：供登车用的有油漆图案的双层凳。

御物有纯银参镂带漆画案一枚[1]。

［注释］

[1]纯银参镂带漆画案：三条镂刻纯银镶边的有油漆图案的几案。

御物有尺二寸金错铁镜一枚[1]，皇太子杂纯银错七寸铁镜四枚[2]，贵人至公主九寸铁镜四十枚。

［注释］

[1]尺二寸：一尺二寸。金错铁镜：金线交错镶边的铁镜。 [2]杂：即杂物，零碎物件。

御物，中宫、贵人、公主、皇子纯银漆带镜一枚[1]，西园贵人纯银参带五[2]，皇子银匣一[3]，皇子杂用物十六种，纯金参带方严四具[4]。

［注释］

[1]中宫：皇后。纯银漆带镜：纯银镶边的油漆镜子。 [2]纯银参带：三条纯银镶边的镜子。五：指五枚。 [3]银匣：银盒。一：指一枚。 [4]纯金参带方严：三条纯金镶边的梳妆盒。方严，方形的梳妆盒。严，指严具，也称妆具，男女梳妆用品。因避东汉明帝刘庄的音讳，改为严。

镜台出魏宫中[1]，有纯银参带镜台一枚，又纯银七[2]，贵人公主银镜台四[3]。

[注释]

[1] 魏宫：非指魏王后宫，疑不能详。或出自汉文帝母宫中。文帝母薄姬，原为魏王魏豹之妻，高祖灭豹，纳薄姬，生刘恒，是为文帝。 [2] 纯银七：指纯银镜台七枚。 [3] 银镜台四：指纯银镜台四枚。

纯银澡豆奁[1]，纯银括镂奁[2]，银镂漆匣四枚[3]。

[注释]

[1] 纯银澡豆奁（lián）：用纯银制成的盛装化妆品的梳妆盒。澡豆，用豆粉制成的化妆品，用之盥洗，可以去污润肤。奁，梳妆盒。 [2] 纯银括镂奁：用纯银镂刻镶嵌四周的梳妆盒。 [3] 银镂漆匣：纯银镂刻镶嵌的小盒。

油漆画严器一[1]，纯金参带画方严器一[2]。

[注释]

[1] 油漆画严器一：油漆图案的梳妆盒一枚。 [2] 纯金参带画方严器一：三条纯金镶边有油漆图案的方形梳妆盒一枚。

御杂物之所得孝顺皇帝赐物[1]，有容五石铜澡盘一枚。

［注释］

[1]“御杂物之所得”二句：御用杂物都得自孝顺皇帝的赏赐，有可容五石水的铜制澡盆一枚。

银画象牙盘五具[1]。

［注释］

[1] 银画象牙盘五具：银制绘图的象牙盘五套。

中宫用物，杂画象列尺一枚[1]，贵人、公主有象牙尺三十枚，宫人有象牙尺百五十枚，骨尺五十枚[2]。

［注释］

[1]杂画象列尺一枚：图案交错的象牙尺子。列，疑衍字。 [2]骨尺：兽骨做的尺子。

中宫杂物，杂画象牙针管一枚[1]。

［注释］

[1] 杂画象牙针管：图案交错的象牙收藏缝衣针圆管。

［点评］

此疏与《上器物表》相同，均不见史书记载，乃后人辑佚于古代类书，依据内容，辑为一帙，并加上标题，所作时间当与《上器物表》相近，即建安元年（196）。所上器物多为曹腾为宦官时所受赏赐。曹操祖父腾，曾伴读太子刘保，“太子特亲爱腾，饮食赏赐与众有异”。刘保即位，是为顺帝，迁腾为中常侍、大长秋（皇帝近侍）。后来又因谋立桓帝（刘志）有功，被封为费亭侯，加位特进。腾在宫中三十多年，历事四帝，既有谋略，又长袖善舞，因此颇受青睐，所受赏赐自然丰厚。献帝迁都许昌，宫中用物匮乏，于是曹操将祖父所受赏赐之物陆续奉献朝廷，每奉器物，均上奏疏，说明器物的来源、特点、用途等。另外，此疏与《上器物表》对于研究汉代宫廷生活以及器皿工艺和绘画有重要参考价值。

奏上九酝酒法（建安元年）

臣县故令南阳郭芝[1]，有九酝春酒[2]。法用麴三十斤[3]，流水五石，腊月二日清麴，正月冻解，用好稻米，漉去麴滓，便酿法饮。曰譬诸虫[4]，虽久多完。三日一酿[5]，满九斛米止。臣得法酿之[6]，常善，其上清滓亦可饮。若以九酝苦难饮[7]，增为十酿，差甘易饮，不病。今谨上献。

［注释］

[1] 臣县故令：指曹操故乡谯县（今安徽亳州）县令。郭芝：事迹不详。南阳（今河南南阳）人，曾任汉中太守。与《三国志·魏书·三少帝纪》裴松之注引《魏略》明元皇后的叔父郭芝，并非一人。 [2] 九酝春酒：酿造九次的酒。春酒，即春正月所酿之酒。 [3]“法用麴（qū）三十斤”以下七句：制法是用酒曲三十斤，活水五百斤，腊月二日将酒曲浸泡水中，到来年正月解冻后，过滤去酒糟，加上优质稻米，便可酿造饮用。清麴，酒曲浸泡在清水中。麴，同“麯”，酒母，俗称酒曲。漉（lù），过滤。 [4]“曰譬诸虫”二句：据说酒可以除去病虫，虽放置很久仍不变质。譬，当作“辟”，除去。完，保持原样，即不变质。 [5]“三日一酿”二句：酿造时三天增加一斛米，直至加满九斛米为止。斛，量器，一斛等于十斗。 [6]“臣得法酿之”以下三句：臣运用这种方法酿酒，往往很美，上面漂浮的酒糟也可饮用。 [7]“若以九酝”以下四句：如若九次酿造，酒苦难饮，就增至十次酿造，微甜易饮，不再难喝。差，稍微。病，难。

［点评］

这一奏疏主要说明“九酝春酒”的做法。《齐民要术》卷七专门讨论了“春酒”的酿造方法，完整地引用了曹操的这一奏疏，这证明奏疏所说的酿造春酒的方法是科学的。此疏写作时间不详，然而从事理判断，也当在献帝初迁许昌之时，即建安元年（196）。

奏定制度（建安元年）

三公列侯[1]，门施内外塾[2]，方三十亩[3]。

［注释］

[1] 三公：东汉以太尉、司徒、司空为三公，是朝廷最高官职。列侯：泛指诸侯。 [2] 塾：古时位于门外两侧的堂屋。门的内外，东西皆有塾。门内为内塾，门外为外塾。 [3] 方：方圆。

［点评］

这一奏疏当作于建安元年迁都许昌之后。因为初迁许昌，突然增加大批朝廷官员，为了防止官员趁机圈地，曹操奏请献帝，规定三公及诸侯住宅占地方圆不得超过三十亩。

破袁尚上事[1]（建安九年）

臣前上言逆贼袁尚还[2]，即厉精锐讨之[3]。今尚人徒震荡[4]，部曲丧守，引兵遁亡。臣陈军被坚执锐[5]，朱旗震耀，虎士雷噪。望旗眩精[6]，闻声丧气，投戈解甲，翕然沮坏。尚单骑遁走[7]，捐弃伪节钺铁，大将军、邟乡侯印各一枚，兜鍪

写己方，“被坚执锐”写其威武，“朱旗震耀”写其壮观，“虎士雷噪”写其勇猛，摧枯拉朽之势溢于言表；写敌方，“望旗眩精”写其人心震动，“闻声丧气”写其士气颓靡，“投戈解甲”写其狼狈逃窜，全线崩溃之结局亦在必然。

万九千六百二十枚，其矛盾弓戟，不可胜数。

[**注释**]

[1] 袁尚：字显甫，汝南汝阳（今河南商水）人，袁绍第三子。建安七年五月，袁绍病死，谋士审配、逢（páng）纪等假托绍遗命，令尚继承官爵，由此引发袁尚与长兄谭之间的兵戈相向，后来皆为曹操分兵击破。 [2] 还：指还兵邺城。 [3] 厉：同“励”，激励。 [4]“今尚人徒震荡”以下三句：现在袁尚士卒人心惶惶，部队丧失阵地，率兵逃去。 [5]“臣陈军被坚执锐”以下三句：我布置军阵，亲自披挂上阵，红旗猎猎闪耀，勇士杀声如雷。 [6]“望旗眩（xuàn）精”以下四句：敌军望旗帜而目眩，听杀声而丧魂，丢下兵器，抛弃铠甲，全部崩溃。眩精，犹炫目。精，通“睛”。翕（xī）然，全然。沮（jǔ）坏，毁坏，崩溃。 [7]“尚单骑遁走”以下六句：袁尚单枪匹马逃去，抛弃伪造的符节，以及大将军印、邟（kàng）乡侯印各一枚；战士头盔一万九千六百二十个，各种武器，不可尽数。遁，一本作“迸”。伪节，僭越的符节，指并非朝廷所赐的兵符。钺铁（yuè fǔ），即钺斧，象征帝王赐予专征专杀之权。钺，一本作“锐”，形近而误。邟乡侯，袁绍曾拜渤海太守，封邟乡侯。邟，一本作“邡”，形近而误。兜鍪（móu），头盔。

[**点评**]

建安九年（204）二月，袁尚率兵至平原（今山东平原县南）攻打袁谭，留下部将审配守邺城，曹操进军邺城。七月，袁尚率兵回救邺城，曹操大破之，尚逃往中山（今河北定州）。操尽获其辎重、印绶、节钺。八月，曹操破邺。操封魏公后，邺城成为曹魏的政治中心，且形成了在文学史上影响深远的“邺下文人集团”。

这篇奏事先简要交代战争的发生和结局，然后细致描述了讨伐袁尚的战斗过程以及辉煌战果。与其他公文不同的是，这篇奏事以文学手法渲染战斗中己方将士的威武雄壮、勇往直前，以及敌方闻声丧胆、丢盔弃甲的场景。在场景的渲染和战果的叙述中，浸透胜利的喜悦和自豪。

奏 事[1]

令边有小警[2]，辄露檄插羽，飞羽檄之意也。

[注释]

[1]按：此令异文较多，此取裴骃《史记集解》注引。 [2]“令边有小警”以下三句：可以命令部队，边境稍有危急，就用木简文书插上羽毛，取飞快传送檄文之意。露檄，公告，此指军事文书。以木简为书，长一尺二寸。

[点评]

古代军事文书，一旦插上羽毛，就说明情况十分紧急，驿传必须迅速送达。

策

假为献帝策收伏后[1]（建安十九年）

皇后寿[2]，得由卑贱，登显尊极，自处椒房，二纪于兹。既无任、姒徽音之美[3]，又乏谨身养己之福。而阴怀妒害[4]，苞藏祸心，弗可以承天命，奉祖宗。今使御史大夫郗虑持节策诏[5]，其上皇后玺绶，退避中宫，迁于他馆。呜呼伤哉！自寿取之[6]，未致于理，为幸多焉。

［注释］

[1]假：代替。献帝：刘协，东汉末代皇帝。董卓进京，废少帝立刘协，是为献帝，由卓专权。建安元年，曹操迎献帝，都许昌，由曹操专权。曹操死后，曹丕称帝，废献帝为山阳公。策：天子诏令类公文。《文心雕龙·诏策》："汉初定仪，则有四品：一曰策书，二曰制命，三曰诏书，四曰戒敕。"伏后：献帝皇后伏寿。　[2]"皇后寿"以下五句：皇后伏寿，出身卑微低贱，登上显赫尊贵之位，自从立为皇后以来，近于二十四年。椒房，汉代

指皇妃居住的宫殿。因以花椒和泥涂壁而得名，取芬芳多子之义。此代指皇后。二纪，二十四年。古代以十二年为一纪。伏寿于兴平二年（195）被立为皇后，至建安十九年时只有十九年。此言二纪，取其整数。　[3]“既无任、姒”二句：既没有太任、太姒德行之美，又缺少修身养性之福。任，指太任，周文王母亲，以贤妃著称。姒，太姒，周文王妻子，周武王母亲，以贤母著称。徽音，犹德音。　[4]“而阴怀妒害”以下四句：却暗怀忌恨，包藏坏心，不能够上受天命，奉祭祖宗。　[5]“今使御史大夫”以下四句：现在派遣御史大夫郗虑持皇帝符节和诏策，令她交出皇后印绶，离开中宫，迁居别处。郗虑，字鸿豫，兖州山阳高平（今山东微山县）人。建安初，拜侍中，守光禄勋，迁御史大夫。参与构陷少府孔融，持节册封曹操为魏公，软禁伏皇后。后来，图谋曹操，事泄被杀。其，表命令语气。玺绶，指皇后的玉玺和绶带。　[6]“自寿取之”以下三句：这是伏寿自作自受，没有依法治罪，已是非常侥幸了。理，法办。

［点评］

自曹操迎天子、都许昌之后，献帝仅仅是“守位而已”，宫中宿卫，都是操的旧党。自此，操与后宫、外戚积怨深厚。建安五年（200），曹操与袁绍相持官渡之时，董贵人的父亲董承受献帝衣带诏，密谋杀操。事败，董承和董贵人被操所杀。尤其不堪的是，贵人有孕，献帝多次请求赦免贵人，操也不允许。当时皇后伏寿，内怀忧惧，寄书给父亲伏完，密谋杀操，伏完摄于曹操威权，不敢举兵诛操。建安十四年（209），伏完去世，至十九年（214），此事泄露，曹操大怒，矫诏废除皇后，伏后旋遭杀害，所生二子，也遭毒杀。

封建社会的宫廷内部斗争，往往是为了争夺权力而互相倾轧，所以难以用既定的是非标准加以评判。从曹操这一面来说，他必须维护自己的既得政权，一切妨碍政权甚至威胁其生命安全的政敌，都必除之而后快。然而，杀人时，连孕妇、孩子也不放过，可以看出古代宫廷斗争是何其残酷！孔融被杀，其子“覆巢之下，焉有完卵”的冷静，又何其惊悚人心！权力之争已经将人性彻底扭曲。由此也可以看出曹操将三个美貌女儿一起送进宫中，既是对献帝的安抚，也是预防政敌滋生的一道政治屏障。

立卞后策[1]（建安二十四年）

夫人卞氏，抚养诸子，有母仪之德[2]。今进位王后，太子诸侯陪位[3]，群卿上寿[4]，减国内死罪一等[5]。

［注释］

[1] 立卞后策：严可均《全三国文》作“策立卞后”。卞后，琅邪开阳（今山东临沂）人，曹丕母。原本是倡家（歌伎），汉灵帝光和二年（179），年二十，曹操纳为妾。建安初，操原配丁夫人被废后，卞夫人成为继室。建安二十二年，曹丕立为太子。再二年，立卞氏为王后。 [2] 母仪：作为母亲的典范。后

来“母仪天下”作为皇后的专称。[3] 太子：指曹丕。诸侯：指被封侯的王子。[4] 上寿：祝福。[5] 减国内死罪一等：指国内死刑罪犯减免罪行一等。国，特指魏国。

[点评]

建安二十四年（219），曹操立夫人卞氏为后，此为策立王后时所下诏令。所谓“太子诸侯陪位，群卿上寿”，乃既定程序；“减国内死罪一等”，唯示恩泽而已。是时，曹操已病染沉疴，立卞夫人为后，实际上是安定后宫、稳固太子地位的一种政治手段。

述伊尹强调“至忠之诚”，论霍光又言“朝乏谠臣”，褒贬倾向，寓于述论之中。伊尹废立所以成功，出发点在于忠诚于朝廷；而霍光所以成功，乃因朝廷缺少耿介直谏之臣。

王夫之《读通鉴论》卷八：“王芬欲乘灵帝北巡，以兵诛诸常侍，废帝立合肥侯。使其成也，亦董卓也，天下且亟起而诛之，其亡且速于董卓。”董卓废立，殷鉴不远，故曹操批评王芬目光短浅，虑事不密，其必败也一；结党营私，势单力薄，其必败也二；德望既浅，废立非人，其必败也三。曹操所见也远，所虑者深，虽年轻位卑，但胸襟谋略，非他人所能比。

书、尺牍

与王芬书[1]（中平五年）

夫废立之事[2]，天下之至不祥也[3]。古人有权成败、计轻重而行之者[4]，伊尹、霍光是也。伊尹怀至忠之诚[5]，据宰臣之势，处官司之上，故进退废置，计从事立。及至霍光受托国之任[6]，藉宗臣之位，内因太后秉政之重，外有群卿同欲之势；昌邑即位日浅[7]，未有贵宠，朝乏谠臣，议出密近，故计行如转圜[8]，事成如摧朽。今诸君徒见曩者之易[9]，未睹当今之难。诸君自度[10]，结众连党，何若七国？合肥之贵[11]，孰若吴楚？而造作非常[12]，欲望必克，不亦危乎？

［注释］

[1] 与王芬书：严可均《全三国文》作“拒王芬辞”。王芬，一名王考，字文祖，东平寿张（今山东东平县西南）人。东汉末

年大臣，仗义疏财，为“八厨”名士之一。灵帝时，为冀州刺史，中平五年（188）谋废灵帝，事败自杀。 [2] 废立：废旧主而立新君。 [3] 至：最。 [4]“古人有权成败”二句：古人权衡成败、考量利害而实行废立之事，唯有伊尹、霍光二人。伊尹，伊挚，辅助商汤打败夏桀，建立商朝，拜为尹（丞相）。商汤孙太甲即位，昏庸暴虐，伊尹放太甲于桐宫（今安徽亳州境内）。太甲悔过自新，三年后，伊尹迎回太甲，并还政于甲。霍光，字子孟。河东平阳（今山西临汾）人，霍去病之弟，官至大司马大将军。武帝崩，受诏辅佐昭帝。昭帝崩，立昌邑王刘贺。贺淫乱宫闱，霍光援引伊尹相殷、废太甲以安宗庙旧例，废昌邑而立宣帝。故史以“伊霍”并称。 [5]“伊尹怀至忠之诚”以下五句：伊尹特别忠诚于殷室，又拥有重臣权势，位居百官之上，所以能够废立君主，顺其计谋，成就大事。官司，百官。进退废置，指伊尹先是放逐太甲，后又恢复太甲君主之位。 [6]“及至霍光”以下四句：直至霍光，受武帝托孤重任，借助重臣地位，内凭太后执政的大权，外有群臣公卿的支持。宗臣，朝廷重臣。太后，指霍光外孙女，昭帝皇后。 [7]“昌邑即位”以下四句：昌邑王即位时间短暂，宫内无显赫亲信，朝中无敢于直谏之臣，计议出于宫廷近臣。昌邑，指昌邑王刘贺。公元前 74 年，昭帝崩，霍光迎昌邑王继位。入宫后，他荒淫无度，不理朝政，旋即被废。元康三年（前63）被贬为海昏侯，移居豫章国（今江西南昌），史称昌邑王或汉废帝。谠（dǎng），直言，直谏。 [8]“故计行如转圜”二句：所以计划实施犹如圆环转动，大事成功好似摧枯拉朽。 [9]“今诸君”二句：现在诸位只看到过去废立之易，没有看到今天废立之难。曩（nǎng），过去。 [10]“诸君自度”二句：诸位自我衡量，集结部卒联合党羽，有诸侯七国势力强大么？七国，指西汉初吴、楚、赵、济南、淄川、胶西、胶东七个诸侯国。景帝三年（前

154），采用晁错建议，下令削减藩国封地，引发吴楚七国之乱，后来朝廷和梁国联手平定了叛乱。 [11]“合肥之贵”二句：合肥侯地位显赫，能够超过吴楚之王么？合肥，指合肥侯，姓名不详。 [12]“而造作非常”以下三句：势力不足却要做大事，希望成功，这不是很危险么？造作，即做。

［点评］

王芬是汉末清流名士，在党锢之祸中被禁锢终身。中平元年（184），黄巾之乱爆发，灵帝废除党锢，王芬被任命为冀州刺史。中平四年（187），王芬与南阳人许攸、沛国人周旌等人相互勾结，谋划联合冀州豪杰，准备趁灵帝巡狩河间之时，废除灵帝，另立合肥侯为帝。并拟联合曹操，共举大事。曹操写信明确拒绝并加以劝止。王芬不纳，终因阴谋败露而自杀。

文章从抽象的历史规律，说明自古以来废立君主都是灾祸之兆。先从反面论述伊尹、霍光废立成功的原因：伊尹为臣至忠，权势至高，所以能先放逐太甲后迎回太甲，计谋顺利，大事可成。霍光受任先帝，位居重臣，又因太后秉政，群僚同心；昌邑根基尚浅，朝廷缺少直谏之臣，所以霍光废立如“转圜”“摧朽”。再从正面说明：汉初七国之乱，将多兵盛，尚且兵败身亡，何况诸位“结众连党”弱于七国，合肥侯地位之尊不及七国，如若“造作非常”，必然祸乱天下，危及自身。

从历史成败到现实态势，从主观愿望到可能后果，论证周详，义正辞严，充满无可辩驳的气势。而对伊尹和霍光行废立之事的叙述之中，前者多褒扬，后者有微辞；对王芬欲行废立之事，有说理，有讥讽，刚正之中也见其情感取向。

答袁绍书[1]（初平元年）

董卓之罪[2]，暴于四海，吾等合大众，兴义兵，而远近莫不响应，此以义动故也。今幼主微弱[3]，制于奸臣，未有昌邑亡国之衅，而一旦改易，天下其孰安之？诸君北面[4]，我自西向[5]。

“诸君北面，我自西向”，态度斩钉截铁，青年时期的曹操刚正之气、忠贞情怀也于此可见。

[注释]

[1] 袁绍：字本初，汝南汝阳（今河南商水县）人，出身东汉名门“汝南袁氏”，是汉末世族军阀的代表。先占据冀、青、并、幽四州，统一河北。建安五年（200），在官渡之战中为曹操所击败，建安七年病逝。 [2]“董卓之罪”以下六句：董卓的罪恶暴露于天下，我等聚集大军，高举义旗，远近无不响应，这是因为行为符合忠义的缘故。董卓，字仲颖，凉州陇西临洮（今甘肃岷县）人。先后任并州刺史、河东太守等。中平六年（189），受大将军何进所召，率军进京。进京后，自为相国，祸乱朝政。先后废少帝，立献帝，弑太后，焚毁洛阳，迁都长安，给国家和人民带来了巨大灾难。初平元年（190），袁绍联合诸路军阀，号称“义兵”，讨伐董卓。初平三年，董卓为吕布所杀。 [3]“今

幼主微弱”以下五句：当今君主幼小，势力微薄，受制于奸臣董卓，并无昌邑王亡国之罪，一旦废立，天下有谁能安定呢？幼主，指献帝刘协。昌邑，指刘贺，见《与王芬书》注。 [4] 北面：古代君主坐北向南，大臣叩见时北对君主，故称臣亦叫北面。当时，袁绍欲废献帝，立幽州牧刘虞为帝，幽州在北，故也以“北面”双关。 [5] 西向：洛阳在西，故曰西向。一指董卓在西，向西讨伐董卓；二指天子也在西，向西称臣于献帝，故“西向”也是双关。

［点评］

初平元年（190）初，袁绍和韩馥谋废汉献帝，立幽州牧刘虞为帝，并伪造玉玺，向曹操炫耀。曹操大笑说：“吾不听汝也。”并因此而产生灭袁之心。离开袁绍后，他又写下这一书信正面回答袁绍。

言简意赅，是曹操说理的鲜明特点。短短六十余字，包含三层含义：第一，董卓之罪的根源在于悖逆忠义，我举义兵的初衷是维护忠义。第二，擅行废立就是悖逆忠义，既违背了举兵讨逆的初衷，又是重蹈逆贼覆辙。第三，如若废立，必然造成祸乱天下的严重后果。所以曹操明确表态：“诸君北面，我自西向！”三层含义层层递进，作者态度斩钉截铁。

曹操书信常在紧要处善用短句，如“董卓之罪，暴于四海”“合大众，兴义兵”“诸君北面，我自西向”，语气斩钉截铁，不容置疑。而且整句与散句结合，张弛有致。曹操本无心于修饰，却自然形成跌宕而锋利的文风。

与荀攸书[1]（建安元年）

方今天下大乱，智士劳心之时也[2]。而顾观变蜀汉[2]，不已久乎？

［注释］

[1] 与荀攸书：严可均《全三国文》作“遗荀攸书”。遗，给予。荀攸，字公达，荀彧侄儿，颍川汝阴（今河南许昌）人。曹操迎献帝建都许昌之后，荀攸归操，成为曹营主要谋士，随操南征北战，屡建奇功，官至尚书令。 [2] 劳心：用心思考，此指施展智慧。 [3]“而顾观变蜀汉”二句：你却只是观望蜀汉的变化，不是等待太久吗？顾，只。

［点评］

荀攸曾因谋诛董卓被捕入狱，董卓死后获释，被召为任城（今山东济宁）相，没有赴任，改调蜀郡太守，因道路阻隔，无法赴任，暂住荆州。由叔父荀彧推荐，曹操写信劝攸出仕，并征攸为汝南太守。攸至，任尚书。书止二十三字，却将智士乘时而起、只争朝夕的劝诫表达得淋漓直白，且世事紧促的含义、求贤若渴的心态与意长纸短的形式也相得益彰。

答吕布书[1]（建安元年）

山阳屯送将军所失大封[2]。国家无好金[3]，孤自取家好金更相为作印；国家无紫绶，自取所带紫绶以籍心。将军所使不良[4]，袁术称天子，将军止之，而使不通章。朝廷信将军[5]，使复重上，以相明忠诚。

曹操文章简约，这里却不避繁复，意在强调自己对将军吕布的重视和诚意。与下文“使不通章”形成对比。

从现存史料看，袁术派遣使者将僭越称帝的计划告诉吕布，布虽听从陈珪建议，断绝与袁术的联系，但是陈珪又建议使陈登拜谒曹操，却被布拒绝。曹操“使不通章”的言外之意是批评吕布，却以“所使不良”轻轻带过。这也是在行文技巧中蕴含着政治策略。

[注释]

[1] 答吕布书：严可均《全三国文》作“手书与吕布”。吕布，字奉先，五原郡九原（今内蒙古包头九原区）人，汉末群雄之一。先后为丁原、董卓的部将，后与司徒王允合力诛杀董卓，旋即被董卓旧部李傕等击败，依附袁绍。与曹操争夺兖州失败后，袭取徐州。建安三年，兵败被曹操所杀。 [2] 山阳：地名，旧址位于河南焦作东南。大封：天子封赐。因使者途中丢失皇帝诏书，故曰“失大封”。 [3]“国家无好金”以下四句：国家贫困，没有上等好金和紫色绶带，我从家中取出上等好金和紫色绶带，再为你做金印和绶带，以慰藉将军之心。孤，王侯谦称。籍，同“藉”，慰藉。 [4]“将军所使不良”以下四句：然而，将军派遣的使者不称职，袁术称帝，将军制止此事，可是使者竟然没有上报您的奏章。袁术，字公路，汝阳（今河南商水县）人，司空袁逢之子，袁绍堂弟。建安二年在寿春（今安徽寿县）称帝，先败于吕布，后败于曹操，拟去青州依附袁谭，途中发病而死。 [5]“朝廷信将军”以下三句：朝廷仍然相信将军，所以派遣使者重新送上金印、绶带，以表明君臣之间的诚意。

［点评］

建安元年（196），天子在河东，诏吕布来迎，布因粮草匮乏，不能成行，遂遣使者上书。朝廷拜布为平东将军，封平陶侯。然朝廷所遣使者，竟然在山阳边界丢失了诏书及金印、绶带。天子迁都许昌后，曹操再次派遣奉车都尉王则为使者，持天子诏书、平东将军印绶，并携带自己的手书，拜见吕布。此即曹操给吕布的手书。

此书简约叙述自己取家中好金和紫绶为将军制作金印、绶带的过程，表达对将军的器重；以指责“所使不良”的方式，批评吕布对袁术僭越称帝虽加制止、却未及时报告朝廷的错误做法；明确表达朝廷仍然信任、期待将军，所以再次派遣使者送上金印、绶带。与一般书信不同的是，这封书信在表面上表达器重、信任、期待之外，不仅包含“使不通章”的严厉批评，而且“以相明忠诚”一句，也是对吕布为人反复无常、为将见利忘义、为臣不守本分的一种警示。可惜，一介武夫，终将不悟，建安三年（198）吕布再次投靠袁术。九月，曹操起兵征布；十月，布兵败被杀。

与荀彧书[1]（建安二年）

自志才亡后[2]，莫可与计事者。汝颍固多奇士[3]，谁可以继之？

［注释］

[1] 荀彧（yù）：字文若，颍川汝阴（今河南许昌）人。先从袁绍，后依曹操，历任司马、尚书令等职。荀彧善于识人，先后向曹操举荐荀攸、戏志才、郭嘉、陈群、司马懿等人才。建安十七年，因反对曹操进爵魏公，引起曹操不满，自杀而亡，年五十。　[2] 志才：即戏志才，颍川人。因荀彧推荐，入曹操麾下，成为重要谋士，不幸早卒。　[3] 汝颍：指颍川郡。以颍水得名，治所在阳翟（今河南禹州）。

［点评］

据《三国志·魏书·郭嘉传》记载：戏志才去世后，曹操作此书予荀彧，请推荐颍川人才，彧便推荐了郭嘉。是年，郭嘉二十七岁。嘉卒于建安十二年（207），年三十八。逆推之，郭嘉入幕曹营，是在建安二年（197），故知此书作于此年。志才之死，也当在这一年。

曹操作书予荀彧，叹赏志才无与伦比的才能，请荀彧再推荐人才。一是因为荀彧善于识人，二是颍川人杰地灵。

又与荀彧书（建安三年）

贼来追吾[1]，虽日行数里，吾策之，到安众，破绣必矣。

[注释]

[1]“贼来追吾”以下五句：贼兵来追击我，虽日行数里，但我预料此事，到达安众时，必然大破张绣。策，谋划。安众，地名，在今河南镇平县东南。绣，张绣，武威祖厉（今甘肃靖远县）人，骠骑将军张济族子。初随张济，济死后，先与刘表联合，后投降曹操，因不满曹纳张济寡妻，复叛之。官渡之战前夕，再次降操，因战功官至破羌将军，封宣威侯。

[点评]

建安二年（197）正月，曹操出兵征讨张绣，绣降操。因不满曹操纳寡婶为妻，复叛操而攻之，曹军大败，退归许昌。建安三年（198）三月，曹操复攻张绣，包围了张绣屯兵的穰城（今河南邓州）。因袁绍欲攻许昌，曹操遂解穰城之围，还兵许昌，张绣乘机进兵追击曹操。《又与荀彧书》就作于此时。五月，刘表救援张绣，屯兵安众，曹操纵奇兵，大破刘表、张绣。

由此书可见，曹操用兵善于运筹帷幄，决胜千里。《孙子兵法》说：“知彼知己，百战不殆。”曹操熟读兵书，善于用兵，于此可见一斑。

答荀彧[1]（建安三年）

虏遏吾归师[2]，而与吾死地战，吾是以知胜矣。

[注释]

[1] 按：此段文字出自《三国志·魏书·武帝纪》。《魏武帝集》及严可均《全三国文》所录《报荀彧》“绣遏吾归师，迫我死地”，则源于《水经注》。《水经注》卷二十九曰：“湍水又迳穰县故城北，又东南迳魏武故城之西南，是建安三年曹公攻张绣之所筑也。……涅水又东南迳安众县，堨而为陂，谓之安众港。魏太祖破张绣于是处。《与荀彧书》曰：‘绣遏吾归师，迫我死地。’盖于二水之间以为沿涉之艰阻也。涅水又东南流，注于湍水。”考之，当是郦道元截取《三国志·魏书·武帝纪》，删改而成，与《答荀彧》是同一书。 [2]“虏遏（è）吾归师”以下三句：张绣阻挡我还师许昌，而与我军战于绝境之地，我因此知道必胜。虏，指张绣、刘表联军。遏，阻挡。死地，指只有拼死决战才能求生之地。

[点评]

建安三年（198）五月，曹操大破张绣、刘表联军，七月还许昌。荀彧问曹操说：“以前您就预料贼兵必败，为何？”操回答“虏遏吾归师”云云。当时的形势是：刘表和张绣到达安众后，据险而守，曹军腹背受敌。于是曹操在险要之地开凿地道，将辎重悄悄运送过去。天明时，刘、张认为曹军逃遁，率领全部人马追击，曹操利用地道中隐蔽的伏兵和已过险要的先头部队两面夹攻，大破刘、张联军。这说明曹操不仅善用兵，而且善用奇兵。用今天的话说，就是将运动战和伏击战相结合。

与钟繇书[1]（建安五年）

得所送马[2]，甚应其急。关右平定[3]，朝廷无西顾之忧，足下之勋也。昔萧何镇守关中[4]，足食成军，亦适当尔。

［注释］

[1] 钟繇（yáo）：字元常，颍川长社（今河南长葛东）人。曾因护献帝逃出长安有功，拜御史中丞，迁官侍中、尚书仆射。曹操征袁绍，表奏钟繇以侍中守司隶校尉，都督关中诸军，功勋卓著，以功迁前军师。曹丕称帝后，位至三公。 [2]“得所送马”二句：得到你所送战马，正应部队之急。 [3]“关右平定”以下三句：平定了关西地区，朝廷没有西顾之忧，都是你的功勋。关右，亦称关西。古人以西为右，泛指函谷关或潼关以西地区。 [4]“昔萧何镇守关中”以下三句：从前萧何镇守关中，供给粮饷，征调士卒，也不过就像你这样。萧何，见《又让封表》注。适，恰好。当，相当。尔，同“耳”。

［点评］

建安五年（200），曹操在官渡与袁绍军相持，钟繇送去战马两千匹，供给军用。曹操作此书给钟繇。说明钟繇所送马匹非常及时；赞扬其镇守关中、安定关右的战略意义；最后以“汉初三杰”的萧何作比，点明其功勋卓著。语言简约而含义丰赡，叙述冷静而饱含赞美。

又与荀彧书（建安八年）

论荀彧之功，连用四个“相为”，书信虽短，却有无可辩驳的气势。

与君共事已来[1]，立朝廷，君之相为匡弼，君之相为举人，君之相为建计，君之相为密谋，亦以多矣。夫功未必皆野战也[2]，愿君勿让。

［注释］

[1]“与君共事已来”以下七句：我与你共事以来，建立朝廷制度，你为我匡正过失，为我举荐人才，为我献计献策，为我秘密谋划，这些事做得很多啊。已，同“以”。立朝廷，是指建安元年迁都许昌，恢复朝纲。相为，犹为我。相，代词。 [2]“夫功未必皆野战也”二句：功业未必都是攻城野战，希望你不要谦让。

［点评］

据《三国志·魏书·荀彧传》，曹操上表请封荀彧万岁亭侯，彧认为自己没有攻城野战之功，没有将奏表上报皇上。曹操得知后，写下此封书信。列举其辅政、举贤、献计以及参与军政机密等功勋，劝其接受封爵。详情可参阅《请封荀彧为万岁亭侯表》《请爵荀彧表》。

报荀彧书（建安九年）

微足下之相难[1]，所失多矣。

[注释]

[1]“微足下之相难”二句：如若没有足下对我的质疑，这次失误就大了。微，非，没有。足下，对同辈、朋友的尊称。难，诘责，质问。

[点评]

曹操击败袁尚，攻下邺城，领冀州牧。部下有人劝曹操恢复古代九州的建制，如此则冀州统领的地域辽阔，天下归顺就易如反掌。曹操准备采纳这一建议，然而荀彧说：“今若依照古制，冀州所统，应有河东冯翊、扶风和西河幽州、并州之地。前破邺城，已使天下震动畏惧，现在您若再占据一地，其他郡国认为您要依次夺取地盘，必然人心浮动。一旦发生变故，就难以图谋天下。希望您先安定河北，然后修复旧京，南临楚国郢地，责令天下郡国贡赋天子，郡国都知道您心系王室，则人人安宁。等到海内全部平定，再议论恢复古制，这才是安定社稷的良方。”曹操接受了荀彧的建议，并作此书予彧。

荀彧与他人建议的差别在于：他人之议，急于扩大曹操统治的地盘，本质上是架空天子，进而谋取天下。荀彧之议，揣度天下大势，人心向背，认为不可盲目扩张地盘，暴露统一雄心，谨防天下郡国因难以自保而形成合纵之势。其核心方略仍然是“挟天子以令诸侯”，昭示曹操之心乃在汉室，如此则人心安宁，然后方可徐徐图之。显然，他人之论暗含一点：抢占天下，禅让可成。荀彧之论，暗含两点：一是董卓之乱，殷鉴不远；二是心系王室，方可治乱。实际上，这是涉及天下走势的根本分野，荀彧表现出审时度势、定国安邦的远见卓识，故曹操才会感叹："微足下之相难，所失多矣。"不过，后来荀彧也因维护王室、阻碍曹操进封魏公，而被迫自杀。

答朱灵书[1]（建安十年）

兵中所以为危险者[2]，外对敌国，内有奸谋不测之变。昔邓禹中分光武军西行[3]，而有宗歆、冯愔之难，后将二十四骑还洛阳[4]，禹岂以是减损哉？来书恳恻[5]，多引咎过，未必如所云也。

体贴下情，宽严相济，是曹操重要的御人之术，所以朱灵一见曹操就说："灵观人多矣，无若曹公者，此乃真明主也。今已遇，复何之？"也可见朱灵善于识人。君臣际遇，岂止诸葛、刘备？

［注释］

[1] 答朱灵书：严可均《全三国文》作"手书答朱灵"。朱灵，字文博，清河鄃（shū）县（今山东平原县）人，初为袁绍部将，曹操讨陶谦，绍遣灵助操，战后灵即去袁归操。后随曹操征伐，屡建战功，官至后将军，封为高唐侯。 [2]"兵中所以为危险者"以下三句：带兵之所以危险，是因外要面对敌人，内常有奸人谋逆难以预料的变故。 [3]"昔邓禹中分"二句：从前邓禹分领光武刘秀的部队西征，却发生了宗歆、冯愔的叛乱。邓禹，字仲华，南阳新野（今河南新野县）人。早年追随刘秀，"既定河北，复平关中"，功劳卓著。刘秀称帝后，封为大司徒、酂侯。后改封高密侯，进位太傅。宗歆、冯愔之难，更始二年（24），赤眉军西入关，刘秀忧虑赤眉必破长安，进而吞并关中，

于是分麾下二万精兵，派遣前将军邓禹率领西入关中。建武元年（25），邓禹入关，攻取上郡（今陕西榆林东南）诸县，留将军冯愔、宗歆守栒邑（今陕西旬邑县东北），但二人争权相攻，冯愔遂杀宗歆，后为邓禹部下宗广所擒。 [4]“后将二十四骑”二句：率领二十四位骑兵返回洛阳，邓禹难道因此损害了自己的威信么？建武三年（27）春，邓禹率部至湖县（今陕西潼关县东），邀冯异共同迎战赤眉军。冯异认为赤眉军尚强，应放其过去，东西夹击才能获胜。邓禹及其部将车骑将军邓弘邀功心切，急于迎战。邓弘率部与赤眉军大战，大败，死伤三千余人，只带二十四骑逃归宜阳。回洛阳后，邓禹引咎辞职。数月后，拜右将军。 [5]“来书恳恻”以下三句：来信诚恳痛心，多将过错归咎于自己，也未必如你所说的吧。引，承担。

［点评］

建安十年（205），曹操平定冀州，遣朱灵率领冀州降兵五千人、战马千匹，守卫许昌南面。临行，曹操告诫朱灵说：“冀州新降之兵，屡受宽容，虽暂时看来军纪整齐，但其内心仍怏怏不乐。你素有威严之名，即使宽容，必须善以用兵之道，不然就会发生变故。”朱灵到了阳翟（今河南禹州）之后，中郎将程昂等果然谋反，朱灵立即将程昂斩杀，写信报告曹操，表示痛心和自责，操乃作此书安慰他。先说带兵的两重危险，既须外对敌人，又须内防奸谋，意在说明“不测之变”的发生是一种正常现象，不必因此自责；再举名将邓禹带兵尚且内生“不测之变”，外又战败而归，意在说明哗变、胜负乃兵家常事，不会因此影响你的声名。最后明确说问题未必如你所说的严重，不必如此引咎自责。曹操用兵，一向令行禁止，军纪严明，然而针对不同情况，也不苛责部下。严厉的军法中，尚有一丝温情。

由常规道理说起，引证具体史实证明，是曹操公文、尺牍的基本特点。然而说理高屋建瓴，见其卓识；引史贴切灵动，见其饱学。

又报荀彧书（建安十二年）

君之策谋[1]，非但所表二事，前后谦冲，欲慕鲁连先生乎？此圣人达节者所不贵也[2]。昔介子推有言[3]：“窃人之财，犹谓之盗。”况君密谋安众[4]，光显于孤者以百数乎。以二事相还而复辞之[5]，何取谦亮之多邪？

“窃人之财，犹谓之盗”省略了一个递进的语意：窃人财物，谓之盗贼，那么贪冒他人之功，则有甚于盗贼。你功高不受封赏，是让我贪冒你的功劳，而做出有甚于盗贼的事吗？这有两点值得注意：一是省略下文的递进语意，使责备的语气含蓄而委婉；二是表层的责备语气，恰恰表达深层的劝勉。

［注释］

[1]“君之策谋”以下四句：你的谋略，不止上表所说两件，你反复谦让推辞，是想仰慕鲁仲连先生吗？二事，指《请增封荀彧表》所说的谏止官渡退兵和南征刘表。谦冲，谦让淡泊，指不慕荣利。鲁连，即鲁仲连，战国末期齐国人。不仅在破燕复齐中建立奇功，而且义斥辛垣衍劝赵尊秦为帝，但是不受封赏，拒绝千金，后逃到海上，成为后世“功成不受赏”的典型。 [2]“此圣人达节者”句：这不是通达而合乎节义的圣人

所重之道。达节，不拘泥于守义却符合节义。《左传》成公十五年："圣达节，次守节，下失节。" [3]"昔介子推有言"以下三句：介子推曾经说：偷窃别人财物，尚且叫做盗贼。《左传》僖公二十四年：介子推曰："窃人之财，犹谓之盗，况贪天之功以为己力乎？"曹操引用此语，还包含后句的含义，意思是我怎么能贪你的功劳而为己有呢？ [4]"况君密谋安众"二句：何况你私下为我谋划，安抚将士，使我获得了很多的荣耀啊。孤，侯王谦称。百数，形容次数非常之多。 [5]"以二事相还"二句：因此这两件事往复多次而你又辞让，谦让之风哪里用这么多呢。谦亮，犹谦冲。邪，同"耶"。

[点评]

建安十二年（207），曹操上《请增封荀彧表》，为荀彧请求增加封赏，而彧却反复辞让，不受增封。曹操就给荀彧写了这封信。意义有三层：第一，如此辞让，淡漠荣利，是仰慕鲁仲连之为人么？即使通达守节的圣人也不赞成这样啊。第二，你难道让我贪冒你的功劳，这不是陷我于不义么？再说你私下已经为我做了很多，而这些荣耀都集于我一身呢。第三，这件事反复多次你仍然辞让，这恐怕过于高风亮节了吧。概括言之，增封非你所求，即便圣人也可受之；你已为我增添光彩，不必让我再贪你之功；反复辞让，反有沽名钓誉之嫌。三层之间，层层递进，劝其接受封爵之意，也殷殷可见。

与荀彧悼郭嘉书[1]（建安十三年）

郭奉孝年不满四十[2]，相与周旋十一年，阻险艰难，皆共罹之。又以其通达[3]，见世事无所疑滞，欲以后事属之，何意卒尔失之，悲痛伤心。今表增其子满千户[4]，然何益亡者？追念之感深。且奉孝乃知孤者也[5]，天下人相知者少，又以此痛惜。奈何奈何[6]！

曹操准备将后来战事委托郭嘉，其信任之深、情感之殷，溢于纸背。这就与郭嘉猝然早逝形成强烈反衬，将“悲痛伤心”一下推向极致。而曹操对郭嘉的信任和情感，又是建立在“知孤”“相知”的知音境界上，文人的知音难觅之感，也泛上心头。一声“奈何奈何”，将弦断音绝的无奈化作叹息。

［注释］

[1] 与荀彧悼郭嘉书：严可均《全三国文》作“与荀彧书追伤郭嘉”。 [2]“郭奉孝年不满四十”以下四句：郭嘉年龄不满四十，辗转追随我十一年，共同经历了艰难险阻。奉孝，郭嘉字。相与，与我。相，代词。周旋，辗转追随。罹（lí），遭遇。 [3]“又以其通达”以下五句：又因郭嘉洞悉事理，看待世事果决透彻，本想将后事嘱托给他，何曾想突然失去了他，真令人伤心悲痛。属，同“嘱”。卒尔，突然。卒，同“猝”。 [4]“今表增其子”以下三句：现在上表增封其子食邑满千户，但对于死者又有何益？故追思之情日深。 [5]“且奉孝乃知孤者也”以下三句：而且郭嘉才是真正了解我的人啊，天下人知音甚少，又因此更加悲痛惋惜。 [6] 奈何奈何：表感叹，意为如何、怎么办。

［点评］

建安十三年（208）十二月，曹操自江陵（今湖北荆州）征讨刘备，到达巴丘（今岳阳楼一带），发生疾疫，吏卒多死者，曹操烧毁船只，叹息说：假使郭嘉在世，不会让我到这里啊。并且感慨："哀哉奉孝！痛哉奉孝！惜哉奉孝！"正是在这种心境下写了这封信给荀彧。

郭嘉通达明断，使曹操信任有加；甘苦与共，使曹操情同知音。如此，郭嘉的英年早逝必然给他带来巨大的心灵创痛！所以"卒尔失之"的悲怆，"何益亡者"的追念，"奈何奈何"的深沉叹息，如剥竹笋，层层抽心！

又与荀彧悼郭嘉书[1]（建安十三年）

追惜奉孝，不能去心[2]。其人见时事、兵事，过绝于人[3]。又人多畏病[4]，南方有疫，常言"吾往南方，则不生还"。然与共论计[5]，云当先定荆。此为不但见计之忠厚[6]，必欲立功分，弃命定事。人心乃尔[7]，何得使人忘之！

曹操奏表、书信所表达对郭嘉的深切怀念，既反映其知人、用人的一面，也反映其重情、深情的一面。前者是领袖襟怀，后者是诗人性情。

［注释］

[1] 又与荀彧悼郭嘉书：严可均《全三国文》与上书合二为一。今考《三国志·魏书·郭嘉传》裴松之注及《魏武帝集》，分作二书。题从《魏武帝集》。 [2] 不能去心：指痛苦萦绕于心。去心，离心。 [3] 过绝：超越，指郭嘉对于时事、战事的见解他人不

及。[4]“又人多畏病”以下四句：另外，人都畏惧疾病，南方有瘟疫，他常说“我若去南方，就不能活着归来”。[5]“然与共论计”二句：但是与他共论天下大计，却说应该先平定荆州。[6]“此为不但见计之忠厚”以下三句：这一行为不仅看出谋划的忠诚深远，而且一定要为国立功以尽臣责，不顾性命以定大计。分，职分。[7]“人心乃尔”二句：其心如此忠厚，怎么能使人忘记他啊！乃尔，如此。

［点评］

建安十三年（208），赤壁之战成为曹操统一大业的转折点，也成为汉末历史的转折点。赤壁之战后，刘备势力和地盘都得到了极大扩张，真正形成了三国鼎立的局面。曹操兵败赤壁的军事失利，使之更深切体会到人才是决定战争胜负的主要因素，所以他特别追念郭嘉。官渡之战的以少胜多、北征乌桓的轻装奇袭，都得力于郭嘉的谋略。此次赤壁之败虽因天灾（瘟疫），显然也有人为因素，所以战后曹操深深叹息：“郭奉孝在，不使孤至此。”曹操短时间内两次作书给郭嘉同乡荀彧，“不能去心”的深切怀念，既因为郭嘉军事智慧“过绝于人”，也因为郭嘉确定天下大计的忠厚之心，尤其是他“弃命定事”的人生态度，尤令人难以忘怀。

又报荀彧书[1]（建安十三年）

不喜得荆州，喜得蒯异度耳[2]。

[注释]

[1] 又报荀彧书：严可均《全三国文》作“下荆州书”。 [2] 蒯异度：蒯越，字异度，襄阳中庐（今湖北襄阳西南）人。初为大将军何进东曹掾，后投奔刘表，成为重要谋士。曹操南征，刘琮降，越归操，官至光禄勋。

[点评]

汉末动乱，荆州相对安宁，大量人才流寓荆州，文学家王粲的《登楼赋》就作于流寓荆州期间。建安十三年（208），曹操占领荆州后，人才多归曹操麾下。此书虽止十一字，其得到蒯越的喜悦之情却跃然纸上。蒯越的人才难得和曹操的求贤若渴也蕴含其中。

遗孙权书[1]（建安十三年）

近者奉辞伐罪[2]，旌麾南指，刘琮束手。今治水军八十万众[3]，方与将军会猎于吴[4]。

[注释]

[1] 遗孙权书：严可均《全三国文》作“与孙权书”。遗，寄予。孙权，字仲谋，吴郡富春（今浙江杭州富阳区）人，生于下邳（今江苏邳州）。继承父亲孙坚和兄长孙策在群雄割据中打下的江东基业，于公元 229 年称帝，国号吴。 [2]“近者奉辞伐罪”以下三句：最近我奉天子之命讨伐罪逆，军旗指向南方，刘琮投

降。旌麾，军旗。 [3] 治：整治。 [4] 方：即将。会猎：一起打猎，是会战的外交辞令。

[点评]

建安十三年（208）九月，荆州牧刘琮不战而降，曹操顺利占据荆州。十二月，与孙刘联军战于赤壁。这是在赤壁之战前曹操使者送给孙权的书信，实是一封战书。“奉辞伐罪”，师出有名；“旌麾南指”，军威雄壮；“刘琮束手”，所向披靡；“八十万众”，实力惊人。曹操所期待的是“不战而屈人之兵”。

又遗孙权书[1]（建安十三年）

赤壁之役[2]，值有疾病，孤烧船自退，横使周瑜虚获此名。

[注释]

[1] 又遗孙权书：严可均《全三国文》作“与孙权书”，并将上书并为一题。 [2]“赤壁之役”以下四句：赤壁战役，因为遇到疾病瘟疫，我烧毁战船而退兵，使周瑜意外获此虚名。赤壁，山名，一说在今湖北嘉鱼东北，长江南岸，乃赤壁之战发生的主战场。横（hèng），意外。周瑜，字公瑾，东汉末年名将，庐江舒（今安徽舒城县）人。少与孙策交好，协助策平定江东。赤壁之战大败曹军，由此奠定三分鼎立的格局。

［点评］

上《遗孙权书》作于赤壁战前，当在建安十三年（208）九月；此书作于赤壁战后，约在是年十二月，或稍后。曹操赤壁之战失利，原因多端：北方士兵不服水土、不习水战；荆州水兵新降，缺少整合；又偏遇疾疫，“吏士多死者”，但是最重要的乃与火烧战船密切相关。《三国志·吴书·周瑜传》记载，火烧战船乃黄盖所为，曹操书信又谓乃曹军自烧战船而退，究竟孰是孰非，已成历史疑案。

与吴主书[1]（建安十三年）

赤壁之困[2]，过云梦泽中，有大雾，遂使失道。

［注释］

[1] 与吴主书：这一佚文，严可均《全三国文》以及《魏武帝集》失收，《曹操集译注》辑自《太平寰宇记》卷一四六。 [2]“赤壁之困”以下四句：赤壁之败后，经过云梦泽，因有大雾，便迷了路。困，指失败。云梦泽，是湖北省江汉平原上古代湖泊群的总称。

［点评］

宋乐史《太平寰宇记》将此书题为《与吴主书》，显然不妥。孙权称帝，曹操已经去世。再说操“挟天子以令诸侯”，也不可能称孙权为主。此书与上书《又遗孙权书》或为同一书，疑不能明。

与诸葛亮书（建安十三年）

今奉鸡舌香五斤[1]，以表微意。

［注释］

[1] 鸡舌香：即丁香，又名丁子香，能治口臭。据《初学记》卷十一引汉应劭《汉官仪》记载：汉朝官仪规定：尚书郎奏事时必须口含鸡舌香，使其应对皇上时气味芬芳。

［点评］

建安十三年（208），曹操在赤壁之战后，作书与孙权，此书或与《又遗孙权书》时间差近。曹操为何送鸡舌香给诸葛亮？因为按照汉代官仪，鸡舌香是大臣上朝奏事时口中所含，送鸡舌香实际上就是暗示诸葛亮应该归顺朝廷。曹操汉室朝廷丞相的身份也包含其中。

与阎行书[1]（建安十六年）

观文约所为[2]，使人笑来[3]。吾前后与之书[4]，无所不说，如此何可复忍！卿父谏议[5]，自平安也。虽然，牢狱之中[6]，非养亲之处。且又官家[7]，亦不能久为人养老也。

［注释］

[1] 与阎行书：严可均《全三国文》作“手书与阎行”。阎行，字彦明，又名阎艳，金城（今甘肃兰州）人。对于曹操消灭韩遂平定凉州起了重大作用。 [2] 文约：韩遂字。 [3] 使人笑来：韩遂反复无常，故说令人发笑。 [4]“吾前后与之书”以下三句：我前后给他去信，什么都说得很清楚，他仍然如此，怎么能够忍耐！事可参见《与韩遂教》。 [5] 卿父谏议：指阎行父亲阎纪，任谏议大夫。 [6] 牢狱之中：因韩遂叛曹，阎行是韩遂部下，遂将其父逮捕入狱。 [7]“且又官家”二句：况且这是官府，也不能久替别人赡养老人。

［点评］

建安十四年（209），西凉军阀韩遂派遣阎行为使者拜见曹操，曹操厚待阎行，并上表拜韩遂为犍为太守。阎行亦请曹操令其父入曹府担任宿卫，回去后又劝韩遂遣送一子至许昌为质。后来，韩遂、马超举兵叛曹，阎行劝谏韩遂，不被采纳。建安十六年，曹操北击韩遂、马超，听说了阎行的真实意图之后，诛杀了韩遂之子，仅仅将阎行父亲阎纪逮捕下狱，并亲自写了此信给阎行。后阎行果然归顺曹操。

与其他书信不同的是，这封书信措辞幽默，绵里藏针。先说韩遂言行反复无常，令人可笑，举兵讨伐，实是忍无可忍；然后告诉阎行，令尊平安，只是身陷牢狱，不是赡养老人之处。接着又翻进一层说：官家也不能总是替你赡养老人啊。在幽默调笑之中，带有威胁，透着杀气。其言外之意是：你可不能如韩遂反复无常，否则韩遂之子的今天就是令尊大人的明日。

盐铁专营，一直是关系国家财政收入的重大经济政策，所以曹操在北平冀州、北方渐趋统一时，立即设立司金中郎将，采取国家专营。可以说，盐铁专营制和“屯田制”是曹操保证连年用兵的主要经济来源。这说明曹操有非常明确的经济政策，这也是超绝于一般割据军阀的高明之处。所以，曹操特别注意司金中郎将和屯田校尉的选任。信中对这一地位重要性的阐述，也并非仅仅是诱之官禄、安抚人心。

与王修书[1]（建安十七年）

君澡身浴德[2]，流声本州，忠能成绩，为世美谈，名实相副，过人甚远。孤以心知君[3]，至深至熟，非徒耳目而已也。察观先贤之论[4]，多以盐铁之利，足赡军国之用。昔孤初立司金之官[5]，念非屈君，余无可者。故与君教曰：“昔遏父陶正[6]，民赖其器用，及子妫满，建侯于陈；近桑弘羊[7]，位至三公[8]。此君元龟之兆[9]，先告者也。”是孤用君之本言也[10]。

［注释］

[1] 王修：字叔治，北海郡营陵（今山东昌乐县东南）人。初为孔融主簿，后为袁谭别驾。建安十年，曹操平定冀州，辟为司空掾，行司金中郎将，迁魏郡太守。魏国建，任大司农郎中令。 [2]“君澡身浴德”以下六句：你洁身修德，扬名本州，忠

诚和才能造就了你的功绩，成为世人美谈，名实相符，远过他人。成，动词，造就。　[3]“孤以心知君”以下三句：我内心了解你，非常深刻非常熟悉，不仅仅依靠耳闻目睹。　[4]“察观先贤之论”以下三句：考察前贤的言论，多认为盐铁的税收，足够负担军队和国家的用度。　[5]“昔孤初立司金之官”以下三句：当初我开始设立司金中郎将，想来也并非委屈你，他人都不能胜任。司金，司金中郎将，主管冶铁、钱币和农具铸造。　[6]“昔遏（è）父陶正”以下四句：从前遏父任陶正之官，百姓依赖他所造陶器来使用。到他的儿子妫（guī）满，被封为陈国诸侯。遏父，又作虞阏（yān）父，商周之际人。因制陶技艺精湛，被周文王任命为陶正，主管陶器生产。妫满，又称虞满。周武王灭商建周，追封先贤遗民时，将遏父儿子妫满封于陈地，国号为陈，谥号胡公，史称胡公满或陈胡公。　[7]桑弘羊：河南洛阳（今河南洛阳）人。汉武帝时，任大司农，推行盐铁官营、均输、平准、币制改革、酒类专卖等经济政策，大幅度增加了政府财政收入。汉昭帝即位，迁御史大夫。　[8]三公：西汉以丞相（大司徒）、太尉（大司马）、御史大夫（大司空）为三公，东汉以太尉、司徒、司空为三公，共同主持朝政。　[9]元龟之兆：古人以火烤龟甲，按其所出现的裂纹判断吉凶。这里指吉祥之兆。元龟，大龟。　[10]是：代词，这。

或恐众人未晓此意[1]，自是以来，在朝之士每得一显选，常举君为首。及闻袁军师、众贤之议[2]，以为不宜越君，然孤执心将有所底。以军师之职[3]，闲于司金，至于建功，重于军师。孤之精诚[4]，足以达君，君之察孤，足以不疑。但

求贤若渴和善于用才，是曹操人才政策的两个方面，后者尤为重要。这是曹操比袁绍的高明处。而善于用才，一是用人之长，二是诚心待人，这两点在这封书信中表现得尤为突出。所以“孤之精诚”云云，也不是一般的安抚人心之语，而是说明曹操之心与部下之心相通。如果说刘备手抛阿斗，诚心之中带有“伪”，那么曹操袒露心声，诚心之中却有“真”。钟繇说：“明君师臣，其次友之。”曹操或兼之。

恐傍人浅见[5]，以蠡测海，为蛇画足，将言前后百选，辄不用之，而使此君沉滞冶官。张甲李乙[6]，尚犹先之，此主人意待之不优之效也。孤惧有此空声冒实[7]，淫蛙乱耳。假有斯事[8]，亦庶钟期不失听也；若其无也，过备何害！

[注释]

[1]“或恐众人”以下四句：或许众人并不理解我的用意。从这以后，朝廷官吏中每有一显要官职，他们都举荐你作为首选。 [2]“及闻袁军师”以下三句：听到袁涣以及诸位贤人的议论，认为任用军师不应该跳过你而任用别人，然而我却坚持自己的想法，将另有任用（司金）。袁军师，指袁涣，时任军师祭酒。厎（zhǐ），定。 [3]“以军师之职”以下四句：因为军师职务虽大于司金，但对于建立功业，司金又比军师重要。闲，大。 [4]“孤之精诚”以下四句：我的至诚之心，足以使你明白，你明察我的内心，我也深信不疑。 [5]“但恐旁人浅见”以下六句：只是担心别人见识浅薄，片面狭隘，又节外生枝，又要说前后上百次选举，就没有重用你，而使你滞留在司金之官上。以蠡（lí）测海，用贝壳来量海，比喻观察事物狭隘片面。为蛇画足，即画蛇添足，比喻做事节外生枝。故事见《战国策·齐策二》。沉滞，长期滞留。此指仕宦久不迁升。冶官，司金之官。 [6]“张甲李乙”以下三句：张某李某，尚且还超过你，这是主公不优厚待你的结果。 [7]“孤惧有此”二句：我担心有此虚名掩盖了真实，淫邪之乐乱人视听。空声，虚名。冒，覆盖。淫蛙，淫邪不正之音。古代常用以贬称俗乐。 [8]“假有斯事”以下四句：假如确有此事，也希望你像

钟子期那样，不能不辨知音。如若没有此事，多加防备也无坏处。钟期，钟子期，名徽，字子期。春秋战国时期楚国汉阳（今湖北武汉蔡甸区）人。传说伯牙善鼓琴，钟子期善听。伯牙鼓琴，志在高山。钟子期曰："善哉，峨峨兮若泰山！"志在流水，钟子期曰："善哉，洋洋兮若江河！"子期死后，伯牙谓世上再无知音，乃破琴绝弦，终生不复鼓琴。

昔宣帝察少府萧望之才任宰相[1]，故复出之，令为冯翊，从正卿往，似于左迁。上使侍中宣意曰[2]："君守平原日浅，故复试君三辅，非有所间也。"孤揆先主中宗之意[3]，诚备此事。既君崇勋业[4]，以副孤意。公叔文子与君俱升[5]，独何人哉？

用萧望之这一历史典故，既明白告诉王修自己真实的意图，也照亮了王修未来的人生前程。饶有趣味的是，曹操以公叔文子的家臣作比，将文意更翻进一层，使结尾留给王修也留给读者无限遐想的空间。曹操无意于文章，却是文章高手。

［注释］

[1]"昔宣帝察少府"以下五句：从前汉宣帝观察少府萧望之才能堪任宰相，有意再让他出任地方官，任命他为冯翊（píng yì）太守，从正卿去地方任职，类似降职。宣帝，刘询，西汉著名贤君，前 74 年—前 49 年在位。萧望之，字长倩，东海兰陵（今山东兰陵县）人，徙杜陵（今陕西西安东南）。汉宣帝察望之才能可任宰相，欲试其理政能力，即命望之由少府转任冯翊太守，望之不满，称病不赴任。后由侍中成都侯金安转达皇上本意，望之随即赴任。后迁大鸿胪。冯翊，西汉京都三辅之一，治所在今陕西大荔县。正卿，萧望之原任少府，九卿之一，故曰正卿。左迁，古代以右为上，故左迁即降职。　[2]"上使侍中"以下四句：皇上

派遣侍中宣告他的本意说："你任平原太守时间短，所以又让你出任三辅长官，试用你的才能，并非疏远你啊。"平原，指平原太守，萧望之曾任此职。三辅，西汉京畿地区的京兆、左冯翊、右扶风。间，隔阂，引申为疏远。 [3]"孤揆（kuí）先主"二句：我揣摩先君宣帝的意思，确实准备这样做。揆，揣测。中宗，宣帝刘询的庙号（君主死后在宗庙中祭祀时所称的名号）。 [4]"既君崇勋业"二句：希望你建立辉煌功勋，以称我心。既，通"冀"，希望。崇，高，使动词。 [5]"公叔文子"二句：从前公叔文子和他的家臣一起升官，难道你还不如他的家臣吗？公叔文子，名拔，春秋时期卫国大夫，谥号"文"，故称公叔文子。其家臣僎（zhuàn）有贤才，他推荐僎和他做同等的官，受到孔子的赞赏。按：此句"君"字或误，当作"僎"。独何人，难道他是什么人。意思是你还不如他吗？

[点评]

盐铁国家专营，是汉武帝采用的一项重要的国家经济政策。至东汉和帝时，窦太后专权，取消了这一政策。建安十年（205），曹操平定冀州后，下令恢复盐铁国家专营，任命王修为司金中郎将。建安十七年（212），王修上书曹操，陈述盐铁专营的建议，并附奏记，认为自己在职七年，忠正不昭于时，功业不见于事，所以俯仰惭愧，废寝忘食，特此陈述自己关于盐铁专营的想法。王修所议今已不存，然据史书记载，曹操十分赞同他的观点，并写了这封书信给他。

书分三层：第一层，先概述其道德、声誉、才性的过人；后叙述自己对他了解之深刻、所授之重任、殷切之期待。第二层，以众人不明白“我”的本意引起，以司金之官责任重大，功业殊重，具体说明为何每次朝廷显选都不加迁官的原因，以及对朝臣浅薄之议可能对王修产生负面心理影响的担忧。第三层，引用宣帝欲重用萧望之反而左迁三辅太守的历史典故，说明自己任用王修为司金之官，看似权轻，实则位重，所以充满对王修建立辉煌勋业的期望。

书信说理，第一，以诱之利禄为导向，古代遏父，其子封侯，近世桑弘羊，位至三公，“至于立功，重于军师”等，正是你的未来。第二，以晓之以理为核心，“盐铁之利，足赡军国之用”，责任重大；司金之职，重于军师，地位重要；可崇勋业，“与君俱升”，前程无限。第三，以动之以情为技巧，我“以心知君，至深至熟”，相知深矣；“孤之精诚，足以达君，君之察孤，足以不疑”，相待诚矣，如此君臣际遇，夫复何求！所以，虽是公文式书信，浸染着浓郁的权与利的世俗交易，但是一经曹操之口，则又娓娓道来，别有情致。

报杨阜书[1]（建安十九年）

君与群贤共建大功[2]，西土之人以为美谈。子贡辞赏[3]，仲尼谓之止善。君其剖心以顺国命[4]。姜叙之母[5]，劝叙早发，明智乃尔，虽杨

子贡拒绝领取赎金，本是高尚行为，孔子为何批评子贡这种行为是“止善”？因为孔子明白，趋利是人的本性，也是某种行为的动力。子贡不受赎金，就可能阻碍他人趋利，导致他人不再有此善举，故曰“止善”。

敞之妻，盖不过此。贤哉！贤哉！良史记录，必不坠于地矣[6]。

［注释］

[1] 报杨阜书：严可均《全三国文》作“杨阜让爵报”。杨阜，字义山，天水冀（今甘肃甘谷县）人。建安初年，任凉州从事，韦康任刺史后辟为别驾，改任州参军。察孝廉，辟丞相府，州上表留参州军事。因讨马超有功，赐爵关内侯。 [2]“君与群贤”二句：你与诸位将士共同建立大功，西方人士传为佳话。 [3]“子贡辞赏”二句：过去子贡辞让赏赐，孔子说他阻止他人为善。《吕氏春秋·察微》：鲁国法律，凡是鲁国人在其他诸侯国做了奴婢，有能把他们赎回鲁国者，可去国库领取赎金。子贡曾从其他诸侯国赎回鲁国人，却不去领取赎金。孔子认为，这是子贡的失误。此后鲁国人可能不愿再去赎人。 [4]“君其剖心”句：你应诚心接受国家的命令。 [5]“姜叙之母”以下五句：姜叙母亲劝说叙早日起兵，如此明智啊。即使是杨敞的妻子，大概也不过如此。姜叙，字伯奕，天水郡冀县人，其母为杨阜之姑。初，杨阜为冀城参军，固守冀城，城破被俘。后阜借故妻死吊丧，到达历城，劝说姜叙起兵抗马超。在叙母的责令下，叙联合当地豪杰，大败马超，夺回冀城。马超败走历城，杀姜叙老母。战后，曹操封叙为列侯。杨敞，字子明，弘农华阴（今陕西华阴）人。其妻，司马迁之女，颇有胆识。大将军霍光谋废昌邑王，使大司农田延年告知敞，敞不知所措，其妻代敞回答，愿意听从大将军吩咐。于是，霍光安排杨敞率领众臣上表，奏请太后，下诏另立刘询为君，是为汉宣帝。 [6] 不坠于地：不会湮没无闻。意即姜叙母亲的事迹也垂之史册。

[**点评**]

建安十九年（214），陇右平定之后，曹操封赏讨伐马超有功之人，封侯十一人，赐杨阜关内侯，阜上书辞让，这是曹操给杨阜的回复。首先肯定杨阜之功，并引子贡典故，说明辞赏有损于惩恶劝善这一社会风气的形成，并劝说阜坦然接受国家封赏；然后又旌扬姜叙之母睿智过人和凛然大义，必然名垂青史。简言之，有功应赏，辞赏有害，受赏无愧。不仅如此，姜叙之母，也必会载之史册，名扬后世，何况你呢！曹操说理，总是一句紧于一句，辞正气满，结句往往语气舒缓，形成令人回味的余音。

报蒯越书[1]（建安十九年）

死者反生[2]，生者不愧。孤少所举[3]，行之多矣。魂而有灵，亦将闻孤此言也。

古代君子立身于世，贵在诚信。“死者反生，生者不愧”，则是诚信的最高准则。对于死者尚且如此，生者则不言而喻矣。

[**注释**]

[1] 蒯越：见《又报荀彧书》注。 [2]“死者反生”二句：死去的人如果能够复活，活着的人也无愧于他的托付。《公羊传》僖公十年：晋献公因为爱骊姬，杀长子申生，欲立骊姬子。临死前，自知废正立庶，当有后患，欲将骊姬所生二子奚齐、卓子托付荀息，于是对息说：“士如何才算守信呢？”荀息回答：“使死者反生，生者不愧乎其言，就是守信。” [3]“孤少所举”以下四句：我年轻时所举荐的人，践行这种信用的人很多啊。如果蒯越

灵魂有知，也将听到我的这番话。

[点评]

建安十三年（208），曹操平定荆州，蒯越投于曹操麾下，曾与荀彧书说："不喜得荆州，喜得蒯异度耳。"可见对蒯越何其赏识。建安十九年（214），蒯越去世。临终前，将家人托付曹操。操写了这封回信。由此可以看出，曹操对政敌冷酷，对忠于自己的部下则充满温情，也颇有古代君子之风。

报刘廙书[1]（建安二十年）

非但君当知臣[2]，臣亦当知君。今欲使吾坐行西伯之德，恐非其人也。

[注释]

[1] 刘廙（yì）：字恭嗣，南阳安众（在今河南南阳境内）人。其兄望之为刘表所杀，廙惧，投奔曹操，任丞相掾，转属五官中郎将文学。魏国初建，为黄门侍郎。 [2] "非但君当知臣"以下四句：不仅君主应该了解臣，臣也应该理解君主。现在你想使我安坐而实行周文王那样的德治，我恐怕不是那样的人啊。西伯，指周文王。

[点评]

建安二十年（215），曹操准备亲自征讨西蜀，刘廙上书谏阻，认为周文王三次伐崇，而不能征服，“归而修德，然后服之”。所以他主张“高枕于广厦，潜思于治国”，重农桑、从节约，以求“国富民安”。显然，这种偏安一方的心态与曹操统一帝业的梦想，不啻相距千里。所以曹操报以此书，不无讽刺地说：君当知臣，臣亦当知君。你和我心灵睽隔何以如此之远呢？我并不是你所想象的安居守成之人，天下汹汹，怎么推行“德治”？不过，曹操并没有声色俱厉，而是委婉含蓄，甚至带有一种调侃语气，说明他对善意的批评意见，也仍然持包容态度。

与太尉杨彪书[1]（建安二十四年）

操白[2]：与足下同海内大义，足下不遗，以贤子见辅。比中国虽靖[3]，方外未夷，今军征事大，百姓骚扰。吾制钟鼓之音[4]，主簿宜守。而足下贤子[5]，恃豪父之势，每不与吾同怀。即欲直绳[6]，顾颇恨恨，谓其能改，遂转宽舒。复即宥贷[7]，将延足下尊门大累；便令刑之，念卿父息之情。同此悼楚[8]，亦未必非幸也。谨赠足下锦裘二领[9]，八节银角桃杖一枚，青毡床褥三具；官绢五百匹，钱六十万；画轮四望通幰七香车一

叙述杨修罪过，何异于“莫须有”？杀一人竟然没有提供一条切实的证据，而是以“不与我同怀”含混带过，与《列孔融罪状令》文风十分近似。而“恃豪父之势”五字，又是一笔二鸟，对杨彪的不满也隐含其中。

乘[10]，青牸牛二头，八百里骅骝马一匹，赤戎金装鞍辔十副，铃毦一具，驱使二人。并遗足下贵室错彩罗縠裘一领[11]，织成鞾一量，有心青衣二人，长奉左右。所奉虽薄[12]，以表吾意。足下便当慨然承纳[13]，不致往返。

［注释］

[1] 与太尉杨彪书:《古文苑》卷十作“与杨太尉书论刑杨修”。《魏武帝集》作“与太尉杨文先书”。杨彪，字文先，弘农郡华阴（今陕西华阴）人。东汉太尉杨赐之子、名士杨修之父。汉献帝时，遍历三公之职。反对董卓迁都长安，也不满曹操专权。建安初，曹操将杨彪下狱，赖孔融营救而出狱。彪见汉室衰微，便诈称脚疾，不问世事。 [2]“操白”以下四句：曹操告白：我与您共同匡扶汉室，蒙您不弃，让贤能之子辅佐我。足下，对同辈、朋友的尊称。见辅，犹相辅。 [3]“比中国虽靖”以下四句：近来中原虽已安宁，但周边尚未平静，当今军队征讨仍然重要，百姓也难以安居乐业。 [4]“吾制钟鼓之音”二句：我制定军令制度，作为主簿应该遵守。主簿，指杨修，时任行军主簿。 [5]“而足下贤子”以下三句：而您的儿子依仗父亲的显赫势力，每每不与我同心。 [6]“即欲直绳”以下四句：当即想绳之以法，回顾我俩的情感，内心惆怅不忍，总以为他能够改正，于是反而对他宽容。直绳，比喻以法律纠正错误。恨恨，犹“悢悢”，惆怅，忧伤。 [7]“复即宥贷（yòu dài）”以下四句：这次若再赦免其罪，又将累及您高门世族的名声；于是下令将他处死，又顾虑你俩的父子之情。宥贷，谓宽免其罪。父息，父子。 [8]“同

此悼楚”二句：我和您同样悲伤，但是也未必不是您家门中的幸事啊。悼楚，悲伤。 [9]“谨赠足下”以下三句：恭敬地送您锦制皮衣两件，用银镶角的八节桃竹手杖一根，青色毛毡床褥三条。 [10]“画轮四望通幰（xiǎn）七香车”以下六句：彩绘车轮、四面车幔通透的七香车一辆，驾车的母牛两头，骏马一匹，红绒金属鞍辔十副，铃毦（ěr）装饰一副，随从二人。四望通幰，四面通透可供向外观望的车幔。七香车，用多种香木制造的车辆，泛指华美之车。青牸（bó）牛，黑色母牛。骅骝（huá liú），赤红色的骏马。戎，通“绒”。铃毦，车驾悬挂的装饰品。由毛羽结成，四周缀铃。 [11]“并遗足下贵室”以下四句：同时赠送尊夫人错彩丝织皮衣一件，手织靴子一双，贴身侍女二人，侍奉身边。贵室，对他人之妻的尊称。罗縠（hú），一种疏细的丝织品。织成韡（xuē），用五彩织成的华贵精美之的女靴。韡，同“靴”。有心，用心，细心。青衣，汉代以来奴婢身穿青衣，故代指奴婢。 [12]“所奉虽薄”二句：我所献上的礼物微薄，却用来表达我的心意。 [13]“足下便当慨然承纳”二句：您应该爽快接受，不用推脱。

[点评]

建安二十四年（219）九月，丞相主簿杨修被杀。后来曹操见到其父杨彪，问道：公为何如此消瘦？彪回答说：因为内心犹有老牛舐犊之爱！（《后汉书·杨彪传》）以舐犊情深比喻儿子之死给父亲带来的难以言喻的苦痛，即便残忍的曹操听了也为之动容，因此给杨彪写了这封书信，说明杨修被杀的缘由、人同其心的痛苦以及对杨彪的抚恤和安慰。

这封书信辩解杀杨修的理由，显然空洞无力；所谓“即欲直绳，顾颇恨恨，谓其能改，遂转宽舒”，也是欺人之谈；“同此悼楚”，更是鳄鱼的眼泪。曹操自己心里应该比谁都清楚，杨修又是他刀下的一个屈死的冤魂，唯是太子之争的无谓牺牲品而已。所以，他赠给杨彪丰厚的礼物，而且卞王后又另行馈赠杨彪夫人一批贵重礼物，试图以这种“法外施恩”的物质馈赠，安慰杨彪夫妻的丧子之痛，也安顿一下自己不安的心灵。

祭　文

祀桥太尉文[1]（建安七年）

故太尉桥公[2]，诞敷明德，泛爱博容。国念明训[3]，士思令谟。灵幽体翳[4]，邈哉晞矣。吾以幼年[5]，逮升堂室，特以顽鄙之姿，为大君子所纳。增荣益观[6]，皆由奖助，犹仲尼称不如颜渊[7]，李生之厚叹贾复。士死知己[8]，怀此无忘。又承从容约誓之言[9]：“殂逝之后，路有经由，不以斗酒只鸡过相沃酹，车过三步，腹痛勿怪。”虽临时戏笑之言[10]，非至亲之笃好，胡肯为此辞乎？匪谓灵忿[11]，能诒己疾，怀旧惟顾，念之凄怆。奉命东征[12]，屯次乡里，北望贵土，乃心陵墓。裁致薄奠[13]，公其尚飨。

这篇祭文展示了曹操精神境界的另一方面：知恩、感恩、报恩。在再现桥公形象的同时，无意中也将自己丰满的精神世界展现给读者。

曹操是一位无神论者，却是一位至性之人。所以如此隆重祭奠这位“平生风义兼师友”的前辈友人，并非“匪谓灵忿，能诒己疾”，唯因心念旧恩、顾望陵墓而凄怆满怀之所至。

［注释］

[1] 祀桥太尉文：严可均《全三国文》作“祀故太尉桥玄文”。

桥太尉，即桥玄，字公祖，梁国睢阳（今河南商丘）人。历任县功曹、太守，后位至三公。桥玄为官，位卑时不避权贵，敢于打击豪强贪官；位尊时不计个人恩怨，举官不避嫌隙。他善于识人，曹操微贱时，拜见桥玄，玄见操不凡，就对他说："天下将乱，唯有天降大才才能济世，能安天下者就在于你啊！"曹操常感激他是知己。后来经过桥玄故里，曹操派遣使者祭奠玄墓，并悲伤地写下这篇祭文。按:《后汉书·桥玄传》所引这篇祭文，异文甚多，当是由范晔删改所至。 [2]"故太尉桥公"以下三句：原太尉桥公，广布恩德，博爱宽容。诞，大。敷，传播弘扬。 [3]"国念明训"二句：国人怀念您的训诫，智士追思您的谋略。令，美好。谟（mó），同"谋"，谋略。 [4]"灵幽体翳（yì）"二句：灵魂游荡阴间，肉体掩埋地下，离世似乎是那样遥远了。翳，遮蔽，隐藏，此指埋葬。晞（xī），露水晒干，比喻消逝。 [5]"吾以幼年"以下四句：我以晚辈身份，登门拜见，我只是一个愚钝浅陋之人，却承蒙您这位受人景仰的君子所接纳。逮，及，至。特，仅。顽鄙，愚钝浅陋。大君子，指道德文章受人景仰之人。 [6]"增荣益观"二句：这增加了我的荣耀，提高了我的身价，都因为您的奖掖帮助。 [7]"犹仲尼称不如颜渊"二句：犹如仲尼（孔子）自称不及颜回，李生深沉叹赏贾复一样。仲尼称不如颜渊，《论语·公冶长》：孔子对子贡说："你与颜回谁更好？"子贡说："我哪能和颜回相比呀！"孔子说："我和你都不如颜回啊。"李生之厚叹贾复，《后汉书·贾复传》：贾复少年好学，拜舞阳（今河南沁阳）李生为师。李生见他是一位奇才，对学生说："贾君是国家的人才啊。"曹操用这两个典故，赞美桥公奖掖后辈。 [8]"士死知己"二句：士为知己者死，所以知遇之恩无法忘怀。士死知己，即士为知己者死的省略。出自《战国策·赵策一》："士为知己者死，女为悦己者容。" [9]"又承从容约誓"以下六句：又承蒙他和我从容约定："我死之后，你要是途经我墓前，不用斗酒只鸡祭奠，车过三步之后，你腹痛可不要怨我啊。"殂（cú）逝，死亡。斗，酒器。 [10] "虽临时戏笑"以下三句：虽然是一时的玩笑之语，但如不是至情深厚之友，怎肯说这话呢？笃，深厚。胡，疑问代词。 [11] "匪谓灵忿"以下四句：并非怕你魂灵生气，真能致我疾病，而是怀念旧恩，回望陵墓，思之悲痛。匪，同"非"。诒（yí），遗留，给予。惟，思念。 [12] "奉命东征"以下四句：我奉令东征，驻军乡里，向北遥望贵乡，心念您的陵墓。屯次，驻扎。乃心，思念。 [13] "裁致薄奠"二句：致送微薄的祭品，请您享用吧。裁致，备送。尚飨（xiǎng），多用于祭文结语，意即希望享受祭品。

［点评］

建安七年（202）正月，曹操再次进军官渡，途中驻军于谯，遥望桥玄故里，派遣使者以最高礼仪祭奠原太尉桥玄，以表达当年对桥玄知遇之恩的感激之情。祭文首先概述了已故太尉桥公的道德、襟怀以及过人的谋略；然后叙述桥公的知遇之恩，自己的没齿不忘之情；再以戏笑之言点染桥公与自己至亲至笃的情感；最后点明祭祀的缘由——并非因为当年的戏笑之言，而是回望墓陵、悲怆之情难以抑制使然。

祭文特别细致地描述了桥公对自己的知遇之恩：年少无知而为公所接纳，其恩一；地位卑微而为公所揄扬，其恩二；士为知己者死，何况桥公待我并无一己之私，其恩尤为纯真！如果说桥公之恩是在奖掖后辈，那么桥公的戏笑之言则是友爱平等。这就将桥公的厚德、博爱和宽容的襟怀具体化了，桥公的形象也跃然纸上。无论是叙述还是点染，作者都饱蘸深情，尤其是作者对桥公曾经的戏笑之言，叙述得历历如在眼前，其中铭心刻骨之情也蕴含于叙述之中。苏轼《文与可画筼筜谷偃竹记》正是以“昔曹孟德祭桥公文有‘车过腹痛’之语”，表达同文与可生前的“亲厚无间”之情和死后“见此竹废卷而哭失声”的悲悼之情。

题识、序

题识送终衣奁[1]（建安二十三年）

春秋冬夏[2]，日有不讳，随时以敛。金珥珠玉铜铁之物[3]，一不得送。

这一“题识”不仅体现了曹操节俭的生活观，也体现了他面对死亡的通脱生命观。然而，当死亡真正降临时，即使是叱咤风云的英雄，留恋生命而不得的悲怆情怀也陡然涌上心头。本文应与《遗令》并读，才能真正理解曹操的复杂情怀。

［注释］

[1] 题识：写上标记。衣奁（lián）：衣箱。　[2]“春秋冬夏”以下三句：一年四季，如若有一天去世，随时入殓。不讳，死亡的委婉说法。敛，同“殓”，死者入棺。按：“春秋冬夏，日”五字，诸本皆无，今据《晋书·礼志中》补。　[3]“金珥（ěr）珠玉”二句：金玉珠宝铜铁之类的装饰物品，一概不要陪葬。珥，珠玉耳环。此泛指珠宝类的装饰品。

［点评］

《三国志·魏书·武帝纪》裴松之注引《魏书》记载：“常以送终之制，袭称之数，繁而无益，俗又过之，故预自制终亡衣服，四箧而已。”意即曹操认为，按照礼仪送终，寿衣的数目过于繁琐，且无益处，世俗又更趋于奢华，因此自己预先制作送终衣服，仅仅四小箱而已。这是曹操在放置寿衣的小箱上所写的题签。题签的内容最早见于《晋书·礼志中》，说明曹操主张节俭、反对奢侈的薄葬观念，已经成为魏晋时期的礼制。与所作寿陵一样（见《寿陵令》），对魏晋葬礼产生了深远影响。

鹖鸡赋序[1]

鹖鸡猛气[2]，其斗终无负，期于必死。今人以鹖为冠[3]，像此也。

［注释］

[1] 鹖（hé）鸡：雉的一种，较雉为大，黄黑色，头有毛角如冠，性猛好斗，至死不却。 [2]“鹖鸡猛气”以下三句：鹖鸡气概勇猛，战斗起来从不败退，直至战死。 [3]“今人以鹖为冠”二句：今人以鹖鸡的羽毛装饰帽子，就是象征这一精神。

［点评］

曹操所作《鹖鸡赋》今已不存。从序看，似应是赞美鹖鸡勇猛战斗的精神。之所以作此赋，意在激励将士在战场上应如鹖鸡一样，勇猛战斗，至死也不退却。

失 题

荀欣等曰[1]："汉制：王所居曰禁中[2]，诸公所居曰省中[3]。"

[注释]

[1] 荀欣：不详。 [2] 禁中：天子所居。 [3] 诸公：指三公。见《与王修书》注。

[点评]

此条文字仅见《文选》李善注引《魏武帝集》，所说的背景也不清楚。但是，暗含一条消息值得注意：按照汉蔡邕《独断》卷上记载，汉天子"所居曰禁中，后曰省中"，意思是皇帝居住的地方称为"禁中"，皇后居住的地方称为"省中"。荀欣等人讨论宫廷制度，应不是指许都，而是指魏王宫室。若然，则此残篇作于曹操被封魏王之初。

孙子兵法注

《孙子》序[1]

操闻上古有弧矢之利[2]。《论语》曰“足食足兵”[3],《尚书》八政曰“师”,《易》曰“师,贞,丈人吉”,《诗》曰“王赫斯怒,爰征其旅”,黄帝、汤武咸用干戚以济世也。《司马法》曰[4]:“人故杀人,杀之可也。”恃武者灭[5],恃文者亡,夫差、偃王是也。圣贤之用兵[6],戢而时动,不得已而用之。吾观兵书战策多矣,孙武所著深矣。孙子者,齐人也,名武,为吴王阖闾作《兵法》一十三篇[7]。试之妇人[8],卒以为将,西破强楚入郢[9],北威齐晋。后百岁余有孙膑[10],是武之后也。审计重举[11],明画深图,不可相诬。而但世人未之深亮训说[12],况文烦富,行于世者,失其旨要,故撰为略解焉。

文治与武功,对于国家而言,是互补的两个方面。二者的关系是辩证的,而不是对立的。所以,一旦处理不当,皆可导致亡国。曹操列举夫差迷信武力、偃王溺于文治而亡的两个历史事例特别具有警醒意义。

［注释］

[1]《孙子》：即《孙子兵法》，是我国现存最早的一部兵书，也是世界著名的古代军事理论著作。它总结了前人的军事理论和战争经验，揭示了战争的客观规律，具有朴素的辩证法思想，被誉为“兵经”。 [2]上古：远古，指原始时期。弧矢之利：意谓弓箭利用。《弹歌》即是记载弓箭制造的原始歌谣。 [3]“《论语》曰”以下五句：《论语》说“国家必须有充足的粮食和强大的兵力”，《尚书》论八种政事，其八就有“军事”，《周易》记载“师出有名，主帅就吉利”，《诗经》也言“周文王赫然震怒，率军出征”，轩辕黄帝、商汤、周武王都是利用战争拯救社会。足食足兵，出自《论语·颜渊》。八政，古代国家施政的八个方面，《书·洪范》：“八政：一曰食，二曰货，三曰祀，四曰司空，五曰司徒，六曰司寇，七曰宾，八曰师。”“师，贞，丈人吉”，出自《周易·师卦》。师，指军旅。贞，指贞正。丈人，指贤明长者。“王赫斯怒，爰征其旅”，出自《诗经·大雅·皇矣》。赫，赫然，形容愤怒。斯，这。爰，就。黄帝，古代华夏部落联盟首领，是传说中“五帝”之首。居轩辕之丘（今河南新郑），号轩辕氏，建都于有熊（也在今河南新郑），亦称有熊氏。汤武，指商汤王、周武王。商汤伐桀，建立殷商；武王伐纣，建立西周。干戚，盾与斧，泛指征战。 [4]“《司马法》曰”以下三句：《司马法》说：“对于故意滥杀无辜者，就可以杀他。”此句在现存《司马法》中的原文是：“是故杀人安人，杀之可也。”意思是杀人如果是为了安定民众，是允许杀人的。《司马法》，是早于《孙子兵法》的重要军事著作，见《严败军令》注。 [5]“恃武者灭”以下三句：迷信武力者要亡国，迷信文治者也要亡国，夫差、偃王就是这样的人。夫差，姬姓，吴氏，春秋时期吴国末代国君。夫差执政时，连年举兵，曾大败越国，攻破越都（今

浙江绍兴），逼迫越国屈服。越王勾践不忘国耻，卧薪尝胆，终于举兵消灭吴国，夫差自刎。偃王，即徐偃王，嬴姓，徐氏，是西周诸侯国国君。偃王好行仁义，东夷四十余国前来归顺。周穆王巡视各国，听闻徐君威德日远，遣楚国袭其不备，大破之，杀偃王。 [6]“圣贤之用兵”以下三句：圣贤用兵，有备却待时而动，不得已才用兵。戢（jí），收藏兵器。 [7] 吴王阖闾（hé lǘ）：夫差之父，使用孙武为将，打败楚国，威震中原。 [8]“试之妇人”二句：按照兵法尝试训练宫女，终于被吴王任命为将。《史记・孙子吴起列传》：吴王阖闾命令孙武按兵法训练宫女。孙武将宫女分为两队，由吴王爱妾担任队长。操练时，孙武反复讲授军纪号令，宫女就是不听，孙武不顾吴王说情，下令杀了两位爱妾队长，然后继续训练，果然令行禁止，部伍严整。 [9]“西破强楚入郢（yǐng）”二句：指大败西方楚国，攻入郢都，直接威慑北方齐、晋二国。《史记・吴太伯世家》：吴王阖闾九年（前 506），以孙武为将，大败楚军，攻入郢都。后因秦国出兵救楚，阖闾乃引军还吴。吴王夫差七年（前 489），吴举兵北伐，打败齐国，又与晋定公盟于黄池（今河南封丘南），称霸诸侯。 [10] 孙膑：战国齐人，古代著名军事家，孙武后代。齐威王任命他为军师，曾两次大败魏国。著有《孙膑兵法》，东汉失传。1972 年 4 月，在山东银雀山汉墓中发现《孙膑兵法》竹简二百三十二枚，1975 年《孙膑兵法》竹简整理本问世。 [11]“审计重举”以下三句：《孙子》论战，周密谋划，慎重举兵，其计划明确，谋略深刻，都是不容抹杀的。画，同“划”。图，谋略。诬，歪曲，抹杀。 [12]“而但世人未之深亮训说”以下五句：然而人们尚未深入明确地解说，更何况文字繁富，流行世间的文本，又失去其要旨，所以我撰写“略解”一部。

［点评］

“序”分为三层：一是引用儒家经典，说明用兵的重要，然而强调崇尚武力却不穷兵黩武，乃“不得已而用之”。二是简要介绍孙武简历，以及《孙子兵法》在当时运用的巨大成功。三是说明《孙子兵法》的重要意义，以及自己“略解”《孙子兵法》的缘由，其中发掘“旨要”是其主要目的。由“序”也可以看出：曹操对于征伐和仁政之间的辩证关系认识得非常清楚，这也再次证明：曹操不仅是一位军事家，同时也是一位政治家。

曹操善于用兵，主要得力于他熟谙古代兵法。王应麟说：曹操行军用兵，大致依照孙吴兵法，因事设奇，谲敌制胜，变化如神，自作兵书十余万言。(《玉海·魏武新书》)《隋书·经籍志》记载曹操兵法著作五种：《兵书接要》十卷、《兵法接要》三卷、《三官用兵法》一卷、《兵书略要》九卷、《兵法》一卷。从《孙子序》看，或许《孙子兵法注》最初即名为《孙子兵法略解》，即《隋书·经籍志》所载之《兵书略要》九卷。因为原书已佚，保留在宋本《十一家注孙子》中，后人编辑曹操文集时改为今名。

此外，有两点必须加以说明：第一，《孙子兵法》的作者问题。从前学术界关于此书的作者一直存在争议，或认为孙武，或认为孙膑。1972 年山东临沂银雀山一号汉墓出土的竹简，同时有《孙子兵法》和《孙膑兵法》。如果将出土文献和《史记·孙子吴起列传》记载互相印证，即可说明《孙子兵法》和《孙膑兵法》是两部兵书，《孙子兵法》的作者是孙武，而不是孙膑，共十三篇，与曹操所注的《孙子兵法》，篇数吻合。其内容可能后人有所增益，但基本内容仍然为孙武所著，这应是毫无疑问的。第二，曹操《孙子兵法注》的意义问题。曹操《孙子兵法注》三卷，是现存最早的《孙子兵法》注本，对于完整保留《孙子兵法》有重要意义；“曹操有丰富的历史与文学知识、多年的战争经验，并且深通兵法，其注释《孙子兵法》实在是中国文化史的幸事”（吴九龙《孙子兵法集注·序》），且注释简明扼要，具有较高的学术和军事价值。所以宋本《魏武帝注孙子》以及以曹操为开山的《十一家注孙子》，历明清而一直保存至今天，这是非常不易的。

计　篇

曹操曰：计者[1]，选将、量敌、度地、料卒、远近、险易，计于庙堂也。

孙子开宗明义，既强调战争的重要性，又凸显战争的残酷性。唯因重要，不得不“备战”；唯因残酷，则必须“慎战”。这正是孙子思想的光辉之处。

孙子曰：兵者[2]，国之大事也，死生之地，存亡之道，不可不察也。故经之以五事[3]，校之以计而索其情。曹操曰：谓下五事七计[4]，求彼我之情也。

［注释］

[1]“计者”以下三句：所谓计谋，主要指临战之前，在朝廷中谋划选择将帅，考量敌情，测度地理，预算兵力，以及军行道

路的远近、地势的险夷。庙堂，朝廷。 [2]“兵者”以下五句：用兵是决定国家安危的大事，它决定将士生死，国家存亡，故不能不明察。兵，在《孙子兵法》中有军事、战争、兵器、用兵及用兵谋略等多重含义。道，术，喻根本。 [3]“故经之以五事”二句：所以抽象为“五事”，考量彼此的计谋，探索敌我之情。经，与纬相对，纵线为经，横线为纬。此有抽象、概括之意。 [4]“谓下五事七计”二句：概括以下所说的“五事七计”，探求敌我的情状。

一曰道[1]，二曰天，三曰地，四曰将，五曰法。道者[2]，令民与上同意也，故可以与之死，可以与之生，而不畏危。曹操曰：谓道之以教令[3]。危者，危疑也。天者[4]，阴阳、寒暑、时制也。曹操曰：顺天行诛[5]，因阴阳四时之制。故《司马法》曰：“冬夏不兴师[6]，所以兼爱吾民也。”地者[7]，远近、险易、广狭、死生也。曹操曰：言以九地形势不同[8]，因时制利也。论在《九地篇》中。将者[9]，智、信、仁、勇、严也。曹操曰：将宜五德备也。法者[10]，曲制、官道、主用也。曹操曰[11]：部曲、旗帜、金鼓之制也。官者，五官之分也。道者，粮路也。主用者，主军费用也。凡此五者[12]，将莫不闻；知之者胜，不知者不胜。故校之以计而索其情[13]。曹操曰：同闻五者[14]，将知其变极，即胜也。索其情者，胜负之情。

道、天、地、将、法“五事”，是决定战争胜负的核心要素。乃以将为核心，以道为准则，以法为秩序，以天、地为战术变化的依据。将帅“知其变极”，即依据天时地利之变，适时调整用兵法度和用兵之道。

[注释]

[1]“一曰道”以下五句：一指恩信使民，二指上顺天时，三指下知地利，四指委任贤能，五指法制严明。 [2]“道者”以下五句：所谓道，是使士卒与将帅同心，共生同死，既不畏惧，也无二心。 [3]“道之以教令”以下三句：以教令引导士卒。危，即危险、怀疑。道，通“导”。 [4]“天者”二句：是指按照阴阳天象、自然气候、四时变化，决定举兵时机。 [5]“顺天行诛”二句：顺天意而诛暴逆，按照自然季节变化。 [6]“冬夏不兴师”二句：冬夏寒暑，不利行军，所以不举兵乃在爱护将士。 [7]“地者”二句：所谓地，是指按照路途远近、地势险易、地形宽窄，决定进军路线、步骑安排、阵地部署、进退选择。所以曹操注强调因地形、因时势而制定有利的战争原则。 [8]“言以九地形势不同”以下三句：因为九地的地势不同，必须因地制宜，确定有利的行军之道。具体论述见《九地篇》。 [9]“将者”二句：所谓将，是指将帅必须具有智不可乱、诚不可欺、仁不可暴、勇不可惧、严不可犯的五种品质。 [10]“法者”二句：所谓法，是指部队调度、将吏职责、辎重运输三个方面。曲，部曲。制，节度。官，将吏。道，运粮路径。主，掌管。用，各类军资。 [11]“曹操曰”以下八句：曹操说：所谓部制指军队编制、军容号令。官道指职责分配、粮道安排。主用，即主持军需配给。五官，泛指百官。 [12]“凡此五者”以下四句：以上五事，将帅无不了然于心，方能取胜，否则必然失败。 [13] 故校之以计而索其情：是说必须考校“五事”，探究胜负之情，而后确定战争方略。 [14]“同闻五者”以下五句：同时明确以上五事，将帅又明确战争变化之无穷，就能取胜。所谓“索其情”，就是预先判断胜负的可能情况。

曰：主孰有道[1]，将孰有贤，曹操曰：道德、智能。

天地孰得，曹操曰：天时、地利。**法令孰行，**曹操曰：设而不犯，犯而必诛。**兵众孰强，士卒孰练，赏罚孰明，吾以此知胜负矣。**曹操曰：以七事计之，知胜负矣。**将听吾计[2]，用之必胜，留之；将不听吾计，用之必败，去之。**曹操曰：不能定计[3]，则退去之。**计利以听[4]，乃为之势，以佐其外。**曹操曰：常法之外也[5]。**势者[6]，因利而制权也。**曹操曰：制由权也[7]，权因事制也。

张预说："七事俱优，则未战而先胜；七事俱劣，则未战而先败。故胜负可预知也。"

［注释］

[1]"主孰有道"以下八句：君主是否有恩信道义，将帅是否有智慧才能，天时地利是否明察，法令是否严厉执行，部队是否强大，士卒是否训练有素，赏罚是否分明，我考量这七件事，就知战争胜负的结局。其中曹操注所言"设而不犯"二句，是说法令确立，不许违犯，一旦违犯，必诛杀之。此强调有令必行，有禁即止。　[2]"将听吾计"以下六句：将帅听从我计，用兵必胜，我即留任他；将帅不听我计，用兵必败，我即将他撤职。此乃孙武与吴王阖闾的对话。　[3]"不能定计"二句：是指吴王如若不能确定听从孙子之计，则退下离去。按：曹操注释似乎与原文意义有所不同。　[4]"计利以听"以下三句：我所谋划的用兵之利，若已听从，我即布置用兵态势，辅佐王事于朝廷之外。　[5]常法之外：是指用兵的常法，可以明以示人；用兵的态势，则因敌情而变，故曰在常法之外。　[6]"势者"二句：是说用兵的态势，是以取胜为目的而确定的计谋权变。　[7]"制由权也"二句：确定计谋在于权变，权变乃因敌情变化而确立。

兵者[1]**，诡道也。**曹操曰：兵无常形[2]，以诡诈为道。**故能而示之不能**[3]**，用而示之不用；近而示之远，远而示之近。利而诱之**[4]**，乱而取之，实而备之，**曹操曰：敌治实[5]，须备之也。**强而避之，**曹操曰：避其所长也[6]。**怒而挠之，**曹操曰：待其衰懈也[7]。**卑而骄之，佚而劳之，**曹操曰：以利劳之[8]。**亲而离之。**曹操曰：以间离之[9]。**攻其无备**[10]**，出其不意。**曹操曰：击其懈怠[11]，出其空虚。**此兵家之胜**[12]**，不可先传也。**曹操曰：传，犹泄也。兵无常势[13]，水无常形，临敌变化，不可先传也，故料敌在心，察机在目也。

张预说："攻无备者，谓懈怠之处，敌人所不虞者，则击之。""言上所陈之事，乃兵家之胜策，须临敌制宜，不可以预先传言也。"所谓"兵者，诡道也"，核心即"出其不意，攻其不备"。

[注释]

[1]"兵者"二句：用兵之道，也就是诡诈之道。 [2]"兵无常形"二句：用兵没有固定的形态，必运用奇谋谲诈之术。 [3]"故能而示之不能"以下四句：所以必须强而示弱，用而藏形，欲近袭之而示以远，欲远攻之而示以近。意思是使敌人不明我军情，不预先防备。 [4]"利而诱之"以下八句：是孙子提出的八种具体战术。即诱以小利而引敌深入，敌人混乱而乘机取之，敌军充实而防备坚守，敌势强盛而避其锋芒，敌怒欲进则扰乱其心，示我卑弱以骄纵敌心，以我之逸而待敌之劳，敌人同心则离间分化。 [5]"敌治实"二句：是说敌不空虚，必谨慎防备。 [6]避其所长：敌势强盛，应避敌所长。 [7]待其衰懈：敌将盛怒，须等待时机。 [8]以利劳之：诱敌以利，以

逸待劳。 [9] 以间离之：离间敌人，瓦解军心。 [10]“攻其无备”二句：以上战术的核心是乘敌不备时攻之，出奇兵于敌意料之外。 [11]“击其懈怠”二句：用兵必须避实就虚，在敌军松懈散漫时攻击之。 [12]“此兵家之胜”二句：以上所述，是用兵取胜之策，然并非定制，必须因事权变，故不可先事而言之。 [13]“兵无常势”以下六句：用兵无一成不变的常态，犹如水无一成不变的形状，临阵对敌，变化无穷，难以预判，所以必须对敌情了然于心，抓住取胜的战机。

夫未战而庙算胜者[1]，得算多也；未战而庙算不胜者，得算少也。多算胜[2]，少算不胜，况无算乎！吾以此观之[3]，胜负见矣。曹操曰：以吾道观之矣[4]。

李筌说：“夫战者，决胜庙堂，然后与人争利。凡伐叛怀远，推亡固存，兼弱攻昧，皆物情之所出。中外离心，如商周之师者，是为未战而庙算胜。”所谓“庙算”，既涉及战略决断，又涉及战术谋划。

[注释]

[1]“夫未战而庙算胜者”以下四句：筹谋深远，则其计所得者多，故未战而先胜；谋虑浅近，则其计所得者少，故未战而先负。庙算，古代举兵，命将必须斋戒于庙堂，授予既定计划，然后遣兵出征，故谓之庙算。后泛指运筹帷幄。 [2]“多算胜”以下三句：谋略多则胜，少则不胜，没有谋略则必败。也就是说谋略的深浅、有无是决定战争胜负的主要原因。 [3]“吾以此观之”二句：我按照以上几点考察，就可预见胜负。 [4] 以吾道观之：谓战争胜负乃我之计谋所决定。

［点评］

谋略是决定战争胜负的关键，故孙子以《计篇》为首章。杜牧曰："计，算也。曰：计算何事？曰：下之五事，所谓道、天、地、将、法也。于庙堂之上，先以彼我之五事计算优劣，然后定胜负。胜负既定，然后兴师动众。用兵之道，莫先此五事，故著为篇首耳。"

"计"，就是在出兵之前对整个战争的运筹谋划，主要涉及五事、七计、八大原则。文分五层：第一层，强调用兵对于将士生死、国家存亡的决定性意义，说明用兵之谋的重要性。第二层，说明征战之前，必须考量道、天、地、将、法，即民心向背、天时变化、地理条件、将帅才智、部伍号令之"五事"，能够"校之以计而索其情"，胜算在胸，才能举兵。第三层，论述用兵之谋在于考量"七计"，即主有道、将有贤、得天地、行法令、强军力、练士卒、明赏罚。"用之必胜"，否则必败。第四层，论述八种具体的战术原则，即"利而诱之，乱而取之，实而备之，强而避之，怒而挠之，卑而骄之，佚而劳之，亲而离之"。核心战术原则是"攻其无备，出其不意"的权谋之变。第五层，说明庙堂谋划对于战争胜负的决定性作用，简要言之，"多算胜，少算不胜"，无算必败。其中，"兵者，诡道也"是基本战争原则，孙子关于战争、战略、战术及治军等问题的精辟阐释，都建立在这一基本原则上。也可以说是这一战争原则的引申、深化和升华。

曹操将运筹谋划的核心概括为将之贤愚、敌之强弱、地之广狭、兵之众寡、路之远近、地势险夷六大方面。然而，曹操论"道"，强调教令的权威性，与张预解释“道，恩信使民”大相径庭；论“天”，虽也说顺应阴阳四时之变，但主要强调“顺天行诛”，即师出有名；论“计”，突出“变极”“胜负”，特别注重战争过程的瞬息变化，对战争结果的预判；在七计之中，曹操突出将帅的智慧才能、天时地利和法令严厉；在用兵之势上，曹操重视权衡敌情变化而制定相应谋略。概括地说，就是兵无常势，水无常形，必须做到“料敌在心，察机在目”，抓住“临敌变化”的战机。

作战篇

曹操曰：欲战必先算其费[1]，务因粮于敌也。

孙子曰：凡用兵之法[2]，驰车千驷，革车千乘，带甲十万。曹操曰：驰车[3]，轻车也，驾驷马，凡千乘；革车，重车也。言万骑之重[4]，车驾四马，率三万军。养二人主炊[5]，家子一人主保固守衣装，厩二人主养马，凡五人。步兵十人[6]，重以大车驾牛，养二人主炊，家子一人主守衣装，凡三人也。带甲十万，士卒数也。千里而馈粮[7]，曹操曰：越境千里。则外内之费，宾客之用，胶漆之财，车甲之奉，日费千金，然后十万之师举矣。曹操曰：谓购赏犹在外[8]。

张预说：“去国千里，即当因粮，若须供饷，则内外骚动，疲困于路，蠹耗无极也。宾客者，使命与游士也；胶漆者，修饰器械之物也；车甲者，膏辖金革之类也。约其所费，日用千金，然后能兴十万之师。千金，言重费也，购赏犹在外。”一言以蔽之，必须充分预算战略物资储备与战争资源消耗的平衡。

[注释]

[1]“欲战必先算其费”二句：征战之前，必须预算费用；征战之中，务求夺取敌人粮草而增加给养。因，用。　[2]“凡用兵之法”以下四句：所有用兵的方法，用轻车千辆，重车千辆，甲士十万。　[3]“驰车”以下六句：所谓驰车，就是轻车，一车以四马为驾，共千辆；革车，就是重车，即辎重之车。　[4]“言万骑之重”以下三句：古代战车，每车以四马为驾，车有甲士三人，万辆战车，总计三万军士。率，大约。　[5]“养二人主炊”以下四句：一辆战车，配备两位炊事员，一位保管员，两位饲养员，共有五人。固守衣装，掌管衣物铠甲。　[6]“步兵十人”以下五句：辎重车辆以牛驾驶，每辆步兵十人；配备两位炊事员，一位保管员，故一共三人。按：《司马法》曰：“一车，甲士三人，步卒七十二人，炊家子十人，固守衣装五人，厩养五人，樵汲（打柴担水）五人。轻车七十五人，重车二十五人。”故战车千辆、辎重千辆，共有甲士十万。曹操所说与《司马法》不同。　[7]“千里而馈（kuì）粮”以下七句：越境千里，运送军粮，那么前方后方费用，使节开支，车辆保养，甲士支出，每日消费千金，一切准备就绪，十万大军才能出征。馈，运送。胶漆，修饰车辆所用之物。　[8]购赏犹在外：悬赏、赏赐还不包括在内。

杜牧曰：“攻取之间，虽拙于机智，然以神速为上；盖无老师（士气衰颓）、费财、钝兵之患，则为巧矣。”意谓若用兵神速，虽“拙”必胜；若久拖不决，虽“巧”亦败。

其用战也胜[1]，久则钝兵挫锐，攻城则力屈；久暴师则国用不足。曹操曰：钝，弊也；屈，尽也。夫钝兵挫锐[2]，屈力殚货，则诸侯乘其弊而起，虽有智者，不能善其后矣。故兵闻拙速[3]，未睹巧之久也。曹操曰：虽拙，有以速胜。未睹者，言无也。夫兵久而国利者[4]，未之有也。故不尽知用兵之害[5]，则不能得用兵之利矣。

［注释］

[1]“其用战也胜”以下四句：所以军队作战必求速胜，时间一久则士兵疲惫、士气衰落，一旦攻城则军力耗尽，持续征战则国家财用不足。用，因。暴师，指军队在外，栉风沐雨。谓征战久矣。 [2]“夫钝兵挫锐”以下五句：如果士兵疲惫，士气衰落，军力耗尽，物资枯竭，那么其他诸侯就会趁机起兵攻之，即使足智多谋之人，也难以挽救危亡。善其后，妥善处理战乱遗留问题。 [3]“故兵闻拙速”二句：所以用兵虽拙于机智，然贵在神速，没有见过巧于机智者用兵能够旷日持久。巧，指巧者则无“久”之后患。久，指久则师劳财费，国虚人困。 [4]“夫兵久而国利者”二句：战争旷日持久，必然对国家不利。未之有，未有之的倒装，意思是没有这样的事。 [5]“故不尽知用兵之害”二句：所以不明白战争的弊端，就不能在战争中获得利益。

善用兵者[1]，役不再籍，粮不三载；曹操曰：籍，犹赋也。言初赋民而便取胜[2]，不复归国发兵也；始载粮，后遂因食于敌；还兵入国，不复以粮迎之也。取用于国[3]，因粮于敌，故军食可足也。曹操曰：兵甲战具，取用国中，粮食因敌也。国之贫于师者远输[4]，远输则百姓贫。近师者贵卖[5]，贵卖则百姓财竭，财竭则急于丘役。曹操曰：军行已出界，近师者贪财，皆贵卖，则百姓虚竭也。丘，十六井也[6]。力屈、财殚[7]，中原内虚于家，百

杜牧说：“《管子》曰：‘粟行三百里，则国无一年之积；粟行四百里，则国无二年之积；粟行五百里，则众有饥色。’此言粟重物轻也，不可推移；推移之，则民夫耕牛俱失南亩，故百姓不得不贫也。”简要地说，唯有用兵神速，才能避免劳民伤财、伤及国家根本。

姓之费，十去其七；曹操曰：百姓财殚尽而兵不解，则运粮尽力于原野也。十去其七者，所破费也。公家之费[8]，破车罢马，甲胄矢弩，戟楯蔽橹，丘牛大车，十去其六。曹操曰：丘牛[9]，谓丘邑之牛；大车，乃长毂车也。故智将务食于敌[10]，食敌一锺，当吾二十锺；萁秆一石，当吾二十石。曹操曰：六斛四斗为锺[11]。萁，豆秸也；秆，禾藁也。石者，一百二十斤也。转输之法，费二十石得一石。一云，萁音忌，豆也，七十斤为一石。当吾二十，言远费也。

[注释]

[1]“善用兵者”以下三句：善于用兵者，不用二次征调兵役，不用多次运输军粮。意谓兵贵速胜。役，征民服役。 [2]“言初赋民而便取胜”以下六句：是说一战而胜，不再回国调拨兵源；开始随军运输军粮，后来就掠夺敌国之粮以补充给养；班师回国，也无须再补充军粮。因食，就食。 [3]“取用于国”以下三句：起初取于国库，然后掠夺敌国粮草，这样军队给养就充足了。 [4]“国之贫于师者远输”二句：军队长途运输，导致国家和百姓的贫困。 [5]“近师者贵卖”以下三句：驻军附近物价飞涨，造成百姓财力枯竭，而军队不得不急于从后方征调百姓赋役。丘役，指赋役。春秋时期国家出兵征战，一丘百姓需交马一匹、牛三头作为赋税。丘，周代基层行政单位。《周礼·地官·小司徒》：“九夫为井，四井为邑，四邑为丘，四丘为甸，四甸为县，四县为都，以任地事而令贡赋。” [6] 十六井：井指井田，周代的一种土地制度。方圆一里为井，划为九区，每区百亩，每井八家耕种，中间一区为公田。一丘

共十六井，故以丘役指代征调百姓赋役。 [7]“力屈、财殚”以下四句：前方军力耗尽，财源枯竭，中原百姓因服徭役而家中劳力不足，其财产也损耗十分之七。 [8]“公家之费”以下六句：由于车辆、马匹的损失，盔甲弓箭、矛戟盾牌的消耗，以及运粮牛车的需要，国家财产也损失十分之六。罢，同“疲”。甲胄（zhòu），盔甲。楯，盾。橹，大盾。 [9]“丘牛”以下四句：所谓丘牛，指从民间征调的耕牛；大车，即长毂（gǔ）车。丘邑，基层行政单位，犹村落。长毂车，古代车有长毂、短毂之分，长毂车稳，短毂车快。毂，车轮中心的圆木。 [10]“故智将务食于敌”以下五句：所以明智的将帅务必夺取敌方粮草，夺敌一锺粮食，相当于从本国运来二十锺；夺敌一石豆秸，相当于从本国运来二十石。此也说明远途运输粮草之艰难，夺敌粮草之重要。萁（jì），同“萁（qí）”。 [11]斛：十斗为一斛。

故杀敌者[1]，怒也；曹操曰：威怒以致敌[2]。取敌之利者[3]，货也。曹操曰：军无财[4]，士不来；军无赏，士不往。故车战[5]，得车十乘已上，赏其先得者，曹操曰：以车战能得敌车十乘已上赏赐之[6]，不言车战得车十乘已上者赏之，而言赏得者何？言欲开示赏其所得车之卒也。陈车之法[7]：五车为队，仆射一人；十车为官，卒长一人；车满十乘，将吏二人。因而用之[8]，故别言赐之，欲使将恩下及也。或曰[9]：言使自有车十乘已上与敌战，但取其有功者赏之；其十乘已下，虽一乘独得，余九乘皆赏之，所以率进励士也。而更其旌旗[10]，曹操曰：与吾同也。车杂而乘之[11]，曹操曰：不独任也。卒

王晢说：“得敌卒则养之，与吾卒同。善者，谓勿侵辱之也。若厚抚初附，或失人心。”也就是说，在战争过程中，以平等的态度善待俘虏，即可为我所用，有效增加我方的兵源力量。

共而养之[12]，是谓胜敌而益强[13]。曹操曰：益己之强。

[**注释**]

[1]“故杀敌者”二句：所以勇猛杀敌，是因为同仇敌忾。 [2]威怒：指雄壮军威。致敌：杀敌致果，指勇敢杀敌。 [3]“取敌之利者”二句：杀敌之利，又在于赏赐。意指夺取敌方军需物资，也可以作为赏赐。 [4]“军无财”以下四句：若无充足军需，无法招募士兵；若无丰厚赏赐，则不能激励士卒勇猛作战。 [5]“故车战”以下三句：所以兵车作战，俘获敌车十辆以上，赏赐先俘获战车者。 [6]“以车战能得敌车十乘已上赏赐之”以下四句：所以说因车战能缴获敌车十辆以上赏赐之，而不说车战缴获车十辆以上赏赐之，那么这赏赐的对象是谁？主要是明确表达赏赐缴获车辆的士卒。车战能得敌车十乘，指在车战中士卒俘获敌车十辆。车战得车十乘已上者，指在车战中集体俘获敌车十辆。后者人众，不可遍赏，唯有赏赐首先冲入敌阵俘获战车者。 [7]“陈车之法”以下七句：因为按照车阵的部署：五辆车一队，置仆射一人；十辆车一官，置卒长一人；超过十辆，置将吏各一人。仆射，主管射击者。车战重视射击，故由射手掌事，称之仆射。官，车战低层组织单位。吏，此指副将。 [8]“因而用之”以下三句：本是因其兵力而用之，所以另言赏赐之法，是希望施恩于下层士卒。 [9]“或曰”以下七句：或可解释为：使我方有战车十辆以上而临阵杀敌，只赏赐有功者；十辆以下或只有十辆战车临阵杀敌，即使一辆战车获胜，其余九辆战车都应受赏赐，皆为激励士卒。按：因为《孙子兵法》原文语言简约，造成理解上的歧义。所以曹操将两种不同解释皆附于文中。 [10]更其旌旗：是指将俘获的战车更换上我方旗帜。故曹操曰“与吾同也”，即与我方相同。 [11]车杂而乘之：是指将俘获敌车混合列入我方编队。故曹操说“不独任”，即不令

俘获战车单独作战。杂，交错，混合。 [12] 卒共而养之：是指俘获士卒与我方士卒享受同样的给养。 [13] 是谓胜敌而益强：这既战胜敌人，俘获车辆士卒，又增强我方力量。

故兵贵速，不贵久。曹操曰：久则不利[1]。兵犹火也，不戢，将自焚也。**故知兵之将[2]，生民之司命，国家安危之主也。**曹操曰：将贤则国安也。

李筌说："将有杀伐之权，威欲却敌，人命所系，国家安危在于此矣。"用兵神速，可以有效地减少士卒的无谓牺牲，而充足的兵源则是国家安宁的保障，故曰"将贤则国安"。

［注释］

[1]"久则不利"以下四句：用兵宜速战速决，持久则耗费财用、民力。战争即如救火，火不止，必将自焚。戢，止。 [2]"故知兵之将"以下三句：所以明了用兵之道的将帅，掌握民众生死，主宰国家的安危。

［点评］

运筹战争方略，是战前的准备，此篇则论述作战。张预曰："计算已定，然后完车马，利器械，运粮草，约费用，以作战备，故次《计》。"作战必先确定计谋，然后准备战争资源，进入战争过程，所以《作战》紧承《计》之后。

此篇以论述"备战"为核心，重点说明战争对资源的巨大耗费，强调"因粮于敌""兵闻拙速""胜敌而益强"的重要意义。文分四层：第一，以十万大军征战费用为例，说明战争耗费巨大。第二，正因为举兵征战，日费千金，所以战争必须速战速决，避免造成国力空虚，其他诸侯国家趁火打劫。第三，用兵之患，一是造成国家财政紧张，百姓贫困；二是造成物价飞涨，通货膨胀，国家不得不再次增加赋役，从而形成社会经济凋敝的恶性循环。因此必须“因粮于敌”，节约运输成本和人力资源，从而极大地节省百姓的徭役和国家的财政支出。第四，取得战争迅速胜利的核心，一要激励士气、赏赐丰厚；二要利用敌方战争资源，增强我方综合军力。这也是纾困百姓、缓解国家军事支出的重要方式。虽然大量篇幅讨论战争费用及资源消耗问题，但其核心却是“不尽知用兵之害，则不能得用兵之利”。

曹操除注释本文之外，又特别强调两点：一是“因食于敌”，二是“将贤则国安”；补充一点：必须重于“购赏”。这三个方面也是曹操用兵的特点。其中“将贤则国安”是曹操选将的基本指导思想。

战争的目的并不在于屠城杀士，穷兵黩武，而在于攻心为上，以战止战，所以“不战而屈人之兵”是战争中“善之善也”的最高境界。这是孙子军事思想的又一光辉之处。实际上这也奠定了中华民族以战争消弭战争的和平精神。

谋攻篇

曹操曰：欲攻敌，必先谋。

孙子曰：凡用兵之法[1]：全国为上，破国次之；曹操曰：兴师深入长驱[2]，距其城郭，绝其内外，敌举国来服为上；以兵击破，败而得之，其次也。全军为上，破军次之；曹操曰：《司马法》曰：“一万五千五百人为军。”全旅为上，破旅次之；曹操曰：五百人为旅。全卒为上，破卒次之；曹操曰：一校已上[3]，至一百人也。全伍为上，破伍次之。曹操曰：百人以下至五人。是故百战百胜，非善之善者也；曹操曰：未战而战自屈[4]，胜善也。不战而屈人之兵[5]，善之善者也。曹操曰：未战而敌自屈服。

[注释]

[1]“凡用兵之法”以下三句：凡战争的原则：上策是使敌举国降服，其次是武力击败敌国。全国，意为使全国降服。下文“全军”“全旅”“全卒”“全伍”，句式释义与此相同。 [2]“兴师深入长驱”以下七句：举兵深入敌境，长驱直入，占据城邑，断绝内外联系，敌人举国臣服，是上策；以兵破城池，击败并占领敌境，是其次。距，通“据”。城郭，泛指城邑。城，内城墙。郭，外城墙。 [3]校：部队建制单位，数量不详。或在五百人下，一百人上。已上：当作“以下”。杜佑注：“一校下至百人。”已，同“以”。 [4]“未战而战自屈”二句：尚未发动战争就消弭了战争，胜过百战百胜。胜善，超过一般善。善，好。 [5]“不战而屈人之兵”二句：没有交战就降服了敌军，是最为高明的。屈，使屈服。

故上兵伐谋[1]，曹操曰：敌始有谋，伐之易也。其次伐交[2]，曹操曰：交，将合也。其次伐兵[3]，曹操曰：兵形已成也。其下攻城[4]。曹操曰：敌国已收其外粮城守[5]，攻之为下攻也。攻城之法[6]，为不得已。修橹、轒辒[7]，具器械，三月而后成，距闉，又三月然后已。曹操曰：修，治也。橹，大楯也。轒辒者[8]，轒床也；轒床其下四轮，从中推之至城下也。具，备也。器械者[9]，机关攻守之总名，飞楼、云梯之属。距闉者[10]，踊土稍高而前，以附其城也。将不胜其忿而蚁附之[11]，杀士三分之一，而城不拔者，此攻之灾也。曹操曰：将忿[12]，不待攻城器，而使士卒缘城而上，如蚁之缘墙，杀伤士卒也。故善用兵者[13]，屈人之兵而非战也，拔人之城而非攻也，毁人之国而非久也，曹操曰：毁灭人国[14]，不久露师也。必以全争于天下。故兵不钝而利可全[15]，此谋攻之法也。曹操曰：不与敌战[16]，而必完全得之，立胜于天下，则不顿兵血刃也。

张预说："不战则士不伤，不攻则力不屈，不久则财不费。以完全立胜于天下，故无顿兵血刃之害，而有国富兵强之利，斯良将计攻之术也。"因此，伐兵、攻城为下，伐谋、伐交为上。

[注释]

[1] 上兵伐谋：上等军事行动是挫败敌人战略意图。谋，指"敌始有谋"，即敌人战略意图刚刚形成。此时最容易挫败敌人。　[2] 其次伐交：其次就是挫败敌人的战略联盟。交，即"交合"，即将形成联盟。　[3] 其次伐兵：再次用武力击败敌兵。伐兵，是敌人"兵形已成"，即战阵已经部署完成。　[4] 其下攻城：最下策是强攻敌人城池。　[5]"敌国已收其外粮城守"二句：敌国已经储备充足粮草，固守城池，易守难攻，故强攻之则为下策。　[6]"攻城之法"二句：攻城，是不得已而采取的方法。　[7]"修橹、轒辒（fén wēn）"以下五句：制造大盾牌和四轮战车，准备所有攻城器械，三个月才能完成；堆积攻城的土

山，又需三个月才能完成。闉（yīn），通“堙”，土山。已，止，停下。 [8]“轒辒者”以下四句：所谓轒辒，就是轒床。下有四轮，从中推动，行至城下。轒辒，一种攻城的四轮战车。以大木作框架，形如木屋，以生牛皮蒙于上，以遮蔽敌人矢石。车内可容十人，下有四轮，士兵在车内推车，直抵城下进行攻城作业。 [9]“器械者”以下三句：所谓器械，是攻城机械的总名，如飞楼、云梯之类。机关，机械的关键。飞楼，攻城用的一种楼车。云梯，带有滑轮升降设备的攻城器具，可推动行驶，故又称云梯车，相传为鲁班发明。 [10]“距闉者”以下三句：所谓距闉，就是靠近敌城堆积的土山。 [11]“将不胜其忿”以下四句：如果将领不能忍受愤怒，而使士卒像蚂蚁一样攀墙而上，士卒死亡三分之一，城池却未攻下，这简直是攻城的灾难。忿，同“愤”。 [12]“将忿”以下五句：一旦将帅愤怒，不等待攻城器械准备到位，就命令士卒攀援城墙，简直就是戕害杀戮士卒。 [13]“故善用兵者”以下五句：所以善于用兵之将，不战而屈人之兵，不攻而夺人城池，消灭敌国又不旷日持久，必以全胜的战略争胜于天下。 [14]“毁灭人国”二句：既能毁灭敌国，又不使部队长期在外征战。此即“上兵伐谋”。 [15]“故兵不钝而利可全”二句：所以兵不血刃而获得全部利益，这就是谋攻的方法。 [16]“不与敌战”以下四句：不与敌人交战，而以全胜之计争夺天下，就不需要刀兵相向。顿兵，犹陈兵。

用兵之法，十则围之，曹操曰：以十敌一[1]，则围之，是谓将智勇等而兵利钝均也；若主弱客强，不用十也。操所以倍兵围下邳，生擒吕布也。**五则攻之，**曹操曰：以五敌一[2]，则三术为正，一术为奇。**倍则分之，**曹操曰：以二敌一[3]，则

此言衡量敌我力量对比，决定攻守态势，或围或攻，或分或战，或逃或避。切忌力量弱小，不计强弱而战。

一术为正，一术为奇。敌则能战之，曹操曰：己与敌人众等[4]，善者犹当设奇伏以胜之。少则能逃之[5]，曹操曰：高壁坚垒[6]，勿与战也。不若则能避之[7]。曹操曰：引兵避之也。故小敌之坚[8]，大敌之擒也。曹操曰：小不能当大也[9]。

[注释]

[1]“以十敌一”以下七句：十倍于敌，围歼敌人，是建立在双方将领智勇相当、兵器均衡的基础上。如果守城之将智勇低下，进攻主帅智勇过人，无须十倍于敌，即使二倍，也可围歼之。包围下邳、生擒吕布即是如此。见《请恤郭嘉表》注。 [2]“以五敌一”以下三句：五倍于敌，则直接攻击之。当兵分为四，以三分正面进攻，一分奇兵掩袭。术，犹道。正、奇，古代兵法术语。作战以对阵交锋为正，设伏掩袭等为奇。 [3]“以二敌一”以下三句：二倍于敌，则分兵出击，以一部正面进攻，另一部奇兵掩袭。 [4]“己与敌人众等”二句：双方力量对等，则可列阵而战，而善用兵者还能设奇兵伏击而取胜。 [5]逃：逃匿。指隐蔽兵力。 [6]“高壁坚垒”二句：力量少于敌方，则高筑坚固壁垒，切勿正面作战。 [7]不若则能避之：力量悬殊，应引兵而去，避敌锋芒。 [8]“故小敌之坚”二句：若力量弱小而死拼固守，必成强敌的俘虏。即“小不能当大”。坚，坚守而不退。 [9]当：同“挡”，抵挡。

夫将者[1]，国之辅也。辅周则国必强[2]，曹操曰：将周密，谋不泄也。辅隙则国必弱。曹操曰：形见于外也。故君之所以患军者三[3]：不知军之不可以进而谓之进，不知军之不可以退而谓之退，是谓縻军。曹操曰：縻，御也。不知三军之事[4]，而同三军之政者，则军士惑矣。曹操曰：军容不入国[5]，国容不入军，礼不可以治兵也。不知三军之权[6]，而同三军之任，则军士疑矣。曹操曰：不得其人意也[7]。三军既惑且疑[8]，则诸侯之难至矣，是谓乱军引胜。曹操曰：引，夺也。

君主身居后方，不明战场瞬息万变，却直接插手军中事务，导致将帅在军，权力不得专制，任人不得自由，在君主之命与战场之变中游移徘徊，所以将帅、士卒皆疑惑不决。

[注释]

[1]“夫将者”二句：将帅是国家的辅佐。 [2]“辅周则国必强”二句：将帅之谋周密，则国家必然强大；将帅之谋疏漏，则国家必然衰弱。按：曹操注之“辅密”指谋略周密而不外泄，“辅隙”指兵形显现于外，乃是补充孙子之意，而非阐释孙子之意。 [3]“故君之所以患军者三”以下四句：所以国君可能对军队带来三种危害：不了解军队具体情况，不可前进时下令前进，不可后退时下令后退，这是束缚部队。縻（mí），束缚。 [4]“不知三军之事”以下三句：不了解三军战守之事，却亲自处理三军之政，将士则无可适从。同，指同于将帅治理。 [5]“军容不入国”以下三句：军队的法度号令不用于治国，朝廷的礼仪制度不用于治军，不可以国家礼义治军。 [6]“不知三军之权”以下三句：不了解三军战略战术的权宜变化，却亲自指挥三军，则将士疑虑重重。 [7]不得其人意：指君主只知驾驭将帅，不知将帅意图。人，指将帅。 [8]“三军既惑且疑”以下三句：三军既无所适从，又疑虑重重，那么诸侯就会举兵作难，这是自乱其军，丧失胜利的时机。引，夺，丧失。

张预说："可战则进攻，不可战则退守；能审攻守之宜，则无不胜。""用兵之法，有以少而胜众者，有以多而胜寡者，在乎度其所用，而不失其宜，则善。""百将一心，三军同力，人人欲战，则所向无前矣。""将有智勇之能，则当任以责成功，不可从中御也。"

故知胜有五[1]：知可以战与不可以战，胜；知众寡之用者，胜；上下同欲者[2]，胜；曹操曰：君臣同欲。以虞待不虞者[3]，胜；将能而君不御者，胜。曹操曰：《司马法》曰："进退惟时[4]，无曰寡人也。"此五者[5]，胜之道也。曹操曰：此上五事也。

［注释］

[1]"故知胜有五"以下五句：预见胜利有五种情况：准确判断战与不战的选择，胜；准确判断敌我双方可以调配的兵力，胜。 [2]"上下同欲者"二句：君臣同心、全军同心，胜。 [3]"以虞待不虞者"以下四句：有充分准备对付没有充分准备的，胜；将帅才能过人而君主不加干预者，胜。不虞，没有图谋，缺少提防。御，驾驭，此指干涉。 [4]"进退惟时"二句：军队进退唯在于战机选择，而不由君命。寡人，寡德之人，乃王侯谦称。 [5]"此五者"二句：以上五个方面，乃是取胜的方法。

杜牧说："以我之政，料敌之政；以我之将，料敌之将；以我之众，料敌之众；以我之食，料敌之食；以我之地，料敌之地。校量已定，优劣短长皆先见之，然后兵起，故有百战百胜也。"

故曰知彼知己，百战不殆[1]；不知彼而知己，一胜一负[2]；不知彼，不知己，每战必殆。

［注释］

[1]百战不殆：言身经百战，皆可取胜。殆，危险。 [2]一胜一负：指有胜有负。

［点评］

战争资源筹措完备之后，即正式准备征战，故“谋攻”。杜牧说：“庙堂之上，计算已定，战争之具，粮食之费，悉已用备，可以谋攻。故曰‘谋攻’也。”

“谋攻”者，先谋而后攻之。文分五层：第一层，战争目的并不在杀戮，而在征服敌方，“不战而屈人之兵”是基本战略原则。第二层，战争不仅是力量的比拼，更是智慧的较量，所以“伐谋”“伐交”为上策，“伐兵”为下策，“攻城”则下之又下策。第三层，不得已而战，必须有明确具体的战术原则，依据力量对比，灵活确定攻守的具体策略，切忌以小敌大，自取其辱。第四层，将帅虽是国家辅佐，但军队具有相对独立性，国君不可随意干预军队的攻守、军令和权变，否则即自乱阵脚，坐失良机，还可能引发“诸侯之难”的恶果。第五层，决定取胜之道的五个方面：战守选择、力量对比、上下同心、运筹谋划、战机选择。最后一层结语，总结战争结局的三种可能：“百战不殆”“一胜一负”“每战必殆”。而决定胜负的核心元素，是能否做到“知彼知己”。本篇所论核心是突出战略上“不战而屈人之兵”，战术上“知彼知己”；影响战争的重要人为因素是君主对前方将帅的干预。其中，“不战而屈人之兵”是战争最理想的境界。

曹操的注释强调两点：一是举兵攻敌，必须谋略在胸；二是君臣同心，且善于把握战机，不唯君命。补充四点：一是运用具体战术原则时，必须审时度势，比如“主弱客强”，即使两倍于敌，也可围歼；二是无论五倍、两倍于敌，抑或与敌力量对等，都必须善于出奇制胜；

三是将帅之谋必须严格保密，不可露出任何蛛丝马迹；四是国家以礼义治国，部队以法令治军，二者不可等同视之。其中，腹有谋略、善出奇兵、以法治军是曹操重要的战术思想。

形 篇

曹操曰：军之形也[1]。我动彼应[2]，两敌相察，情也。

孙子曰：昔之善战者[3]，先为不可胜，以待敌之可胜。不可胜在己[4]，可胜在敌。曹操曰：自修理以待敌之虚懈也[5]。故善战者[6]，能为不可胜，不能使敌可胜。故曰胜可知[7]，曹操曰：见成形也。而不可为。曹操曰：敌有备故也。

杜牧说："自整军事，长有待敌之备；闭迹藏形，使敌人不能测度；因伺敌人有可乘之便，然后出而攻之。"即常备不懈，出其不意，攻其无备。

［注释］

[1] 军之形：即对阵双方的战争态势。 [2]"我动彼应"以下三句：考察敌情，并依据对方部署变化而做相应调整。 [3]"昔之善战者"以下三句：从前善于用兵者，先确保自己必胜，再捕捉可以胜敌的战机。不可胜，不可被战胜。 [4]"不可胜在己"二句：不可被战胜，主动权在己；胜敌，关键处在敌。意思是我若善治军，确保不被战胜；敌有可乘之机，方可克敌制胜。 [5] 自修理以待敌：合理部署我方军力，待敌空虚懈怠之时而击之。修

理，治理。 [6]“故善战者”以下三句：所以善战者，能够确保自己不可战胜，不给敌方获胜机会。 [7]“故曰胜可知”二句：所以必胜可以预见，胜敌则不可强求。即从双方部署的战争态势，即曹操所言“见成形”，可以预判必胜；但若“敌有备”，则不可强求，而是等待时机。

不可胜者[1]，守也；曹操曰：藏形也。可胜者[2]，攻也。曹操曰：敌攻己，乃可胜。守则不足[3]，攻则有余。曹操曰：吾所以守者，力不足也；所以攻者，力有余也。善守者[4]，藏于九地之下；善攻者，动于九天之上，故能自保全胜也。曹操曰：因山川丘陵之固者，藏于九地之下；因天时之变者，动于九天之上。

杜牧说：“守者，韬声灭迹，幽比鬼神，在于地下，不可得而见之。攻者，势迅声烈，疾若雷电，如来天上，不可得而备也。”意谓守则神出鬼没，攻则势如破竹。

[注释]

[1]“不可胜者”二句：不可战胜者，守之则严阵以待，不给敌人以可乘之机。然而，守必“藏形”，不让敌人发现自己的军力部署。 [2]“可胜者”二句：一旦捕捉到可以取胜的战机，则立即进攻。按：曹操所说“敌攻己，乃可胜”，是指守阵之军，一旦敌人强攻，则可取胜。这只是“可胜”的一个方面，并非孙子原意。 [3]“守则不足”二句：力量不足则严守，力量有余则进攻。 [4]“善守者”以下五句：善于严守者，能够凭借山川、丘陵等地势，如藏兵于地下；善于进攻者，能够凭借天时、自然之变化，如天降奇兵。所以，固守可保全力量，进攻必大获全胜。九，言利用地势、天时必达最大限度。在《周易》二进制中，“九”是数之极，故杜牧说：“九者，高深数之极。”

杜牧说："众人之所见，破军杀将，然后知胜。我之所见，庙堂之上，樽俎之间，已知胜负者矣。"而我之所谋，必在人所不知。

王皙说："众人之所知，不为智；力战而胜人，不为善。"战争亦如艺术，必善于翻空出奇，则为善也。

见胜不过众人之所知[1]，非善之善者也。曹操曰：当见未萌。战胜而天下曰善[2]，非善之善者也。曹操曰：争锋也。故举秋毫不为多力[3]，视日月不为明目，闻雷霆不为聪耳。曹操曰：易见闻也。古之所谓善战者[4]，胜于易胜者也。曹操曰：原微易胜[5]，攻其可胜，不攻其不可胜也。故善战者之胜也[6]，无智名，无勇功，曹操曰：敌兵形未成胜之，无赫赫之功也。故其战胜不忒。不忒者[7]，其所措必胜，胜已败者也。曹操曰：察敌必可败，不差忒也。故善战者，立于不败之地[8]，而不失敌之败也。

［注释］

[1]"见胜不过众人之所知"二句：预见胜利没有超越一般人的判断，并非最高明者。意思是见微知著，识过众人，才是智慧，即曹操所说"当见未萌"。　[2]"战胜而天下曰善"二句：攻战取胜而众人皆称善，亦非最高明者。意思是只善于两军争锋，而不能潜运谋略，"伐谋""伐交"，兵不血刃而胜敌，并非真正的善用兵。故太公曰："争胜于白刃之口，非良将也。"　[3]"故举秋毫不为多力"以下三句：所以能举起秋毫，不能算有力；能看见日月，不能算目明；能听到惊雷，不能算耳聪。以此比喻众人皆能见能为之事，不能谓之高明。秋毫，秋天走兽所生之细毛，比喻轻微。　[4]"古之所谓善战者"二句：古代所谓善战者，取敌薄弱之点而击之，能轻易取胜。意思是可巧取，而不可

强攻。 [5]“原微易胜”以下三句：善于在细微萌芽处观察敌人之谋，稳操胜券则进攻，难以取胜则不攻。 [6]“故善战者之胜也”以下四句：所以真正善战者所取得的胜利，无智慧之名，无勇武之功，所以能够百战百胜，无一闪失。意思是用智慧而众人不知，善斗智而众人不见，所以“无智名，无勇功”。忒（tè），差错。 [7]“不忒者”以下三句：所以没有闪失，是因为能够明察敌人有必败的征兆，谋划安排确保取胜。 [8]“立于不败之地”二句：使自己始终处于不败之地，而且不丧失任何击败敌人之机。

是故胜兵先胜而后求战[1]，败兵先战而后求胜。曹操曰：有谋与无虑也。善用兵者[2]，修道而保法，故能为胜败之政。曹操曰：善用兵者，先修治为不可胜之道[3]，保法度不失敌之败乱也。

贾林说：“常修用兵之胜道，保赏罚之法度，如此则常为胜，不能则败，故曰‘胜败之政’也。”也就是说，胜败决定于将帅的用兵之道，法令的严明与否。

[注释]

[1]“是故胜兵先胜而后求战”二句：所以胜利之师是有必胜把握时出击，常败之军往往率先出击，然后侥幸求胜。意思是一为谋略在胸，战则必胜；一是匹夫之勇，血拼求胜。 [2]“善用兵者”以下三句：善于用兵者，潜心研究用兵之道，保证法令严明，所以能够避败取胜。 [3]“先修治为不可胜之道”二句：首先研究必胜的方略，保证法令严明，不因敌而使法令败乱。

张预说：“地形与人数相称，则疏密得宜，故可胜也。……五者皆因地形而得，故自地而生之也。”五者之间，以“度”为核心，以“胜”为目的，相互关联，缺一不可。

兵法[1]：一曰度，二曰量，三曰数，四曰称，五曰胜。曹操曰：胜败之政[2]，用兵之法，当以此五事称量，知敌之情。地生度[3]，曹操曰：因地形势而度之。度生量，量生数，曹操曰：知其远近、广狭，知其人数也。数生称，曹操曰：称量敌孰愈也。称生胜。曹操曰：称量之数，知其胜负所在。

［注释］

[1]“兵法”以下六句：兵法规定五点：一是度量土地面积，二是测算可容人数，三是统计作战人员，四是权衡双方实力，五是预判取胜概率。 [2]“胜败之政”以下四句：考量以上五个方面，是决定胜败的关键，是部署用兵的依据，也能准确了解敌情。 [3]“地生度”以下五句：因地形而度量可容面积，因度量可容面积而决定布阵疏密，因布阵疏密而计算作战人员，因计算作战人员而权衡力量对比，因权衡力量对比而判断战争胜负。所以曹操说地形的远近、广狭，敌情的虚实、人数，双方力量的对比，对于战争胜负有决定意义。

张预说：“善守者匿形晦迹，藏于九地之下，敌莫能测其强弱；及乘虚而出，则其锋莫之能当也。”故以高山积水冲击小溪为喻。

故胜兵如以镒称铢[1]，败兵如以铢称镒。曹操曰：轻不能举重也[2]。胜者之战民也[3]，如决积水于千仞之溪者，形也。曹操曰：八尺曰仞。决水千仞[4]，其势疾也。

［注释］

[1]“故胜兵如以镒（yì）称铢（zhū）”二句：胜利之师相对于失败之师而言，如以镒称铢；失败之师相对于胜利之师而言，如以铢称镒。意思是一重一轻，一优势一劣势。镒，旧制为二十四两，一说二十两。称，计量轻重。铢，二十四铢合一两。镒铢，比

喻差距之大。 [2] 轻不能举重也：意思是力量悬殊之时，兵弱则不可能战胜强敌。 [3]“胜者之战民也”以下三句：必胜之师，将士一旦进攻，就如高山之积水冲向山下之小溪，势不可当，所击必破。 [4]“决水千仞”二句：在千仞之上决堤放水，其气势必然迅疾。

[点评]

所谓“形”，即“两军攻守之形”。张预概括其特点曰：“隐于中，则人不可得而知；见于外，则敌乘隙而至。形因攻守而显，故次《谋攻》。”两军之形，战前处于隐蔽状态，交战则呈现出来。

交战时，双方的兵力部署、强弱对比、阵营安排、攻守选择等，形成变化无穷却相对稳定的战场态势，《形篇》正是论述这一问题。文分六层：第一层，善于处理“能”与“不能”的关系，能创造不可战胜的条件，不能给敌人“可胜”之机；能从双方之“形”中预判胜负，不能冒失盲动。核心原则是“胜可知而不可为”。第二层，善于处理“攻”与“守”的关系，守则严阵以待，善于“藏形”；攻则势如破竹，锐不可当。核心原则是“守则不足，攻则有余”。第三层，善于选择“胜”与“易胜”的关系，取敌人薄弱、我方易胜的节点而攻击之，攻则必胜。攻非血刃拼搏，而是超越常识，周密部署，轻松取胜。核心原则是“战胜不忒”。第四层，善于把握“先胜”与“求战”的关系，战前必须成竹在胸，战时方能志在必胜。如若“先战”而侥幸“求胜”则胜负难定。核心原则是“修道而保法”。第五层，将帅必须掌握“度、量、数、称、胜”五个方面，明确五者之间的内在联系。其中“度”是五者中的核心。最后一层结语，比喻胜与败的两种不同形态：一如“以镒称铢”，如高山之水；一如“以铢称镒”，如山下小溪，其“形”不可同日而语，胜负已在“形”中。所论之军形，“立于不败之地，而不失敌之败”是核心战术原则。所以，必须“能为不可胜，不能使敌可胜”，能“自保全胜”，能“修道而保法”，能权衡五种关系。

曹操主要强调四点：一、必须明确对方虚实及军力部署，击敌于空虚懈怠之时；二、必须注意力量对比、地利天时，选择攻守的契机；三、必须隐蔽有生力量，关键时刻突出奇兵；四、必须具备“当见未萌”的准确判断，“原微易胜”的战机把握，以及“察敌必可败，不差忒”的周密观察。又补充说明将帅谋略和军纪法令在“先胜”中的重要意义。

势篇

曹操曰：用兵任势也[1]。

孙子曰：凡治众如治寡[2]，分数是也。曹操曰：部曲为分[3]，什伍为数。斗众如斗寡[4]，形名是也。曹操曰：旌旗曰形，金鼓曰名。三军之众[5]，可使必受敌而无败者，奇正是也。曹操曰：先出合战为正[6]，后出为奇。兵之所加[7]，如以碫投卵，虚实是也。曹操曰：以至实击至虚也。

张预说：“统众既多，必先分偏裨之任，定行伍之数，使不相乱，然后可用。故治兵之法：一人曰独，二人曰比，三人曰参，比参为伍。五人（伍）为列，二列为火，五火为队，二队为官，二官为曲，二曲为部，二部为校，二校为裨，二裨为军。递相统属，各加训练，虽治百万之众，如治寡也。”

[注释]

[1] 任势：凭借威力。势，指以军威、力量所形成的战场态势或发展趋势。 [2]“凡治众如治寡”二句：治理三军之众如治理小股部队一样得心应手，是依靠部曲、什伍的合理编制。 [3]“部曲为分”二句：部曲是部队分层设置，什伍是下层的人数编制。部曲，大将军营分五部，部有二曲。什伍，五人为伍，十人为什。 [4]“斗众如斗寡”二句：指挥三军之众如指挥小股部队一样灵活自如，是依靠旌旗排列队形，金鼓号令进退。斗，使之斗，引申为指挥。 [5]“三军之众”以下三句：可使三军将士迎敌而又使其不败，是依靠队形、次序的正确安排。 [6]“先出合战为正”二句：正面迎敌曰正，侧面奇袭曰奇。前者出阵在前，后者袭击在后。 [7]“兵之所加”以下三句：大军压阵，如以石击卵，是依靠以实击虚的战机选择。碫（duàn），磨刀石，泛指石头。

凡战者[1]，以正合，以奇胜。曹操曰：正者当敌[2]，奇兵从旁击不备也。故善出奇者[3]，无穷如天地，不竭如江河。终而复始[4]，日月是也；死而复生，四时是也。声不过五[5]，五声之变，不可胜听也；色不过五，五色之变，不可胜观也；味不过五，五味之变，不可胜尝也。曹操曰：自无穷如天地已下[6]，皆以喻奇正之无穷也。战势不过奇正[7]，奇正之变，不可胜穷也。奇正相生[8]，如循环之无端，孰能穷之？

杜佑说：“正者当敌，奇者从傍击不备；以正道合战，以奇变取胜也。”以折冲陷阵牵制正面之敌，以奇兵侧击攻其不备，此即穿插迂回之术。

张预说：“战陈之势，止于奇正一事而已。及其变而用之，则万途千辙，乌可穷尽？”战场瞬息万变，奇正之变也变幻无穷。

[注释]

[1]“凡战者”以下三句：大凡作战，以大军正面迎敌，以奇

兵出奇制胜。 [2]“正者当敌”二句：即正面抵挡敌人，侧面攻其不备。 [3]“故善出奇者”以下三句：善于运用奇兵，其法如天地变化无穷，如江河源源不断。 [4]“终而复始”以下四句：如日月周而复始，如四季更迭相连。死而复生，指去而又来。 [5]“声不过五”以下九句：五音之变，不可遍听；五色之变，不可遍观；五味之变，不可遍尝。胜，尽，完。 [6]“自无穷如天地已下”二句：战阵自是变化无穷，如天地之间事物，以上皆用来比喻战阵“奇正”变化无穷。 [7]“战势不过奇正”以下三句：战争阵势变化，虽不过“奇正”二种，却也难以穷尽。 [8]“奇正相生”以下三句：奇与正相辅而生，如同圆环之循环，谁也不能穷尽它。

张预说：“善战者，先度地之远近，形之广狭，然后立陈，使部伍行列相去不远；其进击，则以五十步为节，不可过远，故势迅则难御，节近则易胜。”即进必首尾呼应，切忌单兵冒进。

激水之疾[1]，至于漂石者，势也；鸷鸟之击，至于毁折者，节也。曹操曰：发起击敌。故善战者[2]，其势险，曹操曰：险，犹疾也。其节短。曹操曰：短，近也。势如彍弩[3]，节如发机。曹操曰：在度不远[4]，发则中也。

[注释]

[1]“激水之疾”以下六句：激荡之水，竟可以漂起石头，因为势能强大；鸷（zhì）鸟搏击，竟可以毁灭小雀，因为节奏迅猛。比喻发起攻击的气势。鸷鸟，泛指凶猛的鸟，如鹰、雕、枭等。 [2]“故善战者”以下三句：所以善战者，进击敌人，攻势迅猛，节奏急促。 [3]“势如彍（guō）弩”二句：其势迅猛，如满弓待发的弓弩；其节急促，如拨动弩机。彍弩，拉满的弓弩，喻迅疾。发机，拨动弩弓的发矢机关。 [4]“在度不远”二句：在自己的度量之中，则可一发即中。

纷纷纭纭[1]，斗乱而不可乱也；曹操曰：旌旗乱也[2]，示敌若乱，以金鼓齐之也。浑浑沌沌[3]，形圆而不可败也。曹操曰：卒骑转而形圆者[4]，出入有道、齐整也。乱生于治[5]，怯生于勇，弱生于强。曹操曰：皆毁形匿情也。治乱[6]，术也；曹操曰：以部曲分名数为之，故不可乱也。勇怯[7]，势也；强弱[8]，形也。曹操曰：形势所宜[9]。

杜牧说："此言陈法也。……陈数有九，中心为零者，大将握之不动，以制四面八陈，而取准则焉。其人之列，面面相向，背背相承也。"这种阵形，按东西南北分为四面，每面两队，相背而陈。出击时，两面交错相向，形成新的方位，始终保持相背、相向的圆形阵型。

［注释］

[1]"纷纷纭纭"二句：旌旗纷纭，人马众多，双方混战，而我则指挥有序，阵脚不乱。纷纷纭纭，形容众多纷乱。 [2]"旌旗乱也"以下三句：双方混战，旌旗纷乱，示敌如乱，而我则以金鼓号令将士，进退有序而不混乱。 [3]"浑浑沌沌"二句：战车交错，不分敌我，而我之将士转环相接，构成圆形，出入齐整则不可被打败。浑浑沌沌，形容混杂不明。 [4]"卒骑转而形圆"二句：兵马转动而构成圆形，出入有序，队形整齐。 [5]"乱生于治"以下三句：表面混乱而内部严明，表面胆怯而内在勇敢，表面弱小而内在强大。此是伪装混乱、胆怯、弱小以迷惑敌人，故曰"毁形匿情"。 [6]"治乱"二句：外乱内治，因为我军部伍有序。术，指术数。 [7]"勇怯"二句：外怯内勇，因为我军气势勇猛。 [8]"强弱"二句：外弱内强，因为我军形势威严。 [9]形势所宜：意思是必须抓住有利的形势。

善动敌者[1]，形之，敌必从之；曹操曰：见羸形也[2]。予之[3]，敌必取之。曹操曰：以利诱敌[4]，敌远离其垒，而以便势击其空虚孤特也。以利动之[5]，以卒待之。

杜牧说："以利动敌，敌既从我，则严兵以待之。"一旦敌人入我彀中，则有来无回。

曹操曰：以利动敌也。

[注释]

[1] “善动敌者”以下三句：善于诱敌者，以伪装成混乱、胆怯、弱小的外在形态，使敌人紧追不放。形，示之以形。 [2] 见羸（léi）形：意思是向敌人示弱。羸形，形体瘦弱。 [3] “予之”二句：再给予敌人小利作为诱饵，敌人必然趋利而按我意图前进。 [4]“以利诱敌”以下三句：以小利而诱敌，敌则远离军营，以利于我军乘势攻击其军营，消灭其空虚孤立之敌。 [5] “以利动之”二句：以利诱敌，我士卒则严阵以待而聚歼之。

杜牧说：“言善战者，先料兵势，然后量人之材，随短长以任之，不责成于不材者也。”作战一旦形成“势”，则勇者可以造势，怯者也能因势而勇。故曰“择人而任势”。

故善战者[1]，求之于势，不责于人，故能择人而任势。曹操曰：求之于势者[2]，专任权也；不责于人者，权变明也。任势者[3]，其战人也，如转木石。木石之性[4]，安则静，危则动，方则止，圆则行。曹操曰：任自然势也[5]。故善战人之势[6]，如转圆石于千仞之山者，势也。

[注释]

[1] “故善战者”以下四句：善于作战者，追求形成有利之势，而不是苛责士卒，因此能够选择人才，利用所成之势。 [2] “求之于势者”以下四句：追求形成有利之势，是主帅的权责；不苛责将士，即明于变通。如此才能“择人而任势”。 [3] “任势者”以下三句：善于择人任势者，指挥部队作战，犹如转动树木、石头一样。

战，使之战。 [4]“木石之性”以下五句：树木、石头之本性，在平坦之地则静止，在陡峭之处则滚动，若是方形则止而不动，若是圆形则动而不止。 [5]任自然势：意思是用兵之势必须顺应自然之势。 [6]“故善战人之势”以下三句：所以善于指挥将士利用所成之势，就如同圆石从千仞高山滚动而下，形成迅猛之势。

［点评］

前篇论兵阵之“形”，此篇论用兵之“势”。李筌说：“阵以形成，如决建瓴之势，故以是篇次之。”“势”，是力量军威、将帅魄力、奇正组合、战争节奏的综合呈现。所谓“战场”，“形”在于“战”，是临阵对敌的外在形态变化；“势”在于“场”，是陷阵杀敌的内在精神力量。

此篇论“势”，文分六层：第一层，概述用兵之法：强化分层管理，治理三军之众则如运于掌；严明军纪号令，指挥三军之众则收放自如；临阵杀敌而不败，则需奇正分合，秩序井然。其中“兵之所加，如以碫投卵”，是基本战术原则。第二层，着重论述战场用兵“奇正”的变化。战场军力部署，既有主力的两军对垒，也有奇兵的攻其不备。虽然相比于主力对垒，奇兵变化无穷，但二者却相辅相生，或化“奇”为“正”，或由“正”变“奇”。“以正合，以奇胜”是基本战术原则。第三层，说明突击之时的两种气势：一是迅雷不及掩耳，形成泰山压顶的气势；二是节奏短促犀利，形成锐不可当的气势。“势如彍弩，节如发机”是基本战术原则。第四层，说明以伪装迷惑敌人的三个方面：示乱、示怯、示弱。使敌心骄纵，纵兵出击。“斗乱而不可乱”“形圆而不可败”是基本战术原则。第五层，说明诱敌深入的两种具体措施：以羸弱之形，使敌从之；以小利为饵，使敌取之。“以利动之，以卒待之”是基本战术原则。第六层，主帅必须善于营构有利而迅猛的气势，善于“择人而任势”，从而形成势如从高山向下滚动的树木、圆石，迅疾猛烈，势不可当。虽论述用兵之道的奇正变化及其所蕴含的“势”之不同，然而迅疾勇猛、短促犀利则是战术原则的核心。

曹操注释涉及五点：第一，论用兵之术，强调奇正出击的前后顺序，以实击虚的战机选择，攻其不备的决胜意义；第二，论战场节奏，强调短促突击，必须“在度不远”，一发即中；第三，论伪装惑敌，强调“金鼓齐之”的号令原则，“出入有道”的战场秩序，“毁形匿情”的惑敌方式；第四，论诱敌深入，重视“便势击其空虚孤特”的诱敌目的；第五，论任势择人，强调“专任权”而“权变明”的原则策略。

虚实篇

曹操曰：能虚实彼己也[1]。

孙子曰：凡先处战地而待战者佚[2]，曹操曰：力有余也。后处战地而趋战者劳。故善战者[3]，致人而不致于人。能使敌人自至者[4]，利之也；曹操曰：诱之以利也。能使敌不得至者，害之也。曹操曰：出其所必趋[5]，攻其所必救。故敌佚能劳之[6]，曹操曰：

以事烦之。饱能饥之，曹操曰：绝粮道以饥之。安能动之。曹操曰：攻其所必爱[7]，出其所必趋，则使敌不得不相救也。

［注释］

[1]能虚实彼己：是指洞察敌我的虚实之情。 [2]“凡先处战地”二句：大凡先至阵地而等待敌军则精力饱满，后至阵地而急促赴战则疲惫不堪。佚，同“逸”，安逸。 [3]“故善战者”二句：所以善于作战者，能调动敌人，而不被敌人调动。致，使动词，同“至”。于，表被动。 [4]“能使敌人自至者”以下四句：诱使敌人到达我预设之地，必须以利诱之；阻止敌人到达我预设之地，必须沿途阻击。害，伤害。 [5]“出其所必趋”二句：或伏击敌人必经之地，或攻击敌人必救之处。 [6]“故敌佚能劳之”以下三句：敌人安逸则派遣小部骚扰之，粮草充足则断绝粮道而匮乏之，停止不动则设法调动之。劳、饥、动，皆使动词。 [7]“攻其所必爱”以下三句：攻其防护重地，击其必经之地，使敌人不得不派兵驰救。此补充交待调动敌人的方法。爱，爱惜。趋，快走。

出其所必趋[1]，趋其所不意。曹操曰：使敌不得相往而救之也。行千里而不劳者[2]，行于无人之地也。曹操曰：出空击虚[3]，避其所守，击其不意。攻而必取者[4]，攻其所不守也；守而必固者，守其所不攻也。故善攻者[5]，敌不知其所守；善守者，敌不知其所攻。曹操曰：情不泄也。微乎微乎[6]，至于无形；神乎神乎，至于无声，故能为敌之司命。

张预说：“善攻者，动于九天之上，使敌人莫之能备；莫之能备，则吾之所攻者，乃敌之所不守也。”“善守者，藏于九地之下，使敌人莫之能测；莫之能测，则吾之所守者，乃敌之所不攻也。”所以“不守”，不是无人防守，而是防而不备；“不攻”，不是敌不进攻，而是攻而无果。

[注释]

[1]“出其所必趋”二句：伏击敌人必经之道，行于敌人意料不到之地。 [2]“行千里而不劳者”二句：我行千里而不疲惫，是行进于没有敌人设防之地。 [3]“出空击虚”以下三句：出兵于敌人空虚之地，打击敌人薄弱之点，避开戒备森严之处，攻击敌人意料不到之所。 [4]“攻而必取者”以下四句：一旦攻击，必须取胜，则选择敌人疏于防守之处；一旦防守，必须稳固，则采取敌人难以进攻的防守措施。 [5]“故善攻者”以下四句：所以善于进攻者，敌人不知如何防守；善于防守者，敌人不知如何进攻。无论是守是攻，都必须使敌人无法探知我方虚实。故曹操曰：“情不泄也。” [6]“微乎微乎”以下五句：深微精细，竟然不见其形迹；神奇玄妙，竟然不知其消息，所以我能主宰敌人的命运。司，掌管。

张预说：“对垒相持之际，见彼之虚隙，则急进而捣之，敌岂能御我也？获利而退，则速还壁以自守，敌岂能追我也？兵之情主速，风来电往，敌不能制。”两军对垒，乘虚出击，取胜还守，风驰电掣，乃取胜之道。所论深得孙子之精髓。

进而不可御者[1]，冲其虚也；退而不可追者，速而不可及也。曹操曰：卒往进攻其虚懈[2]，退又疾也。故我欲战[3]，敌虽高垒深沟，不得不与我战者，攻其所必救也。曹操曰：绝其粮道[4]，守其归路，攻其君主也。我不欲战[5]，画地而守之，曹操曰：军不欲烦也。敌不得与我战者，乖其所之也。曹操曰：乖，戾也。戾其道[6]，示以利害，使敌疑也。

[注释]

[1]“进而不可御者”以下四句：我进攻而敌不能抵御，是因攻其兵力空虚之处；我撤退而敌不能追击，是因速度迅速而无法追

上。　[2]“卒往进攻其虚懈”二句：迅疾进攻其防守空虚懈怠之处，撤退又必须迅疾。卒，同“猝”，此指迅疾。　[3]“故我欲战”以下四句：所以我要出击，敌营虽高墙深沟，也不得不与我作战，因为所攻击的是敌必救之地。　[4]“绝其粮道”以下三句：或断绝其运粮之道，或伏击其回师之路，或攻打其君主所在之地。意谓击敌之要害。　[5]“我不欲战”以下四句：我不想战，据营自守，敌不能与我作战，因为我改变了敌军进攻的方向。画地而守，是说不修沟堑，仅在地上画出界限而守之，比喻守之易也。　[6]“戾其道”以下三句：我背离了敌军原来进攻的意图，示敌进攻之危害，使敌生疑而不敢进。此为疑兵之计。利害，偏义复词，意为害。

故形人而我无形[1]，则我专而敌分。我专为一[2]，敌分为十，是以十攻其一也，则我众而敌寡。能以众击寡者[3]，则吾之所与战者，约矣。吾所与战之地不可知[4]，不可知，则敌之所备者多；敌所备者多[5]，则吾所与战者，寡矣。曹操曰：形藏敌疑[6]，则分离其众备我也，言少而易击也。故备前则后寡[7]，备后则前寡，备左则右寡，备右则左寡，无所不备，则无所不寡。寡者[8]，备人者也；众者，使人备己者也。曹操曰：上所谓形藏敌疑，则分离其众以备我也。

杜牧说：“我深堑高垒，灭迹韬声，出入无形，攻取莫测。或以轻兵健马，冲其空虚；或以强弩长弓，夺其要害。触左履右，突后惊前。昼日误之以旌旗，暮夜惑之以火鼓。故敌人畏慑，分兵防虞。譬如登山瞰城，垂帘视外，敌人分张之势，我则尽知；我之攻守之方，敌则不测。故我能专一，敌则分离。专一者力全，分离者力寡。以全击寡，故能必胜也。”

［注释］

[1]“故形人而我无形”二句：所以使敌暴露其兵力部署而我则隐蔽兵力部署，那么我可集中兵力而敌则兵力分散。形，使动

词。 [2]“我专为一”以下四句：我集中为一部，敌则分散为十部，这就在局部上形成以十对一的局面，如此则我军众多而敌军不足。此即集中优势兵力击敌之一部的战术。 [3]“能以众击寡者”以下三句：能够以众多击不足，那么我与敌作战，则轻松取胜。约，少。指用力少。 [4]“吾所与战之地不可知”以下三句：我所选择的作战地点，敌军不知，因为不知，必然处处戒备。 [5]“敌所备者多”以下三句：因为敌人处处设防，我只选择敌军一部攻击之，敌军参战人员必然很少。 [6]“形藏敌疑”以下三句：我隐藏其兵力部署，敌人疑虑不知，就分散其兵力而戒备我。兵力分散则少，故可轻松取胜。 [7]“故备前则后寡”以下六句：所以敌军防备前面则后面兵力不足，防备后面则前面兵力不足，防备左面则右面兵力不足，防备右面则左面兵力不足，处处防备则每处皆兵力不足。 [8]“寡者”以下四句：敌兵力不足，是因为分兵防御；我兵力众多，是迫使敌分兵防御。

故知战之地[1]，知战之日，则可千里而会战。曹操曰：以度量知空虚会战之日[2]。不知战地[3]，不知战日，则左不能救右，右不能救左，前不能救后，后不能救前，况远者数十里，近者数里乎！以吾度之[4]，越人之兵虽多，亦奚益于胜败哉！曹操曰：越人相聚[5]，纷然无知也。或曰：吴越，仇国也。故曰胜可为也[6]；敌虽众，可使无斗。

张预说：“不知敌人何地会兵，何日接战，则所备者不专，所守者不固；忽遇勍敌，则仓遽而与之战，左右前后犹不能相援，又况首尾相去之辽乎？”敌情了然，成竹在胸，方能出战。

[注释]

[1]“故知战之地”以下三句：所以预知交战之地，交战日期，

虽行军千里也可与敌会战。谓有备而来。 [2] 以度量知空虚会战之日：应揣摩敌军空虚之处，考量会战具体日期。谓会战必胜之策。 [3]“不知战地”以下八句：如果不能预知作战之地，作战日期，仓猝遇敌，则左军和右军、前军和后军皆不能互相救援，何况远隔数十里、近隔数里之军呢！谓如果仓猝应战，易被敌军分割包围。 [4]“以吾度之”以下三句：按照我的分析，越国军队虽然众多，但对战争胜负毫无裨益。奚，何，什么。 [5]“越人相聚”二句：其原因在于越军对于交战之地、交战日期，杂乱无知。 [6]“故曰胜可为也”以下三句：所以说必胜之机在于自己把握，敌军虽然众多，也不可与我争锋。上文所言“我专为一，敌分为十”，击其一部，其余不能相救，此即“无斗”。

故策之而知得失之计[1]，作之而知动静之理，形之而知死生之地，角之而知有余不足之处。曹操曰：角，量也。故形兵之极[2]，至于无形。无形[3]，则深间不能窥，智者不能谋。因形而错胜于众[4]，众不能知；曹操曰：因敌形而立胜。人皆知我所以胜之形[5]，而莫知吾所以制胜之形。曹操曰：不以一形之胜万形。或曰：不备知也。制胜者[6]，人皆知吾所以胜，莫知吾因敌形而制胜也。故其战胜不复[7]，而应形于无穷。曹操曰：不重复[8]，动而应之也。

张预说：“始以虚实形敌，敌不能测，故其极致，卒归于无形。既无形可睹，无迹可求，则间者不能窥其隙，智者无以运其计。”“立胜之迹，人皆知之，但莫测吾因敌形而制此胜也。”从自己而言，有形而无形；从他人而言，见迹而不知所以迹，在“诡道”中包含深刻的辩证逻辑。

[注释]

[1]“故策之而知得失”以下四句：所以分析敌情，判断敌人

作战计划的优劣得失；诱敌出击，研究敌人的攻守规律；伪装部署，探知敌人的生死要害之地；试探进攻，明确敌人部署的强弱虚实。策，谋略，指分析判断。作之，对之作，指我伪装性的军事活动。形之，示之形，指我伪装性的军事形态。详《势篇》注。 [2]“故形兵之极”二句：所以示敌以形的极境，是在于无形。意思是我以诱敌出击、伪装部署、试探进攻的方式，使敌人误判我军力部署和作战企图。表面上我是示敌以形，实际上我则虚实不露，故又是无形。 [3]“无形”以下三句：唯因我有形而不露，所以资深间谍不能窥探虚实，有智慧的对手也难以运用计谋。 [4]“因形而错胜于众”二句：依据敌军部署，制定取胜之策，众人见之而不知是运用谋略。错，同“措”，置。 [5]“人皆知我”二句：众人皆知我取胜是运用谋略，却不知我是如何制定取胜的谋略。上两句与这两句是递进式说明，战前，我制定取胜谋略，众人不知是谋略；战后，我之取胜乃在谋略，众人知其然而不知其所以然。 [6]“制胜者”以下三句：克敌制胜之后，众人皆知我胜在谋略，却不知我是因敌情变化而制定的取胜谋略。 [7]“故其战胜不复”二句：所以战胜敌人的谋略不可重复，而是适应敌情而变化无穷。 [8]“不重复”二句：意思是随着敌情变化我必应之而变，没有固定模式。

王皙说：“兵有常理，而无常势；水有常性，而无常形。兵有常理者，击虚是也；无常势者，因敌以应之也。……夫兵势有变，则虽败卒，尚复可使击胜兵，况精锐乎？”用兵有胜负，胜则可伸可进，负则有屈有退，故曹操曰“盈缩随敌”。若因敌而变，虽负也可转胜。此是“无常势”的别一解。

夫兵形象水[1]，水之形，避高而趋下；兵之形，避实而击虚。故水因地而制流[2]，兵因敌而制胜。故兵无常势[3]，水无常形，能因敌变化而取胜者，谓之神。曹操曰：势盛必衰[4]，形露必败。故能因敌变化，取胜若神。故五行无常胜[5]，四时无常位，日有短长，月有死生。曹操曰：兵常无势[6]，盈缩随敌。

[注释]

[1]“夫兵形象水”以下五句：兵的形态如水，水的形态是避开高处而流向低处；兵的形态是避开强敌而攻其薄弱。 [2]“故水因地而制流”二句：所以水根据地势而决定流向，兵依照敌情而制定取胜的谋略。 [3]“故兵无常势”以下四句：用兵没有不变的态势，犹如流水没有固定的形状，能够根据敌情变化，灵活应变而取胜，谓之用兵如神。 [4]“势盛必衰”以下四句：兵势过盛则必然衰败，虚实之形毕露则必然失败。意思是示敌以弱，不露虚实。曹操补充阐释取胜之道应注意的两点。强调因敌变化，用兵如神。 [5]“故五行无常胜”以下四句：所以五行相生相克，没有一个常胜不变；四季相继相代，没有一季固定不移；白昼有长短，月亮有圆缺。意谓用兵也如五行、四时、日月，无不变之态势。五行，指金木水火土。五者之间，既相生：火生土，土生金，金生水，水生木，木生火；又相克：火克金、金克木、木克土、土克水、水克火。这是中国早期的朴素辩证法思想。 [6]“兵常无势”二句：用兵没有固定的态势，进退依据敌情变化。盈缩，进退。

[点评]

军队的攻守之形，奇正之势，其中也隐藏着“虚实”之情。张预曰：“《形篇》言攻守，《势篇》说奇正。善用兵者，先知攻守两齐之法，然后知奇正；先知奇正相变之术，然后知虚实。盖奇正自攻守而用，虚实由奇正而见。故次《势》。”即先明“形”“势”，再明“虚实”，是用兵之道的秩序原则。

《虚实》就是具体论述如何在奇正变化中把握虚实的

问题。具体分为七层：第一层，说明以逸待劳之道，核心原则是："佚能劳之，饱能饥之，安能动之。"第二层，述说前进撤退之道，核心原则是：进击则"冲其虚"，撤退则"不可及"。"冲其虚"，是选择敌人要害而又防守薄弱之处；"不可及"，是运用反向思维使敌生"疑"而不敢盲动冒进。第三层，阐释进攻防守之道，核心原则是：攻则"敌不知其所守"，守则"敌不知其所攻"。第四层，论述集中优势兵力歼敌之道，核心原则是："我专为一，敌分为十。"要做到这一点，首先必须"形人而我无形"，即对敌方军力部署洞若观火，而我方军力部署则形无影灭。"无形"则可疑敌，敌疑则分兵防守，造成兵力分散；"形人"则易选择，选择其薄弱之处，集中全部而击敌一部，则轻松取胜。第五层，再述战前情报的准确收集，核心原则是"知战之地，知战之日"，然后提前规划，集中优势兵力，击敌薄弱环节。第六层，说明取胜谋略的生成过程，先"策之"，预判敌人可能的作战意图；再"作之""形之""角之"，逐步摸清敌人的战守、要害、部署的虚实，调整预判，确立作战计划。这一过程必须遵循两条核心原则：一是"形兵"而"无形"，二是"不复"而"应形"。最后一层结语，强调因敌制胜的变化原则。概括言之，我示敌以形，是以虚为实，迷惑敌人；我打击敌人，是以实击虚，一招制敌；虚实之变，幻化无穷，"因敌变化"而变，则是基本战术原则。

曹操注释，突出一个"奇"字。从谋略上说，"形藏敌疑"是核心：用兵之始，必须示敌以弱，避免兵锋过盛；刺探敌情，必须不露虚实，避免暴露实力；应敌变化，必须可屈可伸，避免冒失躁进，在特殊情况下，又必须反向思维，设疑兵之计，使敌不敢与我战。从破敌上说，必须“度量知虚空”，然后采取“出空击虚，避其所守，击其不意”的作战方针。突袭的重点是攻敌之要害，如粮草所在之地，回师必经之路，国家政治中心；突袭的策略是攻击敌人却又使敌欲救之而又不能相救。曹操认为要做到这一点，“情不泄也”的情报方针非常重要。这就将孙子的战术原则具体化了。

军争篇

曹操曰：两军争胜。

孙子曰：凡用兵之法：将受命于君[1]，合军聚众，曹操曰：聚国人[2]，结行伍，选部曲，起营为军陈。交和而舍[3]，曹操曰：军门为和门[4]，左右门为旗门，以车为营曰辕门，以人为营曰人门，两军相对为交和。莫难于军争[5]。曹操曰：从始受命[6]，至于交和，军争难也。军争之难者[7]，以迂为直，以患为利。曹操曰：示以远[8]，速其道里，先敌至也。故迂其途[9]，而诱之以利，后人发，先人至，此知迂直之计者也。曹操曰：迂其途者，示之远也。后人发，先人至者，明于度数[10]，先知远近之计也。

王皙说：“曹公曰：‘示以远，迩其道里，先敌至。’皙谓示以远者，使其不虞而行，或奇兵从间道出也。”意思是示敌以远，行于敌人无法预料之道，而派遣奇兵从小道突然袭击。

[**注释**]

[1]“将受命于君”二句：将帅受君主之命，招募士卒，组建部队。 [2]“聚国人”以下四句：聚集国人，组建军队，选择部曲首领，结营布阵。陈，同“阵”。 [3]交和而舍：开赴前线，安营扎寨，与敌对阵。 [4]“军门为和门”以下五句：军营主门为和门，左右两边树立旗帜为旗门。如果以车为屏障，称为辕门；以人为守卫，称为人门。因为和门为军营主门，故两军对阵称为交和。 [5]莫难于军争：最为艰难的莫过于两军争夺制胜的条件。 [6]“从始受命”以下三句：从开始接受君命出征，到两军对阵，最难的是两军争胜。 [7]“军争之难者”以下三句：争夺制胜条件，首先在于以迂回方式直插战场，化不利为有利。患，难。 [8]“示以远”以下三句：给敌人产生我方距离还远的错觉，然后途中急行，抢在敌人之前到达。道里，路程。 [9]“故迂其途”以下五句：故意迂回行军，以示对敌有利而迷惑敌人，出发在敌人之后，却比敌人提前到达，如此则是真正明确迂直之计。 [10]“明于度数”二句：测算距离，预先明确道路远近。

李筌说：“一日行一百二十里，则为倍道兼行；行若如此，则劲健者先到，疲者后至。军健者少，疲者多，且十人可一人先到，余悉在后，以此遇敌，何三将军不擒哉？魏武逐刘备，一日一夜行三百里，诸葛亮以为强弩之末不能穿鲁缟，言无力也。是以有赤壁之败。”可见，曹操虽精通兵法，却也有冒进之时。智者千虑，必有一失，信矣。

军争为利[1]，军争为危。曹操曰：善者则以利[2]，不善者则以危。举军而争利[3]，则不及；曹操曰：迟不及也。委军而争利，则辎重捐。曹操曰：置辎重，则恐捐弃也。是故卷甲而趋[4]，日夜不处，曹操曰：不得休息，罢也[5]。倍道兼行，百里而争利，则擒三将军。劲者先[6]，疲者后，其法十一而至。曹操曰：百里而争利，非也；三将军皆以为擒。五十里而争利[7]，则蹶上将军，其法半至。曹操曰：蹶，犹挫也。三十里而争利[8]，则三分之二至。曹操曰：道近至者多[9]，故无死败也。是故军无辎重则亡[10]，无粮食则亡，无委积则亡。曹操曰：无此三者，亡之道也。

［注释］

[1]“军争为利”二句：军争是为了利益，军争也充满危险。 [2]“善者则以利”二句：将帅善用兵则有利，不善者用兵则危险。 [3]“举军而争利”以下四句：带着全部辎重而争利，则行军迟缓，不能先期到达阵地；丢下辎重而争利，则又损失军资。 [4]“是故卷甲而趋”以下五句：如果轻装疾进，日夜不停，加倍前进，奔袭百里而争利，则三军将领可能被擒。卷甲，卷起铠甲，形容轻装疾进。倍、兼，皆加倍意。 [5]罢：通“疲”。 [6]“劲者先”以下三句：强健者先到，疲惫者后至，这样只有十分之一军士到达。此三句意乃补充上句，是说疾行百里，唯有十分之一军士按时到达战场，如此则我方兵力不足，敌方以逸待劳，我方一战即溃，所以三军之将为之擒。所以曹操否定了这一做法。 [7]“五十里而争利”以下三句：疾行五十里而争利，这样只有一半士兵到达，先头主帅必然受挫。蹶（jué），挫折。 [8]“三十里而争利”二句：疾行三十里而争利，则有三分之二士兵到达。 [9]“道近至者多”二句：道路近，士兵到达得多，就不会折将损兵。 [10]“是故军无辎重则亡”以下三句：所以说部队没有辎重就难以生存，没有粮食就难以生存，没有物资储备就难以生存。委积，财货。

是故不知诸侯之谋者[1]，不能豫交；曹操曰：不知敌情谋者，不能结交也。不知山林、险阻、沮泽之形者[2]，不能行军；曹操曰：高而崇者为山，众树所聚者为林，坑堑者为险，一高一下者为阻，水草渐洳者为沮[3]，众水所归而不流者为泽。不先知军之所据及山川之形者，则不能行师也。不用乡导者[4]，不能得地利。故兵以诈立[5]，以利动，以分合变者也。曹操曰：兵一分一合，以敌为变也。故其疾如风[6]，曹操曰：击空虚也。其徐如林，曹操曰：不见利也。侵掠如火，曹操曰：疾也。不动如山，曹操曰：守也。难知如阴，动如雷霆。掠乡分众[7]，曹操曰：因敌而制胜也。廓地分利，曹操曰：分敌利也。悬权而动。曹操曰：量敌而动也。先知迂直之计者胜[8]，此军争之法也。

张预说："凡与人争利，必先量道路之迂直，审察而后动，则无劳顿寒馁之患，而且进退迟速不失其机，故胜也。"

[注释]

[1]"是故不知诸侯之谋者"二句：所以不知诸侯的图谋，不能与之交兵。按：对此句理解颇有歧义。曹操注："不知敌情谋者，不能结交也。"意谓不了解敌情，就不能预先结盟外援。然杜牧曰："非也。豫，先也；交，交兵也。言诸侯之谋，先须知之，然后可交兵合战；若不知其谋，固不可与交兵也。"杜牧解释更切合下文语意。 [2]"不知山林、险阻、沮泽之形者"二句：不了解山林、沟堑、沼泽的地形分布，不能行军。 [3]水草渐洳（rù）者为沮（jǔ）：水草丛生的沼泽地带名沮。渐洳，低湿，泥泞。沮，原为古水名，在今陕西省境内。 [4]"不用乡导者"二句：没有向导，就不能透彻了解当地的地形。乡，同"向"。 [5]"故兵以诈立"以下三句：所以用兵以诡诈奇谋取胜，见利而动，以敌情变化决

定兵力分合。 [6]“故其疾如风”以下六句：行动迅疾，如狂风飞旋；从容行进，如林风徐徐；攻城略地，如烈火迅猛；驻守防御，如稳固大山；军情隐蔽，如阴云蔽日；临阵出击，如雷霆万钧。意谓依据敌情决定部队行动的节奏。 [7]“掠乡分众”以下三句：掠夺敌境乡邑，可分兵随处掠之；开拓疆土，则分兵扼守要塞，这一切都应权衡利弊，相机行事。前句指就食于敌，二句指占领敌境，三句指行动原则。悬权，如衡（秤砣）悬权（秤杆），原指称物之轻重，此即权衡利弊。 [8]“先知迂直之计者胜”二句：率先知道迂直之计者即将获胜，这就是军争的原则。

《军政》曰[1]：“言不相闻，故为金鼓；视不相见，故为旌旗。”夫金鼓旌旗者[2]，所以一人之耳目也。人既专一[3]，则勇者不得独进，怯者不得独退，此用众之法也。故夜战多火鼓[4]，昼战多旌旗，所以变民之耳目也。

金鼓旌旗，既是统帅三军的号令标志，也可控制三军的进退秩序。所以必须依据夜战、昼战的需要，选择金鼓旌旗。

[注释]

[1]“《军政》曰”以下五句：《军政》上说：战场厮杀，无法听见指挥官的号令，所以设置金鼓；无法看清指挥官的动作，所以设置旌旗。《军政》，中国古代兵书。 [2]“夫金鼓旌旗者”二句：金鼓旌旗，是用来统一士兵视听、统一作战行动的。一人，统一众人。一，动词。 [3]“人既专一”以下四句：士兵既已服从统一指挥，那么勇敢者不会单独前进，胆怯者也不会独自退却，这就是指挥大军作战的方法。 [4]“故夜战多火鼓”以下三句：所以夜间作战，多设置火把战鼓；白天作战，多设置旌旗，是根据士兵的视听需要而定。

故三军可夺气[1]，曹操曰：《左氏》言"一鼓作气，再而衰，三而竭"[2]。将军可夺心。是故朝气锐[3]，昼气惰，暮气归。故善用兵者，避其锐气[4]，击其惰归，此治气者也。以治待乱[5]，以静待哗，此治心者也。以近待远[6]，以佚待劳，以饱待饥，此治力者也。无邀正正之旗[7]，无击堂堂之陈，此治变者也。曹操曰：正正，整齐也；堂堂，大也。

梅尧臣说："正正而来，堂堂而陈，示无惧也，必有奇变。"故不可轻率冒进，必须待敌有变而击之。

[注释]

[1]"故三军可夺气"二句：可以挫伤敌人三军之锐气，可以动摇敌人将帅之决心。意思是使敌兵丧失士气，使敌将丧失斗志。夺，使丧失。 [2]一鼓作气，再而衰，三而竭：是《左传》中曹刿论战之语，意思是战斗依靠士兵勇气。第一鼓士气振奋，第二鼓士气衰落，第三鼓则毫无斗志。 [3]"是故朝气锐"以下三句：所以敌人早晨士气旺盛，中午士气懈怠，日暮人心思归则士气衰竭。锐，锋利。 [4]"避其锐气"以下三句：敌人士气旺盛则避之，士气衰竭则攻之，这是善于运用士气者。 [5]"以治待乱"以下三句：以我整肃之师对待混乱之敌，以我清静之师对待躁动之敌，这是善于运用军心者。哗，指旌旗错杂，行伍喧嚣。 [6]"以近待远"以下四句：我以就近之师对待远来之敌，以安逸之师对待疲惫之敌，以饱食之师对待饥饿之敌，这是善于运用军力者。近，指先期到达阵地。佚，同"逸"。 [7]"无邀正正之旗"以下三句：不要去迎击旗帜整齐部伍统一的军队，不要去攻击阵容庞大士气饱满的军队，这是善于随机应变者。邀，截击。

故用兵之法，高陵勿向[1]，背丘勿逆；佯北勿从[2]，锐卒勿攻；饵兵勿食[3]，归师勿遏；围师必阙[4]，曹操曰：《司马法》曰：“围其三面，阙其一面，所以示生路也。”穷寇勿迫。

张预说：“敌处高为陈，不可仰攻，人马之驰逐，弧矢之施发，皆不便也。”“敌人奔北，必审真伪。若旗鼓齐应，号令如一，纷纷纭纭，虽退走，非败也，必有奇也，不可从之。”“敌若乘锐而来，其锋不可当，宜少避之，以伺疲挫。”“兵之在外，人人思归，当路邀之，必致死战。”“围其三面，开其一角，示以生路，使不坚战。”“敌若焚舟破釜，来决一战，则不可逼迫，盖兽穷则搏也。”

[注释]

[1]“高陵勿向”二句：不要仰攻占据高地之敌，不要迎击背倚丘陵之敌。乃防敌以陨石冲击，防敌俯冲而下。向，仰。背，倚。逆，迎击。 [2]“佯北勿从”二句：不要追击佯装败逃之敌，不要强攻精锐之敌。即防敌有伏，避敌所长。北，败北。 [3]“饵兵勿食”二句：不要贪食诱饵之敌，不要阻击回营之敌。因诱饵之敌必有奇伏，归师之卒必能死战。饵，诱饵。遏，止。 [4]“围师必阙”二句：包围敌军必须网开一面，攻击绝境之敌不要逼迫过紧。意谓示以生路，防止困兽犹斗。阙，缺口。

[点评]

《军争》即曹操所言，乃“两军争胜”。张预曰：“以‘军争’为名者，谓两军相对而争利也。先知彼我之虚实，然后能与人争胜，故次《虚实》。”也就是说，掌握彼此虚实之后，即进入对阵争胜。

《军争》篇就是阐释如何与敌争胜，以最大限度获得战争利益。具体分为六层：第一层，点明战争核心是“军争”，军争的要害是抢占先机，其策略则是以迂为直，化难为利。第二层，论述抢占先机的危险。一是捐弃辎重而轻装疾进，二是倍道兼行而长途奔袭。后者必然造成损兵折将，前者则将部队置于危亡之中。孙子强调辎重、粮食、委积是部队的生死线，而战争的节奏则取决于敌情的变化，所以下层转入如何把握战争节奏问题。第三层，阐释迂直之计的内涵。交战必须掌握敌方计谋，行军必须了解地形特点，分合必须诡秘有利。无论是迅疾、舒缓、猛烈、安静、隐蔽、剽悍，把握战争节奏，必须因敌而动，因势而行；“掠乡分众，廓地分利”，获取战争利益，必须权衡利弊，相机行事。第四层，说明军鼓旌旗的意义。统一作战号令，鼓舞三军士气，是军鼓旌旗的本质，而统一作战号令，也是决定战争节奏的核心元素。第五层，论说部队出击的战机选择。挫伤敌兵士气，动摇敌将决心是基本战术原则。必须做到“治气”“治心”“治力”“治变”，即避敌锐气，击敌懈怠；以整治乱，以静待动；以逸待劳，以饱待饥；不击军威整肃之敌，静观其变。第六层，概述用兵八大战术原则，即不仰攻高山之敌，不迎击丘陵之敌；不追击佯败之敌，不攻击精锐之敌；不贪食诱饵之敌，不阻截归营之敌；围敌必留生路，穷寇切勿紧追不舍。其中，“以迂为直，以患为利”是基本战术原则。

曹操注释突出“明于度数，先知远近”，是抢占先机的先决条件；“知敌情谋”“以敌为变”“因敌制胜”“量敌而动”，是决定抢占先机的四大要素。此外，引用《左传》，说明士气之重要；引用《司马法》，说明防止困兽犹斗之必要。简言之，将帅的谋略和通变仍然居于主要地位。

九变篇

曹操曰：变其正，得其所用有九也。

孙子曰：凡用兵之法，将受命于君[1]，合军聚众，圮地无舍[2]，曹操曰：无所依也。水毁曰圮。衢地交合[3]，曹操曰：结诸侯也。绝地无留[4]，曹操曰：无久止也。围地则谋[5]，曹操曰：发奇谋也。死地则战[6]。曹操曰：殊死战也。途有所不由[7]，曹操曰：隘难之地，所不当从；不得已从之，故为变。军有所不击[8]，曹操曰：军虽可击，以地险难久，留之失前利，若得之则利薄，困穷之兵，必死战也。城有所不攻[9]，曹操曰：城小而固，粮饶，不可攻也。操所以置华费而深入徐州，得十四县也。地有所不争[10]，曹操曰：小利之地，方争得而失之，则不争也。君命有所不受[11]。曹操曰：苟便于事，不拘于君命也。

贾林说："九变，上九事。将帅之任机权，遇势则变，因利则制，不拘常道，然后得其通变之利。变之则九，数之则十，故君命不在常变例也。"也就是说"九变"是将帅相机而行的权变原则，数之虽是"十"，但不包括"君命"一条，故论其"变"则为九。

［注释］

[1]"将受命于君"二句：见《军争》注。此二句重复前篇，疑为衍文。 [2] 圮（pǐ）地无舍：低洼之地不要驻扎。被水冲击而形成之地，曰圮地。这一地形四周高中间凹，无险可依，且易被水淹、围困。 [3] 衢地交合：交通要道结交诸侯。衢地，四通八达之地。这类地形旁有邻国，遣使结交，可作后援。 [4] 绝地无留：人迹罕至之地不停留。绝地，地无井泉、人迹罕至之地。这类

地形人马难以生存，故不可无留。 [5] 围地则谋：四周险要之地当用奇谋。围地，四周险要、中间平坦之地。这类地形易被包围，故须用奇谋。 [6] 死地则战：必死之地必须死战。死地，后不可退、左右不通之地。这类地形若不死战，则无生路。 [7] 途有所不由：有些道路不要走。即不可经过险隘之地，不得已而过，则为权宜之计。由，经过。 [8] 军有所不击：有些敌军不要攻。即险境之敌不可击，击之易失以前所得之利，得之则利益微薄，且穷途末路之兵必然死战。 [9] 城有所不攻：有些城池不要占。如果城小且固，粮食充足，不可攻，所以曹操在初平四年（193），他放弃进攻华、费二县，而率大军进击徐州，占领十四县。华费，二县名，属泰山郡。 [10] 地有所不争：有些地域不要争。因为小利之地，得而易失，故不要争。 [11] 君命有所不受：君主命令也可以不接受。如果便于军争取胜，可不拘泥于君命。

故将通于九变之地利者[1]，知用兵矣。将不通于九变之利者[2]，虽知地形，不能得地之利矣。治兵不知九变之术[3]，虽知五利，不能得人之用矣。曹操曰：谓下五事也。九变，一云五变。

梅尧臣说："知地不知变，安得地之利？""知利不知变，安得人而用？"遇事能变则获利，不变则有害。岂止事哉？用人也是如此。

［注释］

[1]"故将通于九变"二句：所以将帅善于利用"九变"之利，则真正精通用兵之道。 [2]"将不通于九变"以下三句：将帅不善于利用"九变"之利，即使熟悉地形，也不能得地势之利。 [3]"治兵不知九变"以下三句：指挥作战如果不懂"九变"的方法，即使知道"五利"，也不能充分发挥部队的战斗力。五利，指上文所言"途有""军有""城有""地有""君命"五句。

是故智者之虑[1]，必杂于利害。曹操曰：在利思害[2]，在害思利，当难行权也。杂于利[3]，而务可信也；曹操曰：计敌不能依五地为我害[4]，所务可信也。杂于害[5]，而患可解也。曹操曰：既参于利[6]，则亦计于害，虽有患可解也。是故屈诸侯以害[7]，曹操曰：害其所恶也。役诸侯以业，曹操曰：业，事也，使其烦劳，若彼入我出[8]，彼出我入也。趋诸侯以利。曹操曰：令自来也。

张预说："智者虑事，虽处利地，必思所以害；虽处害地，必思所以利。此亦通变之谓也。"用兵如此，人生亦当作如是观。

［注释］

[1]"是故智者之虑"二句：智慧的将帅考虑问题，必然交错着利与害的权衡。杂，交错。 [2]"在利思害"以下三句：因为有利而必思所害，有害又思其利，所以难以权衡。 [3]"杂于利"二句：意思是在不利之时，考虑到有利，则所做之事就能顺利进行。务，事。信，同"申"，申张，引申为顺利进行。 [4]"计敌不能依五地为我害"二句：意思是身处五地之害，预料敌人不能因五地之利而成为我之祸患，则我之事仍能成功。五地，即上文所言之圮地、衢地、绝地、围地、死地。 [5]"杂于害"二句：在有利之时，考虑到不利，则祸患就可以消除。 [6]"既参于利"以下三句：既参酌有利，预计不利，虽有祸患也可化解。 [7]"是故屈诸侯以害"以下三句：因此迫使诸侯屈服于不利之地，役使诸侯疲惫地应付之事，诱惑诸侯趋利而自来。意思是使敌人置身绝境，疲于奔波，再诱之以利而使其自投罗网。屈，使屈。 [8]"若彼入我出"二句：意思是与敌周旋而使之疲惫。

故用兵之法，无恃其不来[1]，恃吾有以待也；无恃其不攻[2]，恃吾有所不可攻也。曹操曰：安不忘危[3]，常设备也。

[注释]

[1]“无恃其不来”二句：不要心存敌人不会出兵的侥幸，而要依靠我方充分的准备。恃，依仗。　[2]“无恃其不攻”二句：不要心存敌人不会攻击的侥幸，而要依靠我方坚不可摧的防御。　[3]“安不忘危”二句：居安思危，必须日常防备不懈。

故将有五危[1]：必死，可杀也；曹操曰：勇而无虑[2]，必欲死斗，不可曲挠，可以奇伏中之。必生[3]，可虏也；曹操曰：见利畏怯不进也[4]。忿速[5]，可侮也；曹操曰：疾急之人[6]，可忿怒侮而致之也。廉洁[7]，可辱也；曹操曰：廉洁之人[8]，可污辱致之也。爱民[9]，可烦也。曹操曰：出其所必趋[10]，爱民者，必倍道兼行以救之，救之则烦劳也。凡此五者[11]，将之过也，用兵之灾也。覆军杀将[12]，必以五危，不可不察也。

陈皞说：“良将则不然。不必死，不必生，随事而用；不忿速，不耻辱，见可如虎，否则闭门；动静以计，不可喜怒也。”则从正面说明必须遵循的五种为将之道。

[注释]

[1]“故将有五危”以下三句：将领有五种致命行为：一味死拼者，可以杀戮他。　[2]“勇而无虑”以下四句：这类人有勇无谋，只知死斗，宁折不弯，可以设奇谋伏击之。　[3]“必生”二句：

贪生怕死者，可以俘虏他。 [4] 见利畏怯不进：这类人见利忘义，畏惧胆怯而不前，故可轻易俘获之。 [5]“忿速”二句：暴躁易怒者，可以蔑视他。忿，同“愤”。 [6]“疾急之人”二句：这类人情性急躁，可以蔑视他使其愤怒而斗。 [7]“廉洁”二句：清廉净洁者，可以羞辱他。 [8]“廉洁之人”二句：这类人注重操守，可以污辱其声名使之因耻辱而斗。 [9]“爱民”二句：爱护民众者，可以骚扰他。 [10]“出其所必趋”以下四句：这类人重视安境保民，一旦掠夺其民，则必然日夜兼程而救之。如此，则敌疲我逸。 [11]“凡此五者”以下三句：以上五类是将帅的过失，用兵的灾难。 [12]“覆军杀将”以下三句：军队覆没，将领牺牲，必定因为以上五种致命行为，将帅不可不明察。

[点评]

《九变》是讲述用兵变化之道，以及由变而正之理。所谓“九”，王皙又说：“九者数之极；用兵之法，当极其变耳。”所谓“变”，张预又说：“变者，不拘常法，临事适变，从宜而行之之谓也。凡与人争利，必知九地之变，故次《军争》。”

也就是说，“九变”乃是用兵之时依据地理的形势变化而采取相应的变通策略。文分五层：第一层，论述“九变”的具体内涵，主要强调通达九种地势之变，因势利导，注重机变权宜。其中“君命有所不受”，是说只要便于上述“九变”之事，也不必拘泥于君命，并非论九地之变，故不在“九变”之数。第二层，指出“九变”的核心是地利人和，明于“九变”，不仅可以“得地之利”，也能“得人之用”。第三层，说明“九变”运用的利害关系。从我而言，必须权衡利害的辩证关系，处于害则思利，事业可成；处于利则思害，祸患可避；对敌而言，以害使之屈，以事使之疲，以利使之来。第四层，强调用兵的基本原则是严阵以待，亦即曹操所言，居安思危，常备不懈。这是“九变”中不变的永恒原则。第五层，阐述将帅的五种危险行为，从敌方而言，因性情、道德使然而不知变通，或“必死”“必生”“忿速”，或“廉洁”“爱民”，故可能导致“覆军杀将”；从我方而言，恰恰利用敌方性情、道德而形成的思维定式，因敌而变，因势而通，最大限度获取战争利益。

曹操注释“九变”内涵时补充了两点：第一，虽“途有所不由”，却也有例外，不得已而从之，即为权变之计；第二，“城有所不攻”“地有所不争”，乃指不取小利之地，不可因小失大。注释“九变”利害关系，又说明必须充分考虑敌方对五地的利用、利与害的对立转化，以及在与敌“出”“入”周旋之时的权变策略。注释将帅五种危险行为时强调三点：勇而无谋者，“奇伏中之”；贪生怕死者，诱之以利；爱民救民者，“出其所必趋”而击之。由此可见，曹操用兵格局阔大，达于通变；洞悉敌人动向，善设奇伏。

行军篇

曹操曰：择便利而行也。

孙子曰：凡处军、相敌[1]，绝山依谷，曹操曰：近水草利便也。视生处高，曹操曰：生者，阳也。战隆无登，曹操曰：无迎高也。此处山之军也。绝水必远水[2]；曹操曰：引敌使渡。客绝水而来，勿迎之于水内，令半渡而击之，利。欲战者[3]，无附于水而迎客。曹操曰：附，近也。视生处高[4]，曹操曰：水上亦当处其高也；前向水，后当依高而处之。无迎水流，曹操曰：恐溉我也。此处水上之军也。绝斥泽[5]，唯去无留；若交军于斥泽之中[6]，必依水草而背众树，曹操曰：不得已与敌会于斥泽中。此处斥泽之军也。平陆处易[7]，曹操曰：车骑之利也[8]。而右背高，前死后生，曹操曰：战便也。此处平陆之军也。凡四军之利[9]，黄帝之所以胜四帝也。曹操曰：黄帝始立，四方诸侯无不称帝[10]，以此四地胜之也。

梅尧臣说："'四帝'当为'四军'，字之误欤？言黄帝得四者之利，处山则胜山，处水上则胜水上，处斥泽则胜斥泽，处平陆则胜平陆也。"此论或是。

[注释]

[1]"凡处军、相敌"以下五句：凡是指挥军队行军、观察判断敌情：行于高山，必须依谷而居，居高而向阳；敌人占领高地，切勿登山仰攻，这是军行于山地的处置原则。因为谷近水草，高为生地，居高则临下，故我可居之，若敌方居之则不可攻。相，考察。隆，高。 [2]"绝水必远水"以下五句：横渡江河，必须远离水流驻扎，敌人渡水来战，切勿在水中迎敌，而是等待敌人渡过一半时击之，则有利。绝，横渡。客，指敌人。 [3]"欲战者"二句：如要同敌决战，不要靠水边列阵迎敌。 [4]"视生处高"以下三句：在水边安营，要下临水面，择高而居，切勿面对水流，这是军队处于水边时的处置原则。无迎流水，是指不要居于水的下游低

洼处，谨防敌军水淹我军。 [5]“绝斥泽”二句：通过盐碱沼泽地带，要迅速离开，不要逗留。斥泽，盐碱沼泽地带。 [6]“若交军于斥泽之中”以下三句：如在斥泽中与敌军相遇，必须前依水草而后靠树林，这是军队处于斥泽时的处置原则。 [7]“平陆处易”以下四句：平原安营，应居于开阔地域，右侧依托高地，前低后高，这是军队处于平原时的处置原则。前死后生，是指后依高地，便于攻击，故是我之生地；前面开阔，敌无屏障，故是敌之死地。 [8]车骑之利：指利于车马往来，便于交战。 [9]“凡四军之利”二句：以上所言高山、水流、斥泽、平原四种行军的地利选择，也正是黄帝之所以能战胜其他四帝的原因。黄帝，见上文《序》注。 [10]称帝：指四方诸侯称黄帝为帝。

凡军好高而恶下[1]，贵阳而贱阴，养生而处实，曹操曰：恃，满实也。养生，向水草，可放牧，养畜乘。实，犹高也。军无百疾，是谓必胜。陵丘堤防[2]，必处其阳而右背之。此兵之利[3]，地之助也。上雨[4]，水沫至，欲涉者，待其定也。曹操曰：恐半渡而水遽涨也[5]。

杜牧说：“生者，阳也；实者，高也。言养之于高，则无卑湿阴翳，故百疾不生，然后必可胜也。”虽然夹杂五行之说，但是屯兵于高处，则有地势之利；于阳处，则利放牧牛马。

[注释]

[1]“凡军好高而恶下”以下五句：凡安营皆应选择干燥高地，避开潮湿洼地；重视向阳之地，避开阴暗之地；靠近水草，处于高处，如此则将士百病不生，必然能够取胜。曹操注曰：必须依靠阳气旺盛而地形高处。靠近水草，可放牧牛马；向阳处高，可以养生。张预注：“东南为阳，西北为阴。”好，一本作“喜”。 [2]“陵丘堤防”二句：军行于丘陵堤坝，必须居于向阳之处，侧翼背向西方。

右，西方。 [3]“此兵之利”二句：这是借助地形之便，有利于行军用兵。 [4]“上雨（yù）”以下四句：上游下雨，洪水突至，需要涉水，应等待水流稳定后方可涉之。是谨防部队渡过一半而河水暴涨。雨，动词。水沫，此指水流。 [5]遽（jù）：急。

凡地有绝涧、天井、天牢、天罗、天陷、天隙[1]，必亟去之，勿近也。曹操曰：山深水大者为绝涧；四方高中央下为天井；深山所过若蒙笼者为天牢；可以罗绝人者为天罗；地形陷者为天陷；山涧道狭，地形深数尺、长数丈者为天隙。吾远之[2]，敌近之；吾迎之，敌背之。曹操曰：用兵常远六害，令敌近背之，则我利敌凶。军旁有险阻、潢井、葭苇、山林、翳荟者[3]，必谨覆索之，此伏奸之所处也。曹操曰：险者，一高一下之地；阻者，多水也；潢者，池也；井者，下也。葭苇者，众草所聚；山林者，众木所居也。蘙荟者，可屏蔽之处也。此以上论地形，以下相敌情也。

［注释］

[1]“凡地有绝涧”以下三句：举凡地势有“绝涧”“天井”“天牢”“天罗”“天陷”“天隙”几种类型，如若遇到，必须迅速离开，切勿靠近。六种地形，参阅曹操及旁批梅尧臣注。 [2]“吾远之”以下四句：我远离这些地形，让敌人靠近它；我面向它，让敌人背靠它。即用兵时，我远离之，则有利；敌靠近之，则凶险。 [3]“军旁有险阻”以下三句：军行两旁若遇险隘、沼泽、芦苇、山林和草

梅尧臣注：“（绝涧）前后险峻，水横其中；（天井）四面峻坂，涧壑所归；（天牢）三面环绝，易入难出；（天罗）草木蒙密，锋镝莫施；（天陷）卑下污泞，车骑不通；（天隙）两山相向，洞道狭恶。”阐释简洁而明了。

杜牧说：“迎，向也；背，倚也。言遇此六害之地，吾远之、向之，则进止自由；敌人近之、倚之，则举动有阻。故我利而敌凶也。”

木掩映之地，必须谨慎反复地搜索，因为这是敌兵设伏或奸细窥探我军情之地。险阻，高下多水之地。潢（huáng）井，沼泽低洼之地。翳荟（yì huì），草木茂盛，可为障蔽。伏奸，伏指伏兵，奸指奸细。

张预说：“两军相近而终不动者，倚恃险固也；两军相远而数挑战者，欲诱我之进也。”“敌人舍险而居易者，必有利也。”唯有洞察敌军动静、营垒地势选择背后的真正目的，才能避免陷入敌方的圈套。

敌近而静者[1]，恃其险也；远而挑战者，欲人之进也；其所居易者，利也。曹操曰：所居利也。众树动者[2]，来也；曹操曰：斩伐树木，除道进来，故动。众草多障者[3]，疑也。曹操曰：结草为障，欲使我疑也。鸟起者[4]，伏也；曹操曰：鸟起其上，下有伏兵。兽骇者[5]，覆也。曹操曰：敌广陈张翼，来覆我也。尘高而锐者[6]，车来也；卑而广者，徒来也。散而条达者[7]，樵采也；少而往来者，营军也。

［注释］

[1]“敌近而静者”以下六句：敌人离我近却安静不动，因占领险要地形；敌人离我远却屡屡挑战，是欲引诱我方出击；敌人之所以驻扎在平坦之地，必有其利于取胜的因素。上述三种，即依险而阵、诱我前进、示我以易，皆不可轻易出击，否则就会中敌之计。 [2]“众树动者”二句：众树摇动，是敌人隐蔽偷袭。 [3]“众草多障者”二句：草丛多设遮蔽之物，是敌人疑兵之阵。 [4]“鸟起者”二句：群鸟惊飞，是下有伏兵。 [5]“兽骇者”二句：野兽骇奔，是敌人偷袭。覆，不意而至。 [6]“尘高而锐者”以下四句：尘土高扬而尖直，是敌人战车驶来；尘土低下而弥漫，是敌人步兵开来。 [7]“散而条达者”以下四句：

尘土散乱而纵横断续，是敌人厮役打柴；尘土少起而时起时落，是敌人正在扎营。条达，纵横断绝貌。

辞卑而益备者[1]，进也；曹操曰：其使来卑辞，使间视之，敌人增备也。辞强而进驱者，退也。曹操曰：诡诈也。轻车先出居侧者[2]，陈也；曹操曰：陈兵欲战也。无约而请和者[3]，谋也。奔走而陈兵车者[4]，期也；半进半退者，诱也。

张预说："立旗为表，与民期于下，故奔走以赴之。""诈为乱形，是诱我也。"意思是敌人树立旌旗作为标志，与士卒列阵于旗下，这就是"期"。如果敌人半退半进，是诱我出击。

［注释］

[1]"辞卑而益备者"以下四句：敌方使者措辞谦卑而军队暗中备战，是准备进攻；措辞强硬且军队佯装前进，是准备撤退。因为使者谦卑是窥探我方虚实，使者倨傲是玩弄诡诈之计。 [2]"轻车先出"二句：战车首先出动，部署在阵地两翼，是敌人布阵陈兵。即准备出击。轻车，战车。 [3]"无约而请和者"二句：未有事先约定而遣使讲和，是另有阴谋。此为缓兵之计。 [4]"奔走而陈兵车者"以下四句：敌人急速奔走且兵车陈列，是企图同我决战；敌人半进半退，是企图诱我出击。期，指敌方规定的作战日期。

杖而立者[1]，饥也；汲而先饮者，渴也；见利而不进者，劳也。曹操曰：士卒之疲劳也。鸟集者[2]，虚也；夜呼者，恐也；曹操曰：军士夜呼，将不勇也。军扰者[3]，将不重也；旌旗动者，乱也；吏怒者，倦也；粟马肉食[4]，军无悬瓵；不返其舍者，穷寇也。谆

杜牧说："粟马，言以粮谷秣马也。肉食者，杀牛马飨士也。军无悬瓵者，悉破之，示不复炊也。不返其舍者，昼夜结部伍也。如此皆是穷寇，必欲决一战尔。"所以穷寇勿迫，击之则殊死而战。

谆翕翕[5]，徐与人言者，失众也；曹操曰：谆谆，语貌；翕翕，失志貌。数赏者[6]，窘也；数罚者，困也。先暴而后畏其众者[7]，不精之至也。曹操曰：先轻敌，后闻其众，则心恶之也。来委谢者[8]，欲休息也。兵怒而相迎[9]，久而不合，又不相去，必谨察之。曹操曰：备奇伏也。

［注释］

[1]“杖而立者”以下六句：士兵手拄兵器而立，是饥饿的表现；士兵汲水而自己先饮，是干渴的表现；于敌有利却不进军，是疲劳的表现。 [2]“鸟集者”以下四句：敌营上有飞鸟聚集，是空营的表现；敌营夜有士兵惊叫，是恐慌的表现。 [3]“军扰者”以下六句：敌营士卒纷扰，说明将帅缺乏威严；旌旗摇动不齐，说明队伍已经混乱；下级军吏易怒，说明全军士气倦怠。 [4]“粟马肉食”以下四句：用粮喂马，杀马吃肉，军中没有瓦缻，部队不返营房，是敌人陷于绝境。意即准备决一死战。缻（fǒu），汲水瓦器。 [5]“谆（zhūn）谆翕（xī）翕”以下三句：私下议论，互相打探，是敌人军心涣散。贾林曰：“谆谆，窃议貌；翕翕，不安貌；徐与人言，递相问貌。如此者，必散失部曲也。”此释较曹操详细。 [6]“数赏者”以下四句：不断犒赏士卒，是敌军处境窘迫；不断惩罚部属，是敌军陷于困顿。意谓唯有依赖赏罚激励士卒，则士气衰颓，处境窘困。 [7]“先暴而后畏”二句：先是藐视对方，后又畏惧对方人多势众，是昏庸的将领。意即将帅刚而无勇。暴，欺凌。此引申为藐视。 [8]“来委谢者”二句：遣使委贽（送上礼物）而谢罪，是想休兵息战。 [9]“兵怒而相迎”以下四句：敌人盛怒而对阵，却久不交锋，且不撤退，必须谨慎

地观察他的企图。意为谨防奇兵伏击。

兵非益多也[1]，曹操曰：权力均。一云：兵非贵益多。惟无武进，曹操曰：未见便也。足以并力、料敌、取人而已。曹操曰：厮养足也。夫唯无虑而易敌者[2]，必擒于人。卒未亲附而罚之[3]，则不服，不服则难用也。卒已亲附而罚不行[4]，则不可用也。曹操曰：恩信已洽，若无刑罚，则骄惰难用也。故令之以文[5]，齐之以武，曹操曰：文，仁也；武，法也。是谓必取。令素行[6]，以教其民，则民服；令不素行，以教其民，则民不服。令素行者[7]，与众相得也。

张预说："骤居将帅之位，恩信未加于民，而遽以刑法齐之，则怒恚而难用。""恩信素洽，士心已附，刑罚宽缓，则骄不可用也。"先取信于吏士，再齐之刑罚，二者缺一不可。

[注释]

[1]"兵非益多也"以下三句：用兵并非越多越好，唯在不可轻敌冒进，集中兵力、判明敌情、取胜于敌，足矣。武进，恃武力而进攻。 [2]"夫唯无虑而易敌者"二句：既无谋略而又轻敌者，必然被人俘虏。于，表被动。 [3]"卒未亲附而罚之"以下三句：士卒尚未与你同心，就惩罚他，他必然内心不服，不服就很难使用。意为将帅尚未取信于士卒，则不可刑罚过严，否则军心不稳。亲附，亲近依附。 [4]"卒已亲附而罚不行"二句：士卒已经与你同心，而刑罚不严，则会骄纵懈怠，难以驾驭。 [5]"故令之以文"以下三句：所以法令宽仁可使上下同心，军纪严明可使行动一致，这样必能取信于将士。 [6]"令素行"以下三句：平时严格贯彻命令，管教士卒，士卒会就养成服从命令的习惯。素，平素，

往常。 [7]“令素行者”二句：平时命令能贯彻执行，表明将帅士卒相处融洽。相得，彼此投合。

[点评]

所谓“行军”，即军队征战，选择便利之地而行之。张预曰：“知九地之变，然后可以择利而行军，故次《九变》。”也就是说，孙子在阐述地势之变后，接着讨论如何利用地势而出征作战的问题。

文分七层：第一层，概括行军必须善用“四地”之利，即军行于高山、河流、斥泽、平陆“四地”之时，安营于“生地”，便于出击，是基本战术原则。第二层，说明善用“四地”的原因，之所以“好高恶下，贵阳贱阴”，乃因为一是“养生处实”，二是“军无百疾”。此外，又补充交待军行于堤坝、涉水渡河须注意的问题。第三层，列举军行中常见的十一种特殊地形，其中“绝涧”类六种，若身陷其中则为绝境，必须远离之；“险阻”类五种，是容易伏兵藏奸之地，必须谨防之。对于复杂地形，必须以“吾远之，敌近之；吾迎之，敌背之”为基本战术原则。第四层，叙述观察战场“现象”判断敌情，一是依据敌人军行的具体表现，如从“敌近而静”“远而挑战”“其所居易”上，判断敌方的战术意图；二是依据草木鸟兽的反常表现，如从“树动”“草障”“鸟起”“兽骇”上，判断敌人的行为意图；三是依据尘土飞扬的形状，如从“高而锐”“卑而广”“散而条达”“少而往来”上，判断敌人的行为目的。第五层，依据敌方使者和阵地变化判断敌情，一是考察使者言辞和敌人后方军备的联系，如从“辞卑而益备”“辞强而进驱”“无约而请和”上，判断敌军动向；二是根据战场态势的变化，如从“轻车先出”“奔走而陈兵车”“半进半退”上，判断敌军动向。第六层，观察敌营内部变化判断敌情，一是依据士兵的行为表现，如从“杖而立”“汲而先饮”“见利而不进”上，判断其生活现状；二是依据军营内部，如从“鸟集”“夜呼”“军扰”“旌旗动”“吏怒”“粟马肉食”“谆谆翕翕”“数赏”“数罚”上，判断其军心士气；三是补充交待通过临阵对决，如从“先暴而后畏”“久而不合，又不相去”上，判断其将领的才性及背后阴谋。第七层，概括用兵的整体原则：“并力、料敌、取人”。因此，必须做到：一是不可无谋而轻敌；二是刑罚执行得当，避免造成士卒“难用”或“不可用”两种状况；三是法令宽仁和军纪严明的有机结合，必须取信于士卒；四是令必行，行必果，使上下同心，将士融洽。其中第一至三层论利用地形，第四至六层论考察敌情，最后一层论用兵原则。善于利用“四军之利”，“并力、料敌、取人”是核心战术原则。其中尤为重要的是“令之以文，齐之以武”的宽猛相济、恩威并施的治军原则。

曹操注释，重在训诂、章句，因此很少阐明自己的军事思想。唯在概述用兵原则时，强调文武并用，在恩信博施于士卒之后，必须律以刑法。也就是说，军心、刑罚是曹操极为重视的两个方面。

地形篇

曹操曰：欲战，审地形以立胜也。

孙子曰：地形有通者[1]，有挂者，有支者，有隘者，有险者，有远者。曹操曰：此六者，地之形也。我可以往[2]，彼可以来，曰通。通形者[3]，先居高阳，利粮道，以战则利。曹操曰：宁致人[4]，无致于人。可以往[5]，难以返，曰挂。挂形者[6]，敌无备，出而胜之；敌若有备，出而不胜，难以返，不利。我出而不利[7]，彼出而不利，曰支。支形者[8]，敌虽利我，我无出也；引而去之，令敌半出而击之，利。隘形者[9]，我先居之，必盈之以待敌；若敌先居之，盈而勿从，不盈而从之。曹操曰：隘形者[10]，两山之间通谷也，敌势不得挠我也。我先居之，必前齐隘口，陈而守之，以出奇也。敌若先居此地，齐口陈，勿从也。即半隘陈者从之，而与敌共此利也。险形者[11]，我先居之，必居高阳以待敌；若敌先居之，引而去之，勿从也。曹操曰：地险隘，尤不可致于人。远形者[12]，势均，难以挑战，战而不利。曹操曰：挑战者[13]，延敌也。凡此六者[14]，地之道也，将之至任，不可不察也。

杜牧说："支者，我与敌人各守高险，对垒而军，中有平地，狭而且长，出军则不能成阵，遇敌则自下御上，彼我之势，俱不利便。如此，则堂堂引去，伏卒而待之；敌若蹑我，候其半出，发兵击之，则利。若敌人先去以诱我，我不可出也。"所注甚详。

[注释]

[1]"地形有通者"以下六句：是孙子所概括的六种地形。通，四通八达之地。挂，网罗挂碍之地。支，两军相持之地。隘，两

山通谷之地。险，山川险要之地。远，平坦开阔之地。 [2]“我可以往”以下三句：我可以去，敌可以来，叫通地。谓对敌我双方军行都没有阻碍。 [3]“通形者”以下四句：军行于通形之地，必须先占据向阳高地，有利于粮道运输，也有利于展开作战。 [4]“宁致人”二句：作战中宁愿敌人进攻，不被敌人牵制。意即一旦被敌牵制，就丧失了地形优势。于，表被动。 [5]“可以往”以下三句：可以前进，难以返回，称挂地。此即《行军篇》所言之“天罗”。地形复杂，四周险峻，犬牙交错，如罗网密盖，动则有碍，故曰挂。 [6]“挂形者”以下七句：军行于挂形之地，如敌无备，可以突击取胜；如敌有备，出击而不能取胜，又难以回师，则于我不利。 [7]“我出而不利”以下三句：既不利于我军出击，也不利于敌人出击，曰支地。支，久。意指不便久留。 [8]“支形者”以下六句：军行于支形之地，敌虽以利相诱，我亦不主动出击，而是佯装退却，诱敌出击，待敌军出动一半时，回师反击，此则可胜。两军相持，守则有利，击则不利，故诱敌出击，待其半而奇兵击之，则必胜。 [9]“隘形者”以下六句：军行于隘形之地，必须抢占地形，重兵封锁隘口而待敌进攻。如果敌已抢占地形，重兵把守隘口，我则切勿进攻；如果敌人无重兵据守隘口，我则可出兵进攻。盈，实。此指军力充足，用作动词。 [10]“隘形者”以下十二句：两山之间通谷是隘形之地。敌人不能阻止我，我也不能阻止敌人。若我先占领地形，必须推进到隘口，陈兵把守，便于出奇制胜；若敌先占据地形，陈兵把守隘口，切勿出击；若敌仅占据一半隘口，则可出击，因为彼此共同拥有隘口险要之利。齐，与（隘口）平齐。隘口，险要关隘的入口。 [11]“险形者”以下六句：军行于险形之地，如我先抢占地形，必须陈兵向阳高地而待敌进攻；如敌先抢占地形，我必须率军撤离，切勿进攻。 [12]“远形者”以下四句：军行于远形之地，敌我双方所占地利均等，不宜挑战敌军，战则难以取胜。 [13]“挑战者”二句：如果挑战敌人，则必须做好迎敌准备。 [14]“凡此六者”以下四句：以上六点，是利用地形的原则，也是将帅重大责任之所在，不可不明察。至，极，最重要。

陈皞说：“一曰不量寡众，二曰本乏刑德，三曰失于训练，四曰非理兴怒，五曰法令不行，六曰不择骁果（勇猛敢死之士），此名六败也。”可参阅。

故兵有走者[1]，有弛者，有陷者，有崩者，有乱者，有北者。凡此六者[2]，非天之所灾，将之过也。夫势均[3]，以一击十，曰走；曹操曰：不料力[4]。卒强吏弱[5]，曰弛；曹操曰：吏不能统，故弛坏。吏强卒弱[6]，曰陷；曹操曰：吏强欲进[7]，卒弱辄陷，败也。大吏怒而不服[8]，遇敌怼而自战，将不知其能，曰崩；曹操曰：大吏，小将也。大将怒之而不服[9]，忿而赴敌，不量轻重，则必崩坏。将弱不严[10]，教道不明，吏卒无常，陈兵纵横，曰乱；曹操曰：为将若此，乱之道也。将不能料敌[11]，以少合众，以弱击强，兵无选锋，曰北。曹操曰：其势若此，必走之兵也。凡此六者[12]，败之道也：将之至任，不可不察也。

[注释]

[1]“故兵有走者”以下六句：是孙子依据失败的原因、程度、大小而概括的六种兵败类型。以寡击众而败曰走，将不统兵而败曰弛，士不任勇而败曰陷，临阵崩溃而败曰崩，军法无序而败曰乱，用兵不当而败曰北。贾林曰：“走、弛、陷、崩、乱、北，皆败坏大小变易之名也。” [2]“凡此六者”以下三句：凡是这六种情况的

发生，不是自然的灾难，而是将帅的过错。 [3]“夫势均”以下三句：双方有利条件均衡，却自不量力，以一击十而导致失败，称之为走。势均，谓敌我双方将领、军备条件，势均力敌。 [4]不料力：不量力。 [5]“卒强吏弱”二句：士卒强悍，将领懦弱而导致失败，称之为弛。即将不能统兵，军纪松弛，松弛则士无斗志，故败。吏，指下层将领。弛，松懈。 [6]“吏强卒弱”二句：将领强悍，士卒懦弱而失败，称之为陷。陷，陷没。 [7]“吏强欲进”以下三句：即将领强悍而进攻，士卒懦弱而身陷敌阵，故败。 [8]“大吏怒而不服”以下四句：副将少年气盛而不听指挥，遇到敌人愤而擅自出战，又不明敌人力量强弱，临阵溃败，称之曰崩。怒，气盛。曹操解释为主将激怒之，恐非。怼（duì），抵触，怨恨。崩，崩溃。 [9]“大将怒之而不服”以下四句：小将因主将激怒而不服，故愤怒出战。因为没有考量敌我力量对比，故必然溃败。 [10]“将弱不严”以下五句：将帅懦弱缺乏威严，军令不明，吏卒缺少约束，布阵或纵或横，称之曰乱。教道，同“教导”，此指军令。无常，无常检，指缺少日常规范。纵横，指布阵章法凌乱。乱，混乱。 [11]“将不能料敌”以下五句：将帅不能正确判断敌情，以少击众，以弱击强，作战又没有精锐先锋，因而失败，称之曰北。北，败北。 [12]“凡此六者”以下四句：以上六种情况，均是导致失败的原因。这是将帅重大责任之所在，不可不明察。

夫地形者[1]，兵之助也。料敌制胜[2]，计险厄远近，上将之道也。知此而用战者[3]，必胜；不知此而用战者，必败。故战道必胜[4]，主曰无战，必战可也；战道不胜，主曰必战，无战可也。故进不求名[5]，退不避罪，唯民是保，而利合于

张预说：“苟有必胜之道，虽君命不战，可必战也；苟无必战之道，虽君命必战，可不战也。与其从令而败事，不若违制而成功。故曰：‘军中不闻天子之诏。’”后人所谓“将在外君命有所不受”者，乃因战场变化无端，必须充分发挥将帅的主观能动性。

主，国之宝也。

［注释］

[1]“夫地形者”二句：地形，是作战取胜的辅助条件。 [2]“料敌制胜”以下三句：正确判断敌情，制定取胜之策，考察地形险要，计算道路远近，此是高明将领的用兵之道。险厄（è），险要。上将，上智之将。 [3]“知此而用战者”以下四句：明白上述道理而作战，必然取胜；不知上述道理而作战，必然失败。用，因。 [4]“故战道必胜”以下六句：所以根据战场态势，战则必胜，即使国君主张不打，也可坚决作战；根据战场态势，战则必败，即使国君主张打，也可坚决不战。 [5]“故进不求名”以下五句：战不沽名钓誉，退不推诿罪责，唯求保全百姓，且符合国君利益，这样的将帅是国家的宝贵财富。唯民是保，即唯保民，“是”乃宾语提前的标志。

视卒如婴儿[1]，故可与之赴深溪；视卒如爱子，故可与之俱死。厚而不能使[2]，爱而不能令，乱而不能治，譬如骄子，不可用也。曹操曰：恩不可专用[3]，罚不可独任；若骄子之喜怒对目，还害而不可用也。

孟氏曰：“唯务行恩，恩势已成，刑之必怨；唯务行刑，刑怨已深，恩之不附。必使恩威相参，赏罚并用，然后可以为将，可以统众也。”

［注释］

[1]“视卒如婴儿”以下四句：将帅对待士卒如爱护婴儿，士卒则可以同他共患难：对待士卒如爱护孩子，士卒则可以与他同生死。赴深溪，比喻共赴险境。 [2]“厚而不能使”以下五句：如果厚待而惯于安逸，爱护而法令松懈，违法而不加惩治，就如骄纵的子女，不能临阵杀敌。 [3]“恩不可专用”以下四句：既

不可一味施恩，也不可专用刑罚。如果士卒如骄纵之子一样，任性对上，就是贻害士卒而不可用之。

知吾卒之可以击[1]，而不知敌之不可击，胜之半也；知敌之可击[2]，而不知吾卒之不可以击，胜之半也；知敌之可击[3]，知吾卒之可以击，而不知地形之不可以战，胜之半也。曹操曰：胜之半者，未可知也。故知兵者[4]，动而不迷，举而不穷。故曰：知彼知己[5]，胜乃不殆；知地知天，胜乃不穷。

张预说：“晓攻守之术，则有胜而无危。”“顺天时，得地利，取胜无极。”洞察力量对比、战场态势，是知己知彼；明了天时变化、地势险易，是知天知地。

[注释]

[1]“知吾卒之可以击”以下三句：如果知我士卒可以击敌，而不知敌人强盛而不可击，有半成胜算。　[2]“知敌之可击”以下三句：知敌人可以打，而不知我之实力不可以打，也只有半成胜算。　[3]“知敌之可击”以下四句：知敌人可以打，也知自己实力能打，但不了解地形不利于作战，仍然只有半成胜算。　[4]“故知兵者”以下三句：所以善于用兵者，洞悉敌情，明了地形，进而绝无失误，战而胜算无穷。　[5]“知彼知己”以下四句：了解自己，明察敌情，善用天时地利，是取胜的三大保证。此是概括战争的核心原则。

[点评]

行军必须先明地形，所以《行军》之后即论《地形》。张预曰：“凡军有所行，先五十里内山川形势，使军士伺其伏兵，将乃自行视地之势，因而图之，知其险易。故行师越境，审地形而立胜。故次《行军》。”双方所依据的地形影响战场态势，战场态势决定胜负，因此地形也成为影响战场胜负的重要外在因素，故曹操曰：“欲战，审地形以立胜也。”

然而，地形只是影响战场胜负的重要辅助条件，而不是决定因素，决定因素是人，所以本篇将善于利用地形和用兵料敌合而论之。文分五层：第一层，详细叙述六种地形及其作战方针。“通地”在于抢占先机，“挂地”在于突袭取胜，“支地”在于诱敌深入，“隘地”在于封锁隘口，“险地”在于据险而守，“远地”在于以逸待劳。六地之形及其如何利用是决定胜负的重要元素，故曰“将之至任”。第二层，详细叙述六种兵败的类型及其原因。或不明敌情，以寡击众而败；或吏不统兵，军纪涣散而败；或士卒懦弱，临阵溃散而败；或有勇无谋，意气用兵而败；或军令不齐，布阵凌乱而败；或将无才智，不善用兵而败。其失败程度一层甚于一层，直至最后全军败北。第三层，强调利用地形、料敌取胜，是用兵的两条基本原则。用兵之道唯在选择战机，故将在外君命有所不受，然而不计较个人得失，唯在保民安国，则是将帅的品质境界。第四层，对待士卒必须处理好恩信和法令的辩证关系。爱兵如子，方能使士卒与将帅共患难，同生死。但是，厚爱而不可骄纵，必须因战用之，以令使之，依法治之。第五层，总结临阵杀敌的整体原则。知己而不知彼、知彼而不知己、知己知彼而不知地形，皆是“胜之半也”。唯有“知彼知己”“知地知天”，才能“动而不迷，举而不穷”。这也是本篇强调的战争核心原则。

曹操注释涉及三点：一论地形，强调牵制敌人，不可为敌所牵制；必须抢占地形，“出奇”制胜。二论胜负，强调“将”和“势”对战争胜负的影响，所感叹“为将若此，乱之道也”“其势若此，必走之兵也”，即由此引发。三论用兵，强调恩威并用，“恩不可专用，罚不可独任”，是基本的用兵之道。

九地篇

曹操曰：欲战之地有九。

孙子曰：用兵之法[1]，有散地，有轻地，有争地，有交地，有衢地，有重地，有圮地，有围地，有死地。曹操曰：此九地之名也。诸侯自战其地[2]，为散地；曹操曰：士卒恋土，道近易散。入人之地而不深者[3]，为轻地；曹操曰：士卒皆轻返也。我得则利[4]，彼得亦利者，为争地；曹操曰：可以少胜众、弱击强[5]。我可以往[6]，彼可以来者，为交地；曹操曰：道正相交错也[7]。诸侯之地三属[8]，曹操曰：我与敌相当，而旁有他国也。先至而得天下之众者，为衢地；曹操曰：先至得其国助也[9]。入人之地深[10]，背城邑多者，为重地；曹操曰：难返之地。行山林、险阻、沮泽[11]，凡难行之道者，为圮地。曹操曰：少固也。所由入者

杜牧说：“入人之境已深，过人之城已多，津梁皆为所恃，要冲皆为所据，还师返旆，不可得也。”此所谓重地，与今所说之重地，意义迥异。

隘[12]，所从归者迂，彼寡可以击吾之众者，为围地；疾战则存[13]，不疾战则亡者，为死地。曹操曰：前有高山[14]，后有大水；进则不得，退则有碍。是故散地则无战[15]，轻地则无止，争地则无攻，曹操曰：不当攻，当先至为利也。交地则无绝，曹操曰：相及属也。衢地则合交，曹操曰：结诸侯也。重地则掠，曹操曰：蓄积粮食也。圮地则行，曹操曰：无稽留也。围地则谋，曹操曰：发奇谋也。死地则战。曹操曰：殊死战也。

［注释］

[1]“用兵之法”以下十句：此是孙子按照用兵之道而概括的九种地形。士卒易散之地曰散地，士卒轻返之地曰轻地，险要必争之地曰争地，平原易行之地曰交地，四通八达之地曰衢地，离乡难回之地曰重地，林泽难行之地曰圮地，据险设伏之地曰围地，绝境死战之地曰死地。其中争地、交地、圮地、围地，是就地形地势而言；衢地，是就地理位置而言；散地、轻地、重地，是从士卒所据而产生的心理状态而言。　[2]“诸侯自战其地”二句：作战于诸侯境内，称之散地。因为士卒本土作战，怀乡恋土，容易逃散，故称散地。　[3]“入人之地而不深者”二句：作战虽进入敌境，但入境不深，近于本土士卒可轻松归乡，故称轻地。　[4]“我得则利”以下三句：此为咽喉要塞，先占据者胜，我得之有利，敌得之亦有利，故称争地。　[5]可以少胜众、弱击强：意思是这类要塞之地，占据者可以奇兵取胜。　[6]“我可以往”以下三句：这一地形川广地平，道路交错，我可以往，敌可以来，双方往来均很便利，故称交

地。[7] 道正相交错：指道路四通八达。[8]“诸侯之地三属”以下三句：这一地形四通八达，乃敌我及他国交界之地，先到者可获得其他诸侯的援助，故称衢地。三属，是指地理位置为多国交界处。[9] 先至得其国助：先到达者即可得到他国相助。意思是必须抢占先机。[10]“入人之地深”以下三句：深入敌国腹地，背靠敌国城邑，难以返回，称之重地。意谓既已深入敌境，占领城池，必遣兵守之，故士卒不得返回。[11]“行山林”以下三句：山林、险阻、沼泽等难于通行之地，称之圮地。山林、险阻、沮泽，见《军争篇》注。圮地，见《九变篇》注。[12]“所由入者隘”以下四句：所过之入口狭窄，所退之归途迂远，敌以少量兵力即可击我众多兵力，称之围地。这一地形山川围绕，入则狭隘，出则迂远，易为敌设伏包围，故曰围地。围地，见《九变篇》注。[13]“疾战则存”以下三句：迅速死战则能生存，不迅速死战则覆灭，叫做死地。[14]“前有高山”以下四句：这一地形左右为高山，前后为绝涧，进退皆难。[15]“是故散地则无战”以下九句：因此军行于散地不宜作战，轻地不宜停留，争地切勿强攻，交地首尾必连，衢地交结诸侯，重地掠取粮草，圮地迅速通过，围地奇谋脱险，死地死战求生。

所谓古之善用兵者[1]，能使敌人前后不相及，众寡不相恃，贵贱不相救，上下不相收，卒离而不集，兵合而不齐。合于利而动[2]，不合于利而止。曹操曰：暴之使离[3]，乱之使不齐，动兵而战。敢问[4]：敌众整而将来，待之若何？曹操曰：或人问之。曰：先夺其所爱[5]，则听矣。曹操曰：夺其所恃之利[6]。若先据利地，则我所欲必得也。兵之情主速[7]，乘人之

陈皞说：“此言乘敌人有不及、不虞、不戒之便，则须速进，不可迟疑也。盖孙子之旨，言用兵贵疾速也。”

不及，由不虞之道，攻其所不戒也。曹操曰：孙子应难以覆陈兵情也[8]。

[注释]

[1]“所谓古之善用兵者”以下七句：古代善于用兵者，能使敌人前后不能相互呼应，主力和分队无法相互支持，官兵不能相互救援，上下不能互相靠拢，士兵分散而无法集中，合兵布阵却难以统一。恃，依靠。收，收拢。 [2]“合于利而动”二句：对我有利就出击，无利即收兵。 [3]“暴之使离”以下三句：如若攻之，搏击使敌分散，扰乱使敌混乱，待敌散乱，方能出战。暴，搏击。 [4]“敢问”以下三句：试问敌人众多、军纪严整而将向我进攻，该如何应敌？敢问，谦辞，冒昧而问。 [5]“先夺其所爱”二句：先夺取敌人便利之地，敌人就听我摆布。爱，珍惜。 [6]“夺其所恃之利”以下三句：夺取敌方所凭借的有利地形，即使敌方先占据有利地形，我也志在必得。 [7]“兵之情主速”以下四句：兵贵神速，必须乘敌人措手不及之机，走敌人意料不到之道，击敌人没有戒备之地。此是孙子回答他人之问再陈述用兵之道。不及，无法赶到。不虞，出乎意料。 [8]孙子应难以覆陈兵情：意思是战场瞬息万变，孙子也难以陈述兵情的变化。

张预说：“兵在重地，须掠粮于富饶之野，以丰吾食；乃坚壁自守，勤抚士卒，勿任以劳苦。令气盛而力全，常为不可测度之计。伺敌可击，则一举而克。”

凡为客之道[1]，深入则专，主人不克；掠于饶野，三军足食。谨养而勿劳[2]，并气积力，运兵计谋，为不可测。曹操曰：养士并气[3]，运兵为不可测度之计。投之无所往[4]，死且不北，死焉不得，曹操曰：士死，安不得也！士人尽力。曹操曰：在难地心并也[5]。

兵士甚陷则不惧[6]，无所往则固，深入则拘，曹操曰：拘，缚也。不得已则斗。曹操曰：人穷则死战也[7]。是故其兵不修而戒[8]，不求而得，不约而亲，不令而信，曹操曰：不求索其意，自得力也。禁祥去疑，至死无所之。曹操曰：禁妖祥之言，去疑惑之计。吾士无余财[9]，非恶货也；无余命，非恶寿也。曹操曰：皆烧焚财物[10]，非恶货之多也；弃财致死者，不得已也。令发之日[11]，士卒坐者涕沾襟，偃卧者涕交颐。曹操曰：皆持必死之计。投之无所往者[12]，诸、刿之勇也。

［注释］

[1]“凡为客之道”以下五句：出境作战，越是深入敌国腹地，军心越是统一，敌人越难取胜；掠夺敌国富饶之地，三军就有足够的粮草。专，指心志专一。饶，富庶。　[2]“谨养而勿劳”以下四句：精心蓄养士卒，不使其过于疲劳，保持锐气，积蓄力量，部阵用兵，巧设计谋，使敌人不能判断我方意图。谨养，王皙注：“谨养，谓抚循饮食周谨之也。”谨，细心周到。并，聚合。测，揣度。　[3]“养士并气”二句：蓄养士卒体力和锐气并重，部阵用兵的计谋真是深不可测。　[4]“投之无所往”以下四句：将士卒置于绝境，宁死不败，同心合力，殊死作战。无所往，意谓进退无路，即死地。死焉不得，即焉得不死，怎能不死战。　[5]在难地心并：士卒身处艰难之境，必然同心合力。所以上注说：士卒死战，安能不取胜！　[6]“兵士甚陷则不惧”以下四句：士卒深陷绝境却毫不畏惧，无路可退则军心牢固，深入敌境就同心一

体，迫不得已必殊死奋战。拘，缚，意谓犹如捆在一起。 [7] 人穷则死战：人处于困境必然死战。 [8]“是故其兵不修而戒”以下六句：因此士卒不用整治而自我戒备，不用强求而自明将心，无须约束而互相支援，不申号令而自觉遵命，禁止巫祝之言，去其惑众之心，士卒至死也无异心。信（shēn），通“申”。祥，妖祥。指巫祝占卜吉凶之言。疑，疑惑。指占卜之言蛊惑人心。所之，所去。指心无异志。 [9]“吾士无余财”以下四句：我之士卒焚毁财物，并非嫌弃财物；置生死于度外，并非厌恶长寿。 [10]“皆烧焚财物”以下四句：士卒焚烧财物，并非厌恶财物之多；抛弃财物而就死地，是不得已而为之。意谓身陷绝境，不得已而死战。 [11]“令发之日”以下三句：作战命令颁布之时，士卒端坐者泪沾衣襟，仰卧者泪流满面。意谓虽留恋生命，却又有必死之志。 [12]“投之无所往者”二句：一旦置之于无路可走的绝境，士卒皆有专诸、曹刿的勇敢。专诸，春秋时期吴国人，吴公子光欲杀吴王僚自立，他与专诸密谋，以宴请吴王僚为名，藏匕首于鱼腹之中进献，当场刺杀吴王僚，专诸也被吴王僚的侍卫杀死。后公子光自立为王，是为吴王阖闾。曹刿，当为曹沫。曹沫，春秋时期鲁国人，凭借勇力侍奉鲁庄公。齐桓公与庄公订立盟约，曹沫手持匕首，胁迫桓公归还侵占鲁国的土地。事毕，曹沫走下盟坛，回到群臣位置上，脸色不变，言辞从容如故。

张预说：“率，犹速也。击之则速然相应。此喻陈法也。”

故善用军者[1]，譬如率然。率然者[2]，常山之蛇也。击其首则尾至[3]，击其尾则首至，击其中身则首尾俱至。敢问[4]：兵可使如率然乎？曰：可。夫吴人与越人相恶也[5]，当其同舟共济，遇风，其相救也如左右手。是故方马埋轮[6]，未足恃也；曹操曰：方，缚马也。埋轮，示不动也。此言专难不如权巧[7]。故曰：虽方马埋轮，不足恃也。齐勇若一[8]，政之道也；刚柔皆得[9]，地之理也。曹操曰：强弱一势也。故善用兵者[10]，携手若使一人，不得已也。曹操曰：齐一貌也。

杜牧说：“缚马使为方陈，埋轮使不动，虽如此，亦未足称为专固而足为恃。须任权变，置士于必死之地，使人自为战，相救如两手，此乃守固必胜之道而足为恃也。”

［注释］

[1]“故善用军者”二句：所以善于用兵者，指挥部队犹如蛇一样策应迅速。率然，此形容蛇迅速灵活。率，犹速。　[2]“率然者”二句：率然而动，是常山之蛇的特点。常山，即北岳恒山，乃避汉文帝刘恒讳而改。　[3]“击其首则尾至”以下三句：击其头则尾救应之；击其尾，则头救应之；击其腰，则头尾皆救应之。此喻陈兵布阵策应灵活。　[4]“敢问”二句：试问可使军队像蛇一样迅速灵活吗？　[5]“夫吴人与越人”以下四句：吴国和越国互相仇视，但他们同船渡河而遇大风时，也如左右手一样相互救援。相恶，彼此憎恨。　[6]“是故方马埋轮”二句：所以采用缚住马缰、深埋车轮，逼迫士卒死战，则不足依靠。方马埋轮，示其固守不退。方马，系马。　[7]专难不如权巧：一味为难士卒，不如运用权变巧计。　[8]“齐勇若一”二句：将士齐心勇敢，犹如一人，乃治军有方。　[9]“刚柔皆得”二句：用兵刚柔强弱，各得其用，乃在于善于运用地形。　[10]“故善用兵者”以下三句：所以善于用兵者，指挥三军之士，如携一人之手，势不得已，士卒皆从我令。比喻善于用兵者则治军易。

将军之事[1]，静以幽，正以治。曹操曰：谓清净、杜牧说："言使军士非将军之令，其他皆不知，如聋如瞽也。"此即孔子所谓"民可使由之，不可使知之"(《论语·泰伯》)之意。

张预说："群羊往来，牧者之随；三军进退，惟将之挥。"

幽深、平正。能愚士卒之耳目[2]，使之无知。曹操曰：愚，误也。民可与乐成[3]，不可与虑始。易其事[4]，革其谋，使人无识；易其居，迂其途，使人不得虑。帅与之期[5]，如登高而去其梯；帅与之深入诸侯之地，而发其机。焚舟破釜[6]，若驱群羊，驱而往，驱而来，莫知所之。曹操曰：一其心也。聚三军之众[7]，投之于险，此谓将军之事也。曹操曰：险，难也。九地之变[8]，屈伸之利，人情之理，不可不察。曹操曰：人情见利而进[9]，遭害而退。

［注释］

[1]"将军之事"以下三句：主持军事行动，沉着冷静而幽深莫测，公正严明而有条不紊。将军，率领三军。 [2]"能愚士卒"二句：必须蒙蔽士卒的视听，使之对军事行动一无所知。愚，愚昧，使动词。 [3]"民可与乐成"二句：士卒可与其乐享其成，不可与其始于谋划。 [4]"易其事"以下六句：变更作战部署，改变原定谋划，使人无法识破真相；变换驻扎地点，故意迂回前进，使人无从推测其意图。 [5]"帅与之期"以下四句：将帅号令士卒作战，犹如使其登高而抽去梯子；将帅率领士卒深入敌境，要像弩机射箭一样迅疾向前。意谓指挥作战，必须置士卒于绝境，使之一往无前。 [6]"焚舟破釜"以下五句：焚毁舟船，破毁铁锅；如驱赶羊群，军行往来，不知去向。意谓使士卒殊死搏斗，唯令是从。 [7]"聚三军之众"以下三句：集结三军，置于险境而取胜，此乃统帅的职责。 [8]"九地之变"以下四句：九种地形的应变

处置，攻防进退的利害得失，全军上下的心理状态，将帅不可不明察。 [9]“人情见利而进”二句：见利而进，遇害则退，是人之本性。意谓必须诱之以利，昧之以害，方可使士卒勇猛前进。

凡为客之道[1]，深则专，浅则散。去国越境而师者[2]，绝地也；四达者，衢地也；入深者，重地也；入浅者，轻地也；背固前隘者，围地也；无所往者，死地也。是故散地[3]，吾将一其志；轻地[4]，吾将使之属；曹操曰：使相及属。争地[5]，吾将趋其后；曹操曰：地利在前，当速进其后也。交地[6]，吾将谨其守；衢地[7]，吾将固其结；重地[8]，吾将继其食；曹操曰：掠彼也。圮地[9]，吾将进其途；曹操曰：疾过去也。围地[10]，吾将塞其阙；曹操曰：以一士心也。死地[11]，吾将示之以不活。曹操曰：励志也。故兵之情[12]，围则御，曹操曰：相持御也。不得已则斗，曹操曰：势有不得已也。过则从。曹操曰：陷之甚过，则从计也。

张预说：“去已国，越人境而用师者，危绝之地也。若秦师过周而袭郑是也。此在九地之外而言之者，战国时间有之也。”

[注释]

[1]“凡为客之道”以下三句：凡是进入敌境作战，深入则军心稳固，浅近则军心涣散。 [2]“去国越境而师者”以下十二句：部队去国越境曰绝地，四通八达曰衢地，深入敌境曰重地，浅入敌境曰轻地，后险前隘曰围地，无路可走曰死地。固，四周险要。隘，出口狭窄。 [3]“是故散地”二句：散地，要统一意志。乃

防溃散也。 [4]“轻地”二句：轻地，要阵营相连。乃相呼应也。属，相连。 [5]“争地”二句：争地，要包抄敌后。乃出奇兵取胜。 [6]“交地”二句：交地，要谨慎防守。即防止偷袭。 [7]“衢地”二句：衢地，要巩固结盟。以之作后援。结，指与其他诸侯结盟。 [8]“重地”二句：重地，要掠夺军粮。乃使粮草充足。 [9]“圮地”二句：圮地，要疾速通过。预防被包围。 [10]“围地”二句：围地，要堵塞缺口。防止突围而去。 [11]“死地”二句：死地，要激励死战。乃以求生也。 [12]“故兵之情”以下四句：所以士卒的心理状态是：陷入包围，就竭力抵抗；势不得已，就拼死作战；身处绝境，就听从指挥。

是故不知诸侯之谋者[1]，不能预交；不知山林、险阻、沮泽之形者，不能行军；不用乡导者，不能得地利。曹操曰：上已陈此三事[2]，而复云者，力恶不能用兵，故复言也。四五者[3]，不知一，非王霸之兵也。曹操曰：谓九地之利害。或曰：上四五事也。夫霸王之兵[4]，伐大国，则其众不得聚；威加于敌，则其交不得合。是故不争天下之交[5]，不养天下之权，信己之私，威加于敌，故城可拔，其国可隳。曹操曰：霸者[6]，不结成天下诸侯之交权也。绝天下之交，夺天下之权，以己威得伸而自私。施无法之赏[7]，悬无政之令，犯三军之众，若使一人。曹操曰：犯，用也。言明赏罚[8]，虽用众，若使一人也。犯之以事[9]，勿告以言；犯之以利，勿告以害。曹

张预说：“法不先施，政不预告，皆临事立制，以励士心。《司马法》曰：‘见敌作誓，瞻功行赏。’”“赏功不逾时，罚罪不迁列；赏罚之典，既明且速，则用众如寡也。”

操曰：勿使知害。投之亡地然后存[10]，陷之死地然后生。曹操曰：必殊死战[11]，在亡地无败者。孙膑曰："兵恐不投之死地也。"夫众陷于害[12]，然后能为胜败。故为兵之事[13]，在顺详敌之意，曹操曰：佯，愚也。或曰：彼欲进[14]，设伏而退；欲去，开而击之。并力一向[15]，千里杀将，曹操曰：并兵向敌，虽千里能擒其将也。此谓巧能成事者也[16]。曹操曰：是成事巧者也。一作是谓巧攻成事。

[注释]

[1]"是故不知诸侯之谋者"以下六句：见《军争篇》注。 [2]"上已陈此三事"以下四句：此所言之三事，上文已经陈述，所以重复，是因为憎恶不善用兵者。 [3]"四五者"以下三句：九地之变，不知一二，不可能成为王霸之师。四五，合之为九，指九地之变。 [4]"夫霸王之兵"以下五句：凡是王霸之师，举兵讨伐大国，能使其民众不能集中抵抗；兵威加于敌国，能使其盟国不敢策应配合。谓兵威之盛，无人敢敌。 [5]"是故不争天下之交"以下六句：因此无须争相结交天下诸侯，也无须培植诸侯亲附于我的势力，只要实行自己战略意图，兵威加于敌国，就能攻占敌国城邑，摧毁敌国都城。权，指亲己势力。信（shēn），通"申"，伸张。私，爱，指意图。隳（huī），毁坏。 [6]"霸者"以下五句：所谓霸，就是不结盟天下诸侯，不豢养亲己势力。断绝天下之结盟，夺取天下之大权，我之威权得以伸张，意图得以实现。 [7]"施无法之赏"以下四句：施行超越法令的奖赏，颁布不拘常规的政令，指挥全军就如同使用一人。犯，用。 [8]"言明赏罚"以下三句：意谓重赏严罚，则人心齐一。 [9]"犯之以事"以下四句：命令士卒作战，不

说明意图；诱之以利，不说明危害。意谓使士卒唯令是从，勇猛向前。[10]“投之亡地然后存”二句：置士卒于危地，则必求安；陷士卒于死地，则必求生。意谓士卒不知其危害，殊死作战，故能置之死地而后生。[11]“必殊死战”以下四句：置于死地，士卒殊死而战，故无失败者。因此孙膑说：唯恐不置兵于死地。[12]“夫众陷于害”二句：军队深陷绝境，然后才能赢得胜利。意谓每次作战，必使士卒明白，必须死战，才能求生。胜败，偏义复词，意为胜。[13]“故为兵之事”二句：所以用兵，必须佯装按照敌人意图。详，同“佯”，愚昧敌人之意。[14]“彼欲进”以下四句：或是敌人欲进攻，我设伏兵而佯退；敌人欲撤兵，我则奋力而出击。[15]“并力一向”二句：集中兵力攻击敌人一部，即使千里奔袭，也能斩敌将帅。[16]此谓巧能成事者：这就是所谓巧妙用兵，能够克敌制胜，成就大业。此即成其大事者，必用巧计。

是故政举之日[1]，夷关折符，无通其使，曹操曰：谋定，则闭关以绝其符信，勿通其使。厉于廊庙之上，以诛其事。曹操曰：诛，治也。敌人开阖[2]，必亟入之。曹操曰：敌有间隙，当急入之也。先其所爱[3]，曹操曰：据便利也。微与之期，曹操曰：后人发，先人至。践墨随敌，以决战事。曹操曰：行践规矩无常也[4]。是故始如处女[5]，敌人开户；后如脱兔，敌不及拒。曹操曰：处女示弱[6]，脱兔往疾也。

这是对敌人施行的权谋之计。明知敌人密探，却延请入营，又微露作战日期，使密探回报。然后部队行动似乎按照原来作战计划，实际依据敌情变化，以奇兵袭击之。

[注释]

[1]“是故政举之日”以下五句：所以决定战争方略之时，必须

关闭关口，废除符信，不与敌国互通使者；在朝廷上反复谋划，做出战略决策。夷，灭，此指关闭。折，断，断绝。符，符信，符节印章等使者信物。厉，同“砺”，磨砺。此指反复研究。诛，治理。 [2]“敌人开阖”二句：一旦出现敌人密探，要迅速引入营中。孟氏曰：“开阖，间者也。有间来，则疾内之。”间者，即密探。亟（jí），急切。 [3]“先其所爱”以下四句：抢先占据有利地形，再向密探隐约透露作战日期，然后表面按照约定，再依据敌情变化，决定作战行动。所爱，此指利便之地。践墨，践行规矩。墨，木工所用之绳墨，喻规矩。 [4]行践规矩无常：意思是在表面行为上践行两军交战的一切规矩，无异于平常。暗地里则占据有利先机，出征于后却到达在前。 [5]“是故始如处女”以下四句：所以战争开始前，如处女沉静柔弱，诱使敌人放松戒备；战斗展开后，如脱兔行动迅速，使敌人措手不及而无从抵抗。脱兔，逃脱之兔，比喻迅疾。 [6]“处女示弱”二句：静若处女，动如脱兔，外示弱而内迅猛。

［点评］

《九地》论地势。地形与地势，二者不可分割，用兵必须明察之。张预曰：“用兵之地，其势有九。此论地势，故次《地形》。”地形，是指大地表面的起伏状态；地势，则指由地形而形成的高低险峻的态势，孙子所论地势还包括空间远近、周边环境等。

《九地》主要研究行军作战如何利用“九地”的问题。文分八层：第一层，阐释军行途中九种地势及其特点，重点是针对不同地势，采用不同战术原则。散地不战，战则士卒溃散；轻地不止，止则士卒逃走；争地不攻，攻则无险可凭；交地无绝，绝则易被分割；衢地合交，交则诸侯助之；重地掠夺，掠则得粮于敌；圮地疾行，行则化危为安；围地即谋，谋则出奇制胜；死地必战，战则绝处逢生。第二层，由九地的具体作战原则，抽象出阵地的攻守之道。一是攻则乱敌之阵，分割包围，使敌人不能互相“及”“恃”“救”“收”，达到士卒“不集”、战阵“不齐”的结果；二是守则出奇兵以袭击敌人重地，使之“听”我调遣；三是无论攻守，皆贵在疾速，使之“不及”“不虞”“不戒”。核心战术原则是“合于利而动，不合于利而止”。第三层，论述深入敌境作战的有利因素，一是“深入则专，主人不克”；二是“掠于饶野，三军足食”；三是“士人尽力”“死且不北”。也就是说，一旦深入敌境，军心统一，所向披靡；因食于敌，粮草充足；士无归志，奋不顾身，因此所战必克。核心战术原则是“谨养而勿劳，并气积力，运兵计谋，为不可测”。第四层，阐释布阵用兵之道，其核心“率然”如常山之蛇。布阵，既是一个不可分割的整体，又必须速度迅疾，互相呼应。要做到这一点，从士卒角度说，必须具有同舟共济、安危一体的整体意识。从将帅角度说，必须“齐勇若一”，训练有素；善用地形，“刚柔皆得”。第五层，由具体布阵用兵之道，抽象出将帅治军用兵之道。治军必须“静以幽，正以治”，“投之于险”而必胜；用兵必须愚其心智，“使之无知”，收放自如，“莫知所之”。其核心原则是洞察“九地之变，屈伸之利，人情之理”。第六层，重申九地之变及其作战原则。第七层，由论述洞悉诸侯之谋、地形之利，引出如何打造王霸之兵。王霸之兵在于“威”，“信己之私，威加于敌”，是其战略核心；成就王霸之威在于用兵，用兵之道的核心在于“巧”，必须重赏严罚，齐一军心；诱之以利，避言其害；每战必置于绝境，使之勇往直前。第八层，概括作战取胜的基本程序，先“闭关锁国”，在朝廷中反复研究作战方略；再利用反间之计，诱使敌人上当；最后依据敌情，具体实施作战方案。其中第二层所强调的“合于利而动，不合于利而止”，也是本篇的核心战术原则。

在曹操注释中，其军事思想体现在以下几点：在治军之道上，重视蓄养士卒，聚合士气；以“威”得志，以赏罚得“人”，以“亡地”得胜，以“巧攻”成事。在用兵策略上，突出权变巧计，强弱一势，军阵齐一；采用愚民策略，保持军心齐一；利用人性弱点，诱之以利而不言其害。在战术原则上，强调以少胜多，储粮于敌；行循规矩，迷惑敌人；战则无常，奇兵取胜。在战场战术上，应该强力分割敌人部伍，打乱部署，使之纷乱，而后举兵歼灭；如若敌人先据有利地形，则以奇袭夺取重地，如此则能完成我方战术意图。

火攻篇

曹操曰：以火攻，当择时日也。

孙子曰：凡攻火有五[1]：一曰火人，二曰火积，三曰火辎，四曰火库，五曰火队。行火必有因[2]，曹操曰：因奸人。烟火必素具。曹操曰：烟火，烧具也。发火有时[3]，起火有日。时者[4]，天之燥也；

张预说："天时旱燥，则火易燃。""四星好风，月宿则起。"

曹操曰：燥者，旱也。日者，月在箕、壁、翼、轸也。凡此四宿者[5]，风起之日也。

[注释]

[1]"凡攻火有五"以下六句：举凡火攻有五种形式：一是焚烧军营，二是焚烧粮草，三是焚烧辎重，四是焚烧府库，五是焚烧兵器仪仗。 [2]"行火必有因"二句：实施火攻必须具备外部条件，火攻器材必须随时准备。有因，曹操认为指因奸人为内应。恐非。陈皞曰："须得其便，不独奸人。"意思是奸人只是便利的条件之一。烟火，火攻工具。素具，平时所备。 [3]"发火有时"二句：火攻必须看准天时，选好具体日期。 [4]"时者"以下四句：天时，指气候干燥；日期，指月亮行经"箕""壁""翼""轸"四个星宿位置之时。梅尧臣曰：箕是龙尾星；壁是东壁（又称壁宿）星；翼、轸是鹑尾二星，即南方七宿中的翼宿、轸宿。 [5]"凡此四宿者"二句：凡是这四种星宿都易于生风，月亮经过四宿时，就是起风之日。此谓依据天文而判断气候。

杜牧说："凡火，乃使敌人惊乱，因而击之，非谓空以火败敌人也。闻火初作即攻之；若火阑众定而攻之，当无益，故曰早也。"即火攻必须选择有利的进攻时机。

杜牧说："须算星躔（日月星辰运行的度次）之数，守风起日，乃可发火，不可偶然而为之。"即火攻必须选择有利天气。

凡火攻[1]，必因五火之变而应之。火发于内[2]，则早应之于外。曹操曰：以兵应之也。火发其兵静者[3]，待而勿攻。极其火力[4]，可从而从之，不可从而止。曹操曰：见可而进，知难而退。火可发于外[5]，无待于内，以时发之。火发上风[6]，无攻下风。曹操曰：不便也。昼风久[7]，夜风止。曹操曰：数当然也。凡军必知有五火之变[8]，以数守之。故以火佐攻者明[9]，以水佐攻者强。水可以绝[10]，不可以夺。曹操曰：火佐者，取胜明也；水佐者，但可以绝敌道，分敌军，不可夺敌蓄积。

[注释]

[1]“凡火攻”二句：凡用火攻，必须依据五种火攻的变化，部署部队接应。 [2]“火发于内”二句：在敌营内部纵火，必须提前伏兵于外，以便及时接应。即营中火起，立即发兵攻之。 [3]“火发其兵静者”二句：火起而敌军仍然镇静，就必须等待时机，不可立即进攻。 [4]“极其火力”以下三句：等待火势旺盛，再依据敌情变化，可攻则攻，不可攻则止。意思是火势旺盛后，敌若混乱则可击之，若仍镇定则不可出击。从，进攻。 [5]“火可发于外”以下三句：火起于军营之外，就不必等待敌人内部反应，按时纵火即可。内，指敌人内部反应。 [6]“火发上风”二句：从上风纵火时，不可从下风进攻。因为下风烟浓火盛，反而容易伤及自己。 [7]“昼风久”二句：白昼刮风一久，夜晚就容易停止。曹操注曰：这是星宿运行的度数使然。 [8]“凡军必知”二句：凡是军队火攻必须掌握这五种形式的变化，按照星宿运行的度数，等待火攻的时机。数，指星躔（chán）之数，即日月星辰运行的度次。 [9]“故以火佐攻”二句：用火辅助军队进攻，效果明显；用水辅助军队进攻，攻势强盛。 [10]“水可以绝”二句：然而水可以断绝敌人道路，却不能焚毁敌人的辎重府库。显然，火攻优势更为显著。夺，丧失。使动词。

夫战胜攻取[1]，而不修其功者凶，命曰费留。曹操曰：若水之留，不复还也。或曰：赏不以时[2]，但费留也，赏善不逾日也。故曰：明主虑之[3]，良将修之。

[注释]

[1]“夫战胜攻取”以下三句：战胜敌人，攻城略地，却不能举荐有功而赏赐之，则必有凶灾，这种行为称为费留。修，举荐。命，同“名”。费留，惜费，吝惜财物。 [2]“赏不以时”以下三句：赏不及时，是惜费。赏赐有功，应不过日。 [3]“明主虑之”二句：明君要慎重考虑此事，良将要严肃处理此事。意谓君主、将帅都必须注重及时赏赐有功士卒。

非利不动[1]，非得不用，非危不战。曹操曰：不得已而用兵。主不可以怒而兴师[2]，将不可以愠而致战；合于利而动，不合于利而止。曹操曰：不以己之喜怒用兵也。怒可以复喜[3]，愠可以复悦；亡国不可以复存，死者不可以复生。故明君慎之[4]，良将警之，此安国全军之道也。

张预说：“君因怒而兴兵，则国必亡；将因愠而轻战，则士必死。”“君常慎于用兵，则可以安国；将常戒于轻战，则可以全军。”三国关羽败走麦城，就因为这种原因而引起。

[注释]

[1]“非利不动”以下三句：没有利益不擅动兵马，不可取胜不擅用士卒，没有危急不擅自发动战争。意思是非不得已则不用兵。 [2]“主不可以怒而兴师”以下四句：国君不可因愤怒而举兵，将帅不可因怨恨而出战，符合国家利益则起兵，不符合国家利益即止战。愠（yùn），怨恨。 [3]“怒可以复喜”以下四句：愤怒可以转变为欢喜，怨恨可以转变为高兴；但是国亡则不能复存，人死不能再生。此即“兵为凶器，不得已而用之”之意。 [4]“故明君慎之”以下三句：所以对待战争，明君应

该慎重，良将必须警惕，这是安定国家、保全军队的基本道理。

［点评］

火攻，是古代战争中一种常用方式。曹操其盛也在于火，官渡之战，火烧乌巢是也；其败也亦在于火，赤壁之战，火烧战船是也。然而火攻，必须借助天时地利。张预曰："以火攻敌，当使奸细潜行，地里（理）之远近，途径之险易，先熟知之，乃可往。故次《九地》。"也就是说，虽曰"火攻"，则必须熟悉地形地势，所以安排在《九地》之后。

本篇主要论述火攻的五种类型及其使用方法，其次论用兵征战的基本原则。文分四层：第一层，说明火攻的五种形式：火人、火积、火辎、火库、火队；火攻所必须依赖的外部条件：发火有时，起火有日。其核心原则是"行火必有因，烟火必素具"。第二层，介绍火攻的变化形态及攻击时机的选择。从空间上说，火有"发于内"和"发于外"的差异。发于外，唯在纵火；发于内，必伏兵应之。从火势上说，火顺风势，下风火猛势烈，故"无攻下风"。从气候上说，火必因风而势猛，故必须研究白昼黑夜、星宿运行对风起风止的影响。其核心原则是"必因五火之变而应之"。第三层，强调赏赐及时的重要意义。攻城略地，唯在士卒殊死拼搏，若赏赐不及时，则不能激励士气；士气懈怠，则必有后患，故明主必须虑之于前，良将必须修之于后。第四层，概述战争的本质及其一般原则。"非利不动，非得不用，非危不战"，是战争的本质；“主不可以怒而兴师，将不可以愠而致战”，是战争的原则。而“安国全军”则是核心战略原则，表现出可贵的“慎战”战争伦理观。

强调“见可而进，知难而退”“赏善不逾日”以及“不以己之喜怒用兵”，是曹操注释所透露的基本战术思想。

用间篇

曹操曰：战必先用间谍[1]，以知敌之情实也。

孙子曰：凡兴师十万[2]，出征千里，百姓之费，公家之奉，日费千金；内外骚动[3]，怠于道路，不得操事者七十万家。曹操曰：古者八家为邻[4]，一家从军，七家奉之。言十万之师举，不事耕稼者七十万家。相守数年[5]，以争一日之胜，而爱爵禄百金，不知敌之情者，不仁之至也。非人之将也[6]，非主之佐也，非胜之主也。

杜牧说：“古者一夫田一顷。夫九顷之地，中心一顷，凿井树庐，八家居之。……七十万家奉十万之师，转输疲于道路也。”战争劳民伤财，故必须慎战。不得已而战，则必须慎于选将。

[注释]

[1]“战必先用间谍”二句：战前必先使用间谍以探听敌情的虚实。 [2]“凡兴师十万”以下五句：凡举兵十万，千里征战，百姓耗费，国家开支，每日花费千金。古代征战，士兵自备武器、服装甚至马匹，其用度且由邻里供给，故曰百姓之费。 [3]“内外

骚动”以下三句：社会骚动不安，百姓疲惫奔波于道路，有七十万家不能从事正常生产。 [4]“古者八家为邻”以下五句：按照井田法，一井八家。一人从军，其余七家负责供给。故“十万之师举，不事耕稼者七十万家”。怠于道路，指前方士卒征战和后方徭役转输两个方面。怠，疲惫。 [5]“相守数年”以下五句：如此养兵数年，就是为了征战取胜，如果吝惜金钱，不肯重赏间谍，导致不明敌情而失败，简直是不仁到了极点。爵禄百金，此指赏赐金钱。百金，指重金，并非实数。 [6]“非人之将也”以下三句：这种人不能胜任士卒的将领、君主的辅臣，也不可能是取胜之将。

故明君贤将[1]，所以动而胜人，成功出于众者，先知也。先知者[2]，不可取于鬼神，不可象于事，曹操曰：不可以祷祀而求，亦不可以事类而求也。不可验于度，曹操曰：不可以事数度也。必取于人，知敌之情者也。曹操曰：因人也。

梅尧臣说：“鬼神之情，可以卜筮知；形气之物，可以象类求；天地之理，可以度数验。唯敌之情，必由间者而后知也。”

［注释］

[1]“故明君贤将”以下四句：明君、贤将之所以举兵就能取胜，功业超越众人，就在于预先掌握敌情。 [2]“先知者”以下六句：预先掌握敌情，不可依赖于求神问鬼，不可凭借于主观推测判断，不可求证于天象运行度数，必须取信于间谍，熟悉敌情。取于鬼神，指占卜祷祀之类。象于事，指由经验之事类比推断。度，即《火攻篇》所言之数，指日月星辰运行的度次。

故用间有五[1]：有因间，有内间，有反间，有死间，有生间。五间俱起[2]，莫知其道，是谓神纪，人君之宝也。曹操曰：同时任用五间也。因间者[3]，因其乡人而用之；内间者[4]，因其官人而用之；反间者[5]，因其敌间而用之；死间者[6]，为诳事于外，令吾间知之，而传于敌间也；生间者[7]，反报也。

杜牧说："诳者，诈也。言吾间在敌，未知事情，我则诈立事迹，令吾间凭其诈迹，以输诚于敌，而得敌信也。若我进取，与诈迹不同，间者不能脱，则为敌所杀，故曰死间也。"也就是说，部队佯动必须与打入敌方内部间谍提供的虚假情报一致。

［注释］

[1] 用间有五：指下文因、内、反、死、生等间谍使用的五种类型。 [2]"五间俱起"以下四句：五种间谍同时使用，无人知我用间之道，这种用间神妙莫测，是国君克敌制胜之法宝。莫，不定代词，无人。神纪，意谓神妙的用人制度。 [3]"因间者"二句：因间，就是利用敌将的同乡为间谍。 [4]"内间者"二句：内间，就是利用敌人的官吏为间谍。 [5]"反间者"二句：反间，指敌方间谍为我所用。 [6]"死间者"以下四句：死间，指我方在外散布虚假信息，通过我方在敌方的间谍报告敌人，一旦败露，我方间谍难免一死。 [7]"生间者"二句：生间，指侦察敌情后回来报告者。

杜牧说："凡欲攻战，先须知敌所用之人贤愚巧拙，则量材以应之。"深入掌握敌方将帅的才能、特点，因人而设定的应对战术，也是取胜的途径之一。

故三军之事[1]，莫亲于间，赏莫厚于间，事莫密于间。非圣智不能用间[2]，非仁义不能使间，非微妙不能得间之实。微哉微哉[3]，无所不用间也。间事未发而先闻者[4]，间与所告者皆死。凡军之所欲击[5]，城之所欲攻，人之所欲杀，必先知其守将、左右、谒者、门者、舍人之姓名，令吾间必索知之。

［注释］

[1]“故三军之事”以下四句：所以治理三军，亲密莫过于间，赏赐莫厚于间，处事莫机密于间。亲于间，主将授事机密，故亲近。 [2]“非圣智不能用间”以下三句：不是睿智超群者不可用间，没有仁义之心者不可使间，不是心机微妙者不能获得间谍的真实情报。意思是非圣智者不能识人性之真伪，或用非其人；非仁义者不能义结间者之心，或不愿效命；非微妙者不知情报是否可靠，或为间谍所误。 [3]“微哉微哉”二句：所以说使用间谍幽微玄妙，无时无处不在。意思是我用间谍，敌可用反间，敌中有我，我中有敌，用间的手段无所不用其极。 [4]“间事未发”二句：间谍工作尚未展开却已泄露，那么间谍和被告知内情者都必须处死。 [5]“凡军之所欲击”以下五句：凡是所要攻打之敌，所要攻占之城，所要刺杀之人，必须预先了解其防守主将、左右亲信、宾客掌管、守门官吏和门客幕僚的姓名，令我方间谍必须侦察清楚。谒者，官名，始置于春秋战国时期，秦汉因之。掌宾赞受事，而为天子传达。

必索敌人之间来间我者[1]，因而利之，导而舍之，故反间可得而用也。曹操曰：舍，居止也。因是而知之[2]，故乡间、内间可得而使也；因是而知之，故死间为诳事[3]，可使告敌；因是而知之，

王皙说：“此留敌间以询其情者也。必谨舍之，曲为辩说，深致情爱，然后啖以大利，威以大刑，自非至忠于其君王者，皆为我用矣。”“间”与“反间”是使用间谍的一种艺术手段。

故生间可使如期[4]。五间之事[5]，主必知之，知之必在于反间，故反间不可不厚也。

[注释]

[1]“必索敌人之间”以下四句：必须严格搜寻侦察我方军情的敌人间谍，一旦得之，乘机重金收买他，诱导款待他，然后为我所用，成为反间。舍，使动，指安顿住下。 [2]“因是而知之”二句：通过反间了解敌情，可以同时利用乡间（即因间）、内间。 [3]“故死间为诳事”二句：也可利用死间，提供给敌方虚假情报。 [4]故生间可使如期：也能使生间按期回来报告敌情。 [5]“五间之事”以下四句：五种间谍的使用，国君必须清晰了解，了解的关键在于使用反间，所以对反间也不可不厚待。

何氏说：“伊吕，圣人之耦，岂为人间哉？今孙子引之者，言五间之用，须上智之人，如伊吕之才智者，可以用间。盖重之之辞耳。”意思是孙子强调所用之间，必须有伊吕这般超人的才智。

昔殷之兴也[1]，伊挚在夏；曹操曰：伊尹也。周之兴也[2]，吕牙在殷。曹操曰：吕望也。唯明君贤将[3]，能以上智为间者，必成大功。此兵之要[4]，三军之所恃而动也。

[注释]

[1]“昔殷之兴也”二句：从前殷商兴起，在于重用伊挚，挚在夏朝，熟悉夏的内部详情。伊挚，即伊尹，见《与王芬书》注。 [2]“周之兴也”二句：周朝兴起，在于重用吕牙，牙在殷朝，熟悉殷的内部详情。吕牙，即吕望，又称吕尚，见《让还司空印绶表》注。 [3]“唯明君贤将”以下三句：唯有明君贤将，能使用智慧超人者为间，因此成就辉煌功业。此四句的意思是伊

尹、吕望不是间谍却有间谍的超人智慧。 [4]“此兵之要”二句：这是用兵的关键，三军皆依赖间谍，掌握敌情而决定军事行动。

[点评]

张预曰：“欲素知敌情者，非间不可也。然用间之道，尤须微密，故次《火攻》。”实际上，火攻、用间是战争中用事和用人的两种特殊手段，故孙子附于篇末。

关于此篇内容，曹操曰：“战必先用间谍，以知敌之情实也。”文分六层：第一层，从社会宏观层面论述间谍的重要性。军队征战既有“百姓之费”，也有“公家之奉”，对整个社会人力、物质资源耗费巨大。所以，不战则已，战则必胜，而间谍是取胜的重要保证。如果吝惜金钱而不用间谍，导致战争失败，简直不可饶恕。所以孙子用“不仁”及三个“非”字愤怒指斥之。第二层，进一步说明必须善于利用间谍。明主贤将兵动则胜，功业旷世，乃在于预先“知敌之情”。而要预先“知敌之情”，则“必取于人”，即使用间谍。孙子否定求神问鬼、主观经验，表现出非常鲜明的客观唯物的倾向。第三层，简述五种间谍类型及其不同身份和作用。以百金重赏收买敌将同乡、敌方官员，甚至敌人间谍，使之为我所用。其中有活着归来的“生间”，也有身死敌营的“死间”。使用间谍的基本原则是“五间俱起，莫知其道”。第四层，论述使用间谍的微妙性。必先明察其人心的真伪，确定是否用之；再以仁义动其心，使之为我效命；最后还必须明辨间谍情报可靠与否，谨防敌人反间。所以“微哉微哉，无所不用间”，是间谍使用的基本特点。此外，孙子还补充交待间谍身份的保密性以及间谍侦探的具体内容。第五层，述说反间计的使用方法及其影响。对待敌方间谍的基本方法是“因而利之，导而舍之”，如此则可使反间成功；再利用反间，扩编乡间和内间，激活死间功能，发挥生间作用。唯因反间如此重要，所以必须厚待之。第六层，概括间谍对于建功立业的重要意义。殷周之兴，是不用间而间的结果；明君贤将要“成大功”，必须能够以“上智为间”；三军之动，也必须依赖间谍，明了敌情。

曹操注释唯在特别强调使用间谍，对于洞悉敌情的特殊意义。

专书辑释

四时食制

郫县子鱼[1]，黄鳞赤尾，出稻田，可以为酱。

鳣[2]，一名黄鱼，大数百斤，骨软可食。出江阳、犍为[3]。

蒸鲇[4]。

东海有大鱼如山，长五六里，谓之鲸鲵[5]。次有如屋者，时死岸上，膏流九顷[6]，其须长一丈二三尺，厚六寸，瞳子如三升碗[7]，大骨可为矛矜[8]。

这是中国文献首次详细记载了鲸的形状、结构、骨骼，同时描写了死鲸“膏流九顷”的特点，对于研究鲸的生物变化是非常有价值的。

海牛鱼[9]，皮生毛，可以饰物。出扬州。

望鱼[10]，侧如刀，可以刈草。出豫章明都泽[11]。

萧拆鱼[12]，海之干鱼也。

鲟鲕鱼[13]，黑色，大如百斤猪，黄肥不可食。

鲟鲕鱼并不可食用，然而作者仍记录其中，显然又突破了“四时食制”的意义。

数枚相随，一浮一沈，一名敷，常见首。出淮及五湖[14]。

蕃逾鱼[15]，如鳖，大如箕甲，上边有髯[16]，无头，口在腹下，尾长数尺，有节，有毒，螫人[17]。

发鱼[18]，带发如妇人，白肥无鳞，出滇池[19]。

蒲鱼[20]，其鳞如粥，出郫县。

疏齿鱼[21]，味如猪肉，出东海。

班鱼[22]，头中有石如珠，出北海。

对鳣鱼的记载，对于研究黄河及淮河的生态变迁也有重要意义。

鳣鱼[23]，大如五斗奁[24]，长丈，口颔下。常三月中从河上；常于孟津捕之。黄肥，唯以作鲊[25]。淮水亦有。

[注释]

[1] 郫（pí）县：今四川成都郫都区，长江上游岷江支流东岸。子鱼：即仔鱼，指刚孵化出来的小鱼。 [2] 鳢（méng）：即鲟鱼。 [3] 江阳：汉县名，今属四川泸州。犍（qián）为：汉郡名，治所在武阳，今属四川乐山。 [4] 鲇（nián）：即鲶鱼。 [5] 鲸鲵（jīng ní）：即鲸，雄曰鲸，雌曰鲵。 [6] 膏：油脂。 [7] 瞳子：此指鱼的眼球。 [8] 矛矜：矛的柄。 [9] 海牛鱼：海洋哺乳动物，似鲸。当时可能从海逆江而上到达扬州地界。 [10] 望鱼：即鲚（jì）鱼，刀鱼的一种。 [11] 豫章：汉郡名，治所在今江西南昌。明都泽：古泽名，又称孟渚泽，在今河南商丘、虞城境。此处当是江西一带的湖泊，具体不详。 [12] 萧拆鱼：也作萧折鱼，一种以蒿艾承托曝晒

而成的干鱼。 [13] 鲟鲱(fú bèi)鱼: 别称江豚, 属鲸类。 [14] 淮: 淮河。五湖: 太湖。 [15] 蕃逾鱼: 即海鳐鱼, 形似鹞, 有肉翅, 齿如石版。尾有大毒, 刺人甚者至死。 [16] 髯(rán): 胡须。 [17] 螫(shì): 刺人。 [18] 发鱼: 因形而得名的一种淡水鱼。 [19] 滇(diān) 池: 亦称昆明湖、昆明池, 是云南的大湖, 在昆明西南。 [20] 蒲(pú) 鱼: 或即鯆鱼, 江豚的一种。 [21] 疏齿鱼: 或即猪齿鱼, 体长椭圆形, 侧扁, 口大, 能伸出, 有齿。 [22] 班鱼: 形似河豚而略小, 背青色, 有苍黑斑文。 [23] 鳣 (zhān) 鱼: 鲟类, 体长二至五米, 头略呈三角形, 吻长而较尖锐。 [24] 奁 (lián): 女子梳妆用的镜匣。 [25] 鲊 (zhǎ): 一种用盐和佐料腌制的鱼。

[点评]

《太平御览》所列的引用书目(《经史图书纲目》)保留了魏武帝《四时食制》, 可见《四时食制》是一部研究古代"舌尖上的中国"的美食著作。非常可惜的是, 这部著作已经散佚, 今天所见《颜氏家训》, 似乎是最早引用《四时食制》的著作。后来的《文选注》《初学记》特别是《太平御览》保留了不少这部美食著作的文献。以上内容是严可均《全三国文》依据存世文献钩稽辑佚而得。然而, 现存内容仅涉及鱼类, 而类书等文献所载, 往往出于博物的角度, 无法反映"四时食制"的特点, 这是中国文化的一大损失。然而, 从现存有限文献来看, 曹操记载每一种鱼类多有形状、产地, 甚至还有生活习性, 对于生物学、生态学研究也有重要参考价值。

兵书接要

孙子称[1]：司云气非云非烟非雾，形似禽兽，客吉，主人忌。

大军将行[2]，雨濡衣冠，是谓洒兵，其师有庆。三军将行[3]，其旗垫然若雨，是谓天露，三军失徒。将阵[4]，雨甚，是谓浴尸，先阵者败亡。

大将始行[5]，雨而薄，不濡衣冠，是谓天泣，其将大凶，其卒散亡。

［注释］

[1]“孙子称”以下五句：孙子说，考察云气，不似云，不似烟，不似雾，形状如同禽兽，这利于进攻主帅，而不利于守将。 [2]“大军将行”以下四句：大军即将出发，雨水打湿了衣帽，这叫做洒兵，部队能够胜利。 [3]“三军将行”以下四句：三军即将出发，军旗就如受到雨浸，自然下垂，这叫做天露，部队损兵折将。垫，下。 [4]“将阵”以下四句：即将布阵，天降大雨，这叫做浴尸，首先冲锋陷阵者败亡。浴尸，以水洗尸。 [5]“大将始行”以下六句：大将率兵出发，天降微雨，并未打湿衣帽，这叫做天泣，将帅有大灾，士卒将逃散。濡，沾湿。

［点评］

《隋书·经籍志》记载曹操《兵书接要》十卷、《兵法接要》三卷。《通典》卷六十八记载与此相同。从书名看，二书并无本质差异，或者《兵法接要》三卷就是《兵书接要》十卷的节录本。原书尽皆散佚，这是中华书局《曹操集》从《太平御览》中辑出，所论都是天气与行军作战的关系。所言天气对将士心理、部队行进、布阵进攻的影响，或许有一定科学依据，但是所论的出发点却带有巫术的特点，似乎并不足取。

兵 法

太白已出高[1]，贼深入人境，可击必胜。去勿追[2]，虽见其利，必有后害。

[注释]

[1]“太白已出高”以下三句：太白星已经高高升起，敌人深入我阵地，可以出击，必获胜利。太白，即金星。早晨出现在东方时叫启明，晚上出现在西方时叫长庚。 [2]“去勿追”以下三句：敌人退去不要追击，追击虽也可能有利，但一定有后患。

[点评]

《隋书·经籍志》又另载魏武帝《兵法》一卷。今已散佚，此条是严可均《全三国文》从《开元占经》卷四十五中辑出。所说是凌晨敌人袭击时我军应该采用的战术：可以正面迎敌，不可追击穷寇。

残　句

善哉行

痛哉世人，见欺神仙。

［点评］

此残句见于《文选·赠白马王彪诗》李善注。显然与《精列》诗创作时间差近，生命即将走向终点，“周孔圣徂落，会稽以坟丘”是冷酷的现实，诗人如何还能相信神仙之说呢？

登台赋

引长明，灌街里。

［点评］

此残句见于《水经注·浊漳水》。建安十五年（210），曹操造铜雀台，又凿渠长明沟，自西向东绕铜雀台，入邺城，故曰“引长明，灌街里”。铜雀台造成之后，曹操曾与部下登台而作赋。曹丕、曹植均有《登台赋》传于世。

沧海赋

览岛屿之所有。

［点评］

此残句见于《文选·吴都赋》刘逵注。建安十二年（207）九月，曹操北征乌桓，奏凯而归，途经碣石，曾作“东临碣石，以观沧海”(《步出夏门行》),《沧海赋》即同时所作。

家 传

曹叔振铎之后。

［点评］

此残句见于《三国志·魏书·蒋济传》裴松之注。曹操自作《家传》，追溯曹氏渊源。曹叔振铎，是周文王姬昌第六子，周武王姬发弟，始封于曹国，是曹姓始祖。

失　题

好学明经。

[点评]

此残句见于《北堂书钞》卷十二引《魏武帝集》。虽然只有四字，但是对于研究曹操思想的形成有重要意义。汉光和三年（180）六月，灵帝诏命公卿举荐能通《尚书》《毛诗》《左氏》《穀梁春秋》者各一人，悉除议郎（《后汉书·灵帝纪》）。曹操因为“能明古学，复征拜议郎”（《三国志·魏书·武帝纪》裴松之注引《魏书》）。二者互证，说明曹操早年即通晓古文经学。所以，其早年诗歌表现出浓厚的儒家思想底色，绝非偶然。

选举令

闻小吏或有著巾帻。

[点评]

此残句见于《北堂书钞》卷七十七引魏武帝《选举令》。曹操患有头痛病，常戴巾帻（头巾）。大约是他听说小吏也著巾帻。究竟是好奇呢，还是愤怒呢？不得而知。

存　疑

兵书要略

衔枚无欢哗，唯令之从。

按：严可均《全三国文》从《太平御览》中辑录此节佚文，然而检索《太平御览》卷三五七，则引自魏文帝《兵书要略》。《新唐书·艺文志》载“魏文帝《兵书要略》十卷”；王应麟《玉海》卷一四一魏《兵书要略》载：“唐志魏文帝《兵书要略》十卷。”又注曰：“《太平御览》引之。”《隋书·经籍志》唯收“《兵书略要》九卷，魏武帝撰”，是《隋书》失收还是后人将“武帝”误为“文帝”、“略要”误为“要略”呢？显然，后人误抄的可能性更大。也就是说，《兵书要略》应该是曹操所著，而非曹丕。

善哉行

朝日乐相乐，酣饮不知醉。悲弦激新声，长

笛吹清气。

弦歌感人肠，四座皆欢悦。寥寥高堂上，凉风入我室。

持满如不盈，有德者能卒。君子多苦心，所愁不但一。

慊慊下白屋，吐握不可失。众宾饱满归，主人若不悉。

比翼翔云汉，罗者安所羁。冲静得自然，荣华何足为！

按：通行本《曹操集》（中华书局排印本）依据丁福保《汉魏六朝名家集·魏武帝集》为底本，将这首诗收录为《善哉行》其三。然考《宋书》卷二十一《乐志三》收录武帝《善哉行》二首，见前。此诗也见录，题为“文帝词（五解）”。这是见诸史籍的最早文献记录，应为确证。此后，宋郭茂倩《乐府诗集》卷三十六《相和歌辞·瑟调曲四》、明冯惟讷《古诗纪》卷二十二、明李攀龙《古今诗删》卷三、明张溥《汉魏六朝百三家集》卷二十五，皆作文帝词。唐《初学记》卷十四引此诗第一解作“魏文帝《于讲堂作诗》”，唯“朝日”作“今日”、“悲弦”作“悲筝”、“吹”作“吐”（同《宋书·乐志》）而已。黄节《魏武帝诗注》也未收此诗，可见他也不认为此诗为魏武帝作品。综上，此首《善哉行》应是曹丕所作，而非曹操。

主要参考文献

史记 （汉）司马迁撰 中华书局 1959 年版

汉书 （汉）班固撰 中华书局 1962 年版

后汉书 （南朝宋）范晔撰 （唐）李贤等注 中华书局 1965 年版

三国志 （晋）陈寿撰 （南朝宋）裴松之注 中华书局 1982 年版

晋书 （唐）房玄龄等撰 中华书局 1974 年版

隋书 （唐）魏徵等撰 中华书局 1975 年版

两汉纪 （汉）荀悦 （晋）袁宏撰 中华书局 2002 年版

通典 （唐）杜佑撰 中华书局 1988 年版

通志二十略 （宋）郑樵撰 中华书局 1995 年版

乾隆御批纲鉴 黄山书社 1996 年版

读通鉴论 （清）王夫之撰 中华书局 1975 年版

廿二史札记校证 （清）赵翼撰 王树民校证 中华书局 1984 年版

廿二史考异 （清）钱大昕撰 上海古籍出版社 2004 年版

十七史商榷　（清）王鸣盛撰　上海书店出版社 2005 年版

北堂书钞　（唐）虞世南撰　上海古籍出版社 2003 年《续修四库全书》本

艺文类聚　（唐）欧阳询撰　汪绍楹校　上海古籍出版社 1999 年影印本

初学记　（唐）徐坚等撰　中华书局 2004 年版

太平御览　（宋）李昉撰　河北教育出版社 1994 年版

玉函山房辑佚书　（清）马国翰撰　广陵书社 2004 年影印本

玉函山房辑佚书续编三种　（清）王仁俊撰　上海古籍出版社 1989 年影印本

文选　（南朝梁）萧统撰　（唐）李善注　中华书局 1977 年影印本

乐府诗集　（宋）郭茂倩撰　中华书局 1979 年版

古诗纪　（明）冯惟讷撰　商务印书馆 2006 年影印文津阁《四库全书》本

汉魏六朝百三名家集　（明）张溥撰　国家图书馆出版社 2019 年《汉魏六朝集部珍本丛刊》本

汉魏六朝名家集　丁福保撰　上海古籍出版社 2003 年《续修四库全书》本

全三国文　（清）严可均撰　商务印书馆 1999 年版

先秦汉魏晋南北朝诗　逯钦立辑校　中华书局 1983 年版

采菽堂古诗选　（清）陈祚明撰　上海古籍出版社 2008 年版

古诗赏析　（清）张玉穀撰　上海古籍出版社 2000 年版

古诗评选　（清）王夫之撰　文化艺术出版社 1997 年版

魏武帝诗注　黄节注　人民文学出版社 2008 年《汉魏六朝诗六种》影印本

曹操集　中华书局编辑部编　中华书局 1975 年版

曹操集译注　安徽亳县《曹操集》译注小组译注　中华书局 1979 年版

曹操集校注　夏传才校注　河北教育出版社 2013 年版

宋本十一家注孙子　曹操等注释　国家图书馆出版社 2018 年《国学基本典籍丛刊》本

孙子兵法集注　黄朴民等点校　岳麓书社 1996 年版

中古游仙诗精华　钟来茵编选　江苏文艺出版社 1994 年版

三曹年谱　张可礼著　齐鲁书社 1983 年版

曹植年谱考证　徐公持著　社会科学文献出版社 2016 年版

《中华传统文化百部经典》已出版图书

书　名	解读人	出版时间
周易	余敦康	2017 年 9 月
尚书	钱宗武	2017 年 9 月
诗经（节选）	李　山	2017 年 9 月
论语	钱　逊	2017 年 9 月
孟子	梁　涛	2017 年 9 月
老子	王中江	2017 年 9 月
庄子	陈鼓应	2017 年 9 月
管子（节选）	孙中原	2017 年 9 月
孙子兵法	黄朴民	2017 年 9 月
史记（节选）	张大可	2017 年 9 月
传习录	吴　震	2018 年 11 月
墨子（节选）	姜宝昌	2018 年 12 月
韩非子（节选）	张　觉	2018 年 12 月
左传（节选）	郭　丹	2018 年 12 月
吕氏春秋（节选）	张双棣	2018 年 12 月
荀子（节选）	廖名春	2019 年 6 月
楚辞	赵逵夫	2019 年 6 月
论衡（节选）	邵毅平	2019 年 6 月
史通（节选）	王嘉川	2019 年 6 月
贞观政要	谢保成	2019 年 6 月
战国策（节选）	何　晋	2019 年 12 月
黄帝内经（节选）	柳长华	2019 年 12 月
春秋繁露（节选）	周桂钿	2019 年 12 月
九章算术	郭书春	2019 年 12 月
齐民要术（节选）	惠富平	2019 年 12 月
杜甫集（节选）	张忠纲	2019 年 12 月
韩愈集（节选）	孙昌武	2019 年 12 月
王安石集（节选）	刘成国	2019 年 12 月
西厢记	张燕瑾	2019 年 12 月

书　　名	解读人	出版时间
聊斋志异（节选）	马瑞芳	2019 年 12 月
礼记（节选）	郭齐勇	2020 年 12 月
国语（节选）	沈长云	2020 年 12 月
抱朴子（节选）	张松辉	2020 年 12 月
陶渊明集	袁行霈	2020 年 12 月
坛经	洪修平	2020 年 12 月
李白集（节选）	郁贤皓	2020 年 12 月
柳宗元集（节选）	尹占华	2020 年 12 月
辛弃疾集（节选）	王兆鹏	2020 年 12 月
本草纲目（节选）	张瑞贤	2020 年 12 月
曲律	叶长海	2020 年 12 月
孝经	汪受宽	2021 年 6 月
淮南子（节选）	陈　静	2021 年 6 月
太平经（节选）	罗　炽	2021 年 6 月
曹操集	刘运好	2021 年 6 月
世说新语（节选）	王能宪	2021 年 6 月
欧阳修集（节选）	洪本健	2021 年 6 月
梦溪笔谈（节选）	张富祥	2021 年 6 月
牡丹亭	周育德	2021 年 6 月
日知录（节选）	黄　珅	2021 年 6 月
儒林外史（节选）	李汉秋	2021 年 6 月
商君书	蒋重跃	2022 年 6 月
新书	方向东	2022 年 6 月
伤寒论	刘力红	2022 年 6 月
水经注（节选）	李晓杰	2022 年 6 月
王维集（节选）	陈铁民	2022 年 6 月
元好问集（节选）	狄宝心	2022 年 6 月
赵氏孤儿	董上德	2022 年 6 月
王祯农书（节选）	孙显斌	2022 年 6 月
三国演义（节选）	关四平	2022 年 6 月
文史通义（节选）	陈其泰	2022 年 6 月

书　　名	解读人	出版时间
汉书（节选）	许殿才	2022 年 12 月
周易略例	王锦民	2022 年 12 月
后汉书（节选）	王承略	2022 年 12 月
通典（节选）	杜文玉	2022 年 12 月
资治通鉴（节选）	张国刚	2022 年 12 月
张载集（节选）	林乐昌	2022 年 12 月
苏轼集（节选）	周裕锴	2022 年 12 月
陆游集（节选）	欧明俊	2022 年 12 月
徐霞客游记（节选）	赵伯陶	2022 年 12 月
桃花扇	谢雍君	2022 年 12 月
法言	韩敬、梁涛	2023 年 12 月
颜氏家训	杨世文	2023 年 12 月
大唐西域记（节选）	王邦维	2023 年 12 月
法书要录（节选）　历代名画记	祝　帅	2023 年 12 月
耶律楚材集（节选）	刘　晓	2023 年 12 月
水浒传（节选）	黄　霖	2023 年 12 月
西游记（节选）	刘勇强	2023 年 12 月
乐律全书（节选）	李　玫	2023 年 12 月
读通鉴论（节选）	向燕南	2023 年 12 月
孟子字义疏证	徐道彬	2023 年 12 月
嵇康集	崔富章	2024 年 12 月
白居易集（节选）	陈才智	2024 年 12 月
李清照集（节选）	诸葛忆兵	2024 年 12 月
近思录	查洪德	2024 年 12 月
林则徐集	杨国桢	2024 年 12 月